AF576186

EUL
VERLAG

Konzept eines ganzheitlichen Wissensmanagementsystems als integrativer Bestandteil des V-Modell® XT

Dissertation
zur Erlangung des Doktorgrades
der Wirtschafts- und Sozialwissenschaftlichen Fakultät
der Eberhard Karls Universität Tübingen

vorgelegt von

Jennifer Gursch
aus Johnson City, N.Y., USA

Tübingen
2014

Tag der mündlichen Prüfung: 03.02.2015

Dekan: Professor Dr. rer. soc. Josef Schmid

1. Gutachter: Prof. em Dr. Bernd Jahnke

2. Gutachter: Prof. Dr. Kerstin Pull

Reihe: Wirtschaftsinformatik · Band 85
Herausgegeben von Prof. Dr. Dietrich Seibt, Köln, Prof. Dr. Hans-Georg Kemper, Stuttgart, Prof. Dr. Georg Herzwurm, Stuttgart, Prof. Dr. Dirk Stelzer, Ilmenau, und Prof. Dr. Detlef Schoder, Köln

Dr. Jennifer Gursch

V-Modell® XT und Wissensmanagement

Konzept eines ganzheitlich integrierten Systems

Mit einem Geleitwort von Prof. Dr. Bernd Jahnke, Universität Tübingen

Bibliografische Information der Deutschen Nationalbibliothek

Die Deutsche Nationalbibliothek verzeichnet diese Publikation in der Deutschen Nationalbibliografie; detaillierte bibliografische Daten sind im Internet über <http://dnb.d-nb.de> abrufbar.

Dissertation, Universität Tübingen, 2015, u. d. T.: Konzept eines ganzheitlichen Wissensmanagementsystems als integrativer Bestandteil des V-Modell® XT

ISBN 978-3-8441-0409-7
1. Auflage Juli 2015

JOSEF EUL VERLAG GmbH
Brandsberg 6
53797 Lohmar
Tel.: 0 22 05 / 90 10 6-6
Fax: 0 22 05 / 90 10 6-88
E-Mail: info@eul-verlag.de
http://www.eul-verlag.de

Bei der Herstellung unserer Bücher möchten wir die Umwelt schonen. Dieses Buch ist daher auf säurefreiem, 100% chlorfrei gebleichtem, alterungsbeständigem Papier nach DIN 6738 gedruckt.

Geleitwort

Wissensmanagement ist seit geraumer Zeit im wissenschaftlichen Diskurs fest verankert. Die Relevanz dieses Themengebietes zeigt sich auch in der häufig geäußerten Forderung, die klassischen Produktionsfaktoren um den Faktor Wissen zu erweitern. Ein spezielles, wissensintensives Arbeitsgebiet stellt die Softwareentwicklung dar, die in großen Teilen noch sehr technisch geprägt ist. Um Softwareprojekte handhabbarer und wirtschaftlicher zu gestalten, wurden Vorgehensmodelle entwickelt, die eine bessere Projektdurchführung gewährleisten sollen. Dabei wird der Softwareentwicklungsprozess in kleinere Teile zerlegt und dadurch besser bearbeitbar. Problematisch bleibt, dass immer noch viele Softwareprojekte nicht im Rahmen ihrer Vorgaben, wie z.B. bezüglich Zeit, Qualität und Kosten, abgeschlossen werden. Die Gründe für den häufigen Misserfolg sind mannigfaltig. Eine wesentliche Ursache liegt darin, dass im Rahmen der Softwareentwicklung das Unterstützungspotential durch Wissensmanagement äußerst unzureichend genutzt wird.

An diesem Punkt setzt die Dissertation von Jennifer Gursch an. Sie untersucht bzgl. des Unterstützungspotentials von Wissen das Vorgehensmodell „V-Modell XT“. Das ist dadurch gerechtfertigt, dass dieses flexible und sehr fortschrittliche Modell von der Bundesregierung Deutschland für die öffentliche Hand als Standard etabliert worden ist, der sich auch in der Privatwirtschaft weit verbreitet hat. Bislang gibt es nur wenige Forschungsarbeiten, die sich mit Wissensmanagement in der Softwareentwicklung beschäftigen. Darüber hinaus sind umfassende Untersuchungen des V-Modell XT in diesem Zusammenhang überhaupt nicht zu finden. Hier liegt zweifelsohne eine Forschungslücke vor, deren Beseitigung eine erhebliche, hochaktuelle wissenschaftliche wie praktische Bedeutung aufweist. Jennifer Gursch leistet in diesem Zusammenhang einen nennenswerten Beitrag, in dem sie ein ganzheitliches Wissensmanagement-Konzept erstellt, welches in den Systementwicklungsprozess des V-Modell XT integriert ist.

Die vorliegende Dissertation widmet sich einer äußerst aktuellen wie wissenschaftlich relevanten Problemstellung mit hohem Praxisbezug. Die erarbeiteten Grundlagen, Schlussfolgerungen und Modelle liefern einen wertvollen Beitrag nicht nur zum allgemeinen Verständnis des Wissensmanagements in der Softwareentwicklung, sondern speziell zu dessen nachhaltiger Verbesserung. Wissenschaft wie Praxis sollten hiervon deutlich profitieren können.

Prof. em. Dr. Bernd Jahnke

Vorwort

Ohne die Unterstützung von zahlreichen Personen, wäre die hier vorliegende Arbeit nicht möglich gewesen. Ich freue mich, nachfolgende Personenkreise besonders hervorheben zu dürfen:

An erster Stelle möchte ich mich bei Herrn Professor em. Dr. Bernd Jahnke bedanken. Er gab mir nicht nur die Möglichkeit zur Promotion, sondern auch die notwendige Unterstützung und das Vertrauen solch ein Unterfangen durchführen zu können. Für den exzellenten fachlichen Austausch und die motivierende Art möchte ich mich aufrichtig bedanken. Weiterhin gilt mein herzliches Dankeschön auch der Zweitgutachterin Frau Professor Dr. Kerstin Pull und Herrn Professor Dr. Werner Neus für dessen Übernahme des Prüfungsvorsitzes.

Meinen Kollegen am Lehrstuhl bin ich weiterhin zu besonderem Dank verpflichtet. Die Zusammenarbeit mit Nicole Jogsch war stets sehr bereichernd. Mit Dr. Michael Ruf und Dr. Sandra Seiz verbinde ich neben der sehr guten Zusammenarbeit auch zahlreiche außeruniversitäre Aktivitäten. Monika Zein und Sven Bauer haben meine Zeit am Lehrstuhl durch die gute Zusammenarbeit und ihr freundliches Wesen bereichert. Weiterhin gilt mein besonderer Dank auch Dr. Eike Mönkemeier, Dr. Florian Werner, Dr. Christopher Schulz und allen wissenschaftlichen Hilfskräften für die tolle Unterstützung. Für den fachlichen Austausch möchte ich mich weiterhin bei Prof. Dr. Stefan Ruf bedanken. Frau Dr. Julia Muschallik habe ich zunächst als Kollegin an der Universität Tübingen kennen und schätzen lernen dürfen; schnell jedoch ist darüber hinaus eine wertvolle Freundschaft entstanden. Sie hat mich durch alle Phasen der Dissertation unterstützt und uns verbinden viele gemeinsame Momente.

Weiterhin gilt ein großes Dankeschön der itdesign GmbH in Tübingen - allen vorweg dem Geschäftsführer und Kollegen am Lehrstuhl Dr. Jörg Leute. Die Möglichkeit neben der Promotion in einem spannenden Projektumfeld arbeiten zu dürfen hat mich stets motiviert. Die Unterstützung und das große Interesse all meiner Kollegen hat mir die Arbeit an meiner Dissertation und das Durchhalten erleichtert.

Herr Fabian Strauch hat das Lektorat der Arbeit übernommen. Ihm möchte ich für die schnelle und exakte Bearbeitung und die wertvollen Rückmeldungen danken.

In den letzten Jahren lag das Augenmerk meiner Aktivitäten stets auf dem Forschungsvorhaben. Daher möchte ich auch die Gelegenheit ergreifen, mich bei all meinen Freunden für ihre ausdauernde Geduld und Anteilnahme zu bedanken. Aus der langen Liste der Personen die ich hier im Detail nennen müsste, möchte ich jedoch Käthe Draser besonders hervorheben. Sie ist mir seit Jahren eine sehr besondere Freundin, die mich in allen meinen Entscheidungen zu unterstützen weiß und zudem mit wertvollen inhaltlichen Rückmeldungen zur Forschungsarbeit beiseite stand.

Meiner Familie möchte ich für den starken Zusammen- und Rückhalt danken. Meine Schwester Stephanie und ihr Mann Tim haben mir mit ihrem exzellenten Krisenmanagement durch alle Tiefen geholfen und mich sowohl inhaltlich als auch persönlich unterstützt. Mit meinem Bruder Andreas, seiner Frau Maike samt Maximilian und Johanna habe ich schöne gemeinsame Stunden verbracht, die immer für die notwendige und willkommene Ablenkung sorgten. Meinen Eltern bin ich zu zutiefst dankbar für ihre bedingungslose Unterstützung. Sie haben mir stets alle Entwicklungsmöglichkeiten offen gehalten und mich in meinen Entscheidungen immer bestärkt. Vielen, vielen Dank.

Stuttgart, im Mai 2015 Jennifer Gursch

Inhaltsverzeichnis

Abbildungsverzeichnis

Tabellenverzeichnis

Abkürzungsverzeichnis

ACID	Atomicity, Consistency, Isolation, Durability
AES	Advanced Encryption Standard
AG	Auftraggeber
Ajax	Asynchronous JavaScript and XML
AN	Auftragnehmer
ANSI	American National Standards Institute
AO	Abgabenordnung
Apps	Application Software
AQAP	Allied Quality Assurance Publications
BASF	Badische Anilin- und Soda-Fabrik
BDSG	Bundesdatenschutzgesetz
BGB	Bürgerliches Gesetzbuch
BIT	Bundesstelle für Informationstechnik
BSI	Bundesamt für Sicherheit in der Informationstechnik
CD-ROM	Compact Disc Read-Only Memory
CMMI	Capability Maturity Model Integration
COMM	Core Ontology of Multi-Media
CoP	Community of Practice
COPRA	Collaboration Process Analysis
CRM	Customer Relationship Management
CRISP-DM	Cross Industry Standard Process for Data Mining
CSTL	Cyber Scientific Test Language
DARPA	Defense Advanced Research Projects Agency
DaML	DARPA Agent Markup Language Homepage
DaML-ONT	DARPA Agent Markup Language Homepage-Ontology
DBS	Datenbanksystem
DBMS	Datenbank-Management-System
DES	Data Encryption Standard
DIN	Deutsches Institut für Normung
DKTBA	Distributed Knowledge Based Temporal Abstraction
DoEx	Design of Experiments
DOL	Distributed Ontology Language
ECC	Elliptical Curve Cryptography
EKMN	Expert Knowledge Modeling Notation
ENIAC	Electronic Numerical Integrator and Computer
E-Mail	Electronic Mail
FA	Funktionale Anforderung
FAQ	Frequently Asked Questions

FOAF	Friends of a Friend
FOL	First Order Logic
FU	Funktionsunterstützung
FURPS	Functionality, Usability, Reliability, Performance, Supportability
GbR	Gesellschaft bürgerlichen Rechts
GewStg	Gewerbesteuergesetz
GmbH	Gesellschaft mit beschränkter Haftung
GPRS	General Packet Radio Service
GSM	Global System for Mobile Communications, ehemals: Groupe Spécial Mobile
HER2	Human Epidermal Growth Factor Receptor 2
HGB	Handelsgesetzbuch
HRM	Human Resource Management
HSDPA	High Speed Downlink Packet Access
HSPA	High Speed Packet Access
HSUPA	High Speed Uplink Packet Access
HTML	Hypertext Markup Language
HTTP	Hypertext Transfer Protocol
HW	Hardware
HWE	Hardware-Entwicklung
IAB	Institut für Arbeitsmarkt- und Berufsforschung
IAGB	Industrieanlagen-Betriebsgesellschaft
IBM	International Business Machines
ICB	International Competence Baseline
IDS	Intrusion Detection System
IF	Informationsfunktion
IIS	Informationsinfrastruktur
IKT	Informations- und Kommunikationstechnik
iOS	iPhone Operating System
IPMA	International Project Management Association
IPS	Intrusion Prevention System
ISO	International Organization for Standardization
IT	Informationstechnologie
IuK	Information und Kommunikation
IW	Institut der deutschen Wirtschaft
JSF	JavaServer Faces
Kbit/s	Kilobit pro Sekunde
KBTA	Knowledge Based Temporal Abstraction
KCoDE	Knowledge Based Cooperative Differential Evolution

KDD	Knowledge Discovery in Databases
Klog	Knowledge Blog
KM	Konfigurationsmanagement
KMDL	Knowledge Management Description Language
KMDL-SE	Knowledge Management Description Language für das Software Engineering
KL-Divergence	Kullback-Leibler-Divergenz
KRVC	Knowledge Rich Visual Context
KWQL	Keyword Query Language
LC	Liquid Crystal (Flüssigkristall)
LSA	Latent Semantic Analysis
LTE	Long Term Evolution
MAC	Macintosh
MAT	Mensch/Aufgabe/Technik
Mbit/s	Megabit pro Sekunde
MBKO	Management by Knowledge Objectives
MINT	Mathematik, Informatik, Naturwissenschaften und Technik
MPEG	Moving Picture Experts Group
MS	Microsoft
NASA	National Aeronautics and Space Administration
NATO	North Atlantic Treaty Organization
NFA	Nicht-funktionale Anforderung
NTS	Normalized Term Set
OAI-ORE	Open Archives Initiative Object Reuse and Exchange
OAI-PMH	Open Archives Initiative Protocol for Metadata Harvesting
OBO	Open Biomedical Ontologies
ONA	Organisations Netzwerkanalyse
OWL	Web Ontology Language
OWL-DL	Web Ontology Language-Description Language
OWL-S	OWL-based Web Service Ontology
PC	Personal Computer
PDA	Personal Digital Assistant
PDF	Portable Document Format
PERT	Program Evaluation and Review Technique
PIFURRA	Pull Information FromUnknown/Unfamiliar Research Results Automatically
PIM	Personal Information Management
PM	Projektmanagement
PMBoK	Project Management Body of Knowledge
PRINCE	Projects in Controlled Environments

QM	Qualitätsmanagement
QMwiGP	Quality Maturity wissensintensiver Geschäftsprozesse
QS	Qualitätssicherung
RDF	Resource Description Framework
RDFS	Resource Description Framework Schema
RDQL	RDF Data Query Language
RIF	Rule Interchange Format
RQL	RDF Query Language
RSA	Rivest-Shamir-Adleman
RSS	Real Simple Syndication
RUP	Rational Unified Process
SA-SMML	Semantically Annotated Structured Modeling Markup Language
SE	Systemerstellung
Self-Q	Self Question
SFO	Service Functionality Ontology
SKOS	Simple Knowledge Organization System
SMML	Structured Modeling Markup Language
SMO	Service Message Ontology
SN	Soziales Netwerk/Social Network
SNA	Soziale Netzwerkanalyse
SNOMED	Systematized Nomenclature of Human and Veterinary Medicine
SOFT	Strength, Opportunities, Failures, Threats
SOKU	Service oriented Knowledge Utilities
SPARC	Standards Planning and Requirements Committee
SPARQL	SPARQL Protocol And RDF Query Language
SSH	Secure Shell
SSL	Secure Sockets Layer
SW	Software
SWE	Software-Entwicklung
SWRL	Semantic Web Rule Language
TF-IDF	Term Frequency Inverse Document Frequency
TLS	Transport Layer Security
Tobin's q	Tobins Quotient
TRIZ	Teoria Reschenija Isobretatjelskich Sadatsch
UML	Unified Modeling Language
UMTS	Universal Mobile Telecommunications System
UNIVAC	Universal Automatic Computer
UP	Unified Process

UrhG	Urheberrechtsgesetz
URI	Uniform Resource Identifier
URL	Uniform Resource Locator
UWG	Gesetz gegen den unlauteren Wettbewerb
VAO	Visual Annotation Ontology
VDO	Visual Descriptor Ontology
VPN	Virtual Private Network
VTS	Variant Term Set
WB	Wissensbaustein
WI	Wirtschaftsinformatik
WISO	Wirtschaftswissenschaft und Sozialwissenschaft
WM	Wissensmanagement
WMS	Wissensmanagementsystem
WSMO	Web Service Modeling Ontology
WWW	World Wide Web
W-LAN	Wireless Local Area Network
XP	Extreme Programming
XT	Extreme Tailoring
z/OS	zSeries/Operating System
3D	Dreidimensional
3DES	Triple Data Encryption Standard

1 Einführung

1.1 Problemstellung und Zielsetzung

Problemstellung

Die in eine Organisation eingebundenen IT-Entwicklungsprozesse sind Teil einer dynamischen Umwelt, die durch Veränderungen und Diskontinuität geprägt ist. So verliert eine traditionelle Betrachtung der strategischen Unternehmensführung, die sich durch Kontinuität und Linearität auszeichnet, zunehmend an Bedeutung.[1] Das tayloristische Organisationsmodell wird den heutigen Anforderungen sozialer, komplexer Systeme nicht mehr gerecht. Immer häufiger ist die Rede von *„Wissen als Wettbewerbsfaktor"* oder *„Wissen als Produktionsfaktor"*, d. h. die Entwicklung hin zur Wissensgesellschaft zeichnet sich in den letzten Jahren deutlich ab. Als Konsequenz müssen die traditionellen Produktionsfaktoren Arbeit, Kapital und Boden um den Faktor Wissen erweitert werden. Diese Entwicklung manifestiert sich unter anderem in den Börsenbilanzen wissensintensiver Unternehmen wie Google und Apple, die schon heute etablierte Industrieunternehmen wie ThyssenKrupp und BASF übertreffen.[2]

Die steigende Bedeutung der Ressource Wissen führt zu einer zunehmenden Verschärfung des wissensintensiven Wettbewerbs. Bereits ein knapper Blick auf den Arbeitsmarkt macht deutlich, wie zentral eine Auseinandersetzung mit Wissensmanagement mittlerweile ist.

Der Arbeitsmarkt charakterisiert sich durch zunehmende Globalisierung, die steigende Tendenz zu Outsourcing, die vermehrte Einstellung befristet Beschäftigter sowie Mitarbeiterfluktuation, welche im Jahr 2008 in Deutschland bei knapp über 30 % lag.[3] Dies führt zu einer Verlagerung des Wissensbestands aus den Unternehmen heraus mit der Konsequenz, dass ein aktives Wissensmanagement Bestandteil einer modernen Unternehmenskultur werden muss, um den Verlust erfolgskritischen Wissens zu vermeiden bzw. zu kompensieren. Es besteht die Notwendigkeit, Wissen aktiv festzuhalten und im Unternehmen zu speichern.[4]

Die demographische Entwicklung der Bundesrepublik Deutschland ist ein weiterer Grund, sich mit dem Thema Wissen zu befassen. Berechnungen des Statistischen Bundesamts prognostizieren die Entwicklung, dass der Anteil der über 60-Jährigen im Jahre 2060 41 % der Bevölkerung ausmachen könnte, eine Verdopplung im Vergleich zum Jahr

---

1 Vgl. North, S. 14 f. und Bäppler, S. 2 f.

2 Vgl. Probst/Raub/Romhardt, S. 3; North, S. 1 f. und Bäppler, S. 2.

3 Vgl. Hermes/Schwarz, S. 62 f., 233. Seit 1992 ist der Anteil der befristeten Arbeitsverhältnisse in Deutschland von 10,5 % auf 14,5 % in 2008 gestiegen. Die Fluktuationsrate wird berechnet, indem man die Summe der begonnenen und beendeten Arbeitsverhältnisse durch die durchschnittliche Beschäftigungszahl teilt. Vgl. hierzu IAB, S. 3 ff.

4 Vgl. Hermes/Schwarz, S. 62 f., 233.

1990.[5] Dies impliziert einen enormen Rückgang erwerbstätiger Personen bei gleichzeitigem substanziellen Wissensverlust für Unternehmen, dem es entgegenzusteuern gilt. Zusätzlich wird dieses Problem durch die sinkende Geburtenrate verschärft.

Der Bevölkerungsrückgang wirkt sich speziell in den MINT-Fächern stark aus. Vor allem dort zeichnet sich in den kommenden Jahrzehnten ein stetig wachsender Fachkräftemangel ab. Besonders angesichts der oben skizzierten Entwicklung zu einer forschungs- und wissensintensiven Gesellschaft führt dieser Mangel zu enormen Wertschöpfungsverlusten.[6]

Auch die Entwicklungen in der Informations- und Kommunikationstechnologie verändern den Umgang mit der Ressource Wissen. Informationen und Wissen diffundieren schneller und werden dadurch allgemein zugänglich.[7] Aufgrund dieser Tatsache ist erfolgskritischer Wissensvorsprung immer schwieriger zu erlangen und zu erhalten. Gleichzeitig verkürzt sich die Halbwertszeit von Wissen. Beide Faktoren, der Zwang zu Exklusivität und Aktualität, sind wesentliche Ursachen der Wissensdynamik und stellen eine Herausforderung für das Wissensmanagement dar. Es sieht sich mit schnelleren Marktveränderungen, kürzeren Produktlebenszyklen, der Individualisierung von Kundenbedürfnissen und der kontinuierlichen Suche nach neuen Geschäftsfeldern konfrontiert.[8]

Für die Softwareentwicklung wurden in den vergangenen Jahrzehnten Modelle entwickelt mit dem Ziel, organisatorische und technische Anforderungen zu vereinen und große Entwicklungsprojekte handhaben zu können. Diese Entwicklung geht von Phasenmodellen über Vorgehensmodelle bis hin zum agilen Projektmanagement.[9] Im Rahmen der Weiterentwicklung der traditionellen IT-Projektmanagement-Modelle wurde auch deren Problem berücksichtigt, Softwareentwicklung allein technisch orientiert zu behandeln.[10] Vorgehensmodelle unterteilen Projekte in Phasen, flankiert von Qualitäts- und Projektmanagement-Maßnahmen.[11] Eine explizite Auseinandersetzung mit der Ressource Wissen findet selten statt.

Ziel des Wissensmanagements ist demgegenüber die Unterstützung der Handhabung von Wissen, und es beschäftigt sich daher mit der Identifikation, dem Erwerb sowie der Entwicklung, Verteilung, Nutzung und Speicherung von Wissen.[12] Diese Tätigkeit muss von

[5] Vgl. Statistisches Bundesamt Bevölkerungspyramide. Im Jahr 1990 betrug der Anteil der über 60-Jährigen in Deutschland 20 %. Insgesamt muss sich die Bundesrepublik Deutschland im Jahre 2060 auf einen Bevölkerungsrückgang zwischen 15 und 22 % einstellen, dies bedeutet eine Abnahme auf 64-70 Mio. Einwohner. Vgl. Statistisches Bundesamt Vorausberechnung.

[6] Vgl. Koppel/Plünnecke, S. 3, 30. Im Jahr 2006 berichtet das IW Köln von einem durch den Fachkräftemangel bedingten Wertschöpfungsverlust in zweistelliger Milliardenhöhe.

[7] Vgl. North, S. 15.

[8] Vgl. North, S. 15; Probst/Raub/Romhardt, S. 1 ff., 150, 217 und Bea/Scheurer/Hesselmann Projektmanagement, S. 2 ff.

[9] Vgl. Hesse/Merbeth/Frölich, S. 13 f. und Gernert, S. 5, 9.

[10] Vgl. Hamilton, S. 1.

[11] Vgl. z. B. Bea/Scheurer/Hesselmann Projektmanagement, S. 46.

[12] Vgl. Probst/Raub/Romhardt, S. 30 ff. und North, S. 3, 10, 11.

der reinen Projektdokumentation abgegrenzt werden, die bei IT-Projekten zum Teil umfangreich ausfällt.[13] Die bloße Speicherung von Informationen darf aber nicht mit Wissensmanagement verwechselt oder gar gleichgesetzt werden.

Die Betrachtung von Wissensmanagement in der Softwareentwicklung ist vor allem in Hinblick auf mögliche Nutzenpotentiale wertvoll. Trotz der Einmaligkeit, die laut DIN 69901 jedem Projekt zugesprochen wird, unterscheiden sich Softwareprojekte in vielen Bereichen nicht grundsätzlich voneinander. Die Speicherung von und der Zugriff auf Projektwissen und dessen Wiederverwendung ist auch für neue Projekte elementar. Die sich daraus ergebenden Vorteile liegen in einer schnelleren Einarbeitungszeit der Projektmitarbeiter, deren Unterstützung bei Routinetätigkeiten, dem Decken von Wissenslücken und hinsichtlich einer verbesserten Durchführung von Wartungs- und Reparaturarbeiten.[14] Wissensmanagement muss außerdem der Explizierung von implizitem bzw. explizitem Wissen dienen. Unter implizites Wissen fallen solche Wissensbereiche, die vorhanden sind, jedoch nicht eindeutig artikuliert werden können[15], wie zum Beispiel das im Laufe der Jahre in der Softwareentwicklung gesammelte Erfahrungswissen.

Loos und Fettke diskutierten bereits im Jahre 2001 den Mangel an Literatur zum Wissensmanagement in der Softwareentwicklung. Zwar sind zahlreiche Werke über die einzelnen Komplexe Wissensmanagement und Softwareentwicklung zu finden, jedoch fehlt bisher ein ganzheitliches Konzept zur konkreten Verknüpfung der beiden Themenbereiche.[16] Bis heute hat sich das Bild kaum gewandelt. Die Literaturrecherche ergibt nur wenige Treffer.[17] Wissensmanagement parallel zum Projektalltag wird von Mitarbeitern oft als *„zusätzliche Belastung denn als Arbeitserleichterung aufgefasst"*[18]. Aus diesem Grunde werden in Höhn/Höppner [2008] nur drei Wissensmanagement-Methoden zur Ergänzung des V-Modells empfohlen.[19] Weiterhin finden sich in der Literatur vereinzelt Vorgehensmodelle zur Implementierung von Wissensmanagementsystemen[20], es existieren jedoch keine umfassenden Ansätze, welche die Vorgehensmodelle der Softwareentwicklung um Wissensmanagement erweitern.[21] Aufgrund dieser Problematik soll in der vorliegenden Arbeit der Softwareentwicklungsprozess unter dem Aspekt des Wissensmanagements in

---

13 Vgl. Wallmüller, S. 149.

14 Vgl. Loos/Fettke, S. 11 f.

15 Vgl. Nonaka/Takeuchi The Knowledge-creating company: how Japanese companies create the dynamics of innovation, S. 8.

16 Vgl. Loos/Fettke, S. 3.

17 Die Gründe dafür liegen u. a. wohl in der immer noch stark technisch orientierten Prägung der eigentlichen Softwareentwickler. Vgl. Mayr, S. 55.

18 Höhn/Höppner Das V-Modell XT: Grundlagen, Methodik und Anwendungen, S. 138.

19 Vgl. Höhn/Höppner Das V-Modell XT: Grundlagen, Methodik und Anwendungen, S. 138 Diese sind: Gelbe Seiten, Wissenstopographie und Wissensdatenbank. Meyer et al. wenden ebenfalls einzelne Methoden des Wissensmanagements für die Projektarbeit an.

20 Vgl. Höhn/Höppner Das V-Modell XT: Grundlagen, Methodik und Anwendungen, S. 386 ff.; Lehner und Binner.

21 Manche Wissenschaftler verstehen zwar die Vorgehensmodelle als spezielle Form des Wissensmanagements, dieser Auffassung wird hier jedoch aufgrund der Komplexität der Ressource Wissen nicht zugestimmt. Vgl. Gesellschaft für Informatik.

den Blick genommen werden.[22] Um den Mehraufwand des Wissensmanagements möglichst gering zu halten, wird ein Konzept entwickelt, das die Bereiche Wissens- und IT-Projektmanagement miteinander verschmilzt. Dabei liegt das Augenmerk einerseits auf der organisatorischen Verankerung von Wissensmanagement, andererseits soll ein Projekt-Wissensmanagementsystem den Projektmitarbeiter aktiv bei seiner Arbeit unterstützen.

Zielsetzung

Der Einsatz der Ressource Wissen dient dem Ziel der Effizienzsteigerung und der Generierung von Wettbewerbsvorteilen für Unternehmen.[23] Umfassendes Wissensmanagement adressiert viele Facetten, wie beispielsweise den Erhalt und Erwerb von Wissen, die verbesserte Einarbeitung und Weiterbildung von Fachkräften, das Aufdecken von Wissenslücken wie auch die Unterstützung im Umgang mit kritischen Faktoren, wie z. B. Wissensverlust.[24] Weitere Nutzenpotentiale bestehen in der Aufwandsverminderung der Aufgabenerledigung[25] und in der Optimierung von Geschäftsprozessen.[26]

Projektbezogenes Wissensmanagement muss deren Besonderheiten berücksichtigen. Probst/Raub/Romhardt fassen Projekte als „Organisation auf Zeit“ auf.[27] Auf der einen Seite erzeugen Projekte neues Wissen[28], auf der anderen Seite muss erfolgreiches projektbezogenes Wissensmanagement die Vermittlung und die Nutzung vorhandenen Wissens unterstützen.[29] Die zeitliche Begrenzung von Projekten hat zur Folge, dass sich die Projektmitarbeiter nach Beendigung eines Projekts trennen und die Projekterfahrung mitnehmen. Je länger ein Projektabschluss zurückliegt, desto stärker wirkt sich der Erfahrungsverlust aus. Die suboptimale Verwendung bereits realisierten Wissens resultiert zwangsläufig in Doppelarbeit.[30] In diesem Zusammenhang wird die Sicherung von Erfahrungen, Problemlösungsverfahren, Abläufen und von Wissen über die Endprodukte eines Projekts empfohlen.[31]

---

22 Vgl. hierzu Pawlowsky, S. 18 und Loos/Fettke, S. 2.

23 Vgl. North, S. 10.

24 Vgl. Rose, S. 11 und Jahnke, S. 1 f..Wissensverlust entsteht vor allem durch die steigende Zahl von Pensionierungen und Mitarbeiterfluktuation sowie bei der Beendigung temporärer Arbeitsverhältnisse und bei Outsourcing. Vgl. Trojan, S. 166 ff..

25 Vgl. Jahnke, S. 1 f. und Kreitel, S. 68.

26 Vgl. Winkler/Mandl, S. 84.

27 Vgl. Probst/Raub/Romhardt, S. 76.

28 In der Literatur werden die Begriffe „Zeichen“, „Daten“, „Information“ und „Wissen“ diskutiert, aber auch deren Beziehung zueinander. Zeichen, die in einen regelbasierten Zusammenhang gebracht werden können, können als Daten verstanden werden. Informationen hingegen sind mit Kontext versehene Daten. Und erst die Vernetzung mehrerer Informationen lässt letztlich die Generierung von Wissen zu. Die Semiotik als Lehre der Zeichensysteme stellt eine genaue Definition der Beziehungen zwischen Objekt und Information bereit. Vgl. Kapitel 4.1.1 und Krcmar Informationsmanagement, S. 16 ff..

29 Vgl. Bea/Scheurer/Hesselmann Projektmanagement, S. 731 f..

30 Vgl. Probst/Raub/Romhardt, S. 76.

31 Vgl. Trojan, S. 174.

Diese Empfehlungen lassen sich auch auf das IT-Projektmanagement übertragen. Durch Weitergabe, Nutzung und Speicherung bereits vorhandenen Entwicklungswissens lassen sich Nutzenpotentiale realisieren, die dem effizienteren Umgang mit Ressourcen und der optimierten Wiederverwendung bereits erarbeiteten Wissens und entsprechender Strategien dienen.[32]

Um Wissensmanagement in der Softwareentwicklung in einen organisatorischen Rahmen zu betten, soll ein Vorgehensmodell, genauer gesagt das in Deutschland entwickelte V-Modell untersucht werden, das seit 2005 unter dem Namen V-Modell XT als Entwicklungsstandard für alle IT-Systeme in der Bundesrepublik Deutschland gilt.[33] Das V-Modell XT zielt auf Minimierung der Projektrisiken, Qualitätsverbesserung und -aufrechterhaltung, Eindämmung der Projektkosten wie auch Verbesserung der Projektkommunikation.[34] Als De-facto-Entwicklungsstandard steht es allen Unternehmen zur Verfügung und eignet sich auch für kleine und mittelständische Unternehmen.[35] Im Speziellen stellt es standardisierte Vorgehensweisen für den gesamten Systemlebenszyklus zur Verfügung, welche sowohl die Projekttransparenz als auch die Erfolgswahrscheinlichkeit erhöhen sollen.

Das V-Modell XT berücksichtigt durchaus einzelne Aspekte des Wissensmanagements. Wissen wird einerseits in den zu erstellenden Produkten gespeichert (gefrorenes Wissen) und andererseits auch den verschiedenen Rollen zugeschrieben. Ein Rolleninhaber muss bestimmte Fähigkeiten und Kenntnisse besitzen, um eine Rolle auszufüllen. Diese Fähigkeiten werden in einem Fähigkeitsprofil beschrieben. Im Rahmen eines Schulungskonzepts werden Projektmitarbeiter bei Bedarf gezielt geschult. In diese Schulungsmaßnahmen fließen auch die aus vergangenen Projekten stammenden Erfahrungswerte ein.[36]

Umfassendes Wissensmanagement findet in einzelnen Bereichen des V-Modells XT nur ansatzweise Berücksichtigung. In manchen Projektphasen sind Maßnahmen zur Wissensspeicherung vorgesehen, ein konkretes Wissensmanagementmodell jedoch, das die einzelnen Wissensbereiche verknüpft und auch projektübergreifend zur Anwendung kommt, ist nicht gegeben.[37] Die aktuellste Version des *V-Modells XT Bund*, welche als Spezialisierung des V-Modells XT angesehen werden kann, nimmt erstmals unter dem Gliederungspunkt der Multi-Projektkoordination Bezug zum Wissensmanagement. Multi-Projektkoordination bezeichnet die Organisation von verschiedenen Projekten innerhalb einer Organisation. Darunter fallen Aktivitäten wie übergreifendes Projektmanagement, organisationsweites Controlling von Termin- und Kapazitätsplanung, Berichtswesen und

---

32 Vgl. Loos/Fettke, S. 13.

33 Vgl. V-Modell XT.

34 Vgl. V-Modell XT, S. 7 f. und Höhn/Höppner Das V-Modell XT: Grundlagen, Methodik und Anwendungen, S. 4.

35 Vgl. BIT Bundesstelle für Informationstechnik (BIT): V-Modell XT unter FAQ.

36 Vgl. V-Modell XT, Teil 4, S. 5; Teil 5, S.270 f. und Teil 6, S. 155.

37 Vgl. BIT Bundesstelle für Informationstechnik (BIT): Praxisbeispiel V-Modell XT, S. 15.

nun eben Wissensmanagement.[38] Wissensmanagement wird demnach nicht als genuiner Prozess im V-Modell betrachtet.

Im Rahmen der vorliegenden Arbeit soll ein Wissensmanagement-Konzept entwickelt werden, das auf dem Systementwicklungsprozess des V-Modells XT aufbaut und speziell auf dieses zugeschnitten ist. Das Forschungsvorhaben lässt sich anhand der folgenden drei Forschungsfragen präzisieren:

- Welche Methoden und Werkzeuge des Wissensmanagements werden in Wissenschaft und Praxis diskutiert?

  Anhand einer Literaturanalyse werden die methodischen Zugänge aus Wissenschaft und Praxis herausgearbeitet. Ziel ist es, das Spektrum an Wissensmanagement-Maßnahmen zu erschließen und zu systematisieren. Ferner soll analysiert werden, ob und welche der Methoden/Werkzeuge eine hervorgehobene Rolle bei der Implementierung eines ganzheitlichen Wissensmanagementsystems spielen, d. h. größte Breitenwirkung hinsichtlich ihrer Unterstützung der in dieser Arbeit zu Grunde gelegten Wissensbausteine nach Probst/Raub/Romhardt haben.

- Wie sind die kritischen Erfolgsfaktoren des Wissensmanagements und des IT-Projektmanagements im V-Modell XT repräsentiert?

  Hierfür werden die kritischen Erfolgsfaktoren des Wissensmanagements und des IT-Projektmanagement zunächst identifiziert und dann ihre Repräsentation im V-Modell XT untersucht. Besonderes Augenmerk gilt dabei den Dimensionen *Mensch, Aufgabe, Technik* und *Organisation*. Aus dem Analyseergebnis sollen die Anforderungen an ein ganzheitliches Wissensmanagementsystem für das V-Modell XT abgeleitet werden.

- Wie soll ein ganzheitliches Wissensmanagementsystem als integrierter Bestandteil des V-Modells XT aussehen?

  Aus der Beantwortung der vorhergehenden Forschungsfrage und den daraus entstandenen Anforderungen soll schließlich ein ganzheitliches Wissensmanagementsystem entwickelt werden, das organisatorische und technische Aspekte des Wissensmanagements vereint. Wesentlicher Vorteil dieses Aufbaus liegt in der umfassenden Unterstützung der Projektmitarbeiter und der damit verbundenen Effizienzsteigerung durch die Selektion relevanten Wissens. Neben der Entwicklung eines Konzepts steht die Integration ins V-Modell XT im Mittelpunkt. Dafür sollen ein neuer Vorgehensbaustein „Wissensmanagement" und zwei neue Rollen hinzukommen.

[38] Vgl. V-Modell XT Bund, Teil 4, S. 32 und Teil 8, S. 34.

1.2 Methodik und Aufbau der Arbeit

Methodik

Zur Beantwortung der soeben angeführten Forschungsfragen, soll auf die Disziplin der Wirtschaftsinformatik zurückgegriffen werden. Sie ist eine interdisziplinäre Wissenschaft und daher für das Forschungsziel der Arbeit, also der Verknüpfung des Wissensmanagements mit der Softwareentwicklung, sehr gut geeignet.

Unter Wirtschaftsinformatik versteht man die Wissenschaft der Gestaltung von Informationssystemen in Unternehmen. Sie ist eine gestaltungsorientierte, interdisziplinäre Wissenschaft aus Sozial- und Wirtschaftswissenschaften sowie der Informatik.[39] Aufgrund ihrer Interdisziplinarität richten sich ihre Forschungsvorhaben im Kern auf zwei verschiedene Ziele aus: das Erkenntnisziel und das Gestaltungsziel. Zum einen wird mithin ein *theoretisches Forschungsziel* verfolgt, das sich auf die Beschreibung und Erklärung der Forschungsgegenstände konzentriert. Das *pragmatische Forschungsziel* hingegen beschäftigt sich mit der Gestaltung von Informationssystemen und -infrastrukturen.[40]

Für das hier umgesetzte Forschungsvorhaben werden verschiedene Forschungsmethoden der Wirtschaftsinformatik[41] eingesetzt, dabei liegt der Schwerpunkt der Arbeit auf der Erstellung eines Referenzmodells, das bestehende Erkenntnisse vertieft und Gestaltungsvorlagen generiert.[42]

Aufbau der Arbeit

Nachfolgend wird der Aufbau der Arbeit skizziert, dessen graphische Übersicht Abbildung 1 liefert.

Kapitel 2 und 3 bilden den Grundlagenteil mit Blick auf das Projektmanagement. Um ein einheitliches Begriffsverständnis zu gewährleisten, wird Kapitel zwei zunächst den Grundlagen des Projektmanagements gewidmet. Gegenstand des dritten Kapitels ist eine Betrachtung des IT-Projektmanagements, die auf das V-Modell XT zugeschnitten ist. Es handelt sich dabei um ein Vorgehensmodell für die Planung und Durchführung von Projekten.

Kapitel 4 legt die Grundlagen des Wissensmanagements dar. Besonderer Augenmerk gilt dem Wissen und seinen verschiedenen Typen. Hierfür wird eine Wissensmanagement-Definition erarbeitet. Der Wissensmanagement-Ansatz nach Probst/Raub/Romhardt wiederum bildet die Basis für das zu erstellende ganzheitliche Wissensmanagementsystem. Weiterhin rücken Wissensmanagementsysteme ins Blickfeld, verbunden mit und wesent-

---

39 Vgl. Schwarzer/Krcmar, S. 3; Laudon/Laudon/Schoder, S. 62; Österle et al. und Heinrich/Heinzl/Riedl, S. 47.

40 Vgl. Heinrich/Heinzl/Riedl, S. 87 f.; Laudon/Laudon/Schoder, S. 63 und Schwarze, S. 25.

41 Diese sind im Wesentlichen *Referenzmodellierung* zur Gestaltung eines ganzheitlichen WMS, *Literaturanalyse* und *Prototyping* zur Veranschaulichung des technischen WMS.

42 Vgl. Wilde/Hess, S. 282.

lichen Funktionsanforderungen an technische WMS. Zur Beantwortung der ersten Forschungsfrage wird eine Literaturanalyse durchgeführt.

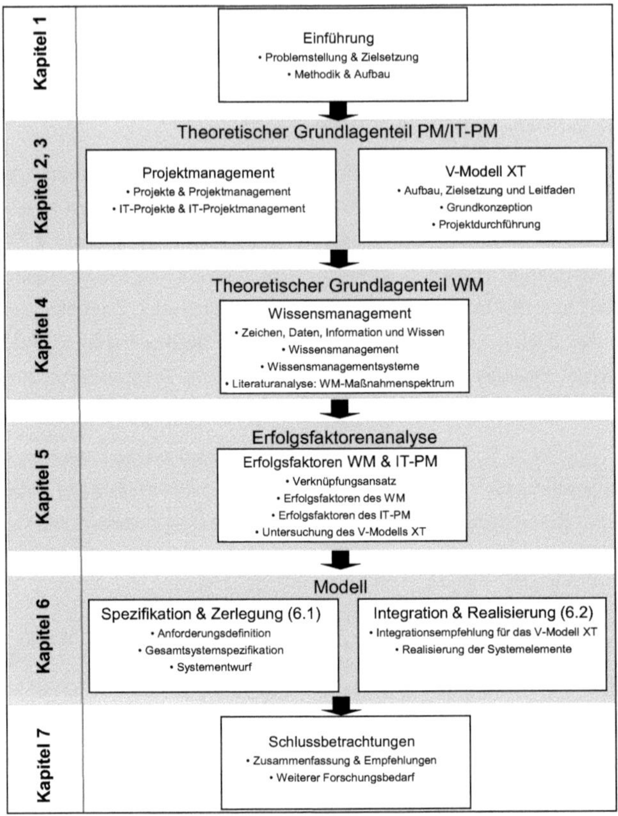

Abbildung 1: Aufbau der Arbeit[43]

Kern des fünften Kapitels ist die Beantwortung der zweiten Forschungsfrage mittels einer Erfolgsfaktorenanalyse. Hierfür werden gesondert Erfolgsfaktoren für das Wissensmanagement und das IT-Projektmanagement erhoben und nach den Dimensionen Mensch, Aufgabe, Technik und Organisation kategorisiert. Danach wird untersucht, inwiefern die extrahierten Erfolgsfaktoren sich im V-Modell XT wiederfinden.

Im sechsten Kapitel fließen die Ergebnisse der Analyse in die Anforderungsdefinition eines ganzheitlichen Wissensmanagementsystems ein. Das betrifft die dritte Forschungsfrage und mündet in der Präsentation eines ganzheitlichen Wissensmanagementsystems. Um dieses System in das V-Modell zu integrieren, werden zudem ein Vorgehensbaustein

43 Eigene Darstellung.

„Wissensmanagement“ und zwei Wissensmanagement-Rollen neu konzipiert. Realisiert wird das technische Wissensmanagementsystem abschließend anhand eines Demonstrationsprototyps.

2 Projektmanagement

Um ein gemeinsames Begriffsverständnis zu entwickeln, stehen im vorliegenden Kapitel die Grundlagen des Projektmanagements im Vordergrund. Daher liegt der Fokus zunächst auf dem allgemeinen Projektmanagement. Auf dieser Basis werden in einem weiteren Schritt die Grundlagen des IT-Projektmanagements behandelt. Dabei wird die Notwendigkeit von Vorgehensmodellen verdeutlicht und die verschiedenen Typen von Vorgehensmodellen kurz erläutert. Kapitel 3 widmet sich dann dem in dieser Arbeit zu Grunde gelegten V-Modell XT.

2.1 Grundlagen des Projektmanagements

2.1.1 Projekt

Der Projektbegriff wird in Umgangssprache, Praxis und wissenschaftlicher Literatur unterschiedlich gebraucht. Die Abwesenheit einer einheitlichen Definition ist zum großen Teil auf die pragmatische Vorgehensweise der Praxis zurückzuführen, die oftmals nicht so sehr an definitorischer Exaktheit interessiert ist.[44] Aus der etymologischen Betrachtung des Wortes (proiectum = das nach vorn Geworfene) ergibt sich allgemein eine zeitliche Begrenzung von Projekten: Jedes Projekt zeichnet sich durch einen Anfangs- und einen Abschlusstermin aus.[45]

Das Deutsche Institut für Normung (DIN) vertritt eine vom Ingenieurwesen geprägte Definition und versteht unter einem Projekt ein

> *„Vorhaben, das im Wesentlichen durch die Einmaligkeit der Bedingungen in ihrer Gesamtheit gekennzeichnet ist, wie z. B.*
>
> - *Zielvorgabe,*
> - *zeitliche, finanzielle, personelle und andere Begrenzungen,*
> - *Abgrenzungen gegenüber anderen Vorhaben,*
> - *projektspezifische Organisation.*"[46]

Diese Definition dient in der Literatur oftmals als Ausgangsbasis.[47] Im Folgenden sind die wesentlichen Projektmerkmale aufgeführt, die anhand einer Analyse der

[44] Vgl. Corsten/Corsten/Gössinger, S. 1.
[45] Vgl. Patzak/Rattay, S. 18 und Burghardt, S. 18.
[46] DIN 69901.
[47] Vgl. u. a. Bea/Scheurer/Hesselmann Projektmanagement, S. 33; Wack, S. 5; Hesseler, S. 8; Stöger, S. 3; Ruf/Fittkau, S. 7; Bergmann/Garrecht, S. 207; Faßbender/Thanhoffer, S. 48; Heche, S. 8 und Herzog, S. 1.

Projektmanagement-Literatur gewonnen wurden. Die Reihenfolge ergibt sich aus der Anzahl der Nennungen der jeweiligen Merkmale in der Literatur.

Die *zeitliche Befristung* definiert einen Anfangs- und einen Endpunkt. Gleichwohl kann sich die genaue Definition eines Endpunkts als schwierig erweisen, v. a. wenn ein Projekt weitere Teilprojekte nach sich zieht.[48] *Komplexität* verweist auf einen hohen Schwierigkeitsgrad und erstreckt sich auf die Koordination umfangreicher und stark vernetzter Aufgabenstellungen innerhalb eines Projekts.[49] Der *Ressourceneinsatz* betrifft die Verwendung verschiedener, zum großen Teil begrenzter Ressourcen.[50] *Neuartigkeit* und *Einmaligkeit* charakterisieren die Besonderheit und Seltenheit eines Projekts, das sich dadurch von Routinetätigkeiten unterscheidet.[51] Weiterhin werden auch *Interdisziplinarität* und die *Beteiligung mehrerer Geschäftsbereiche*[52] zu den Merkmalen von Projekten gezählt.[53] Die *Zielvorgabe* reflektiert die bestimmte Zielsetzung eines Projekts.[54]

Die Literatur nennt noch weitere Aspekte. Die größte Einigkeit besteht jedoch hinsichtlich der gerade vorgestellten Eigenschaften.[55]

Projekte können einerseits über verschiedene Charakteristika erfasst, andererseits aber auch inhaltlich klassifiziert werden. Im Wesentlichen werden drei Arten von Projekten unterschieden, zum einen nach dem *Projektinhalt*. Damit sind die Verrichtung und das Objekt gemeint.[56] Ferner ist das *Verhältnis zwischen Auftraggeber und Auftragnehmer* von Belang. Projekte können innerhalb oder außerhalb eines Unternehmens[57], einer Lan-

48 Vgl. Bea/Scheurer/Hesselmann Projektmanagement, S. 33; Kraus/Westermann, S. 12; Wack, S. 8; Stöger, S. 4; Ruf/Fittkau, S. 7; Bergmann/Garrecht, S. 208; Faßbender/Thanhoffer, S. 48; Kessler/Winkelhofer, S. 9 f.; Beck, S. 58; Woodward, S. 1 und Madauss, S. 516.

49 Vgl. Beck, S. 58; Bea/Scheurer/Hesselmann Projektmanagement, S. 33 f.; Kraus/Westermann, S. 12; Wack, S. 8; Bergmann/Garrecht, S. 208; Heche, S. 8; Kessler/Winkelhofer, S. 9 f. und Madauss, S. 516. Das Merkmal Komplexität wird in der Literatur als wichtig erachtet. Es war bereits in einer früheren DIN-Definition enthalten, wurde jedoch wieder entfernt. Dafür spricht, dass nicht jedes Projekt gezwungenermaßen komplex sein muss und dass auch solche Projekte, bspw. kleine oder „einfache", eine spezielle Herangehensweise und Abwicklung benötigen. Vgl. Herzog, S. 1 und Litke, S. 17. Für die vorliegende Arbeit macht die Aufnahme des Komplexitätmerkmals vor allem in Hinblick auf das IT-Projektmanagement Sinn.

50 Vgl. Wack, S. 5; Hesseler, S. 7; Stöger, S. 4; Ruf/Fittkau, S. 7; Faßbender/Thanhoffer, S. 48; Heche, S. 8; Kessler/Winkelhofer, S. 9 f. und Woodward, S. 1.

51 Vgl. Bea/Scheurer/Hesselmann Projektmanagement, S. 33 f.; Wack, S. 5; Ruf/Fittkau, S. 7; Kessler/Winkelhofer, S. 9 f.; Bergmann/Garrecht, S. 208; Woodward, S. 1; Beck, S. 58 und Madauss, S. 516. Bei Neuartigkeit und Einmaligkeit muss zwischen dem Projekt an sich und dessen Bearbeitung unterschieden werden. Das Projekt muss einen neuartigen Charakter aufweisen, im Zuge der Projektarbeit jedoch können und werden wiederholende Aspekte auftreten.

52 Zum Beispiel abteilungs-, bereichs- und organisationsübergreifend.

53 Vgl. Hesseler, S. 7; Stöger, S. 4; Wack, S. 5; Ruf/Fittkau, S. 7; Kessler/Winkelhofer, S. 9 f.; Bergmann/Garrecht, S. 208; Madauss, S. 516; Faßbender/Thanhoffer, S. 48; Kraus/Westermann, S. 12 und Woodward, S. 1.

54 Vgl. Wack, S. 5; Stöger, S. 4; Faßbender/Thanhoffer, S. 48; Kessler/Winkelhofer, S. 9 f. und Woodward, S. 1.

55 Beispielsweise *Risiko*, vgl. dazu Wack, S. 5; Hesseler, S. 8; und Faßbender/Thanhoffer, S. 48; *Teamarbeit,* vgl. dazu Ruf/Fittkau, S. 7 und Madauss, S. 516.

56 Bei Forschungs- und Entwicklungsprojekten ist die Verrichtung immer gleich bzw. sehr ähnlich, jedoch unterscheiden sie sich in ihren Objekten.

57 Sogenannte interne und externe Projekte.

desgrenze, wie auch durch private oder öffentliche Hand vergeben werden. Zusätzlich ist eine Differenzierung von Projekten nach ihrer *Aufgabe* möglich. Hierunter fallen strategische oder operative Projekte.[58]

Aus den verschiedenen Merkmalen und Klassifizierungen wird ersichtlich, dass der Projektbegriff sehr vielschichtig ist. Die Schwierigkeit, einen allgemeingültigen Projektbegriff zu etablieren, resultiert nicht zuletzt aus der Heterogenität der verschiedenen Projektarten. Je nach Projektart können verschiedene Eigenschaften im Vordergrund stehen. Außerdem dürfen die Merkmale zur Identifizierung eines Projekts nicht isoliert angewendet, sondern müssen in ihren gemeinsamen Kontext eingebettet werden.[59]

Aufbauend auf dieser Darstellung wird ein eigener Projektbegriff zu Grunde gelegt. Im Wesentlichen wird dabei auf der obigen Darstellung aufgesetzt und diese um wiederkehrende Aspekte erweitert, wodurch ein allgemeines Management von Projekten erst möglich erscheint.

Ein Projekt ist ein komplexes Vorhaben, das innerhalb eines definierten Zeitraums abläuft und sich durch seine Einmaligkeit und Neuartigkeit von Routinetätigkeiten abgrenzt. Es zeichnet sich durch Interdisziplinarität aus und bedarf einer spezifischen Organisationseinheit. Ein Projekt verfolgt stets ein spezifisches Ziel, welches unter begrenztem Einsatz von Ressourcen zu erreichen ist.[60] Trotz der Einmaligkeit und Neuartigkeit besitzen Projekte wiederkehrende Charakteristika, die allgemein gesteuert werden können.

2.1.2 Projektmanagement

Aufgaben, die einen Projektcharakter aufweisen, haben eine lange Tradition.[61] Projektmanagement wurde lange Zeit informell ohne eine fundierte Planung betrieben.[62] Ursprünglich waren Projekte zunächst technisch geprägt und meist im Ingenieurwesen

58 Vgl. Beck, S. 59 ff. und Bea/Scheurer/Hesselmann Projektmanagement, S. 35 ff.. Bea et al. erweitern die Projektarten um die Art der Aufgabe. In der Literatur finden sich noch weitere Unterteilungen, siehe dazu Diethelm/Bernhard, S. 12 ff.; Patzak/Rattay, S. 20 und Zimmermann/Stark/Rieck, S. 2 f. Grundsätzlich finden sie sich jedoch als Bestandteile der von Bea/Scheurer/Hesselmann Projektmanagement definierten Gruppen wieder. Patzak/Rattay zählen zu den Projektarten auch den Schwierigkeitsgrad und den Grad der Wiederholung eines Projekts. Der Schwierigkeitsgrad eines Projekts ist jedoch mit der Komplexität abgedeckt. Gemäß dem Wiederholungsgrad werden Projekte in einmalige und wiederkehrende Projekte unterteilt. Auch diese Unterscheidung beinhaltet der Merkmalskatalog.

59 Vgl. hierzu Beck, S. 57 f.. Er kritisiert das Vorgehen, einzelne Merkmale zu identifizieren. Seiner Meinung nach definieren der Grad der Komplexität und die zeitliche Perspektive ein Projekt hinreichend. Bedeutung, Einmaligkeit und Neuartigkeit sind seiner Meinung nach prägende Merkmale, die aber schon in der Komplexität und dem Zeitbezug enthalten sind. Diese Auffassung wird hier nicht geteilt. Vielmehr sollen die Interdependenzen und Zusammenhänge der Merkmale in den Vordergrund gestellt werden.

60 Vgl. dazu Hesseler, S. 7 f.; Zimmermann/Stark/Rieck, S. 2; Madauss, S. 516 und Herzog, S. 1.

61 Vgl. hierzu Bergmann/Garrecht, S. 210. Sie sprechen hierbei vom *impliziten Projektmanagement*. Beispiele der Bau der Pyramiden und der Chinesischen Mauer. Vgl. Hesseler, S. 86.

62 Vgl. Hesseler, S. 86.

verankert. [63] In den Vereinigten Staaten von Amerika entstanden im militärischen Bereich und in der Luft- und Raumfahrttechnik (NASA) erstmals umfassende Projektmanagementkonzepte[64], die über eine rein technische Ebene hinausgingen.[65]

Im Laufe der Zeit stiegen die Anforderungen an Projekte. Aufgrund mangelnder Überschaubarkeit traten zunehmend Fehlplanungen auf. Zum einen musste der Faktor Mensch innerhalb von Projekten stärker berücksichtigt werden. Zum anderen traten die geschlossene Betrachtung ökonomischer Herausforderungen, gemeinsam mit betriebswirtschaftlichen Aspekten und technischen Anforderungen, in den Mittelpunkt.[66]

Erste Projektmanagement-Verbände, etwa die IPMA, wurden ab Mitte der 1960er-Jahre gegründet. Dies markierte den Beginn der Professionalisierung des Projektmanagements.[67] Daraufhin wurden anerkannte Projektmanagement-Methoden und -Standards wie PRINCE2, PMBoK und ICB etabliert.[68]

In der Literatur finden sich die unterschiedlichsten Auffassungen von Projektmanagement. Auch hier liefert die DIN 69901 eine Definition. Sie versteht unter Projektmanagement die:

> *„Gesamtheit von Führungsaufgaben, -organisation, -techniken und -mitteln für die Initiierung, Definition, Planung, Steuerung und den Abschluss von Projekten.“*[69]

Die Managementlehre untergliedert den Managementbegriff häufig in eine funktionale und eine institutionelle Perspektive.[70] Das lässt sich auch auf das Projektmanagement übertragen, und so unterscheidet man analog zwischen *funktionalem* und *institutionellem Projektmanagement*.[71] Die funktionale Betrachtung unterteilt das Projektmanagement in die Bereiche Planung, Organisation, Führung und Kontrolle. Darunter fallen alle Aufgabenbereiche, die ein Projekt direkt betreffen, wie Projektdefinition, Projektplanung, Abwicklung und Realisation, Dokumentation, Kontrolle und Qualitätsmanagement.[72] Das

---

[63] Vgl. Bea/Scheurer/Hesselmann Projektmanagement, S. 2; Diethelm/Bernhard, S. 8, 24; Reschke, S. 11 und Schelle, S. 11. Der Begriff Netzplantechnik wurde oftmals als Synonym für Projektmanagement verwendet. Schelle verdeutlicht, dass Netzplantechnik oder Matrixorganisation einzelne Technikwerkzeuge und kein umfassendes Projektmanagementkonzept darstellen.

[64] Auch *systematisches Projektmanagement* genannt. Vgl. Bergmann/Garrecht, S. 210.

[65] Vgl. Diethelm/Bernhard, S. 8, 24 und Hesseler, S. 87.

[66] Vgl. Hesseler, S. 10 und Bea/Scheurer/Hesselmann Projektmanagement, S. 2 ff..

[67] Vgl. Hesseler, S. 86 und Bergmann/Garrecht, S. 210.

[68] Vgl. Bergmann/Garrecht, S. 210 und Bea/Scheurer/Hesselmann Projektmanagement, S. 48.

[69] DIN 69901.

[70] Vgl. Steinmann/Schreyögg, S. 6 und Staehle, S. 71.

[71] Vgl. Corsten/Corsten/Gössinger, S. 6 ff.; Diethelm/Bernhard, S. 1 und Zimmermann/Stark/Rieck, S. 3 f.. Diese beiden Dimensionen müssen sich gegenseitig nicht ausschließen und werden deshalb nachfolgend als komplementär behandelt.

[72] In diesem Zusammenhang spielt die Machbarkeitsanalyse eine wesentliche Rolle, sie entscheidet, ob ein Projekt überhaupt durchgeführt wird. Hier wird jedoch der Darstellung von Bea/Scheurer/Hesselmann Projektmanagement gefolgt und nicht näher auf diesen Aspekt eingegan-

institutionelle Projektmanagement indes zielt auf die beteiligten Personen und Gruppen ab. Dabei werden die Aufgaben, Kompetenzen und Verantwortlichkeiten in einem Projekt festgelegt und für eine hierarchische Einbettung des Projekts in das Unternehmen gesorgt.[73] Dazu gehören die Bestimmung des Projektleiters, die Einteilung der Projektteams und die Entscheidung für eine bestimmte Projektkultur.[74]

Um einen systematischen Ablauf des Projektmanagements zu gewährleisten, wird es in verschiedene Phasen gegliedert. Obwohl die Phasen je nach Anwendungsgebiet variieren können, ist es möglich, allgemeine Projektphasen zu identifizieren, die sich für viele Projekte eignen. Aufgrund der inhärenten Komplexität verlaufen diese Phasen jedoch nicht linear, sondern weisen untereinander eine starke Vernetzung auf.[75] Abbildung 2 zeigt den dynamischen Ablauf innerhalb des Projektmanagements. Die Phasen *Projektstart* und *Projektabschluss* stellen das Grundgerüst dar. Sie sind die relativen Fixpunkte eines Projekts und besitzen nur wenige Überschneidungen mit anderen Phasen. Beim Projektstart muss eine konkrete Definition des Projektauftrags vorliegen. Dazu benötigt es die verbindliche Übereinstimmung aller Projektbeteiligten über die Ziele, den Umfang und die Rahmenbedingungen. Mithilfe einer Projektumfeldanalyse wird vorab versucht, mögliche Einflussfaktoren, Potentiale und Problemfelder eines Projekts zu erkennen. Des Weiteren wird das Projektteam zusammengestellt. Ein ausgewogenes Projektteam mit unterschiedlichen Kompetenzbereichen ist dabei von großer Bedeutung.[76]

Beim Projektstart wird das Ziel des Projekts in Form des Projektauftrags festgelegt. Während des Projektfortschritts müssen jedoch genauere Detailziele definiert und überarbeitet werden. Diesen Vorgang repräsentiert das Modul *Zielpräzisierung*.[77] In der *Projektplanung* erfolgt zunächst die Strukturplanung, die das Projekt logisch untergliedert. Außerdem wird festgeschrieben, wann welche Aufgaben zu erledigen sind und welche Anpassungen an sich verändernde Umstände vorgenommen werden müssen. In diesem Abschnitt erfolgen zudem Aufwandsschätzung sowie Termin- und Aufgabenplanung.[78] Zur Unterstützung der Projektplanung gibt es zahlreiche Instrumente, die im Rahmen

gen. Eine erfolgreiche Machbarkeitsanalyse gilt als Voraussetzung für die nachfolgenden Betrachtungen. Vgl. Bea/Scheurer/Hesselmann Projektmanagement, S. 89 ff..

73 Vgl. Corsten/Corsten/Gössinger, S. 6 ff. und Diethelm/Bernhard, S. 1.

74 Vgl. Corsten/Corsten/Gössinger, S. 8 ff. Die Autoren verstehen unter Projektkultur eine Subkategorie der Unternehmenskultur. Stafflage, S. 11 ff. listet einen Merkmalskatalog für die Unternehmenskultur auf. Sie wird demnach durch bestimmte Wertvorstellungen, Normen und Denkmuster der Organisationsmitglieder gebildet und stellt ein „überindividuelles, soziales Phänomen“ dar. Die Projektkultur lässt sich als „Klima“ eines Projekts begreifen. Der Begriff der Projekt- und Unternehmenskultur wird in Kapitel 4.1.2 vertieft.

75 Vgl. Bea/Scheurer/Hesselmann Projektmanagement, S. 41; Jakoby, S. 102 und Burghardt, S. 17. Einen eher linearen Ablauf der einzelnen Projektphasen schildern Stöger, S. 1 und Lehner, S. 10. Wegen der Komplexität und Vernetzung der Phasen bleibt diese Position im Folgenden außen vor.

76 Vgl. Bea/Scheurer/Hesselmann Projektmanagement, S. 41, 44; Patzak/Rattay, S. 85, 126 f. und Burghardt, S. 13, 16, 210.

77 Vgl. Bea/Scheurer/Hesselmann Projektmanagement, S. 43 f..

78 Vgl. Burghardt, S. 14, 68; Ruf/Fittkau, S. 238 f. und Bea/Scheurer/Hesselmann Projektmanagement, S. 45.

des Projektmanagements zur Anwendung gelangen. Ein häufig eingesetztes Verfahren für die Strukturplanung ist die Erstellung eines Projektstrukturplans der das gesamte Projekt soweit unterteilt, bis eine Definition von Arbeitspaketen möglich wird.[79] Terminliche Aspekte von Projekten können beispielsweise durch Gantt-Charts oder die Transplantechnik gehandhabt werden. Ein universelles Verfahren der Projektplanung wiederum stellt die Netzplantechnik dar.[80]

Bei Nachbesserungen in der Zielpräzisierung können sich auch Änderungen für die Planung ergeben. Ebenso ist die umgekehrte Abhängigkeit gegeben: Stellt sich heraus, dass es Fehleinschätzungen bezüglich der Projektplanung gab, kann das unter Umständen Auswirkungen auf die Zielpräzisierung haben. Dieser Fall ist besonders kritisch, wenn dadurch Veränderungen des Projektergebnisses hervorgerufen werden. Diese Zusammenhänge besitzen auch in der Phase der *Projektrealisation* Gültigkeit. Sie bezieht sich auf komplexe Problemkonstellationen, die während der Bearbeitung eines Projekts auftreten. Die Definition von genauen Problemlösungswegen kann sich zu Beginn eines Projekts als schwierig erweisen oder sich im Projektverlauf ändern. In Anbetracht der gegebenen Vernetzung ist auch hier eine Beeinflussung durch die anderen Phasen möglich.[81] Solche Dynamik findet sich auch in der *Projektkontrolle*. Durch einen ständigen Soll/Ist-Vergleich können Planabweichungen schnell erkannt und Gegenmaßnahmen ergriffen werden. In der Regel sollten quantifizierbare Projektgrößen wie Zeit, Aufwand, Kosten und, wenn möglich, die Qualität in die Kontrollanalyse eingearbeitet werden.[82]

Bei Projektabschluss stehen zunächst die Projektabnahme und ein systematischer Abschluss im Vordergrund. Zudem gilt es darauf zu achten, die Projekterfahrungen und -erkenntnisse zu bewahren und gewonnenes Wissen zu speichern, da sich das Projektteam nach dem Projektabschluss auflöst.[83]

Abbildung 2 stellt zudem zwei den ganzen Verlauf des Projektmanagements begleitende Prozesse dar. Es handelt sich um das *Qualitätsmanagement* und das *Chancen- und Risikomanagement*. Sie beeinflussen alle Phasen des Projektmanagements und umrahmen diese. Das Verständnis von Qualität ist subjektiver Natur und hängt stark von individuellen Wahrnehmungen ab. Allgemein lässt sich Qualität als Grad der Übereinstimmung zwischen den Anforderungen resp. Erwartungen der Auftraggeber und dem Projektergebnis definieren und betrifft damit die Einhaltung zuvor festgelegter Ziele.[84] Unter Risiko

---

79 Die Abbildung dieser Untergliederung erfolgt in Diagrammen, die eine Baumhierarchie repräsentieren.

80 Für eine detaillierte Darstellung der Instrumente vgl. Corsten/Corsten/Gössinger, S. 108 ff. und Diethelm/Bernhard, S. 346 ff..

81 Vgl. Bea/Scheurer/Hesselmann Projektmanagement, S. 45.

82 Vgl. Burghardt, S. 14 f., 68; Patzak/Rattay, S. 318 und Bea/Scheurer/Hesselmann Projektmanagement, S. 45 f.

83 Vgl. Patzak/Rattay, S. 387, 399 f.; Bea/Scheurer/Hesselmann Projektmanagement, S. 46 und Burghardt, S. 13, 16, 210.

84 Vgl. Bea/Scheurer/Hesselmann Projektmanagement, S. 46 f. und Klose, S. 194. Klose [2009] betrachtet das Qualitätsmanagement als Funktion innerhalb der Projektkontrolle. Diese Arbeit folgt gleichwohl der Auffassung von Bea et al., die das QM als begleitenden, phasenübergreifenden Prozess sehen.

versteht man die Gefahr, ein geplantes Projektergebnis nicht zu erreichen. Eine Chance hingegen bezeichnet die Möglichkeit, das angestrebte Projektergebnis zu übertreffen. In der Praxis wird das Management von Risiken meist dem der Chancen vorgezogen, um schädliche Projekteinflüsse abzuwenden.[85]

Zusätzlich ist die Möglichkeit des Projektabbruchs zu erwähnen, der prinzipiell zu jedem Zeitpunkt erfolgen kann, und daher aus Gründen der Lesbarkeit in der Abbildung nicht reflektiert wird.

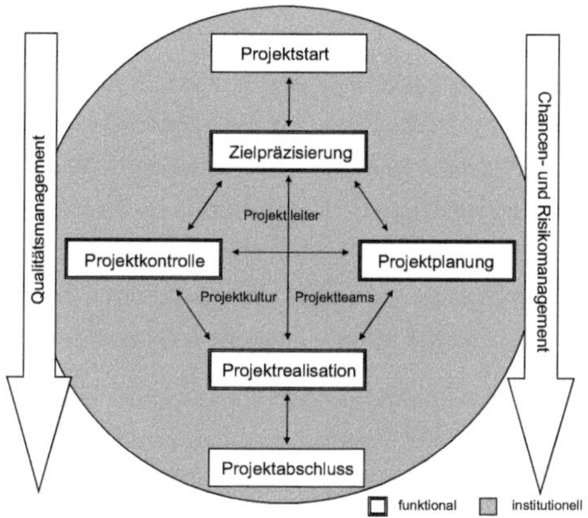

Abbildung 2: Phasen des Projektmanagements[86]

Während Projektmanagement früher vorwiegend der effizienten Projektabwicklung diente, stellt es heutzutage einen wesentlichen Bestandteil der strategischen Unternehmensführung mit dem Zweck dar, nachhaltige Wettbewerbsvorteile zu generieren. Dabei sind ökonomische Werte zentral, d. h. ein effizientes und effektives Management.[87] In der Literatur wird häufig vom magischen Dreieck der Projektsteuerung[88] gesprochen. Die Hauptaufgabe des Projektmanagements liegt demnach darin, ein Projekt innerhalb seiner Zieldimensionen erfolgreich zu steuern. Die Eckpunkte des Dreiecks markieren Kosten/Budget, Zeit/Termine und Leistung/Qualität. Diese Dimensionen stehen zueinander in einem Spannungsverhältnis:[89] Eine Terminverkürzung innerhalb eines Projekts

85 Vgl. Bea/Scheurer/Hesselmann Projektmanagement, S. 45 f.; Geiger et al., S. 109 und Prokein, S. 7.

86 Eigene Abbildung in Anlehnung an Bea/Scheurer/Hesselmann [2008], S. 42.

87 Vgl. Bea/Scheurer/Hesselmann Projektmanagement, S. 7 ff.. Bei der Projekteffizienz ist die Wirtschaftlichkeit ausschlaggebend. Im Zuge dessen empfehlen Bea et al. die Durchführung von Soll-Ist- und Soll-Wird-Vergleichen. Für die Projekteffektivität muss sichergestellt sein, dass die richtigen Projekte ausgewählt, über den Abbruch oder die Weiterführung von Projekten entschieden und abgeschlossene Projekte analysiert werden.

88 Vgl. Bea/Scheurer/Hesselmann Projektmanagement, S. 9 f. und Ruf/Fittkau, S. 9, 15 f. Ruf/Fittkau sprechen in diesem Zusammenhang vom Teufelsquadrat des Projektmanagements, das Leistung/Funktionalität, Qualität, Projektdauer und Projektressourcen als getrennte Zielsetzungen aufführt.

89 Vgl. Diethelm/Bernhard, S. 60; Bergmann/Garrecht, S. 228 und Kraus/Westermann, S. 21.

kann beispielsweise mit einem höheren Ressourceneinsatz ausgeglichen werden, welcher entweder höhere Kosten verursacht oder auch zu Qualitätseinbußen führt.[90] Dieser Balanceakt zwischen den drei Managementparametern bildet die zentrale Aufgabe des Projektmanagements.[91] Eine ideale Handlungsmaxime lässt sich nicht deklarieren, weil die Empfehlungen je nach Projekt und Schwerpunktsetzung innerhalb der Parameter variieren können.[92] In der Literatur wird jedoch auch kritisch vermerkt, dass das magische Dreieck nicht ISO 9000[93]-konform ist. Des Weiteren suggeriere der Ausdruck „magisch" eine Denkrichtung, die für eine strukturierte Vorgehensweise im Projektmanagement weniger geeignet scheine.[94]

Nutzenpotentiale des Projektmanagements liegen in der Festlegung klarer Prioritäten innerhalb des Projekts. Eine effiziente Ressourcenverwendung kann bspw. durch die Nutzung von Know-how und Kenntnissen über Verfügbarkeiten realisiert werden. Projektmanagement soll dabei unterstützen, die Komplexität von Projekten aufzubrechen. Über Methodiken und Instrumente werden eine differenzierte Vorgehensweise der Projektmitarbeiter angestrebt und Statusaussagen über den Stand eines Projekts ermöglicht. Die Teamarbeit wird gefördert, und die Mitarbeiter sollen Verantwortung übernehmen.[95]

Weiterführende Ziele des Projektmanagements können in der Schaffung einer Teamstruktur oder in der Überprüfung der Managementtauglichkeit von Mitarbeitern liegen. Außerdem können Projekte zu komplexen Lernprozessen beitragen, insbesondere in interdisziplinär aufgestellten Projektteams.[96]

Neben dem prinzipiellen Nutzen, den das Projektmanagement stiftet, gibt es jedoch eine Reihe von Erfolgsfaktoren, die zu beachten sind. Generell lässt sich sagen, dass Erfolgsfaktoren über den Erfolg oder Misserfolg eines Projekts entscheiden.[97] Es ist allerdings schwer, allgemeingültige Aussagen über Erfolgsfaktoren im Projektmanagement zu treffen. Dies liegt vor allem daran, dass der Projekterfolg in jedem Projekt anders definiert wird. Die Erfolgsmessung kann demnach nicht universell, d. h. für jedes Projekt gleich vonstatten gehen, sondern hängt entscheidend von folgenden Merkmalen ab: *Gegenstandsbereich*; *Messobjekt*; Interessengruppen und Personen im Sinne eines *Messsubjekts*; ökonomischen, technischen und sozialen *Messgrößen*; *Referenzgrößen* und *Messzeitpunkt*.[98]

[90] Vgl. Bergmann/Garrecht, S. 228.
[91] Vgl. Gernert, S. 8.
[92] Vgl. Diethelm/Bernhard, S. 63.
[93] Die ISO 9000 ist eine Norm für das Qualitätsmanagement. Es wird bemängelt, dass die Dimensionen des magischen Dreiecks nicht mit der Definition des Qualitätsbegriffs der ISO 9000 übereinstimmen.
[94] Vgl. Hesseler, S. 96. Kraus/Westermann, S. 20 f. sprechen von einem „Teufelsdreieck".
[95] Vgl. Patzak/Rattay, S. 29; Wack, S. 8 und Diethelm/Bernhard, S. 28.
[96] Vgl. Herzog, S. 17.
[97] Vgl. Bea/Scheurer/Hesselmann Projektmanagement, S. 97.
[98] Vgl. Corsten/Corsten/Gössinger, S. 41, 45.

Anstelle einzelner Erfolgsfaktoren bietet sich eine Einteilung in verschiedene Bereiche bzw. Blöcke an,[99] etwa branchen-, markt- oder unternehmensspezifisch. Je nach der gewählten Spezifikation sind unterschiedliche Bestimmungsgrößen von Bedeutung, wie beispielsweise Marktanteil und Qualität der Produkte oder Dienstleistungen. Die Erfolgsfaktoren basieren dabei auf den Werten und Normen der jeweiligen Unternehmenskultur. Einen weiteren Bereich steckt die erfolgreiche Einbettung der Projektorganisation in die Gesamtorganisation ab. Entsprechende Schwierigkeiten können eine erfolgreiche Projektarbeit gefährden. Es ist demnach elementar, dass das Management das Projekt unterstützt und die notwendigen Ressourcen zur Verfügung stellt. Darüber hinaus lassen sich harte und weiche Faktoren unterscheiden: Ein typischer harter Erfolgsfaktor ist das Projektmanagementsystem. Darin enthalten sind u. a. Merkmale wie die Sicherheit des Auftrags, klare und messbare Ziele sowie eindeutige und angemessene Projektmanagementmethoden und -hilfsmittel. Bei den weichen Faktoren steht der Mensch im Vordergrund und mit ihm seine Qualifikationen und Einstellungen, seine Motivation und sein Interesse. Wichtige Merkmale sind ferner eine passende Projektorganisation sowie Schulungsmöglichkeiten für die Projektmitarbeiter.[100]

Zur Messung der Erfolgsfaktoren muss sichergestellt sein, dass diese quantitativ und wenn möglich auch monetär bewertbar sind.[101]

2.2 Grundlagen des IT-Projektmanagements

2.2.1 IT-Projekte

Die historische Entwicklung von einfachen Rechenhilfsmitteln hin zu leistungsfähigen Rechnern vollzog sich über einen langen Zeitraum[102] und dauert bis heute an. In den 1960er-Jahren kam es zu einem rasanten Entwicklungssprung in der Computerhardware, zu den Computern der 3. Generation. Computerprojekte, die bislang als nicht realisierbar galten, wurden durch die gesteigerte Leistungsfähigkeit der Hardware plötzlich möglich.[103] Das enorme Voranschreiten der Hardwareleistung begleitete die Softwareprogrammierung jedoch nicht in der gleichen Geschwindigkeit. So waren die neuen Maschinen schwieriger in ihrer Handhabung, was eine deutlich höhere Komplexität bedeutete.[104] Die Softwareentwicklung war auf solch schnellen Fortschritt nicht vorbereitet und

99 Vgl. Corsten/Corsten/Gössinger, S. 45.
100 Vgl. Hesseler, S. 97 f. und Stöger, S. 20.
101 Vgl. Hesseler, S. 99.
102 Für eine ausführlichere Darstellung siehe Richter/Sander/Stucky, S. 20 ff.; Schefe, S. 23 und Graf, S. 18 f.
103 Vgl. Richter/Sander/Stucky, S. 24 f. und de Beauclair.
104 Zitat Dijkstra: „(To put it quite bluntly:) as long as there were no machines, programming was no problem at all; when we had a few weak computers, programming became a mild problem, and now we have gigantic computers, programming has become an equally gigantic problem.“ Dijkstra, S. 3.

lag in ihrer Entwicklung plötzlich um Jahre zurück. Dies war der Beginn der so genannten *Softwarekrise*.[105]

1967 gab das wissenschaftliche Komitee der NATO eine Forschungsgruppe für Computerwissenschaft in Auftrag. Ein Jahr später fand in Garmisch-Partenkirchen eine Tagung unter dem Namen *NATO Software Engineering Conference* statt. Der Begriff „Software Engineering", zu Deutsch Softwareentwicklung, wurde für damalige Verhältnisse bewusst provokativ gewählt. Es bestand die dringende Notwendigkeit, die Fachdisziplin theoretisch und praktisch zu fundieren. „Software Engineering" war dabei dem Vorbild des traditionellen Ingenieurwesens entlehnt.[106]

Die anfänglich noch rudimentären Maschinensprachen wurden bald durch, dem Menschen näherliegende, problemorientierte Programmiersprachen ersetzt, und heute stehen zahlreiche leistungsstarke Programmiersprachen zur Verfügung.[107] Die Vielzahl der Weiterentwicklungen löst jedoch die Problematik der Softwareentwicklung nicht. Softwareentwicklung ist ein komplexes Vorhaben und unterscheidet sich in ihren Merkmalen von anderen Projektarten. Der kommende Abschnitt beschäftigt sich daher mit den Besonderheiten von IT-Projekten und dem Lebenszyklus von Software.

Der Begriff *Software* umfasst in einem engeren Begriffsverständnis die Gesamtheit aller Programme. Programme werden gemeinsam mit Daten und Dokumentationen im Zusammenspiel mit einem Computer zur Aufgabenerledigung eingesetzt.[108] Ein Programm besteht aus verschiedenen Algorithmen, welche Vorschriften, Arbeitsanweisungen und Handlungsanleitungen beinhalten. Um einen Algorithmus auszuführen, muss dieser in einer für den Computer interpretierbaren Maschinensprache geschrieben sein.[109] Gemäß der Erweiterung des engen Begriffsverständnisses werden unter Software auch alle Teil- und Zwischenprodukte verstanden, die während ihrer Entwicklung entstehen.[110]

IT-Projekte stellen eine Subkategorie von Projekten mit dem Schwerpunkt auf der Entwicklung von Software dar. Somit treffen die oben dargestellten Charakteristika von Projekten und des Projektmanagements auch auf den Softwarebereich zu.[111] Auch haben IT-Projekte besondere Anforderungen und Eigenschaften. Die Abwicklung von IT-Projekten

[105] Vgl. Dijkstra, S. 8 . Auf einer NATO-Tagung wurde 1968 erstmals offiziell von einer „software crisis" bzw. einem „software gap" gesprochen. Vgl. NATO, S. 70.

[106] Vgl. NATO, S. 8.

[107] Einen guten Überblick über die verschiedenen Programmiersprachen, dargestellt in ihrem Stammbaum, liefern u. a. Balzert Lehrbuch Grundlagen der Informatik: Konzepte und Notationen in UML 2, Java 5, C++ und C, Algorithmik und Software-Technik, Anwendungen, S. 78; Claus, S. 548 und Rechenberg/ Pomberger, S. 558 ff..

[108] Vgl. Balzert Lehrbuch Grundlagen der Informatik: Konzepte und Notationen in UML 2, Java 5, C++ und C, Algorithmik und Software-Technik, Anwendungen, S. 4 und Lehner/Wildner/Scholz, S. 134.

[109] Vgl. Laudon/Laudon/Schoder, S. 21; Balzert Lehrbuch Grundlagen der Informatik: Konzepte und Notationen in UML 2, Java 5, C++ und C, Algorithmik und Software-Technik, Anwendungen, S. 4 und Lang, S. 13.

[110] Vgl. Lang, S. 13.

[111] Vgl. Ruf/Fittkau, S. 7 ff..

ist zudem mit einer hohen Komplexität verbunden.[112] Der nachfolgende Abschnitt befasst sich mit den Ursachen dieser Komplexität und den Besonderheiten der Softwareentwicklung.

Die Komplexität eines Systems ergibt sich als Funktion der unterschiedlichen Anzahl von Beziehungen zwischen seinen Teilsystemen.[113] Dies gilt im Speziellen für Software, da sie sich aus vielen Elementen und Programmen zusammensetzt, die zueinander in Beziehung stehen. Die Eigenschaften von Software unterscheiden sich wesentlich von denen anderer technischer Produkte. Ein wichtiges Merkmal ist ihre Immaterialität, d. h. man kann sie weder sehen noch anfassen. Dies erschwert auch eine klare ex ante-Beschreibung von Software. Das Softwaremanagement gestaltet sich kompliziert, da es schwer vermessbar ist und hinzu kommt die Schwierigkeit, absolute Aussagen über den Status quo einer Entwicklung zu treffen. Da Software eine Schnittstelle zwischen Mensch und Maschine formt, muss auf die Besonderheiten beider Seiten geachtet werden. Ein weiterer wesentlicher Aspekt ist die Einbettung der Software in ihr Verwendungsumfeld. Um die Aktualität von Software zu gewährleisten, muss diese an wandelnde Bedingungen angepasst werden. Zudem ergeben sich immer wieder neue Anwendungsgebiete mit erhöhtem Schwierigkeitsgrad. Dadurch werden die Anforderungen an Software komplexer.[114]

Bei der Entwicklung von Software treffen zwei Prozesse aufeinander. Zum einen müssen alle Anforderungen, die aus der Arbeitsaufgabe entstehen, aus softwaretechnischer Sicht erfüllbar sein, zum anderen muss die Gestaltung der Arbeitsaufgabe die technischen Gegebenheiten berücksichtigen. Es gilt demnach software- und aufgabenspezifische Aspekte der Entwicklung zu vereinen.[115]

Deswegen ist eine strukturierte Planung des Softwareentwicklungsprozesses unbedingt notwendig und daher wurde der komplette Lebenszyklus der Softwareentwicklung in verschiedene Phasen eingeteilt, die umfassend und vollständig sein sollten, d. h. von den ersten Ideen bis zu ihrer Ablösung. In der Literatur finden sich unterschiedliche Darstellungen dieser Phasen der Softwareentwicklung, wobei sich die folgende an Balzert [1996] orientiert.[116]

Am Beginn einer Entwicklung steht die *Planungsphase*, in welcher über die Machbarkeit des Projekts entschieden wird. Dabei wird die zu entwickelnde Software aus ökonomischer, technischer und personeller Perspektive beleuchtet und der voraussichtliche Aufwand ermittelt. Hauptbestandteile der Planungsphase sind die Auswahl des zu erstellenden Produkts, die Voruntersuchung und eine Durchführbarkeitsanalyse. Ergebnis dieser Phase ist u. a. das Lastenheft, das die Anforderungen an ein System hinsichtlich dessen

---

[112] Vgl. Lehner/Wildner/Scholz, S. 134.
[113] Vgl. Heinrich, S. 36, 65.
[114] Vgl. Balzert Lehrbuch der Softwaretechnik, S. 27 ff. und Lehner/Wildner/Scholz, S. 134.
[115] Vgl. Weltz/Ortmann, S. 13.
[116] Vgl. Lehner/Wildner/Scholz, S. 134; Fink/Schneidereit/Voß, S. 178 und Albers/Rüschenbaum, S. 140.

Funktionen, Qualität und Prozessen definiert. Oftmals dient das Lastenheft auch als Vertragsgrundlage zwischen Auftraggeber und -nehmer. Weiterhin werden die Projektkosten mittels einer Projektkalkulation geschätzt und ein Projektplan erstellt, der den Projektzeitraum mit Beginn- und Endzeitpunkt sowie einzelne Phasen und Schritte festlegt.[117]

Der Planungsphase schließt sich die *Definitionsphase* an, in welcher eine detaillierte Modellierung der zu entwickelnden Software erfolgt. Der Ermittlung weiterer Anforderungen und ihrer Analyse dienen die im Lastenheft bereits niedergelegten Hauptanforderungen als Grundlage. Alle Anforderungen werden dann in einem sogenannten Pflichtenheft festgehalten.[118]

In der *Entwurfsphase* entsteht die Spezifikation der Softwarearchitektur. Dabei wird der statische Aufbau der Software durch einzelne Softwarekomponenten bestimmt. Die Komponenten stellen einzelne, voneinander stets abgrenzbare Funktionseinheiten dar. Um diese in einer Architektur abbilden zu können, werden zwischen den Komponenten und deren Aufgaben Beziehungen dargestellt.[119]

Das Architekturmodell bildet den Ausgangspunkt der *Implementierungsphase*. Darin werden Datenstrukturen und Algorithmen konzeptioniert. Die entstehenden Programme werden durch verschiedene Abstraktionsebenen verfeinert. Wichtig für diese Phase ist die Dokumentation der Problemlösung und der Implementierungsentscheidungen. Durch die Verwendung von Programmiersprachen werden die Programme in Programmcode umgesetzt und erste Evaluationsmaßnahmen ergriffen. Die Evaluation umfasst die Verifikation und Validierung bzw. Validation eines Systems. Dabei werden die Ziele eines Softwareprojekts mit den Ergebnissen der Konstruktion verglichen. Bei der *Verifikation* wird die Korrektheit des Systems überprüft, also die Übereinstimmung der Software mit der Anforderungsspezifikation. Die Validierung resp. Validation wird in der nachfolgenden Phase durchgeführt.[120]

In der *Abnahme- und Einführungsphase* wird das erstellte System weiter evaluiert und getestet. Die *Validierung* bzw. *Validation* ist im Gegensatz zu der Verifikation eine anwenderorientierte Überprüfung, wobei das System neben den fachlichen Anforderungen auf Effizienz und Portabilität getestet wird, d. h. seine Eignung hinsichtlich des Einsatzzwecks überprüft. Daraufhin wird die Software beim Abnehmer eingeführt. Dabei inbe-

---

[117] Ein Verfahren der Projektkalkulation kann beispielsweise die Analogiemethode sein, bei der aufbauend auf den Erfahrungen früherer Softwareprojekte Schlüsse für das zukünftige Projekt gezogen werden. Weitere mögliche Methoden sind Expertenbefragungen oder die Funktionspunktanalyse. Für einen Projektplan kommen Abhängigkeitsdiagramme, Gantt- oder PERT-Diagramme in Frage. Vgl. hierzu Lehner/Wildner/Scholz, S. 135 und Balzert Lehrbuch der Softwaretechnik, S. 56 ff..

[118] Vgl. Lehner/Wildner/Scholz, S. 136 und Fink/Schneidereit/Voß, S. 179 f.

[119] Abhängig von der Größe und Komplexität des Projekts wird oftmals ein Grobentwurf der Architektur erstellt und zusätzlich ein detaillierter Feinentwurf. Modellierungsmethoden sind z. B. Datenmodellierung oder objektorientierte Modellierung. Ein Modellierungswerkzeug stellt beispielsweise die UML dar. Vgl. Lehner/Wildner/Scholz, S. 137 und Fink/Schneidereit/Voß, S. 180.

[120] Vgl. Balzert Lehrbuch der Softwaretechnik, S. 926 ff.; Fink/Schneidereit/Voß, S. 181 und Budde, S. 13.

griffen sind sowohl die Installation als auch die Benutzerschulung und die Inbetriebnahme der Software. Zur Dokumentation dieses Vorgangs dienen Abnahme- und Einführungsprotokolle. [121]

In die abschließende *Wartungs- und Pflegephase* fügen sich Aufgaben wie Fehlerkorrektur, Anpassungen der Software aufgrund neuer Anforderungen, neuer Funktionen oder sich ändernder Umweltgegebenheiten. Wartungsarbeiten werden zur Behebung aufgetretener Fehlerursachen durchgeführt. Unter Pflegearbeiten versteht man hingegen Änderungen bzw. die Erweiterung der Software. Beides zusammen, Wartung und Pflege, führt zu neuen Systemversionen, sogenannten Releases.[122]

2.2.2 IT-Projektmanagement

Die in 2.1.2 vorgestellten Rahmenbedingungen des Projektmanagements gelten auch für die des IT-Projektmanagements, jedoch mit auf IT-Projekte justiertem Fokus.[123] Aufgrund des Schwerpunkts der vorliegenden Arbeit liegt das Augenmerk der nachfolgenden Beschreibung auf den Vorgehensmodellen des IT-Projektmanagements.

Um die organisatorischen und technischen Anforderungen der Softwareentwicklung in Einklang zu bringen, wurde seit den 1960er-Jahren nach unterschiedlichen Methoden gesucht, die eine bessere Handhabung von Entwicklungsprojekten zum Ziel hatten. In diesem Zusammenhang entstanden zahlreiche Vorgehensmodelle[124], die den Prozess der Softwareentwicklung in verschiedene Arbeitsschritte unterteilen.[125] Der in Kapitel 2.2.1 vorgestellte Lebenszyklus von Software findet sich oftmals in Teilen oder nahezu komplett in diesen Vorgehensmodellen wieder. Dabei lässt sich eine Reihe von allgemeinen Aktivitäten identifizieren, die einen wiederkehrenden Charakter aufweisen. Vorgehensmodelle setzen auf diesen Aktivitäten bzw. Phasen auf und geben einen Ordnungsrahmen für den Softwareentwicklungsprozess vor. Dadurch soll ein effizienter und effektiver Ablauf erreicht werden. Die Einhaltung der Ablaufvorgaben bildet die Grundlage der Kontroll- und Steuerungsprozesse für die Entwicklung.[126]

Vorgehensmodelle (englisch *life cycle models*) waren ursprünglich für die Betrachtung des ganzen Softwarelebenszyklus gedacht. Die Abbildung der gesamten Lebensdauer, d. h. von der Entwicklung der Software bis zu ihrer Ablösung, erreichen die verschiedenen Modelle jedoch nicht bzw. streben sie auch nicht an. Sie enden meist in der Pflege-

---

[121] Vgl. Fink/Schneidereit/Voß, S. 181; Budde, S. 13 und Lehner/Wildner/Scholz, S. 140 f.

[122] Vgl. Balzert Lehrbuch der Softwaretechnik, S. 966 ff.; Fink/Schneidereit/Voß, S. 182 und Lehner/Wildner/Scholz, S. 141.

[123] Vgl. Ruf/Fittkau, S. 9 und Etzel, S. 3.

[124] In der Literatur auch *Prozessmodelle* genannt. Vgl. hierzu Fink/Schneidereit/Voß, S. 184 und Pomberger/Pree, S. 11.

[125] Vgl. Hesse/Merbeth/Frölich, S. 13 f.; Rechenberg/Pomberger, S. 827 und Schwarzer/Krcmar, S. 137.

[126] Vgl. Schwarzer/Krcmar, S. 137 und Fink/Schneidereit/Voß, S. 184.

und Wartungsphase.[127] Vorweg ist außerdem anzumerken, dass es kein optimales Vorgehensmodell gibt. Dessen Wahl hängt von der Art des Projekts und dem Projektteam ab. Prinzipiell lässt sich sagen, dass ein statisches Modell mit starrer Phaseneinteilung eher für die Erklärung theoretischer Zusammenhänge der Softwareentwicklung geeignet ist, als dass es sich in der Praxis zu bewähren vermag.

Die Literatur kennt die verschiedensten Klassifikationen für Vorgehensmodelle. Die nachfolgende ist auf einer gewollt höheren abstrakten Ebene angesiedelt und setzt sich nicht zum Ziel, die in der Literatur vorhandenen Subkategorien zu erfassen.[128] Es werden vor allem solche Modelle angesprochen, die von historischer Bedeutung sind, hohe Praxisrelevanz aufweisen oder unterschiedliche Denkrichtungen beinhalten.[129] An dieser Stelle sei von einer detaillierten Beschreibung der Vorgehensmodelle abgesehen und auf den Anhang verwiesen, wo sie ausführlich behandelt werden.

Phasenmodelle sehen einen sequentiellen Ablauf vor. Diese ersten Modelle der Softwareentwicklung repräsentieren den Lebenszyklus einer Software.[130] Aufgrund der Unzulänglichkeiten dieser sequentiellen Vorgehensmodelle wurde ihnen das *Prototyping* gegenübergestellt, das auf eine schnelle Entwicklung und Auslieferung von Systemversionen abzielt und den Systemanwender früh einbezieht.[131] *Nichtlineare, inkrementelle und iterative Vorgehensmodelle* markieren eine weitere Entwicklungsstufe. Sie setzen grundsätzlich auf den Phasen des Softwareentwicklungsprozesses auf, lassen diese jedoch immer wieder zyklisch durchlaufen, bis eine abnahmefähige Systemversion entsteht.[132] Die neuesten Modelle beschäftigen sich mit der *agilen Softwareentwicklung.* Das Wort *agil* ist lateinischen Ursprungs und kann mit „schnell", „rasch" oder „leicht beweglich" übersetzt werden. Der Softwareentwicklungsprozess ist hier stark durch den Anwender geprägt. Unter der Beachtung von Zeit- und Kostenplanung stimmt sich dieser mit den Entwicklern über Inhalt und Schwerpunkte ab.[133]

Das *V-Modell* ist ein Vorgehensmodell mit langer Tradition. Es kann nicht eindeutig einer der eben skizzierten Gruppen zugeordnet werden. Ebenfalls von Boehm in den 1980er-Jahren entwickelt, stellt es eine Erweiterung seines Wasserfallmodells dar. Kernpunkt des Modells ist die starke Gewichtung von Qualitätssicherungsmaßnahmen, die durch die stete Verifikation und Validation bzw. Validierung erreicht wird.[134] Seit der Entstehung des V-Modells in den 1980er-Jahren erfuhr es zahlreiche Verfeinerungen. Heute liegt es un-

[127] Vgl. Hesse/Merbeth/Frölich, S. 30; Janßen/Bundschuh, S. 21 und Schwarzer/Krcmar, S. 138.

[128] Die Kategorienbildung in der Literatur ist facettenreich und es mangelt ihr an einer einheitlichen Terminologie. Eine detaillierte Darstellung verschiedener Kategorien von Vorgehensmodellen liefern Hesse/Merbeth/Frölich; Ruf/Fittkau und Bunse/Knethen.

[129] Vgl. Helmke/Höppner/Isernhagen, S. 170.

[130] Vgl. Hesse/Merbeth/Frölich, S. 30; Janßen/Bundschuh, S. 21 und Schwarzer/Krcmar, S. 138.

[131] Vgl. Fink/Schneidereit/Voß, S. 187 f.; Laudon/Laudon/Schoder, S. 936 ff. und Hesse/Merbeth/Frölich, S. 63 ff.

[132] Vgl. Fink/Schneidereit/Voß, S. 188 f.

[133] Vgl. Rechenberg/Pomberger, S. 831.

[134] Vgl. Fink/Schneidereit/Voß, S. 186.

ter dem Namen V-Modell XT in der Version 1.4 vor. In der Regel kommt es eher bei großen Projekten mit relativ hohem Regelungsbedarf zum Einsatz. Das V-Modell XT wird zudem auch als *„Vorgehensmodell für Vorgehensmodelle“*[135] bezeichnet. Dank der großen Konfigurationsmöglichkeiten lassen sich Anpassungen an spezielle Projekte vornehmen. Die Auswahl an Projektdurchführungsstrategien eröffnet beispielsweise auch die Integration von UML oder agilen Softwareentwicklungsmethoden.[136] Im V-Modell selbst wird seine Kompatibilität mit den inkrementellen, komponentenbasierten und prototypischen SW-Entwicklungsmethoden angesprochen.[137] Da das V-Modell XT in dieser Arbeit als Grundlage für die Betrachtung des Wissensmanagements in der Softwareentwicklung fungiert, wird es im folgenden Kapitel gesondert betrachtet.

[135] Höhn/Höppner Das V-Modell XT: Grundlagen, Methodik und Anwendungen, S. 1.
[136] Vgl. Höhn/Höppner Das V-Modell XT: Grundlagen, Methodik und Anwendungen, S. 2, 298 f.
[137] Vgl. V-Modell XT, Teil 3, S. 43.

3 Das V-Modell® XT

3.1 Aufbau, Zielsetzung und Leitfaden

3.1.1 Aufbau und Zielsetzung

Das V-Modell XT®[138] stellt ein Vorgehensmodell dar, das bei der Planung und Durchführung von Projekten unterstützt. Es ist in Form eines Leitfadens aufgebaut, gibt konkrete und standardisierte Vorgehensweisen vor, definiert dazugehörige Ergebnisse und legt Verantwortlichkeiten in Form von Rollen fest.[139] Eine häufig zitierte Aussage führt zu einem ersten Grundverständnis: *„Das V-Modell regelt also detailliert, ‚Wer' ‚Wann' ‚Was' in einem Projekt zu tun hat."*[140] Die standardisierte und methodische Vorgehensweise eignet sich besonders für die systematische Handhabung komplexer Projekte, ist aber auch für kleine und mittelständische Unternehmen zur Systematisierung ihrer Vorgehensweise von Relevanz.[141]

Das V-Modell XT umfasst das Vorgehensmodell, die Methodenzuordnung sowie funktionale Werkzeuganforderungen.[142]

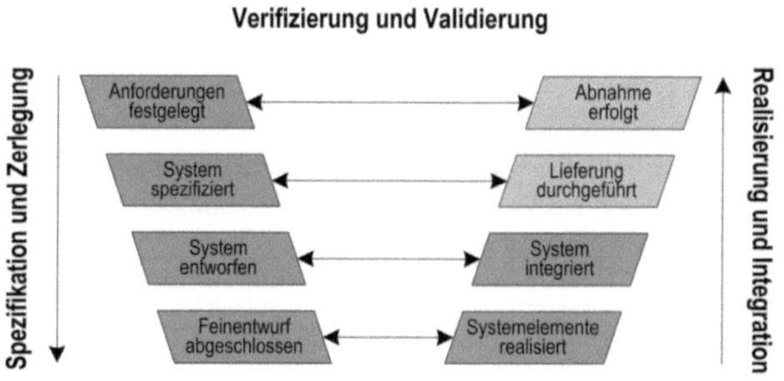

Abbildung 3: Das „V" des V-Modells XT[143]

Es unterteilt auch die im Rahmen von Projekten notwendige Zusammenarbeit von Auftraggeber (AG) und Auftragnehmer (AN). Die Vorgaben des V-Modells XT gelten als Vertragsgrundlage zwischen den Parteien, und es regelt zudem die Verantwortlichkeiten und die Vergleichbarkeit von Angeboten bei Ausschreibungen.[144]

138 Das V-Modell XT® ist eine eingetragene Marke, die rechtlich geschützt ist. Fortan wird es als V-Modell XT oder verkürzt als V-Modell bezeichnet. „XT" steht für „extreme Tailoring" und verweist auf die hohe Anpassbarkeit des V-Modells.

139 Vgl. V-Modell XT, Teil 1, S. 4.

140 V-Modell XT, Teil 1, S. 6 und vgl. S. 11.

141 Vgl. V-Modell XT, Teil 1, S. 6.

142 Vgl. V-Modell XT, Teil 1, S. 4, 6.

143 V-Modell XT [2012], Teil 1, S. 35.

144 Vgl. V-Modell XT, Teil 1, S. 6.

Das V-Modell XT liegt in der aktuellen Version 1.4 vor und baut auf dem V-Modell 97 auf. Seit 1997 gilt es als Entwicklungsstandard für IT-Systeme für alle zivilen und militärischen Bereiche der Bundesrepublik Deutschland. Die Planung und Durchführung von Entwicklungsprojekten wird während des gesamten Systemlebenszyklus unterstützt.[145] Das „V" steht nicht, wie man vermuten könnte, für Vorgehensmodell sondern dafür, dass sich bei der Systementwicklung die Spezifikation und Zerlegung der Realisierung und Integration einander gegenüberstehen. Zusätzlich werden auf jeder Stufe des Entwicklungsprozesses Maßnahmen zur Verifizierung und Validierung durchgeführt. Abbildung 3 verdeutlicht dieses Prozedere.

Das V-Modell ist für viele Projektkonstellationen geeignet und unterstützt auch die daraus resultierenden unterschiedlichen Anforderungen an den Prozessablauf. Dafür werden verschiedene Projekttypen und Projekttypvarianten unterschieden, die jeweils eine passende Projektdurchführungsstrategie nach sich ziehen. Diese gibt für jeden Projekttyp bzw. jede -variante Vorgehensbausteine verpflichtend vor und hält weitere optional bereit. Ein Vorgehensbaustein beinhaltet konkrete projektspezifische Aufgabenstellungen. Darin werden die zu erstellenden Produkte sowie die dafür notwendigen Aktivitäten verankert und alle beteiligten Rollen definiert. Zur Sicherstellung des Qualitätsstandards im V-Modell sind gewisse Vorgehensbausteine obligatorisch, sie sind im V-Modell-Kern zusammengefasst.[146]

Die Entscheidung für eine Projekttypvariante steckt den Rahmen für die Projektdurchführungsstrategie ab. Hierbei werden Entscheidungspunkte definiert, die den Projektablauf strukturieren. Zusätzlich werden anhand von Projektfortschrittsstufen die Projektfortschritte evaluiert. Diese Evaluation liefert die Entscheidungsgrundlage für die Fortführung des Projekts oder das Einleiten von Korrekturmaßnahmen. In den V-Modell-Referenzen sind die Inhalte des V-Modells zusammengestellt. Die Beschreibung und die Beziehungen der Produkte, die Aktivitäten und Rollen ändern sich hierbei nicht. Sie können jedoch je nach Projekttypvariante anders gruppiert oder inhaltlich verkürzt werden.[147]

Mit der Anwendung des V-Modells werden vier wesentliche Zielsetzungen verfolgt, erstens: die *Verringerung der Projektrisiken*. Das V-Modell XT sorgt für eine bessere Planbarkeit und Nachvollziehbarkeit von Projekten, wodurch die Projekttransparenz steigt. Planabweichungen und Risiken können somit frühzeitig erkannt werden. Zweitens: die *Optimierung und Aufrechterhaltung der Qualität*. Infolge der besseren Handhabung können zuverlässige und qualitativ hochwertige Ergebnisse erreicht und somit die Erfolgswahrscheinlichkeit der durchgeführten Projekte vergrößert werden. Vereinheitlichte Produktinhalte machen die Produktergebnisse leichter verständlich und überprüfbar. Drittens: die *Beherrschung der Gesamtkosten*. Die Aufwände für den kompletten Projekt-

[145] Vgl. V-Modell XT, Teil 1, S. 6
[146] Vgl. V-Modell XT, Teil 1, S. 11.
[147] Vgl. V-Modell XT, Teil 1, S. 11; Teil 8, S. 48.

und Systemlebenszyklus[148] können durch die standardisierte Vorgehensweise besser geschätzt und gesteuert werden. Viertens: die *Optimierung der Kommunikation.* Die standardisierte Beschreibung aller wichtigen Bestandteile und Begrifflichkeiten verhilft den Projektbeteiligten zu einem einheitlichen Begriffsverständnis. Kommunikationsbedingte Missverständnisse lassen sich somit reduzieren.[149]

3.1.2 Der V-Modell XT-Leitfaden

Der Leitfaden des V-Modells ist entweder online auf den Homepages des BIT[150] und der IAGB[151] als HTML-Version abrufbar oder als PDF-Datei von den genannten Homepages herunterladbar.[152] Der V-Modell-Leitfaden umfasst 932 Seiten und ist in neun Teile gegliedert (s. Abb. 4).

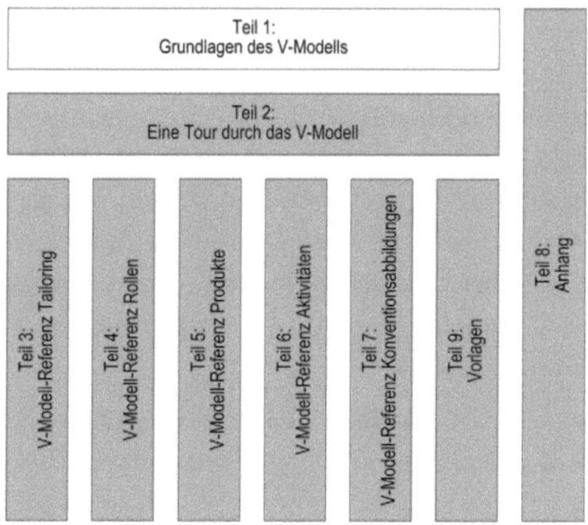

Abbildung 4: Dokumentenaufbau[153]

Bis auf den Anhang in Teil acht besitzen alle Teile den gleichen Einleitungsaufbau mit Ausführungen zu Zielsetzung und Zielgruppen sowie zu Inhalt und Aufbau des Kapitels. Teil drei bis sechs geben zusätzlich Hinweise zur Darstellung in der V-Modell-Referenz.

Teil eins und Teil zwei formen das Grundgerüst des V-Modells und sollten von allen Projektbeteiligten gelesen und verstanden werden. Die restlichen Kapitel dienen als Nachschlagewerk während der Projektarbeit. Je nach Rolle besitzen bestimmte Kapitel für

148 In Bezug auf Entwicklung, Herstellung, Betrieb und Pflege.

149 Vgl. V-Modell XT, Teil 1, S. 6 ff.

150 Vgl. BIT Bundesstelle für Informationstechnik (BIT): Praxisbeispiel V-Modell XT.

151 Vgl. IAGB.

152 Die PDF-Datei bildet die Grundlage für die vorliegende Arbeit, alle Quellenangaben beziehen sich auf die Version V-Modell XT [2012]: Die genauen Angaben zur Version sowie die URL sind dem Literaturverzeichnis zu entnehmen.

153 V-Modell XT [2012], Teil 1, S. 1.

einen Projektbeteiligten besondere Relevanz.[154] Eine Kurzdarstellung der Kapitel und einen Hinweis auf die Zielgruppen liefern die nachfolgenden Abschnitte.

Teil eins, die **Grundlagen des V-Modell XT**, gibt einen Gesamtüberblick über das V-Modell. Zu Beginn stehen Zielsetzung und Aufbau im Blickpunkt, dann darauf aufbauend Grundkonzepte und Besonderheiten der Projektdurchführung. Teil eins richtet sich mithin vor allem an Anwender, die mit dem V-Modell XT arbeiten wollen bzw. daran beteiligt sind, sowie an Interessierte, die sich über das V-Modell XT informieren wollen.[155]

Teil zwei macht anhand eines konkreten Beispiels eine **Tour durch das V-Modell**. Dadurch werden bereits wichtige Einblicke in den Projektalltag mit dem V-Modell XT vermittelt. So wird im Zuge der Tour ein Projekt genehmigt und definiert sowie seine Anforderungen spezifiziert. Teil zwei adressiert genau wie Teil eins alle V-Modell XT-Anwender, für den *Projektleiter*[156] ist es verpflichtend vorgegeben. Als Grundlage eines gemeinsamen Verständnisses des V-Modells sollte jeder Anwender Kapitel eins und zwei durcharbeiten.[157]

Die **V-Modell-Referenz Tailoring** erklärt Teil drei des Leitfadens. *Tailoring* meint die Anpassung des V-Modells an das zu Grunde liegende Projekt. Hierbei werden alle *Projektmerkmale* für die *Anwendungsprofile* festgelegt. Überdies sind die *Vorgehensbausteine* sowie die *Entscheidungspunkte*, *Produkttypen* und *-varianten* Thema. Die V-Modell-Referenz Tailoring bietet allen Projektbeteiligten einen guten Überblick über die Bestandteile des V-Modell XT. Von hoher Bedeutung ist es jedoch insbesondere für den Projektleiter und den QS-Verantwortlichen.[158]

Ein wichtiger Baustein ist Teil vier, die **V-Modell-Referenz Rollen**. Denn das V-Modell besitzt ein hoch granulares Rollenmodell, das jede Rolle mit einer Beschreibung und einer genauen Zuweisung von *Produkten* und *Aktivitäten* versieht, an denen sie beteiligt ist. Neben der Beschreibung an sich werden systematisch die Verantwortlichkeiten und Mitwirkungen der Rolle aufgelistet. Weiterhin werden ihre Aufgaben und Befugnisse definiert und ein Fähigkeitsprofil erstellt, teilweise auch Aussagen zur Rollenbesetzung getroffen. Kapitel vier verfügt zudem über einen Rollenindex, welcher alle Rollen auflistet.[159]

Teil fünf, der **V-Modell-Referenz Produkte**, umfasst alle *Disziplinen*, *Produkte* und *Themen*. Diese entsprechen dem hierarchischen Produktmodell des V-Modells. Disziplinen bestehen aus Produkten und Aktivitäten. Ebenfalls führt das Kapitel die erzeugenden und inhaltlichen Produktabhängigkeiten auf. Diese erläutern die Beziehungen zwischen Produkten. Weiterhin ist ein nach Disziplin und ein alphabetisch sortierter Produktindex in-

154 Vgl. Höhn/Höppner Das V-Modell XT: Anwendungen, Werkzeuge, Standards, S. 25 f.
155 Vgl. V-Modell XT, Teil 1, S. 4.
156 Die kursiv gesetzen Begriffe aus dem vorliegenden Kapitel sind V-Modell-spezifische Begriffe, über deren Gehalt das Glossar des V-Modells Auskunft gibt. Das Glossar ist unter: IABG abrufbar.
157 Vgl. V-Modell XT, Teil 2, S. 4.
158 Vgl. V-Modell XT, Teil 3, S. 5.
159 Vgl. V-Modell XT, Teil 4, S. 5.

kludiert, die zusammen alle im V-Modell vorhandenen Produkte auflisten. Diese Referenz richtet sich an alle Projektmitarbeiter, die für die Abwicklung von Produkten zuständig sind.[160]

Teil sechs widmet sich der **V-Modell-Referenz Aktivitäten**. *Aktivitäten* beinhalten den Ablauf einzelner Arbeitsschritte. In dieser Referenz sind alle Aktivitäten der *Disziplin* gemäß des hierarchischen Aktivitätenmodells enthalten. Kapitel sechs beinhaltet weiterhin zwei Aktivitätsindexe, einen nach Disziplin, den anderen nach Alphabet aufgelistet. Die Aktivitäten-Referenz ist für alle Projektbeteiligten gedacht, die für die Bearbeitung von Produkten zuständig und/oder daran beteiligt sind.[161]

Die **V-Modell-Referenz Konventionsabbildungen** bildet Teil sieben der Dokumentation. Dieses Kapitel trägt der steigenden Nachfrage nach der Abdeckung von nationalen und internationalen Konventionen Rechnung, namentlich AQAP-150, CMMI, DIN 69901, ISO 15288, ISO 9001:2000 und V-Modell 97.[162] Durch dieses Kapitel soll aufgezeigt werden, inwiefern die genannten Konventionen mit dem V-Modell kompatibel sind und an welcher Stelle sie bereits im V-Modell abgedeckt sind.

In Teil acht schließlich befindet sich der **Anhang**. Hier sind die Methoden- und Werkzeugreferenzen aufgeführt. Die Referenzen an sich gehen anfangs auf die Verwendung ein und geben Quellenverweise. Danach werden Sinn und Zweck angesprochen, ehe verschiedene Methoden vorgestellt werden. Der Anhang beinhaltet weiterhin ein Glossar, das alle wichtigen Begriffe des V-Modells definiert. Zudem sind Abkürzungsverzeichnis und Literaturnachweise enthalten.[163]

Teil neun stellt die **Vorlagen** bereit. Hierunter fallen alle Produktvorlagen des V-Modells, die Inhalt und Aufbau verständlich machen sollen. Im Zuge dessen werden auch Anwendungsbeispiele, sogenannte *Produktexemplare*, eingeführt. Die Darstellung der Produktvorlagen soll ein gemeinsames Verständnis von ihnen herbeiführen.[164]

3.2 Grundkonzeption

3.2.1 Projekttypen und Projekttypenvarianten

Wie bereits angesprochen, unterstützt das V-Modell viele Arten von Projekten. Abhängig von den Charakteristika der Projekte lassen sich verschiedene *Projekttypen* klassifizieren. Die Projekttypen legen das „Was“ innerhalb eines Projekts fest.

[160] Vgl. V-Modell XT, Teil 5, S. 6.
[161] Vgl. V-Modell XT, Teil 6, S. 4.
[162] Von einer genaueren Darstellung der aufgeführten Konventionen wird an dieser Stelle abgesehen und stattdessen auf die V-Modell-Referenz Konventionsabbildungen verwiesen. Vgl. V-Modell XT, Teil 7, S. 5-66.
[163] Vgl. V-Modell XT, Teil 8, S. 3.
[164] Vgl. V-Modell XT, Teil 9, S. 4.

Eine erste Klassifikation konzentriert sich auf die Projektrolle. Das V-Modell unterscheidet die Rollen des Auftraggebers, des Auftragnehmers und die gemischte Form des Auftraggebers/Auftragnehmers. Daraus ergeben sich drei Projekttypen: Wird das Projekt in Auftrag gegeben, so heißt der Projekttyp *Systementwicklungsprojekt (AG)*. Als *Systementwicklungsprojekt (AN)* firmiert ein Projekt, wenn es zur Bearbeitung angenommen wurde.

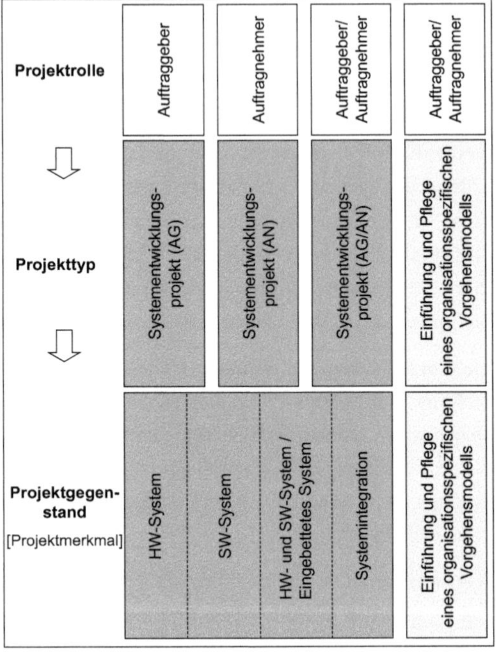

Abbildung 5: Klassifizierung von Projekten[165]

Eine gemischte Form ist das *Systementwicklungsprojekt (AG/AN)*, hier erfolgt die Projektabwicklung innerhalb eines Unternehmens. Je nach Projektrolle werden die Projektperspektive und spezielle Projektaufgaben bestimmt. Im Rahmen des *Tailorings* werden noch weitere Projektmerkmale ausgewählt, diese konkretisieren den Projekttypen anhand der Frage, ob es sich um die Entwicklung von Software- (SW), Hardware- (HW), Hard- und Softwaresystemen (HW und SW) oder eine Systemintegration handelt.

Neben diesen drei Projekttypen steht ein weiterer Typ, die *Einführung und Pflege eines organisationsspezifischen Vorgehensmodells*. Dieser Projekttyp regelt die Einführung und Abwicklung von Vorgehensmodellen in einem Unternehmen.[166]

[165] V-Modell XT [2012], Teil 1, S. 13.
[166] Vgl. V-Modell XT, Teil 1, S. 13.

Den Zusammenhang zwischen Projektrolle, -typen und -merkmal veranschaulicht Abbildung 5.

Ein höherer Spezialisierungsgrad entsteht durch die *Projekttypvarianten*. Sie determinieren den Rahmen für den Projektablauf. Je nach Variante wird eine *Projektdurchführungsstrategie* festgelegt, diese enthält den groben Ablaufplan des Projekts. Die Entscheidung für eine Projekttypvariante lässt zusätzliche Vorgehensbausteine auswählen und weitere Projektmerkmale hinzufügen[167], nämlich Auftragsstruktur und Systemlebenszyklusausschnitt.[168]

Erstere bezieht sich auf den Projekttyp *Systementwicklungsprojekt (AG)* dahingehend, ob mit einem oder mehreren Auftragnehmern zusammengearbeitet wird. Zwei Optionen ergeben sich mit Bezug auf den unterstützenden Systemlebenszyklusausschnitt indessen für das *Systementwicklungsprojekt (AN)* und *Systementwicklungsprojekt (AG/AN)*: Unterschiedliche Projekttypvarianten ergeben sich dabei für die Entwicklung, Weiterentwicklung und Migration eines Projekts sowie für Wartung und Pflege. Der vierte Projekttyp *Einführung und Pflege eines organisationsspezifischen Vorgehensmodells* besitzt keine weiteren Projektmerkmale und nur eine homonyme Projekttypvariante.[169]

3.2.2 Vorgehensbausteine

Die *Vorgehensbausteine* legen „Was" und „Wer" fest und vereinen die wichtigsten Inhalte des V-Modells. Die Bausteine sind voneinander getrennte Einheiten, welche die Vorgaben einzelner Aufgabenstellungen des V-Modells abbilden. Sie lassen sich beliebig abändern oder erweitern. Ein Vorgehensbaustein beinhaltet alle *Produkte* und *Aktivitäten,* die zur Aufgabenerledigung benötigt werden. Zudem wird auch die Verbindung zu den beteiligten *Rollen* verdeutlicht.

Ein Produkt umfasst alle notwendigen Ergebnisse und Zwischenergebnisse. Produkte weisen hierarchische Strukturen auf und werden je nach thematischem Zusammenhang zu *Disziplinen* zusammengefasst. Wenn sich ein Produkt durch hohe Komplexität auszeichnet, kann es in mehrere *Themen* unterteilt sein. Innerhalb eines Bausteins, aber auch zwischen den Produkten unterschiedlicher Vorgehensbausteine können *Produktabhängigkeiten* bestehen. Diese folgen Konsistenzregeln zwischen den Produkten.

Mittels *Aktivitäten* werden die Produkte im V-Modell fertiggestellt. Die genaue Herangehensweise der Bearbeitung ist in ihnen niederlegt. Aktivitäten haben ebenfalls eine hierarchische Struktur und werden gemeinsam mit den zugehörigen Produkten in einer Disziplin zusammengefasst. Eine Aktivität besteht wiederum aus einzelnen Arbeitsschritten, die Produkte und Themen bearbeiten. Ein Arbeitsschritt legt die Bearbeitung einer

[167] Das sogenannte *Tailoring*.
[168] Vgl. V-Modell XT, Teil 1, S. 14.
[169] Vgl. V-Modell XT, Teil 1, S. 14.

Aufgabe fest und muss komplett durchgeführt werden, um eines oder mehrere Produkte bearbeiten zu können.

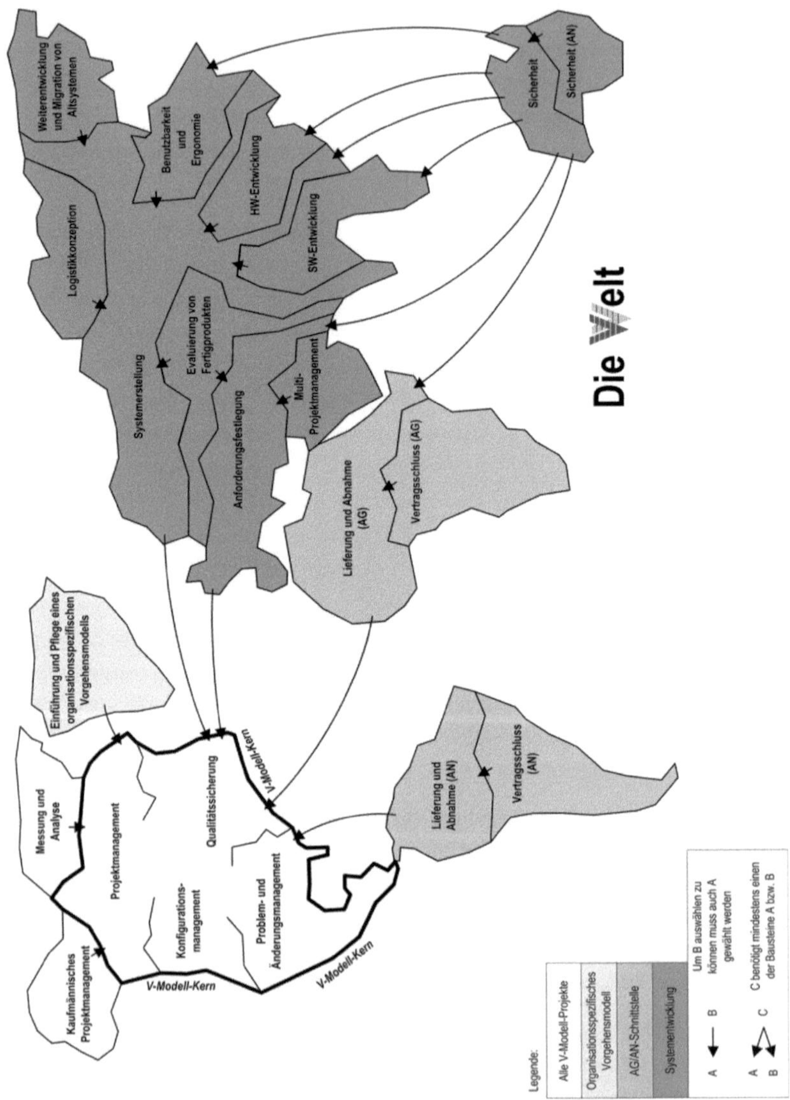

Abbildung 6: Die V-Modell XT-Vorgehensbaustein-Landkarte[170]

Eine *Rolle* umgreift verschiedene Aufgaben und Verantwortlichkeiten. Die damit verknüpfte Rollenkategorie regelt die Zuordnung zu organisations- oder projektspezifischen

[170] V-Modell XT [2012], Teil 1, S. 18.

Rollen. Die Beschreibung der Rollen erfolgt auf einem abstrakten Niveau, und sie werden erst in einem konkreten Projekt Personen und Einheiten zugewiesen. Im Zuge des *Tailorings* erhält jedes Produkt exakt eine verantwortliche Rolle, den sogenannten *Verantwortlichen*. Zusätzlich können noch weitere Rollen verpflichtet werden, diese werden *Mitwirkende* genannt.[171]

Insgesamt kennt das V-Modell XT 22 Vorgehensbausteine, die sich in vier Bereiche differenzieren lassen. Den wichtigsten Bestandteil und zugleich ersten Bereich bildet der V-Modell-Kern. Er ist in jedem Projekt anzuwenden und besteht aus vier Vorgehensbausteinen: *Projektmanagement*, *Qualitätssicherung*, *Konfigurationsmanagement* sowie *Problem- und Änderungsmanagement*. Die Vorgehensbausteine des V-Modell-Kerns entstammen dem Bereich des Managements und steuern das Qualitätsniveau der Projektdurchführung. Eng mit dem V-Modell-Kern verbunden sind die beiden Vorgehensbausteine *Kaufmännisches Projektmanagement* sowie *Messung und Analyse*. Ersterer stellt Methoden zur Unterstützung der Einbettung des Projektmanagements in das darüber liegende kaufmännische Management zur Verfügung. Der letztgenannte Baustein beinhaltet Methoden für die Erfassung und Analyse von Kennzahlen.

Der zweite Bereich erstreckt sich auf den Baustein *Einführung und Pflege eines organisationsspezifischen Vorgehensmodells*, der alle Methoden und Richtlinien für die organisationsspezifische Einführung eines Vorgehensmodells und die Erstellung eines kontinuierlichen Verbesserungsprozesses behandelt.

Als dritter Bereich ist die Systementwicklung zu nennen. Hierunter sind alle Vorgehensbausteine vereint, die bei der Systemerstellung notwendig oder behilflich sind. Dazu zählen *Anforderungsfestlegung*, *Systemerstellung*, *SW-Entwicklung*, *HW-Entwicklung*, *Logistikkonzeption*, *Weiterentwicklung und Migration von Altsystemen*, *Evaluierung von Fertigprodukten*, *Benutzbarkeit und Ergonomie*, *Sicherheit*, *Sicherheit (AN)* sowie *Multiprojektmanagement*.

Vierter und letzter Bereich ist die Auftraggeber-/Auftragnehmer-Schnittstelle. Dieser Bereich regelt die Kommunikation zwischen AG und AN. Ihm korrespondieren die Vorgehensbausteine *Vertragsschluss (AG)*, *Vertragsschluss (AN)*, *Lieferung und Abnahme (AG)* sowie *Lieferung und Abnahme (AN)*.

Die angeführten Bereiche setzt die sogenannte Vorgehensbaustein-Landkarte graphisch um (Abb. 6).[172]

[171] Vgl. V-Modell XT, Teil 1, S. 15 f.
[172] Vgl. V-Modell XT, Teil 1, S. 16 f.

3.2.3 Projektdurchführungsstrategie und Entscheidungspunkte

Die *Projektdurchführungsstrategie* legt das „Wann" im Projekt fest. Die in den Vorgehensbausteinen enthaltenen Produkte und Aktivitäten müssen im V-Modell nicht in einer strikten Reihenfolge bearbeitet werden.[173] Diese Bearbeitungsflexibilität gilt jedoch nicht für den Ablaufplan eines Projekts. Er dient dazu, die systematische Abwicklung und Steuerung eines Projekts zu garantieren. Da jedes Projekt wegen seiner Einmaligkeit unterschiedliche Anforderungen an Planung und Steuerung mit sich bringt, stellt das V-Modell auf Basis des Projekttypen und der Projekttypvariante einen spezifischen Ablaufplan bereit. Dieser Ablaufplan, die sogenannte Projektdurchführungsstrategie, konsolidiert die Reihenfolge von vorgegebenen *Entscheidungspunkten*.

Mithilfe der Projektdurchführungsstrategie werden außerdem *Projektfortschrittsstufen* festgelegt. Eine Projektfortschrittsstufe markiert den Zeitpunkt, an welchem ein Projektabschnitt abgeschlossen ist. Dieser Zeitpunkt ist zugleich mit einem Entscheidungspunkt versehen. Ein Entscheidungspunkt besteht aus verschiedenen Produkten, die zum Absolvieren einer Projektfortschrittsstufe verpflichtend abgeschlossen sein müssen. Ein Entscheidungspunkt stellt einen Meilenstein im Projektablauf dar. An dieser Stelle erfolgt die Evaluation des Projekts. Anhand der vorgegebenen Produkte eines Entscheidungspunkts beurteilt das Management, ob die Projektfortschrittsstufe erfolgreich erreicht wurde, und entscheidet darüber, ob ein neuer *Projektabschnitt* begonnen werden kann. Gemeinsam mit der Projektdurchführungsstrategie schreiben die Entscheidungspunkte das „Wann" und „Was" in einem Projekt fest.

Abbildung 7 veranschaulicht alle im V-Modell möglichen Entscheidungspunkte. Die vier Bereiche, denen die Vorgehensbausteine zugeordnet sind, finden auch bei den Entscheidungspunkten Anwendung.

173 Diese Freiräume des aktuellen V-Modells sind eine neue Eigenschaft im Vergleich zum V-Modell 97.

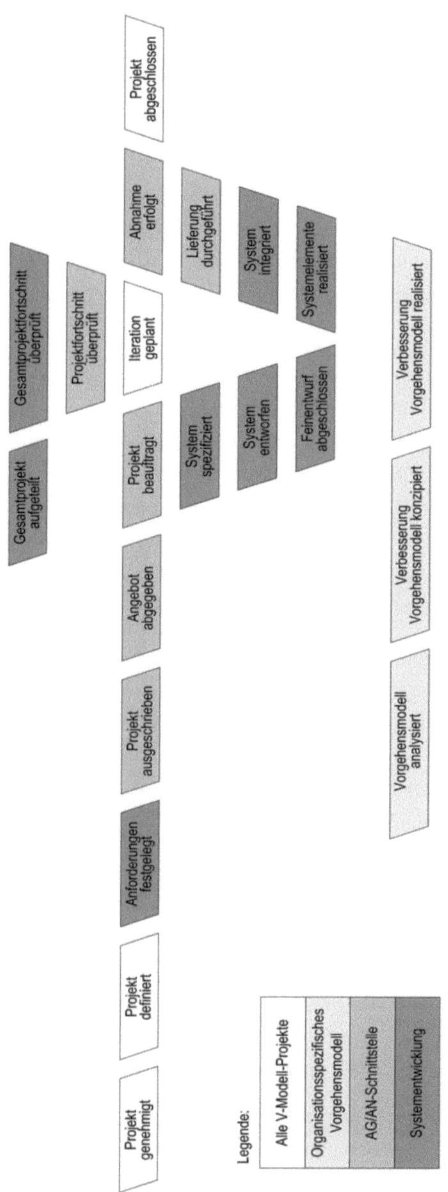

Abbildung 7: Die V-Modell XT-Entscheidungspunkte[174]

174 V-Modell XT [2012], Teil 1, S. 21.

3.3 Projektdurchführung

3.3.1 Managementgetriebene Projektdurchführung

Tailoring

Wie bereits erwähnt, eignet sich das V-Modell für eine große Bandbreite von Projekten. Die genaue Anpassung des V-Modells an die Rahmenbedingungen eines spezifischen Projekts erfolgt im Rahmen des *Tailoring*, das Projekttyp, Projekttypvariante und alle dazugehörigen Vorgehensbausteine definiert. Es gehört zu den ersten Aufgaben eines V-Modell-Anwenders.

Das Tailoring ist zweidimensional angelegt: statisch und dynamisch. Statisches Tailoring legt zunächst die „starren" Werte eines Projekts, wie den Projekttyp und die Projekttypvariante, fest. Diese Voreinstellung stellt die Rahmenbedingungen für das *Anwendungsprofil*, welches zutreffende Projektmerkmale auswählt. Im Rahmen des statischen Tailorings definiert der V-Modell-Anwender pro Projektmerkmal einen Wert, der das Projekt noch genauer beschreibt.[175] Das komplettierte Anwendungsprofil enthält alle durchzuführenden *Vorgehensbausteine* und die *Projektdurchführungsstrategie*. Softwaretechnisch unterstützt wird der V-Modell-Anwender beim Tailoring durch den V-Modell-Projektassistenten.

Die Ergebnisse des statischen Tailorings sind im Projekthandbuch zu dokumentieren. Es enthält u. a. die Begründungen für die Zusammenstellung des Projekttypen, die dazugehörigen Vorgehensbausteine und die Projektdurchführungsstrategie. Dieses Zuschneiden des V-Modells reduziert das V-Modell auf die wesentlichen Aspekte und lässt alle nicht relevanten Vorgehensbausteine außen vor.[176]

Das statische Tailoring vollzieht die projektspezifischen Anpassungen vor dem Projektbeginn. Anpassungen, die während der Projektlaufzeit zu tätigen sind, werden beim dynamischen Tailoring realisiert. Dessen Vorgehensweise bestimmen die *Tailoring-Produktabhängigkeiten* wie das folgende Beispiel illustriert: In dem Produkt Systemarchitektur wurden zu Projektbeginn keine HW-Einheiten festgestellt, was sich jedoch im Laufe des Projekts ändert. Die *Tailoring-Produktabhängigkeiten* geben somit verpflichtend vor, den Vorgehensbaustein „HW-Entwicklung" hinzuzufügen.

Das dynamische Tailoring ermöglicht demnach eine flexible Anpassung des V-Modells an die jeweiligen Projekteigenschaften. Vorgehensbausteine lassen sich ergänzen oder entfernen. Davon ausgenommen sind allerdings die obligatorischen Vorgehensbausteine des V-Modell-Kerns, da diese ein Mindestmaß an Qualität gewährleisten. Alle Änderungen

175 V-Modell XT, Teil 1, S. 24. Beispiel für einen Wert des Projektmerkmals Systemsicherheit ist die Einstellung, ob Sicherheitsaspekte berücksichtigt werden müssen. Der Wert kann dann die Ausprägungen „Ja" und „Nein" annehmen. Vgl. V-Modell XT, Teil 3, S. 110.

176 Vgl. V-Modell XT, Teil 1, S. 24.

müssen in das Projekthandbuch übernommen werden. Teile des Projekthandbuchs können dann als Vertragsgrundlage für öffentliche Ausschreibungen firmieren.[177]

Projektorganisation und -planung

Um ein Projekt in die Rahmenbedingungen seiner Unternehmung einzubinden, wird eine Projektorganisation etabliert. Dazu zählen die Klärung von Kompetenzen und die Organisation der Kommunikation und des Berichtwesens. Neben der Vergabe von Verantwortlichkeiten werden die Mittel zugewiesen und die Rahmenbedingungen des Projekts definiert. Die *Projektfortschrittsentscheidung* evaluiert den Projektfortschritt und setzt die Schritte für den nächsten Planungsabschnitt fest. Alle Informationen werden sowohl im Projekt- als auch im QS-Handbuch detaillierter aufbereitet. Projektorganisation und -planung entscheiden auch, ob ein Projekt komplett abgebrochen werden sollte.[178]

Ferner von Bedeutung ist die Rollenbesetzung. Bislang wurde nämlich nur festgelegt, welchen Rollentyp die Bearbeitung von Produkten benötigt. In der Projektorganisation nun werden diese Rollentypen mit Mitarbeitern besetzt.[179]

In der Projektplanung schließlich wird die Projektdurchführungsstrategie mit Blick auf das gegebene Projekt ausgestaltet. Rollenbezogen zuständig ist der Projektleiter. Die Ergebnisse werden in Projekthandbuch und -plan notiert. Zur Verdeutlichung folgendes Beispiel: Bei der Entwicklung eines Systems mit vorgeschalteten Prototypen werden die Entscheidungspunkte[180] zweimal durchlaufen: erst im Rahmen der Prototypen und erneut bei der eigentlichen Systementwicklung.[181]

Managementmechanismen

Risikomanagement

Projektmanagement als Vorgehensbaustein dient der stetigen Überwachung von Projektfortschritt und -risiko. Entscheidungspunkte sorgen für die Überprüfung, ob der Projektfortschritt planmäßig verläuft. Dadurch lassen sich Risiken frühzeitig erkennen und Maßnahmen zur Gegensteuerung ergreifen. Die Entscheidungspunkte sind damit Messpunkte für die Qualität eines Projekts. Ein Lenkungsausschuss versammelt alle Schlüsselpersonen des Projekts, die gemeinsam über den Projektfortschritt beraten. Die Entscheidungsbefugnis obliegt dem Projektmanager, wobei die Entscheidungsfindung nicht im Rahmen

---

177 Vgl. V-Modell XT, Teil 1, S. 24. Eine detailliertere Darstellung der Projektmerkmale lässt sich Teil 3, der V-Modell-Referenz Tailoring, entnehmen.

178 Vgl. V-Modell XT, Teil 1, S. 25 und Höhn/Höppner Das V-Modell XT: Anwendungen, Werkzeuge, Standards, S. 22.

179 Vgl. V-Modell XT, Teil 1, S. 25. Vgl. hierzu Kapitel6.2.2.1.

180 *Anforderungen festlegt*, *Projekt ausgeschrieben*, *Projekt beauftragt* und *Abnahme erfolgt*.

181 Vgl. Höhn/Höppner Das V-Modell XT: Anwendungen, Werkzeuge, Standards, S. 22.

eines Projektmeetings stattfinden muss; Kommunikation per Umlaufverfahren oder via E-Mail ist ebenfalls möglich. Weiterhin können auch mehrere Entscheidungspunkte pro Treffen diskutiert werden.

Zu konstatieren ist: Die strikte Einhaltung der Projektdurchführungsstrategie und die darin vorgegebenen Entscheidungspunkte verringern das Risiko der Projektsteuerung. Und die stetige Evaluierung der Projektfortschrittsstufen lässt Fehlentwicklungen erkennen und rechtzeitig darauf reagieren.[182]

Qualitätssicherung

Im Rahmen des Qualitätsmanagements werden Maßnahmen zur Vorgehensweise der Qualitätssicherung vorgegeben, die alle Projektbeteiligten verstehen und anwenden müssen.

Jedes Produkt besitzt drei unterschiedliche Projektzustände, *in Bearbeitung*, *vorgelegt* und *fertiggestellt*. Diese Zustände sind im Projektzustandsmodell repräsentiert. Die erste Erstellung eines Produkts führt zum Zustand „in Bearbeitung“. Bereits hier greift der Qualitätssicherungsmechanismus: Mindestens der Eigenprüfung muss das Produkt entsprechen; wenn auch die eigenständige Qualitätssicherung[183] vorgesehen ist, so muss auch diese erfolgreich abgeschlossen sein, damit das Produkt in den Zustand „vorgelegt“ übergehen kann. Um von hier aus in den Zustand „fertiggestellt“ zu gelangen, muss es die Eigenprüfung erneut erfolgreich durchlaufen. Nicht bestandene Qualitätsprüfungen führen dazu, dass ein Produkt wieder in den Zustand „in Bearbeitung“ zurückgestuft wird.

Produkte werden, wie bereits erwähnt, durch Aktivitäten bearbeitet. Der erfolgreiche Abschluss einer Aktivität setzt voraus, dass diese einerseits inhaltlich und formal korrekt erstellt wurde und andererseits sich entsprechend ihrer Produktabhängigkeiten konsistent zu bereits fertiggestellten Produkten verhält. Tritt der Fall ein, dass mit Produkten inhaltlich und/oder formal nicht korrekt umgegangen wurde, müssen sie nachgearbeitet und nochmals überprüft werden. Bei verletzten Produktabhängigkeiten müssen die jeweiligen Produktverantwortlichen diese Abweichungen beheben. Dann wird ein Produkt des Zustands „fertiggestellt“ wiederum in den Produktzustand „in Bearbeitung“ versetzt.[184]

Konfigurationsmanagement

Mithilfe des Konfigurationsmanagements werden alle Projekte und Projektkonfigurationen gemäß des Projektplans organisiert. Hierfür wird sich einer Produktbibliothek bedient, die Informationen zueinander gehöriger Produkte zu einem gegebenen Zeitpunkt

[182] Vgl. V-Modell XT, Teil 1, S. 27 f.

[183] Wann eine eigenständige Qualitätssicherung notwendig ist, wird im QS-Handbuch für das *Projekttypen-, Implementierungs-, Integrations-* und *Prüfkonzept-System* festgelegt.

[184] Vgl. V-Modell XT, Teil 1, S. 28 f.

beinhaltet. Auf diesem Wege lassen sich vergangene und aktuelle Produktkonfigurationen transparent darstellen. Die physischen und funktionalen Anforderungen werden detailliert dokumentiert und lassen sich zu jedem Zeitpunkt eines Projekts nachvollziehen. Zu jedem Entscheidungspunkt wird eine Produktkonfiguration erstellt, sie dient als Dokumentation des Projektfortschritts und als Prüfpunkt für die Qualitätssicherung. Ziel des Konfigurationsmanagements ist es, die funktionalen und äußeren Merkmale eines Produkts zu jedem Zeitpunkt nachvollziehbar festzuhalten. Das lässt Produktänderungen verfolgen und die Integrität sicherstellen.[185]

Problem- und Änderungsmanagement

Während des Projektfortschritts ist es notwendig, aufkommende Änderungen und Probleme aufzuzeichnen und nachzuvollziehen. Dies realisiert der Vorgehensbaustein „Problem- und Änderungsmanagement“. Dafür werden je nach Projekt verschiedene Verfahren für den Umgang mit Änderungen im Projekthandbuch ausgegeben. Das Problem- und Änderungsmanagement wird erst aktiv, wenn sich Produkte im Zustand „fertiggestellt“ befinden.

Das Problem- und Änderungsmanagement zeichnet alle Probleme, Änderungen und Fehlermeldungen auf und bewertet sie. Auf dieser Basis wird über den weiteren Projektverlauf entschieden. Beispiele für einen Problem- oder Änderungsantrag sind fehlerhaftes Systemverhalten, neue Systemfunktionalitäten oder Missverständnisse beim Auftrag resp. Differenzen mit externen Zulieferern. Ergebnisse jeglicher Änderungen werden in der Änderungsstatusliste zusammengefasst und verfolgt. So können Status und Art der Änderung nachvollzogen, sowie das Ergebnis der Entscheidung und der zeitliche Planungshorizont eingesehen werden.[186]

3.3.2 Inhaltliche Projektdurchführung

Die eben vorgestellten Managementmechanismen kommen in jedem Projekttyp zur Anwendung. Die inhaltliche Projektdurchführung wird demgegenüber speziell für die Erreichung des spezifischen Projektergebnisses benötigt. Sie erstreckt sich auf Systementwicklung, AG-/AN-Schnittstelle, Multi-Projektmanagement sowie Einführung und Pflege eines organisationsspezifischen Vorgehensmodells.[187]

Die Systementwicklung unterstützt zum einen, wie der Name bereits sagt, die Entwicklung des Systems an sich, zum anderen jedoch auch die Erstellung von Unterstützungssystemen. Unter einem System wird im V-Modell das initial zu erstellende Produkt verstan-

[185] Vgl. V-Modell XT, Teil 1, S. 30 f. und Teil 3, S. 120.
[186] Vgl. V-Modell XT, Teil 1, S. 31.
[187] Vgl. V-Modell XT, Teil 1, S. 32 ff.

den. Es kann sich um ein reines SW-System, wie z. B. ein Informationssystem, ein reines HW-System oder um gemischte Systeme, die sowohl SW- als auch HW-Elemente enthalten, handeln. Ein Unterstützungssystem ist ein eigenständiges System, das das System selbst oder ein ihm untergeordnetes unterstützt. Die Entwicklung von Unterstützungssystemen ist nicht begrenzt. Je nach Systemlebenszyklus können die benötigten Unterstützungssysteme variieren.[188]

Die Vorgehensweise ist strikt hierarchisch, wofür das System in kleine realisierbare Einheiten zerlegt wird. Abbildung 8 gibt die Systemarchitektur-Hierarchie wieder.

Darauf setzen die Spezifikation und Zerlegung des Systems auf.[189] Aus den übergeordneten Systemelementen werden die Anforderungen übertragen und die Zerlegung vorgenommen. Nachdem die Systemelemente spezifiziert wurden, werden die Anforderungen wiederum an die darauffolgende Systemebene weitergegeben. Realisierung und Integration verlaufen in genau umgekehrter Richtung. Aufbauend auf den HW- und SW-Modulen werden zunächst einzelne Systemelemente und später das ganze System integriert. Die Konstruktion des Systems läuft demnach in mehreren Stufen ab. Bevor eine Stufe abgeschlossen ist, werden die erstellten Elemente verifiziert und validiert.[190]

Ein Auftraggeber kann entscheiden, ein System durch mehrere Auftragnehmer entwickeln zu lassen. Gründe dafür können in der Ermangelung eines einzelnen geeigneten Auftragnehmers liegen oder darin, dass die Entwicklung der einzelnen Komponenten aufgrund ihrer inhaltlichen Unabhängigkeit auf verschiedene Auftragnehmer verteilt werden sollte. Ein solches Vorhaben wird mithilfe des Vorgehensbausteins *Multi-Projektmanagement* und der zugehörigen Projekttypvariante *AG-Projekt mit mehreren Auftragnehmern* durchgeführt. Sie zerlegen große komplexe Projekte in handhabbare Teilbereiche.[191] Die Kommunikation und Abwicklung zwischen Arbeitgeber, Arbeitnehmer und ggf. Unterauftragnehmer organisiert die *Auftraggeber-/Auftragnehmer-Schnittstelle*.[192]

---

[188] Vgl. V-Modell XT, Teil 1, S. 35; Teil 5, S. 164 ff.

[189] Diese V-Modell-typische Vorgehensweise wurde bereits in Abbildung 3 veranschaulicht. Die rechteckigen Felder stellen die Entscheidungspunkte dar.

[190] Vgl. V-Modell XT, Teil 1, S. 35.

[191] Vgl. V-Modell XT, Teil 1, S. 36 und Teil 3, S. 142 f.

[192] Vgl. V-Modell XT, Teil 1, S. 32 f.

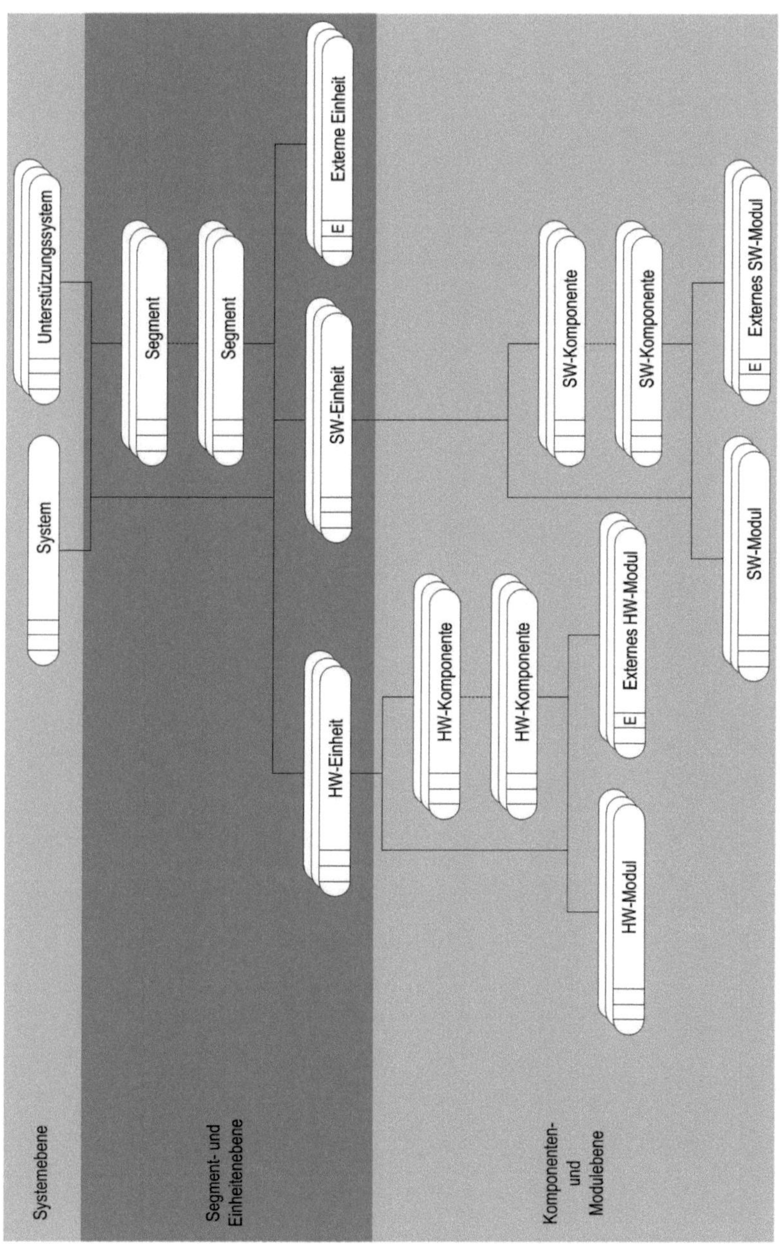

Abbildung 8: Systemarchitektur-Hierarchie[193]

[193] V-Modell XT [2012], Teil 1, S. 21.

4 Wissensmanagement

Nach der Behandlung der projektmanagementbezogenen Grundlagen ist das folgende Kapitel dem Wissen und seinem Management gewidmet. Begonnen wird mit der Darstellung des Hierarchieverhältnisses von Wissen. Es baut auf Zeichen, Daten und Information auf. Weiterhin ist auch die Definition des Wissensmanagement-Begriffs enthalten, diese ist auf die Rahmenbedingungen der Arbeit angepasst. Kern des Kapitels stellt, neben der Definition eines ganzheitlichen Wissensmanagementsystems, eine über drei Jahre laufende Literaturanalyse dar. Sie verfolgt den Zweck die in der Literatur vorhandenen Wissensmanagement-Methoden und -Techniken zu erfassen.

4.1 Grundlagen des Wissensmanagements

4.1.1 Von Zeichen zu Wissen

Im Nachfolgenden wird eine Unterscheidung der Begriffe „Zeichen“, „Daten“, „Information“ und „Wissen“ vorgenommen. Ein Beispiel von Krcmar/Rehäuser [1995] soll in die Thematik einführen (Abb. 9).

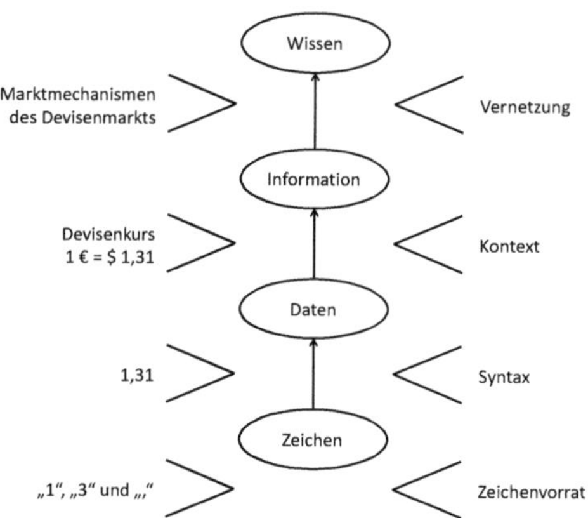

Abbildung 9: Begriffshierarchie[194]

Die *Zeichen* (genauer: der Zeichenvorrat) bestehen im abgebildeten Beispiel aus den Ziffern „1“ und „3“ und dem Sonderzeichen „,“. *Daten*[195] werden aus Zeichen gebildet. Durch das einer Struktur (Syntax) folgende Zusammensetzen der Ziffern und des Sonderzeichens ergibt sich das Datum „1,31“. Das Datum für sich genommen enthält jedoch

[194] Rehäuser/Krcmar [1995], S. 19. Anmerkung: Devisenkurs angepasst.
[195] Singular: *Datum*.

ohne Bezug (Kontext) keine Aussagekraft. Es könnte sich um eine Größen- oder Gewichtsangabe handeln, sprich 1,31 m oder 1,31 kg. Wenn aber davon ausgegangen wird, dass der Betrachter ein Devisenhändler ist, der Euro in Dollar tauschen möchte, wird aus dem Datum 1,31 die *Information* des Wechselkurses. Demnach kann aktuell 1 € für $ 1,31 getauscht werden. Aufbauend auf dieser Information lässt sich mit dem *Wissen* über die Marktmechanismen von Devisenmärkten eine Handlungsentscheidung treffen, z. B. ob ein Umtausch von Euro in Dollar zum gegebenen Zeitpunkt sinnvoll erscheint.[196] Aufbauend auf diesem Beispiel werden die Begriffe „Zeichen", „Daten", „Information" und „Wissen" im Nachfolgenden tiefgehender abgegrenzt.[197] Wie in Abbildung 9 ersichtlich stehen sie in einem Hierarchieverhältnis.[198]

Zeichen

Unter „Zeichen" wird eine endliche Menge unterscheidbarer Elemente verstanden,[199] welche die unterste Ebene der Begriffshierarchie bilden. Zeichen sind sicht- oder hörbar. Hierunter fallen u. a. Buchstaben, Ziffern, Sonderzeichen oder Töne. Sie stellen das kleinste Datenelement dar, das bei einer Programmausführung angesprochen wird. Aneinandergereihte Zeichen heißen „Zeichenfolge". Die Gesamtheit aller verfügbaren Zeichen wird als „Zeichenvorrat" bezeichnet.[200] Die Beziehungen zwischen den Zeichen erfolgen durch Ordnungsregeln, die Syntax.[201]

Daten

Auf der nächsten Hierarchiestufe stehen die Daten. Daten sind Zeichen oder Zeichenfolgen, die Objekten und Sachverhalten zugeordnet werden. Es sind uninterpretierte Symbole, wie bspw. Zahlen[202]. Daten, die auf codierten Zeichen(-folgen) basieren, können von Informations- und Kommunikationstechnologien erkannt und verarbeitet werden. Daten sind von ihrer Bedeutung entkoppelt, so ist etwa der eigentliche Verwendungszweck un-

196 Vgl. Rehäuser/Krcmar, S. 10 ff.; Schwarzer/Krcmar, S. 7 f. und Probst/Raub/Romhardt, S. 16. Der Devisenkurs entspricht dem Tageskurs; vgl. Börse.

197 Eine weitere u. a. in der Wirtschaftsinformatik bekannte definitorische Unterscheidung von „Zeichen", „Nachricht", „Daten" und „Information" stammt aus der Zeichenlehre, der *Semiotik*. In diesem Zusammenhang umfasst die *Syntaktik* alle codierbaren Zeichen oder Signale. Darauf aufbauend wird unter der *Semantik* das Hinzufügen von Bedeutung, Sinn und Verständlichkeit verstanden (→ Daten und Nachrichten). Die *Pragmatik* umfasst Zweckorientierung, Wirkung und Inhalt, dadurch werden Daten und Nachrichten zu Informationen. Vgl. hierzu Heinrich/Heinzl/Riedl, S. 156 f.; Morris, 23 ff.; Reichwald, S. 2176 f.; Schwarze, S. 41 f.; Pfau, S. 6 ff. und Schellmann, S. 9 f.. Der Zeichenprozess, sprich der Prozess, in welchem ein Element die Funktion eines Zeichens ausübt, wird als *Semiose* bezeichnet. Vgl. hierzu Morris, 20 ff..

198 Vgl. Schwarzer/Krcmar, S. 7.

199 Vgl. Ferstl/Sinz, S. 267.

200 Vgl. Rehäuser/Krcmar, S. 10; Schwarzer/Krcmar, S. 7; North, S. 36 und Heinrich/Heinzl/Riedl, S. 151.

201 Aus dem Altgriechischem: Zusammen und Ordnung, Reihenfolge. Vgl. Heinrich/Heinzl/Riedl, S. 151 und North, S. 36.

202 Vgl. Heinrich/Heinzl/Riedl, S. 151, 154 und North, S. 36.

bekannt.[203] Die Weitergabe von Daten wird als *Nachricht*[204] bezeichnet. Die Nachricht wird zur *Information*, wenn das Senden der Nachricht ein Handeln oder Unterlassen auslöst. Informationen zählen zur Kategorie der *immateriellen Produktionsfaktoren*[205]. Dabei übernehmen Daten die Rolle des Rohstoffs für den Produktionsfaktor Information. Daten sind demnach ein wirtschaftliches Gut[206], unterscheiden sich jedoch wesentlich von den materiellen Produktionsfaktoren, wie Tabelle 1 auf Seite 51 verdeutlicht.

Information

Daten werden zu *Informationen*, wenn ein spezieller Bezug, ein Kontext, vorliegt.[207] Für einen Betrachter sind Informationen nur von Bedeutung, wenn sie mit aktuellen oder vergangenen Informationen verknüpft werden können. Aus betriebswirtschaftlicher Sicht dienen Informationen als Grundlage für Entscheidungen und Handlungen.[208]

Wie bereits erwähnt, gilt Information als Produktionsfaktor, der sich aus dem Rohstoff Daten zusammensetzt.[209] Des Weiteren können die Eigenschaften von Informationen noch durch ihre *Relevanz* ergänzt werden, d. h. sie können der Verfolgung ökonomischer, politischer oder sozialer Ziele dienen. Weiterhin wird angemerkt, dass Information durch ihre *Verwendung* erweitert wird.[210]

Der Begriff der „Information" lässt sich nicht unabhängig von dem der *„Kommunikation"*[211] erklären. Beide bedingen sich gegenseitig: Kommunikation umfasst Beziehungen[212] und wird durch den Austausch von Nachrichten hervorgerufen. In den Kommunikationsprozess sind mindestens ein Sender und ein Empfänger involviert. Es sind alle Aktivitäten des Senders eingeschlossen, die dem Zweck dienen, dem Empfänger Informationen zur Verfügung zu stellen. Ohne Information gibt es demnach keine Kommunikation und vice versa ohne Kommunikation auch keine Information.[213]

---

203 Vgl. Heinrich/Heinzl/Riedl, S. 154; Schwarzer/Krcmar, S. 7 und Davenport/Prusak, S. 2.

204 Auch *Mitteilung* genannt.

205 Der Begriff „Produktionsfaktor" wird im Kapitel Wissen behandelt (s. u. S. 49).

206 Diese Untergliederung ist in der Wirtschaftsinformatik weit verbreitet. Vgl. Heinrich/Heinzl/Riedl, S. 154 ff.; Stickel, S. 3; Heinrich/Lehner, S. 134 und Dippold, S. IX.

207 Vgl. North, S. 36 und Schwarzer/Krcmar, S. 7. Oftmals wird der Informations- anhand des Wissensbegriffs erläutert. Vgl. hierzu Heinrich/Heinzl/Riedl, S. 12, 150. Um den hierarchischen Aufbau der Begrifflichkeiten (vgl. Abb. 9 auf Seite 45) nachzuvollziehen, wird Information zunächst als Weiterentwicklung von Daten dargelegt. In der Abhandlung zum „Wissen" wird dann auf Information als Teilmenge von Wissen eingegangen. Vgl. Krcmar Information.

208 Vgl. North, S. 36; Krcmar/Rehäuser, S. 11. und Heinrich/Stelzer, S. 286. Dies schließt auch die Entscheidung zum Unterlassen ein; vgl. hierzu Heinrich/Heinzl/Riedl, S. 152.

209 Vgl. Krcmar/Rehäuser, S. 12; Heinrich/Heinzl/Riedl, S. 154; Rehäuser/Krcmar, S. 5 und Schwarzer/Krcmar, S. 8. Eine Übersicht über die speziellen Charakteristika von Daten und Informationen findet sich im Anhang B.1.

210 Vgl. Krcmar/Rehäuser, S. 14 und Lehner/Wildner/Scholz, S. 33.

211 Aus dem Lateinischen: communicatio = Mitteilung, Verständigung.

212 Beziehungen zwischen Lebewesen, aber auch solche maschineller Art.

213 Heinrich/Heinzl/Riedl, S. 160; Heinrich/Stelzer, S. 2; Scherff, S. 19 und Weltz/Ortmann, S. 215.

Wissen

Wissen wird durch die zweckdienliche Verknüpfung von Information gewonnen. [214] Weiterhin soll seine Verwendung Handlungen erzeugen.[215]

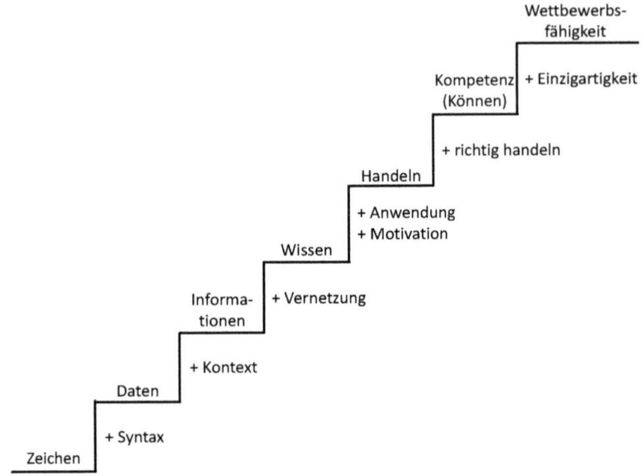

Abbildung 10: Wissenstreppe nach North[216]

In diesem Zusammenhang wird auf die Wissenstreppe nach North eingegangen, die die Verbindung zwischen Zeichen, Daten, Information und Wissen aufzeigt.[217] Anders als in Abbildung 9 befindet sich Wissen hier nicht auf der höchsten Ebene, sondern führt erst durch seine Anwendung zu einer Handlung. Grundvoraussetzung dafür ist die Motivation, d. h. der Antrieb, das Wissen anwenden zu wollen. Wissen wird durch zweckorientierte Umsetzung zu Können, d. h. zu Kompetenz; ein Vorgang, der erlernt werden muss. Kompetenz meint *„die Fähigkeit zu situationsadäquatem Handeln“*[218], also „richtigem“ und angemessenem Handeln. Im Wettbewerb sind besonders Kernkompetenzen essentiell. Dabei handelt es sich um ein Potential singulärer Fähig- und Fertigkeiten, die den Aufbau und Erhalt von anhaltenden Wettbewerbsvorteilen bewirken.[219] Mittels Kernkompetenzen können Unternehmen ein Alleinstellungsmerkmal erlangen, das ihre Wettbewerbsfähigkeit gegenüber den Mitbewerbern erhöht.[220] Kernkompetenzen beinhalten demnach

214 Vgl. North, S. 37; Schwarzer/Krcmar, S. 8; Schwarze, S. 39 und Heinrich/Heinzl/Riedl, S. 158 f..
215 Vgl. North, S. 38.
216 North [2011], S. 36.
217 Vgl. North, S. 36; Biethahn/Mucksch/Ruf, S. 94 und Hasler Roumois, S. 44. Hasler Roumois bezeichnet die Wissenstreppe als „Wissen+Können-Treppe“. Als weitere Darstellungsformen kommen die Informationspyramide (vgl. hierzu Fink/Schneidereit/Voß, S. 67) oder die Wissenspyramide hinzu (vgl. Heinrich/Heinzl/Roithmayr, S. 158).
218 North, S. 38.
219 Vgl. Steinmann/Schreyögg, S. 259; Picot, S. 80 und Staehle, S. 87.
220 Vgl. North, S. 38 f..

mehr als nur aktuelles Wissen, vielmehr geht es um die Anwendung des Wissens und die Bündelung verschiedener Ressourcen.[221] Abbildung 10 verdeutlicht diese verschiedenen Stufen.

In der Literatur wird aber auch darauf hingewiesen, nicht zu trennscharf zwischen den Begrifflichkeiten „Zeichen", „Daten", „Information" und „Wissen" zu unterscheiden. Die Begriffe bauen aufeinander auf und ihre definitorischen Grenzen sind oft eher fließend als abrupt.[222] Probst/Raub/Romhardt konzipieren die Begriffe als Ebenen analog zu Abbildung 9 (S. 45), die über einen Anreicherungsprozess verbunden sind. Sie merken an, dass es darüber hinaus ergänzende Ebenen gibt, etwa noch Weisheit, Intelligenz oder Reflexionsfähigkeit.[223] Davenport/Prusak erweitern den Wissensbegriff u. a. um Weisheit, Erkenntnis, Entschlossenheit und Aktion. Dabei verstehen sie Weisheit und Erkenntnis als Subkategorien von Wissen. Entschlossenheit und Aktion machen ihrer Meinung nach auf den Umstand aufmerksam, dass Wissen Handeln nach sich ziehen muss.[224] *Handeln* ist demnach ein wesentlicher Bestandteil von Wissen und wiederum eng mit einer (*Handlungs-*)*Entscheidung* verknüpft. Wissen, Entscheidung und Handeln bilden folglich ein eng verwobenes Konstrukt.[225] Ebenfalls spielt *Erfahrung* eine große Rolle. Wissen entwickelt sich im Zeitablauf durch Erfahrungen weiter. Dies umfasst Elemente der Vergangenheit: Dinge die aus Büchern, Vorlesungen oder von Mentoren gelernt wurden, aber auch informelles Lernen und Lebenserfahrung. Erfahrung beeinflusst das Verständnis von Situationen und Gegebenheiten.[226] Da, wie skizziert wurde, um ‚Wissen' herum eine immense regelrechte Begriffswolke existiert, ist es schwierig, eine präzise Abgrenzung des Wissensbegriffs vorzunehmen.[227]

Aus dem Produktionsfaktor Information entsteht Wissen. Auch Wissen gilt als *Produktions-* und wichtiger *Wettbewerbsfaktor*.[228] In der Volkswirtschaftslehre werden die Produktionsfaktoren Arbeit, Kapital und Boden unterschieden. Seit geraumer Zeit wird, besonders auf dem Forschungsfeld des Wissensmanagements, postuliert, die traditionellen Produktionsfaktoren um den Faktor Wissen zu erweitern.[229] In der Betriebswirtschaftslehre wird wiederum eine etwas differenziertere Auffassung[230] vertreten und

221 Vgl. Steinmann/Schreyögg, S. 258 f..
222 Vgl. Probst/Raub/Romhardt, S. 17 f..
223 Vgl. Probst/Raub/Romhardt, S. 16. Davenport/Prusak, S. 1 merken an, dass Wissen weder mit Daten noch mit Information gleichzusetzen, jedoch stark mit diesen verbunden ist.
224 Vgl. Davenport/Prusak, S. 2.
225 Vgl. Davenport/Prusak, S. 6.
226 Vgl. Davenport/Prusak, S. 7.
227 Lehner spannt einen Wissensraum und ein Wissensumfeld auf. Die Vielzahl der umgebenden Begriffe umfasst auszugsweise: Know-how, Ahnung, Intuition, Kenntnis, Verständnis, Idee, Meinung, Anordnung, Meldung, Einsicht, Intelligenz, Vermutung, Klugheit, Bewusstsein, Absicht, Wahrnehmung, Gefühl. Eine detaillierte Auflistung findet sich Lehner, S. 52.
228 Vgl. North, S. 61.
229 Vgl. Thommen/Achleitner, S. 39; die Autoren zählen Wissen bereits zu den vier volkswirtschaftlichen Produktionsfaktoren.
230 Vgl. Corsten/Reiß, S. 58.

unter Produktionsfaktoren alle Faktoren verstanden, die für die Erstellung und Bewertung betrieblicher Leistungen systematisch kombiniert werden.[231] Diese Einteilung geht auf das Produktionsfaktorensystem von Erich Gutenberg zurück. Prinzipiell differenziert er zwischen *dispositiven Faktoren*[232] und *Elementarfaktoren*. Letztere beinhalten die drei betrieblichen Produktionsfaktoren: objektbezogene (menschliche) Arbeitsleistung[233], Betriebsmittel und Werkstoffe.[234] In Wirtschaftsinformatik und Wissensmanagement ist die Auffassung verbreitet, dass Information und Wissen den immateriellen Produktionsfaktoren zuzurechnen sind.[235] In diesem Zusammenhang werden Informationen und/oder Wissen entweder als eigenständiger Produktionsfaktor klassifiziert,[236] oder aber den Werkstoffen bzw. auch Betriebsmitteln zugeordnet.[237] Die vorliegende Arbeit folgt der Position, dass Information und Wissen eigenständige immaterielle Produktionsfaktoren sind.[238] Tabelle 1 stellt unterschiedliche Merkmale beider Produktionsfaktorengruppen einander gegenüber.[239]

In keinem Unterscheidungsmerkmal decken sich materielle und immaterielle Produktionsfaktoren, lediglich bei der Transportierbarkeit könnte u. U. Ähnlichkeit bestehen. Für Analyse von Daten, Information und Wissen erweist sich besonders das Merkmal der Vervielfältigungskosten als interessant. Daten und Information können schnell und kostengünstig vervielfältigt werden, wohingegen über spezielles Wissen oftmals lediglich Experten verfügen und es sich somit nicht beliebig kopieren lässt.[240]

Wissen gilt zudem als strategischer Wettbewerbsfaktor.[241] Die Verwendung von Wissen generiert Wettbewerbsvorteile, was zwei komplementäre Ansätze thematisieren, der umweltbezogene und der ressourcenbasierte. Der *umweltbezogene Ansatz* geht davon aus, dass Wettbewerbsvorteile durch eine ungleiche Verteilung von Information und Wissen zwischen Unternehmen generiert werden können. Diese Wissensvorsprünge lassen Unternehmen bei vorhandener Kompetenz Chancen auf dem Arbeitsmarkt erkennen und ergreifen. Sie sind freilich nicht beständig und müssen doch auf Dauer bestehen bleiben, damit die Konkurrenz den Vorsprung nicht durch Imitation aufholt.[242] Der *ressourcenbasierte Ansatz* wiederum unterstellt eine grundsätzliche Differenzierung von Unternehmen.

---

231 Vgl. Thommen/Achleitner, S. 39; Jung, S. 8 und Camphausen/Vollmer, S. 39.

232 Dispositive Faktoren schließen alle menschlichen Arbeitsleistungen ein, welche die Elementarfaktoren verbinden. Dazu gehören: Geschäfts- und Betriebsleitung, Planung, Organisation. Vgl. Gutenberg, S. 131, 148, 235; Corsten/Reiß, S. 59, 61 und Bea/Schweitzer, S. 108 f..

233 Gemeint sind alle Arbeiten, die direkt an Leistungserstellung und -verwertung beteiligt sind. Vgl. Gutenberg, S. 3.

234 Vgl. Gutenberg, S. 2 f.; Wöhle/Schierenbeck, S. 233 und Jung, S. 8 f..

235 Vgl. North, S. 61 und Kreitel, S. 17.

236 Vgl. Thommen/Achleitner, S. 39 und Bea/Haas, S. 345 f..

237 Vgl. Corsten/Reiß, S. 60.

238 Corsten/Reiß [2008] merken an, dass diese Ansicht gerade in der produktionswirtschaftlichen Wissenschaftsgemeinschaft umstritten ist. Vgl. Corsten/Reiß, S. 60

239 Vgl. North, S. 61; Heinrich/Heinzl/Riedl, S. 155 und Krcmar/Rehäuser, S. 21.

240 Vgl. Krcmar/Rehäuser, S. 21 ff.

241 Vgl. Krcmar/Rehäuser, S. 24; North, S. 61 und Probst/Raub/Romhardt, S. 3.

242 Vgl. North, S. 61 f. und Krcmar/Rehäuser, S. 24 f.

Anders als im umweltbezogenen Ansatz sind anhaltende Unterschiede zwischen Unternehmen möglich. Sie resultieren aus Ressourcen, die nicht uneingeschränkt beweglich oder nachahmbar sind.[243]

Merkmale	Materielle Produktions-faktoren	Immaterielle Produktionsfaktoren		
		Daten	Information	Wissen
Vervielfältigungskosten	hoch	gering	niedrig	u. U. hoch
Wertverlust durch Gebrauch	ja	möglich, aber auch Wert-gewinn	möglich, aber auch Wert-gewinn	möglich, aber auch Wert-gewinn
Veränderbarkeit	schwierig	einfach	einfach	u. U. einfach
Transportierbarkeit	möglich	sehr einfach	sehr einfach	schwierig
Qualitätsmessung	einfach	problematisch	problematisch	problematisch
Rechtsschutz	einfach	problematisch	problematisch	problematisch
Kostenermittlung	einfach	schwierig	schwierig	schwierig
Wertermittlung	einfach, objektiv	schwierig, subjektiv	schwierig, subjektiv	schwierig, subjektiv
Bestandsbewertung	möglich	problematisch	problematisch	problematisch
Preisbildungs-mechanismus	einfach, da bekannt	schwierig, nur teilw. bekannt	schwierig, nur teilw. bekannt	schwierig, nur teilw. bekannt

Tabelle 1: Vergleich materieller Produktionsfaktoren mit Daten, Information und Wissen[245]

Nach der Einbettung des Wissensbegriffs in eine Begriffshierarchie und der Einstufung von Wissen als Produktions- und Wettbewerbsfaktor folgt nun eine begriffliche Präzisierung. So lässt sich der Wissensbegriff aus unterschiedlichen Blickwinkeln betrachten: z. B. philosophisch, psychologisch, soziologisch, ökonomisch oder betriebswirtschaftlich.[246]

In diesem Zusammenhang ist das Konzept des *Humankapitals* von besonderer Bedeutung. Die Humankapitaltheorie geht auf Gary S. Becker [1975] zurück. Im Gegensatz zur klassischen Investitionstheorie widmet diese Theorie sich dem Menschen und seinen Fähigkeiten.[247] Becker [1995] stellt verschiedene Investitionsmöglichkeiten für das Humankapital dar, diese sind z. B. On-the-Job-Training und Ausbildung.[248] Prinzipiell sind zwei Arten von Humankapital auseinanderzuhalten: generelles und unternehmensspezifisches Humankapital. Generelles Humankapital umfasst die allgemeine Bildung[249], die eine Arbeitskraft besitzt und produktivitätssteigernd in diverse Unternehmen einbringen

243 Vgl. North, S. 61 f.
245 Eigene Darstellung in Anlehnung an Heinrich [2011a], S. 155 und Rehäuser/Krcmar [1996], S. 11.
246 Vgl. Müller, S. 25 und Adomßent, S. 16 ff.. S. a. Müller Kapitel 2: „Der Wissensbegriff und seine Grenzen".
247 Vgl. Becker; Backes-Gellner/Lazear/Wolff, S. 6 und Heimerl, S. 314.
248 Vgl. Becker, S. 30 ff.
249 Nicht Allgemeinbildung! Vgl. zu dieser Unterscheidung Sadowski, S. 56.

kann. Das unternehmensspezifische Humankapital hingegen bezieht sich auf die spezifische Bildung eines Arbeitnehmers, deren Verwendung nur für den speziellen Arbeitgeber nutzbringend ist.[250] Der Begriff „Humankapital" entstammt ursprünglich der Ökonomie und erhielt anschließend auch in die Betriebswirtschaftslehre Einzug. Im Bereich des Personalmanagements werden unter Humankapital „knowledge, skills, abilities and other characteristics"[251] verstanden.[252] Durch das Einstellen von Mitarbeitern haben Organisationen Zugriff auf Humankapital. Weiterhin kann gezieltes Management seitens der Personalentwicklung das Humankapital vergrößern. Wichtiger Managementaspekt ist ferner die Pflege des Humankapitals, da dieses veralten kann.[253]

Dieses Forschungsvorhaben nimmt die Betriebswirtschaftslehre, insbesondere die Wirtschaftsinformatik, in den Blick. Wie bei dem Begriff Projektmanagement herrscht in der wissenschaftlichen Literatur Uneinigkeit über eine genaue Bestimmung des Wissensbegriffs.[254] Häufig kommt die Definition von Probst/Raub/Romhardt zum Einsatz. Sie vereint alle in den vorhergehenden Absätzen beschriebenen wesentlichen Eigenschaften von Wissen und liegt daher auch der vorliegenden Arbeit zugrunde.[255] Die Autoren bezeichnen Wissen als:

> *„Gesamtheit der Kenntnisse und Fähigkeiten, die Individuen zur Lösung von Problemen einsetzen. Dies umfasst sowohl theoretische Erkenntnisse als auch praktische Alltagsregeln und Handlungsanweisungen. Wissen stützt sich auf Daten und Informationen, ist im Gegensatz zu diesen jedoch immer an Personen gebunden. Es wird von Individuen konstruiert und repräsentiert deren Erwartungen über Ursache-Wirkungs-Zusammenhänge."*[256]

Mertens Grundzüge der Wirtschaftsinformatik unterstreicht die Personengebundenheit des Wissens. Er sieht Wissensgenerierung als einen Verarbeitungsprozess von Informationen, welcher auf persönlichen Erfahrungen und Kenntnissen basiert.[257] North stellt weiterhin fest, dass Wissen stets an einen spezifischen Kontext geknüpft ist und betont die Wissensbindung an Personen und deren Erfahrungsschatz. Er führt an, dass Wissen

[250] Vgl. Sadowski, S. 55 ff.. Diese Unterteilung hat natürlich Auswirkungen auf die Humankapitalinvestitionen, die ein Arbeitgeber vornimmt. Vgl. Sadowski, S. 57.

[251] Ployhart/Moliterno, S. 128.

[252] Vgl. Heimerl, S. 314.

[253] Vgl. Heimerl, S. 314. Die organisationalen Pendants zum Humankapital stellen das intellektuelle sowie das Sozialkapital dar. Das intellektuelle Kapital schließt dabei das Humankapital ein, geht jedoch über dieses hinaus. Sozialkapital umfasst die sozialen Beziehungen zwischen Individuen und Gruppen. Durch die Nutzung dieser Beziehungsnetze kann eine Person ihr Humankapital erweitern. Vgl. Heimerl, S. 314 f. und Wilkens/Keller/Schmette, S. 141.

[254] Vgl. Probst/Raub/Romhardt, S. 16; Lehner/Wildner/Scholz, S. 329; Müller, S. 25 und Laudon/Laudon/Schoder, S. 662.

[255] Vgl. Müller, S. 22; Rose, S. 7. Sinngemäß ebenso: vgl. Mertens Grundzüge der Wirtschaftsinformatik, S. 57; Heinrich/Heinzl/Riedl, S. 305; North, S. 37; Lehner/Wildner/Scholz, S. 329. Lehner erweitert die Definition um die Kenntnisse und Fähigkeiten von Organisationen.

[256] Probst/Raub/Romhardt, S. 23.

[257] Vgl. Mertens Grundzüge der Wirtschaftsinformatik, S. 57.

nie speicherfähig ist, es demnach keine Wissensdatenbanken geben kann. Teilbereiche des Wissens können indessen in Form von Informationen abgelegt und aufbewahrt werden.[258] Diese Auffassung teilt Hasler Roumois [2010].[259] Diese Ansicht wird in der vorliegenden Arbeit nicht unterstützt. Unter Rückgriff auf die ersten beiden der nun vorzustellenden verschiedenen Wissenstypen, dem *implizitem* und *explizitem* Wissen[260] wird aufgezeigt, dass es sehr wohl Wissensbereiche gibt, die speicherbar sind.

Implizites Wissen, auch tazites Wissen genannt, ist subjektiver Natur, d. h. an Personen und einen Kontext gebunden. Es lässt sich nur schwer formalisieren und ist nur eingeschränkt beschreib-, dokumentier- und kommunizierbar. Explizites Wissen hingegen ist objektiver Natur und kann formalisiert, dokumentiert, beschrieben und kommuniziert werden.[261] Nonaka und Takeuchi stellen eine Tabelle auf, die implizites und explizites Wissen anhand ihrer wesentlichen Unterscheidungsmerkmale vergleicht.[262]

Implizites Wissen (subjektiv)	Explizites Wissen (objektiv)
Erfahrungswissen (Körper)	Verstandeswissen (Geist)
Gleichzeitiges Wissen (hier und jetzt)	Sequentielles Wissen (da und damals)
Analoges Wissen (Praxis)	Digitales Wissen (Theorie)

Tabelle 2: Zwei Typen von Wissen[263]

Eng mit diesen beiden Wissensarten verbunden ist auch die Unterscheidung von *deklarativem* und *prozeduralem Wissen.* Deklaratives Wissen bezeichnet Sachwissen[264] und umfasst Faktenwissen, das verhältnismäßig leicht zu formalisieren, speichern und kommunizieren ist. Demgegenüber stellt das prozedurale Wissen Handlungs- und Vorgehenswissen[265] dar, also Wissen, wie etwas getan wird. Dessen Schwierigkeit liegt darin, es so zu formulieren, dass es nutzbringend weitergegeben werden kann.[266]

Bei der Abgrenzung von *individuellem, organisatorischem* und *kollektivem* Wissen markiert das individuelle Wissen das Wissen eines Mitarbeiters in einer Organisation. Organi-

---

[258] Vgl. North, S. 37.

[259] Vgl. Hasler Roumois, S. 42.

[260] Michael Polanyi diskutierte erstmalig die Existenz von implizitem Wissen. In seinem 1966 erschienenen Buch *„The Tacit Dimension"* stellt er das sog. *tacit knowledge* vor (*tacit* aus dem Englischen für „still", „stillschweigend"). Polanyis Gedanken basieren auf der Überlegung: *„(...) we can know more than we can tell"* (Polanyi, S. 4). Nonaka/Takeuchi The Knowledge-creating company: how Japanese companies create the dynamics of innovation ergänzten den Ansatz später um die Konzepte der Sozialisation, Externalisierung, Kombination und Internalisierung. Dieser Ansatz wird im Anhang (Kapitel B.2) näher betrachtet.

[261] Vgl. Heinrich/Stelzer, S. 158; Mertens Grundzüge der Wirtschaftsinformatik, S. 58; Lehner/Wildner/Scholz, S. 330 und Fink/Schneidereit/Voß, S. 77.

[262] Vgl. Nonaka/Takeuchi Die Organisation des Wissens: wie japanische Unternehmen eine brachliegende Ressource nutzbar machen, S. 73.

[263] Nonaka/Takeuchi [1997], S. 73.

[264] „Know What".

[265] „Know-how".

[266] Vgl. Lehner, S. 55; Lehner/Wildner/Scholz, S. 330; Hasler Roumois, S. 52 und Fink/Schneidereit/Voß, S. 77.

sationales Wissen hingegen ist das Wissen, das eine Organisation in Form von Strukturen, Routinen, Normen, Prozessen, Methoden und Regelwerken besitzt.[267] Kollektives Wissen setzt sich aus individuellem zusammen, ist jedoch mehr als die Summe ihrer einzelnen Wissensbestandteile und damit besonders wichtig für die organisationale Wissensbasis.[268] Weiterhin kann in *internes* und *externes* Wissen untergliedert werden. Internes Wissen ist organisatorisches Wissen und steht einer Organisation zur Verfügung bzw. resultiert aus ihr. Externes Wissen steht einer Organisation nicht zur Verfügung, liegt also außerhalb und muss bei Bedarf erworben werden.[269] Auf dieser Unterscheidung aufbauend, sind die Begrifflichkeiten der *individuellen* und der *organisationalen* Fähigkeiten von Belang. Individuelle Fähigkeit bedeutet, Daten in Wissen umzuformen und für das Unternehmen vorteilhaft einzusetzen. Ein Individuum ist somit Träger der organisationalen Wissensbasis. Die organisationale Fähigkeit ergibt sich aus dem Zusammenspiel aller individuellen Fähigkeiten und formt einen Teilbereich der organisationalen Wissensbasis.[270] Unter der organisationalen Wissensbasis versteht man alle individuellen und organisatorischen Wissensbestände, inklusive der Daten- und Informationsbestände, auf denen sie aufbauen.[271]

Weiterhin kann zwischen *transferierbarem* und *nicht-transferierbarem* Wissen unterschieden werden. Wenn Wissen artikuliert werden kann, ist es auch transferierbar. Diese Eigenschaft gilt für explizites Wissen. Umgekehrt ist implizites Wissen nicht oder nur bedingt transferierbar.[272] Externalisierung meint die Weitergabe von Wissen. Das Resultat einer Externalisierung ist entweder explizites Wissen oder die Information darüber, welche Person über implizites verfügt.[273]

Abschließend ist der Begriff *Metawissen* zu nennen. Metawissen ist Wissen über Wissen, genauer: die Verortung des Wissens. Dies beinhaltet das Wissen über eigene wie fremde Wissensbestände. Wissen steht nicht automatisiert zur Verfügung, daher wird eine Orientierungshilfe zu seiner Auffindung benötigt.[274] Diese Aufgabe übernimmt die Meta-Wissensbasis. Sie beinhaltet Verweise auf Wissen bzw. Wissensträger und verfolgt das Ziel der Vernetzung von Individuen, um besser kommunizieren und interagieren zu können.[275]

---

267 Vgl. Lehner/Wildner/Scholz, S. 330 f..

268 Vgl. Probst/Raub/Romhardt, S. 22.

269 Vgl. Lehner/Wildner/Scholz, S. 330 f..

270 Vgl. Probst/Raub/Romhardt, S. 18 f.

271 Vgl. Probst/Raub/Romhardt, S. 23.

272 Vgl. Mertens Grundzüge der Wirtschaftsinformatik, S. 58.

273 Vgl. Hansen/Neumann, S. 578.

274 Vgl. Lehner, S. 63, 70; Katenkamp, S. 371; Mertens Grundzüge der Wirtschaftsinformatik, S. 59 und Braun, S. 73.

275 Vgl. Lehner, S. 63; Katenkamp, S. 371 und Lackes/Siepermann.

4.1.2 Begriffsbestimmung Wissensmanagement

Wissensmanagement (WM) lässt sich aus unterschiedlichen Blickwinkeln erschließen. Deren Extrempunkte sind die technozentrische und die humanorientierte Sichtweise. Zwischen diesen Polen existieren jedoch auch Mischformen.[276]

Einige Ansätze stützen sich auf eine rein technische Annäherung an das Thema Wissensmanagement, darunter die *technozentrische Sichtweise*. Sie fokussiert die elektronische Unterstützung und Wissensinterpretation von Daten. Wissensmanagement bedeutet hier das Management von Informationen, Daten, Hard- und Software.[277] Der technikorientierte Ansatz geht von einer organisationalen Wissensbasis aus, welche die Erfassung, Nutzung, Speicherung und Verteilung von Wissen erlaubt.[278]

Aus der *humanorientierten Sicht* auf das Wissensmanagement steht der Mensch als Träger des Wissens im Mittelpunkt.[279] Das WM soll die Leistungsfähigkeit des Menschen ausbauen, d. h. den Menschen hinsichtlich seines Könnens und seiner Fertigkeiten unterstützen.[280] Dieser Ansatz ist vor allem durch Soziologie und Psychologie geprägt und wird oft der Personalentwicklung bzw. dem Personalmanagement zugeordnet.[281]

Albrecht [1993] fasst die jeweilige Trennung von human- und technikorientiertem WM als Wissensmanagement im engeren Sinne auf. Eine reine Technikorientierung trägt der Ressource Wissen nicht ausreichend Rechnung. Viele Problembereiche im Wissensmanagement lassen sich nicht mithilfe der bloßen Verwendung einer technischen Datenbanklösung (o. ä.) klären. Oftmals sind organisationale oder personelle Schritte in Erwägung zu ziehen. Das deutet auf eine strategische, und eben nicht rein technische Sichtweise der Ressource Wissen hin.[282] Weiterhin vernachlässigt der Ausschluss des Menschen auch wesentliche Aspekte, wie den Aufbau einer motivierenden Wissenskultur.[283] Damit deutet sich ein fundamentales Defizit des lediglich technikorientierten Ansatzes an.

Allerdings verkennt eine primär humanorientierte WM-Lösung wiederum das zusätzliche Potential, das eine technikbasierte Lösung generieren kann, u. a. eine gesteigerte Verwendung und Verteilung gespeicherten Wissens. Eine organisationale Wissensbasis und die damit verbundene Option einer elektronischen Wissensspeicherung und -verarbeitung

---

276 Vgl. Bäppler, S. 43; Lehner/Wildner/Scholz; Weck, S. 36; Oechsler, S. 323; Schüppel, S. 187 f. und North, S. 182.

277 Vgl. Schüppel, S. 187 und Lehner, S. 38.

278 Vgl. Weck, S. 36 und Lehner, S. 38.

279 North, S. 182 f. verwendet den Begriff der *Wissensökologie*.

280 Vgl. Schüppel, S. 187; Weck, S. 36 und Lehner, S. 38.

281 Vgl. Weck, S. 36 und Schüppel, S. 187. Oechsler, S. 323 weist diese Ausrichtung dem Human Ressource Management zu.

282 Über eine strategische Ausrichtung wird u. a. den Problematiken bei der Wissensakquise, dem Wissensbedarf und -bestand nachgegangen. Vgl. Albrecht, S. 96.

283 Die Organisationskultur kann dazu beitragen, dass sich die Bereitschaft, Neues zu lernen und Wissen zu teilen, erhöht. Vgl. Lehner, S. 38.

werden nicht berücksichtigt.[284] Mithin ist die strategische Komponente des WM letztlich nur durch die Kombination von technozentrischen und humanorientierten Konzepten zu verwirklichen. Albrecht (1993) spricht hierbei von Wissensmanagement im weiteren Sinne.[285]

All diese Unzulänglichkeiten machen es erforderlich, die zuvor aufgezeigten Ansätze gleichberechtigt zu behandeln. Deshalb spricht man von *ganzheitlichem* oder *integrativem Vorgehen.*[286] Es wird oftmals in drei Dimensionen untergliedert: die organisatorische, soziale und informationstechnische.[287] Auch die vorliegende Arbeit verfolgt einen ganzheitlichen Ansatz des Wissensmanagements. Denn die einseitige Betrachtung entweder der technischen oder der humanorientierten Perspektive scheint, vor allem vor dem Hintergrund des IT-Projektmanagements nicht angemessen.[288]

Unternehmenskultur

Mit dem Wissensmanagement eng verbunden ist die Organisations- bzw. Unternehmenskultur,[289] deren Gestaltung hier von hoher Bedeutung ist. Den Kulturbegriff untersuchen u. a. Hofstede/Hofstede/Minkov [2010]. Nach ihrer Ansicht schließt Kultur Symbole, Helden, Rituale und Werte ein. Als wesentliches Merkmal der Kultur sehen sie die Werte. Sie sind nicht direkt greifbar und werden unbewusst durch Normen gelebt. Hofstede/Hofstede/Minkov bezeichnen Kultur als „Software des Geistes", die aufbauend auf den vergangenen Erlebnissen einer Person Reaktionen hervorruft.[290] Die Organisationskultur definieren Hofstede/Hofstede [2009] als ganzheitliches, historisch bedingtes Phänomen, das mit der Anthropologie verbunden ist und eine soziale Struktur aufweist. Die Autoren bezeichnen die Organisationskultur als „weich", fügen jedoch hinzu, dass sie nur schwer veränderbar ist.[291] Einen ähnlichen Ansatz wählt Lehner [2012]. Unternehmenskultur ist ihm zufolge in der Vergangenheit begründet und durch Gewohnheiten, Legenden und Traditionen determiniert. Sie macht sich nach außen durch die verwendete Sprache, Handlungen und auszeichnende Artefakte[292] bemerkbar.[293] Schein [1985] lie-

[284] Vgl. Albrecht, S. 94 ff. und Lehner, S. 38.

[285] Vgl. Albrecht, S. 96 f..

[286] Vgl. Albrecht, S. 96 f.; Schüppel, S. 188 und Lehner, S. 38. Auch *Phasenmodelle des Wissensmanagements* genannt. Vgl. North, S. 183.

[287] Vgl. Weck, S. 36. Oechsler, S. 323 stellt fest, dass alle Funktionsbereiche einer Unternehmung adressiert werden müssen: IuK, Organisation und HRM. Alle drei Komponenten sind im Kollektiv zu planen.

[288] Vgl. hierzu für das allgemeine Wissensmanagement: Lehner; Probst/Raub/Romhardt und Nonaka/Takeuchi Die Organisation des Wissens: wie japanische Unternehmen eine brachliegende Ressource nutzbar machen.

[289] Die Begriffe werden fortan synonym verwendet. Im Zentrum der Betrachtungsweise befindet sich entweder eine Organisation oder ein Unternehmen. Vgl. Gust von Loh, S. 97; Hofstede/Hofstede, S. 392 und Lehner, S. 144.

[290] Vgl. Hofstede/Hofstede/Minkov, S. 2, 7 ff., 47.

[291] Vgl. Hofstede/Hofstede, S. 393.

[292] Bspw. Organigramme, Firmenlogo oder spezielle Dienstleistungen.

[293] Vgl. Lehner, S. 25.

fert eine bekannte Definition der Unternehmenskultur und unterteilt den Begriff in drei Ebenen. Die sichtbare Ebene, erstens, setzt sich aus sichtbaren Verhaltensweisen, Artefakten und Erzeugnissen zusammen. Zweitens die Bewusstseinsebene, sie beinhaltet Werte und Empfindungen. Schließlich die unsichtbare Ebene, drittens, die den wesentlichen Teil darstellt, der für das tiefe Verständnis der Unternehmenskultur notwendig ist. Schein unterscheidet klar zwischen der eigentlichen Kultur und ihrer Offenbarung,[294] und Stafflage [2005] stellt einen Merkmalskatalog für die Unternehmenskultur zusammen.[295] Sie konstatiert, dass Unternehmenskultur im Wesentlichen ein überindividuelles und soziales Phänomen ist, das durch bestimmte Wertvorstellungen, Normen und Denkmuster von den Organisationsmitgliedern konstruiert wird. Die Unternehmenskultur stellt weiterhin das soziale Erbe einer Unternehmung dar, das allgemein akzeptiert ist, erlernt werden kann und auch steuernd auf das Verhalten der Mitglieder wirkt.[296]

Die Unternehmenskultur kann als Erfolgsfaktor für das Wissensmanagement gesehen werden, denn sie regelt das menschliche Miteinander innerhalb einer Organisation, aber auch den Außenauftritt. Man spricht von einer offenen Unternehmenskultur, wenn sie Wissensmanagement-Aktivitäten untersützt.[297] Sie ist von Führungskräften und Mitarbeitern anzuerkennen und anzuwenden.[298] Die Entwicklung einer Unternehmenskultur die Zusammenarbeit fördert und hilft, Probleme wahrzunehmen sowie Lösungen von Mitarbeitern zu unterstützen, ist für das Wissensmanagement von hoher Relevanz.[299]

Definition Wissensmanagement

Eine Zerlegung des Wissensmanagementbegriffs liefert die Komponenten „Wissen“ und „Management“. Beides wurde gesondert in den Kapiteln 4.1.1 und 2.1.2 definiert.[300] Die mangelnde exakte Bestimmung des Wissensbegriffs setzt sich dabei auch mit dem Kompositum „Wissensmanagement“ fort.[301] Dessen unterschiedliche Interpretationsweisen und Auffassungen sind Thema dieses Abschnitts.

Probst/Raub/Romhardt [2012] begreifen WM als Interventionskonzept zur Ausgestaltung der organisationalen Wissensbasis.[302] North [2011] hingegen versteht unter WM das Streben nach einer optimalen Nutzung und Weiterentwicklung von Wissen.[303] Davenport/Prusak [1998] sehen die Hauptaufgaben des WM in der effizienten Verwendung,

294 Vgl. Schein, S. 13 ff..
295 Die Autorin vergleicht verschiedene Definitionen von Unternehmenskultur und arbeitet Schnittmengen heraus.Vgl. Stafflage, S. 11 ff..
296 Vgl. Stafflage, S. 13 ff.
297 Vgl. Gust von Loh, S. 97.
298 Vgl. North, S. 42.
299 Vgl. North, S. 100.
300 Vgl. Lehner/Wildner/Scholz, S. 328 f..
301 Vgl. Wildner, S. 15, 33 ff.
302 Vgl. Probst/Raub/Romhardt, S. 24.
303 Vgl. North, S. 3.

Verortung und dem Austausch von Wissen.[304] Nonaka/Takeuchi [1997] konzipieren Wissensmanagement als Spiralprozess. Wissensmanagement beinhaltet ihrer Ansicht nach alle Maßnahmen, die der Neuerschaffung und Verteilung von Wissen dienen.[305] Hansen/Neumann [2009] definieren WM als Gesamtheit der betrieblichen wie organisatorischen Maßnahmen, die darauf abzielen, betriebliches Wissen zu erzeugen, weiterzugeben, abzuspeichern und aufzufinden.[306] Heinrich/Heinzl/Riedl [2011] verfolgen einen ähnlichen Ansatz und betonen die Aufgabe einer Unternehmung, Wissen in Organisationen zu entwickeln und zu nutzen.[307] Für Stahlknecht/Hasenkamp [2005] ist WM ein Prozess, der implizites und explizites Wissen kontextspezifisch abbildet und dem Unternehmen zur Verfügung stellt.[308] Mandl/Reinmann-Rothmeier [2000] fassen WM als differenziertes Ebenenkonzept auf, das auf den Elementen Mensch, Aufgabe und Organisation aufbaut. Sie fächern das Management der strategischen Ressource Wissen dreifach auf: als individuelle Kompetenz, organisationale Methode und gesellschaftliche Aufgabe.[309] Einen systemtheoretischen Ansatz wiederum liefert Willke [1998]. WM bildet für ihn die Summe aller organisationalen Strategien zur Schaffung einer intelligenten Organisation. Diese schließen Mensch und Technik gleichermaßen ein: Der Mensch trägt mit seiner Kompetenz, Ausbildung und Lernfähigkeit zur kollektiven Intelligenz und Gemeinschaftsfähigkeit bei. Die technologische Infrastruktur sorgt für eine effiziente, zielgerichtete Kommunikations- und Informationsinfrastruktur. Der Autor schlägt vor, Wissensmanagement als Geschäftsprozess aufzufassen und es als solchen zu organisieren und zu optimieren.[310]

Die teilweise sehr unterschiedlichen Standpunkte zeigen das große definitorische Spektrum des Begriffs „Wissensmanagement" auf. Keine der genannten Definitionen vereint jedoch den in dieser Arbeit fokussierten ganzheitlichen Aspekt. Es geht um die Gestaltung eines ganzheitlichen Konzepts, das zugleich human- und technikorientiert ist. Weiterhin muss die in 4.1.2 auf Seite 56 herausgestellte Bedeutung einer Organisationskultur unbedingt enthalten sein. Daher wird nun eine eigene Wissensmanagementdefinition vorgenommen, die auf den zuvor vorgestellten Interpretationsweisen basiert:

> *Wissensmanagement ist ein ganzheitliches Konzept, das human- und technikorientierte Aspekte vereint. Wissensmanagement soll strategische und operative Methoden zur effizienten Auffindung, Nutzung, Entwicklung, Verteilung und Speicherung von Wissen zur Anwendung bringen und muss in eine dem*

304 Vgl. Davenport/Prusak, S. 17 f.

305 Vgl. Nonaka/Takeuchi The Knowledge-creating company: how Japanese companies create the dynamics of innovation, S. 20 ff. Das Konzept von Nonaka/Takeuchi wird im Anhang in Kapitel B.2 ausführlich erläutert.

306 Vgl. Hansen/Neumann, S. 576 f.

307 Vgl. Heinrich/Heinzl/Riedl, S. 249.

308 Vgl. Stahlknecht/Hasenkamp, S. 431.

309 Vgl. Mandl/Reinmann-Rothmeier, S. 7 f.

310 Vgl. Willke, S. 39, 77.

Wissensmanagement förderliche Organisationskultur eingebettet werden, um Lern- und Teilungsbereitschaft zu unterstützen. Dabei übernimmt die Führungsebene durch „gelebtes" Wissensmanagement eine Vorbildfunktion.[311]

Abgrenzung zum Daten- und Informationsmanagement

Die bisherige Begriffsherleitung von „Wissensmanagement" und die daran anknüpfenden Ausführungen zeigen die enge Verbundenheit des Wissens mit den ihm zu Grunde liegenden Daten und Informationen. Dies setzt sich auch in den Managementansätzen fort. Um die Einordnung des Wissensmanagementbegriffs zu vervollständigen, sollen daher die Konzepte des *Daten-* und *Informationsmanagements* knapp vorgestellt werden.

Beim Datenmanagement geht es um die Planung, Überwachung und Steuerung aller datenbezogenen Aufgaben und Tätigkeiten innerhalb einer Organisation,[312] was eine hohe Datenqualität[313] und Aufgabenadäquanz[314] gewährleisten soll. Das Datenmanagement lässt sich zu einem hohen Grad allein durch IT organisieren.[315]

Das Informationsmanagement kann aus verschiedenen Perspektiven betrachtet werden. Im weiteren Sinne versteht man darunter die Koordination des gesamten Informationsflusses[316] einer Organisation. Das soll eine aufgabenangemessene Verwendung, Speicherung und Verteilung von Informationen gewährleisten. Weiterhin lässt sich das Informationsmanagement auch hinsichtlich seines Sach- und Formalziels unterscheiden. Das Sachziel beinhaltet die Erstellung und Gestaltung der Informationsfunktion (IF) und Informationsinfrastruktur (IIS), das Formalziel hingegen erstreckt sich auf die wirtschaftliche Ausrichtung der IF und IIS.[317] Die Aufgaben und Methoden des Informationsmanagements sind dabei auf drei Ebenen verteilt: die strategische, administrative und operative.[318]

Die Kurzcharakterisierung der Konzepte führt bereits vor Augen, dass sich Daten- und Informationsmanagement im Wesentlichen im Rahmen der Informationstechnik vollziehen.[319] Das Informationsmanagement enthält die „weiche" Komponente Kommunikation. Planung und Gestaltung der Kommunikation schließen hier demnach auch den Faktor Mensch mit ein. Das Objekt der Kommunikation, die Information, ist dennoch einfach zu vervielfältigen und zu übertragen. Diesen Zusammenhang stellt auch Tabelle 1 auf Seite 51 heraus. Eine scharfe Abgrenzung des Wissensmanagements vom Informationsmana-

[311] Siehe Probst/Raub/Romhardt, S. 24, 161 f.; Davenport/Prusak, S. 17 f.; North, S. 3, 85; Mandl/Reinmann-Rothmeier, S. 7 f. und Heinrich/Stelzer, S. 287.

[312] Vgl. Lehner, S. 173. Die Datenbereitstellung zur Aufgabenerledigung muss wirtschaftlich erfolgen. Vgl. Heinrich/Stelzer, S. 250.

[313] Also Richtigkeit, Vollständigkeit, Aktualität, Konsistenz und Integrität der Daten.

[314] D. h. eine angemessene Verwaltung und IT-Abbildung.

[315] Bspw. Datenbanksysteme, Data Warehouse und Data Mining. Vgl. Lehner, S. 173.

[316] Der Information und Kommunikation einschließt.

[317] Vgl. Lehner, S. 166; Heinrich/Lehner, S. 21 ff. und Heinrich/Stelzer, S. 21, 23.

[318] Vgl. Heinrich/Stelzer, S. 24 ff.

[319] Vgl. Borner, S. 7.

gement ist damit nicht möglich,[320] weshalb sich WM als Weiterentwicklung des Informationsmanagements begreifen lässt.[321] Ihre gemeinsamen Ziele liegen in der Verwendung, Speicherung und Verteilung von Information resp. Wissen.[322] Die in der Literatur vertretene Auffassung, dass Wissensmanagement ein Teilgebiet des Informationsmanagements sei[323], wird also in dieser Arbeit nicht geteilt.[324] Denn die Personengebundenheit von Wissen macht dessen Management besonders herausfordernd.[325] Schwer wiegt hier die Handhabung des impliziten Wissens. Es bedarf eigener Methoden, und ihm darf, wie die Vergangenheit gezeigt hat, nicht nur informationstechnisch begegnet werden.[326]

4.1.3 Der Ansatz von Probst/Raub/Romhardt

Bereits Kapitel 4.1.2 hat aufgezeigt, dass und welche unterschiedlichen Auffassungen des Wissensmanagementsbegriffs es gibt. Diese münden natürlich in die unterschiedlichsten Ansätze zur Handhabung von Wissen. Für einen umfassenden Einblick in dieses Spektrum von Wissensmanagementansätzen sei auf eine Auswahl an entsprechender Primär- und Sekundärliteratur verwiesen.[327] Um zu einem tieferen Verständnis des Zusammenhangs von implizitem und explizitem Wissen zu gelangen, empfiehlt sich die Lektüre des Buchs von Nonaka/Takeuchi. Eine Kurzbeschreibung ihrer Herangehensweise findet sich im Anhang in Kapitel B.2.

Probst/Raub/Romhardt nun entwerfen ein ganzheitliches Wissensmanagementkonzept, das operative und strategische Gesichtspunkte des Wissensmanagements in sich vereinigt. Es gilt als eines der wichtigsten Konzepte im deutschsprachigen Wissensmanagement[328] und beinhaltet eine wertvolle Kombination theoretischer Leitideen des WM mit den Anforderungen der Praxis. Insbesondere der Fokussierung auf handhabbare Lösungen kommt Gewicht zu. Die große Verbreitung und die ganzheitliche Betrachtung des Wissensmanagements gibt den Ausschlag, das Konzept nach Probst/Raub/Romhardt als Grundlage der vorliegenden Forschungsarbeit einzusetzen und es in Kapitel 6.1.1.2 auf das V-Modell zu übertragen. Spezifisch wird es den Rahmen für die verschiedenen Wissensmanagement-Aktivitäten in der Softwareentwicklung bilden.

---

320 Vgl. Gust von Loh, S. 25.
321 Vgl. Biethahn/Mucksch/Ruf, S. 93 und Weck, S. 33.
322 Vgl. Voß, S. 278.
323 Vgl. Heinrich/Heinzl/Roithmayr und Krcmar Informationsmanagement.
324 Vgl. hierzu auch Stelzer, S. 36 f.; Weck, S. 33 und Biethahn/Mucksch/Ruf, S. 93. Wie weiter oben angemerkt, wird es als eine Weiterentwicklung des Informationsmanagements angesehen.
325 Vgl. Borner, S. 6 f. und Selke, S. 36.
326 Besonders das implizite Wissen betont Katenkamp.
327 Vgl. Lehner, S. 71 ff.; Wildner, S. 36 ff. und North, S. 184 ff.
328 Vgl. Heinrich/Heinzl/Riedl, S. 249; Laudon/Laudon/Schoder, S. 668 und Heinrich/Stelzer, S. 288.

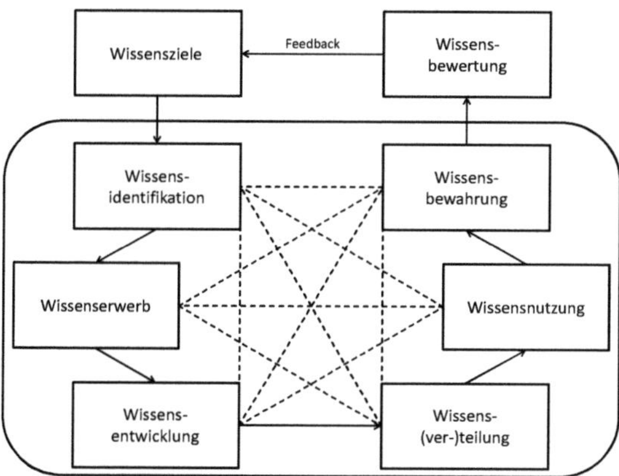

Abbildung 11: Wissensbausteine nach Probst/Raub/Romhardt[329]

Das Konzept von Probst/Raub/Romhardt basiert auf den Methodiken der Aktionsforschung[330]. Praktiker waren häufig mit der Problematik konfrontiert, dass Führungskräfte im Umgang mit der Ressource Wissen lediglich unzureichend unterstützt wurden, sodass praxisnahe und handhabbare Lösungen gesucht waren. Dafür wurde die bereits angesprochene Kombination aus theoretischen Überlegungen mit den Problemen der Praxis anhand von Interviews, Workshops und Fallstudien und sechs Kernprozesse, auch Bausteine des Wissensmanagements genannt, festgelegt.[331] Die Kernprozesse sind operativer Natur und stark miteinander verbunden. Obwohl es möglich ist, Wissensmanagement -Aktivitäten innerhalb eines einzelnen Kernprozesses durchzuführen, sollten aufgrund der starken Vernetzung die Auswirkungen auf die anderen Bausteine berücksichtigt werden.[332] Die operativen Bausteine werden zudem um zwei strategische Prozesse erweitert, um einen ganzheitlichen Managementansatz zu gewährleisten (Abb. 11).[333]

Wissensziel[334]

Dieser Baustein beinhaltet drei Unterziele: normative, strategische und operative Wissensziele. Erstere streben die Schaffung einer wissensbewussten Unternehmenskultur an. Sie bilden die Prämisse für ein Klima der Wissensteilung und Fähigkeitsentwicklung. Die or-

329 Probst/Raub/Romhardt [2012], S. 34; Abbildung marginal verändert.

330 Unter Aktionsforschung wird ein sozialwissenschaftlicher Forschungsansatz verstanden, der sich mit der Beziehung von Theorie und Praxis resp. Empirie beschäftigt. Ein in der Praxis bestehendes Problem diskutieren Wissenschaftler und Praktiker gemeinsam. Die Problemlösung wird in mehreren Zyklen eruiert. Vgl. Heinze, S. 79 und Wilde/Hess, S. 282.

331 Die Kernprozesse sind Abbildung 11 innerhalb des großen Rechtecks zu entnehmen.

332 Vgl. Probst/Raub/Romhardt, S. 30 ff..

333 Vgl. Probst/Raub/Romhardt, S. 33.

334 Die nachfolgende Beschreibung der einzelnen Bausteine bezieht sich auProbst/Raub/Romhardt, S. 37 ff., 63 ff., 93 ff., 113 ff., 143 ff., 181 ff., 197 ff., 223 ff. und hält sich eng an deren Ausführungen.

ganisationale Wissensbasis wird innerhalb der strategischen Wissensziele festgelegt, dies schließt auch den aufkommenden Bedarf an Kompetenzen ein. Die beiden vorhergehenden Wissensziele werden dann durch operative Wissensziele realisiert und konkretisiert. Allerdings vernachlässigt es die Praxis häufig Wissensziele zu definieren.[335]

Wissensidentifikation

Hierbei wird das Wissensumfeld einer Unternehmung analysiert und beschrieben. Ziel ist es, Intransparenzen zu beseitigen, um den Mitarbeitern einer Unternehmung einen Überblick über interne und externe Wissensbestände zu geben. Dadurch sollen der Suchaufwand für Daten, Informationen, Fähigkeiten und Experten verkürzt, Doppelarbeiten vermieden und Synergien erschlossen werden. Mittels der Einbeziehung des externen Wissensumfelds lassen sich Leistungsvergleiche mit konkurrierenden Unternehmen ziehen.[336] In Zeiten der „Informationsüberflutung“ ist es essentiell, wesentliche Wissensbestände zu identifizieren und angemessene Transparenz zu schaffen.[337]

Wissenserwerb

Um den Wissensbedarf einer Unternehmung zu befriedigen, muss man sich zum Teil externer Wissensquellen bedienen. Der Zugang zu diesen Quellen muss durch ein ganzheitliches Wissenmanagementsystem gewährleistet sein. Dazu zählen die Rekrutierung und Integration von Experten und Stakeholdern sowie die Akquisition von Unternehmen und Wissensprodukten. Der Erwerb externen Wissens birgt Potentiale, aber auch Risiken. Von hohem Potential sind solche Wissenserwerbe, deren Auswirkung auf die Unternehmung gut abschätzbar sind.[338] Schwierig hingegen sind Wissensprodukte, deren Kauf eine nicht absehbare Entwicklung für die Unternehmung darstellt.[339] Diese stellen ein Risiko für die Unternehmung dar. In diesem Zusammenhang wird sowohl die Bedeutung von Wissenscontrolling als auch der Definition von Wissenszielen deutlich. Ferner ist mit Ablehnungen seitens des Personals („not-invented-here-Syndrom“) zu rechnen.[340]

Wissensentwicklung

Die Wissensentwicklung stellt das direkte Pendant zum Wissenserwerb dar. Hier steht die Schaffung neuen Wissens im Mittelpunkt. Dies umfasst neue Fähig- und Fertigkeiten, Produkte, Ideen sowie die Schaffung neuer Prozesse oder deren Optimierung. Es ist

335 Vgl. Probst/Raub/Romhardt, S. 33, 42, 47, 57.
336 Im Sinne eines Benchmarkings.
337 Vgl. Probst/Raub/Romhardt, S. 31, 65 ff.
338 Bspw. ein Softwareexperte und dessen geschätzte *lines of code per hour.*
339 Etwa der Kauf von Patenten zukünftiger Markttechnologien.
340 Vgl. Probst/Raub/Romhardt, S. 31, 95 ff.

wichtig, Richtlinien und Vorgehensweisen für den Umgang mit neu generiertem Wissen zu etablieren, was vor allem vor dem Hintergrund verteilter Bereiche und Teams elementar ist. Von strategischer und betriebswirtschaftlicher Bedeutung ist darüber hinaus die Entscheidung, Wissen intern zu entwickeln, obwohl es extern zur Verfügung stünde.[341]

Wissens(ver)teilung

Dieser Baustein speist sich aus den beiden vorangestellten. Vorhandenes Wissen und Erfahrungen müssen einer gesamten Organisation zugänglich gemacht werden. Dafür ist eine Einteilung erforderlich, die festlegt, welche Wissensbestände für die verschiedenen Personengruppen und Organisationsebenen relevant sind. Das Maß der Verteilung sollten wirtschaftliche Überlegungen bestimmen. Der Name des Bausteins deutet zudem auf die Tatsache hin, dass die Übertragung von Wissen oftmals im Austausch zwischen einzelnen Personen verläuft, aber auch eine gesamte Organisationsebene betreffen kann. Auch wird in diesem Baustein der Frage nachgegangen, wie sich der Prozess der Wissens(ver)teilung vereinfachen lässt. Das ist zugleich einer der wesentlichen Problembereiche des Wissensmanagements, denn oftmals liegen Teile des intellektuellen Kapitals einer Organisation brach oder sind sehr ungleich auf die Organisationsmitglieder verteilt.[342]

Wissensnutzung

Die Wissensnutzung stellt den Kern eines erfolgreichen Wissensmanagements dar. Nach dem Erwerb, der Identifikation und der Verteilung von Wissen muss dessen Nutzung garantiert sein, um einen wertschöpfenden Beitrag zu leisten. Die Nutzung externen Wissens ist jedoch problembehaftet, wozu die Ablehnung fremden Wissens, routinierte und zu starre Arbeitsabläufe, aber auch kulturelle Aspekte wie Ängste, Nichtwissen einzugestehen, oder das unbeabsichtigte Übergehen von Hierarchieebenen beitragen. In diesem Zusammenhang ist die Unternehmenskultur von immenser Bedeutung. Nur bei Vorhandensein einer offenen Unternehmenskultur lassen sich wichtige Prinzipien verankern: Mut zum Nichtwissen und dadurch das Streben nach neuem Wissen, das Hinterfragen bestehender Abläufe und die Wahrnehmung von Wissen als gemeinschaftliches Gut.[343]

Wissensbewahrung

Bereits angeeignetes Wissen und demgemäße Fähigkeiten erfordern es gespeichert zu werden. Umstrukturierungen innerhalb einer Organisation oder das Ausscheiden von Mitarbeitern können dazu führen, dass zentrale Wissensbestandteile verloren gehen. Die

---

341 Vgl. Probst/Raub/Romhardt, S. 31, 115 ff.
342 Vgl. Probst/Raub/Romhardt, S. 32, 145 ff.
343 Vgl. Probst/Raub/Romhardt, S. 32, 183 ff.

Menge der speichernotwendigen Wissensbestandteile muss allerdings wirtschaftlichen Prinzipien unterliegen und bedarf einer regelmäßigen Aktualisierung. Wenn möglich, sollte die Speicherung auf elektronischen Medien erfolgen. Probst/Raub/Romhardt unterscheiden drei Prozesse der Wissensbewahrung: *Selegieren*, das Auswählen relevanter Elemente; *Speichern* auf individueller, kollektiver und elektronischer Ebene; *Aktualisieren*, d. h. die gespeicherten Elemente müssen aktuell und damit qualitativ hochwertig sein. Veraltete Bestände müssen auf den neuesten Stand gebracht oder aus dem System entfernt werden.[344]

Wissensbewertung

Natürlich müssen die zuvor genannten Wissensziele einer Kontrolle unterliegen. So lässt sich die Qualität der definierten Wissensziele überprüfen und ggf. anpassen. Im Gegensatz zu den klassischen Messinstrumenten der Betriebswirtschaftslehre bringt die Messung der Wissensziele eine Herausforderung mit sich, da sich die Messung am Zielerreichungsgrad und nicht an einer monetären Wissensbewertung orientiert.[345]

4.2 Wissensmanagementsysteme

4.2.1 Das Tübinger Modell der Wirtschaftsinformatik

Informationssysteme versteht die Wirtschaftsinformatik als Mensch-Aufgabe-Technik-Systeme (MAT-Systeme): Sie sollen den Menschen bei der Bearbeitung einer betrieblichen Aufgabe unterstützen, ihm steht zur Lösung der Aufgabe Informationstechnik zur Verfügung.[346] Das wirft die Frage auf, ob Wissensmanagementsysteme auch als MAT-Systeme angesehen werden können. Wie bereits weiter oben ausgeführt (Kap. 4.1.2, S. 56) kennt die Literatur häufig die Gestaltungsebenen Mensch, Organisation und Technik.[347] Mandl/Reinmann-Rothmeier [2000] dagegen bestimmen die Ebenen Mensch, Organisation und Aufgabe.[348] Lehner [2012] stellt fest, dass MAT-Systeme sich auch bei der Gestaltung von Wissensmanagementsystemen eignen, Wissensmanagement im Wesentlichen jedoch auf Organisationsentwicklung ausgerichtet sein muss.[349]

Viele Funktionsbereiche des Wissensmanagements sind denen des Informationsmanagements ähnlich (s. o. Kap. 4.1.2, S. 59, 60). Ähnlichkeiten bestehen speziell beim Inhaltsmanagement und den damit verbundenen Dokumenten- oder Contentmanagementsyste-

---

344 Vgl. Probst/Raub/Romhardt, S. 32, 199 ff.

345 Vgl. Probst/Raub/Romhardt, S. 33, 225 ff.

346 Vgl. Heinrich/Heinzl/Riedl, S. 17.

347 Vgl. Linde, S. 3; Haas, S. 27 ff. und Mertins, S. 11. Bullinger/Wörner/Prieto, S. 9 stellen die Gestaltungsebenen Organisation, Human Resource Management und IKT heraus.

348 Vgl. Mandl/Reinmann-Rothmeier, S. 7 f.

349 Vgl. Lehner, S. 245.

men, sind aber auch in den Bereichen der Zusammenarbeit (Kollaborations- und Kommunikationssysteme), sozialen Software und Suche anzutreffen.

Ein profundes Manko allerdings, ausschließlich die Gestaltungsebenen Mensch, Organisation und Technik zu beachten, liegt in der Vernachlässigung der betriebswirtschaftlichen Zielsetzung. Denn auch Wissensmanagementsysteme müssen, so die hier vertretene Ansicht, die Lösung einer betriebswirtschaftlichen Aufgabe zum Ziel haben.[350] Dieser Bereich ist zwar nicht als alleinige Hauptaufgabe eines Wissensmanagementsystems zu sehen, sollte jedoch einen wesentlichen Aspekt ausmachen. In diesem Zusammenhang soll auf das *Tübinger Modell der Wirtschaftsinformatik* eingegangen werden.

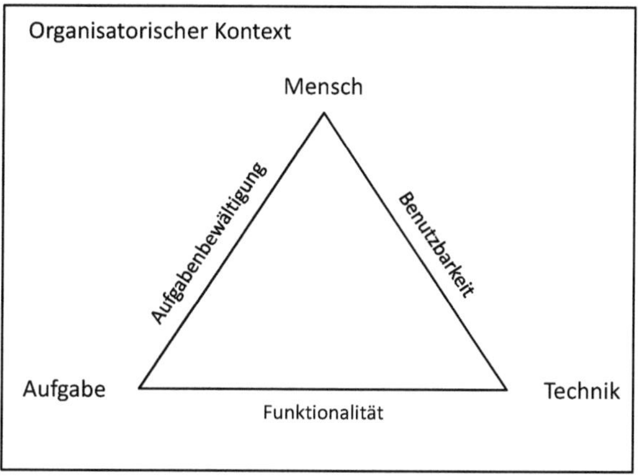

Abbildung 12: Das Tübinger Modell der Wirtschaftsinformatik[351]

Es fasst Informationssysteme als Mensch-Aufgabe-(Informations-)Technik-Systeme auf. Bestimmende Elemente sind der Mensch, die betriebswirtschaftliche Aufgabe, die Informationstechnik sowie ihre Beziehungen zueinander. Die Besonderheit dieses Ansatzes ist seine Einbettung in den organisatorischen Kontext (Abb. 12).

Aufgrund der anthropozentrischen Perspektive des Modells steht der Mensch im Zentrum und somit an der Spitze des MAT-Dreiecks, was auch in Hinblick auf das Wissensmanagement bedeutsam ist: Der Mensch als Träger des Wissens muss in den Mittelpunkt gerückt werden. Die Beziehung zwischen Mensch und betriebswirtschaftlicher Aufgabe besteht in der Aufgabenbewältigung, während das Zusammenspiel zwischen Mensch und Informationstechnik durch deren Benutzbarkeit geprägt ist. Ferner ist die Beziehung zwischen Aufgabe und Informationstechnik durch die Funktionalität determiniert. Außerdem

[350] Vgl. auch Mandl/Reinmann-Rothmeier.
[351] In Anlehnung an Heinrich [2011], S. 18 und Jahnke [1997], S. 282.

gliedert sich die Organisation in eine Aufbau- und Ablauforganisation, die dynamisch ist.[352]

Vor dem Hintergrund des Tübinger Modells der Wirtschaftsinformatik erfahren im nächsten Kapitel Wissensmanagementsysteme Betrachtung.

4.2.2 Ganzheitliches Wissensmanagementsystem

In der Wissensmanagementliteratur findet häufig die Begriffsdefinition für Wissensmanagementsysteme (WMS) nach Maier Knowledge management systems: information and communication technologies for knowledge management Anwendung.[353]

> *„Ein Wissensmanagementsystem (engl.: Knowledge Management System) ist ein Informations- und Kommunikationssystem im Sinne eines Anwendungssystems oder einer Informations- und Kommunikationsplattform. Das System kombiniert und integriert verschiedene Funktionen für den strukturierten und kontextualisierten Umgang mit explizitem und implizitem Wissen. Dies geschieht organisationsweit oder für jenen Teil der Organisation, der von einer Wissensmanagement-Initiative fokussiert wird.“*[354]

Lehner [2012] sieht die Aufgaben eines WMS des Weiteren in der Kodifizierung von externem Wissen und in der Referenzierung auf Implizites. Dabei identifiziert er die Unzulänglichkeiten bestehender WMS, welche dem impliziten Wissen allein mit softwaretechnischen Werkzeugen begegnen.[355]

Eine eindeutige Systematik bzw. Klassifikation von Wissensmanagementsystemen lässt sich der wissenschaftlichen Literatur nicht entnehmen.[356] In einer sehr umfassenden Analyse untersucht Maier [2004] verschiedene Klassifikationsansätze anhand der Beiträge von 28 Autoren und stellt sehr unterschiedliche Herangehensweisen fest. So unterscheiden sie zum Beispiel nach Art des Wissens, Wissensmanagementaufgaben, Lebenszyklus, Systemarchitektur[357], Systemtypen[358], Technologien für das WM oder Funktionalitäten

[352] Vgl. Jahnke, S. 281, verbunden mit Heinrich/Heinzl/Riedl, S. 17 f.

[353] Vgl. Gronau Anwendungen und Systeme für das Wissensmanagement: ein aktueller Überblick, S. 9; North, S. 315; Lehner, S. 278 f.

[354] Maier Knowledge management systems: information and communication technologies for knowledge management, S. 86; deutsche Übersetzung zum großen Teil übernommen aus North, S. 315.

[355] Vgl. Lehner, S. 278; McDermott [1999] zitiert aus Katenkamp, S. 44. Vgl. hierzu die in Kapitel 1 erwähnten Gründe für das Scheitern von WMS. Eine typische technisch geprägte Definition favorisieren bspw. Hansen/Neumann [2009]. Sie unterscheiden WMS in Software für den Informationszugriff und Software zum Managen von Humankapital. Vgl. Hansen/Neumann, S. 579.

[356] Vgl. Maier Knowledge management systems: information and communication technologies for knowledge management, S. 361 und Lehner, S. 247, 279 ff.

[357] Zentrale und dezentrale Systeme.

[358] Eigenständiges System, Werkzeug oder Add-on.

eines WMS.[359] Die vorliegende Arbeit hält sich (s. Kapitel 4.1.3) an die Einteilung von Probst/Raub/Romhardt [2012], um den gesamten Zyklus des Wissensmanagements abzubilden.[360] Eine weitere, für die hier verfolgte Zielsetzung relevante, Klassifizierung stellt die nach den Funktionsweisen eines WMS dar. Da das zu entwickelnde ganzheitliche WMS auch ein technisches WMS enthalten soll, ist eine Übersicht über verschiedene Funktionsbereiche von technischen WMS notwendig. Dies setzt Tabelle 3 um, indem sie vier verschiedene Autoren und ihre Abdeckung der Funktionen gegenüberstellt. Obwohl sie unterschiedliche Funktionsbündel benennen, lässt sich inhaltlich große Deckungsgleichheit erkennen.[361]

Funktion\Autor	Lehner [2012]	Gronau [2009]	Maier [2004]	Riempp [2004]
Kommunikation & Kollaboration	x	x	x	x
Inhaltsmanagement	x	x	x	x
Entscheidungsunterstützung	x			
Suche	x	x	x	x
Visualisierung & Navigation	x	x	x	x
Kompetenz		x	x	x

Tabelle 3: Funktionsklassifizierung von Wissensmanagementsystemen[362]

Vor diesem Hintergrund ist der Begriff der Wissensmanagementsysteme für die vorliegende Arbeit anzupassen.

Wissensmanagementsysteme werden als MAT-Systeme im Sinne des Tübinger Modells der Wirtschaftsinformatik aufgefasst. Das ist konsistent mit der oben herausgearbeiteten Position, dass Wissensmanagement eine Weiterentwicklung von Informationsmanagement ist.[363] Besondere Betonung erfährt hierbei, im Einklang mit dem Gros der Wissensmanagement-Literatur, der organisatorische Kontext.[364] Der Entwicklung einer entsprechenden Organisationskultur kommt sehr hohe Relevanz zu.[365]

Aufbauend auf der Definition nach Maier [2004] und der zuvor herausgearbeiteten Wissensmanagementdefinition wird ein WMS in der vorliegenden Arbeit als ganzheitliches Wissensmanagementsystem verstanden, das ein Mensch-Aufgabe-Technik-System im or-

359 Für einen ausführlichen Überblick über die Kategorien vgl. Maier Knowledge management systems: information and communication technologies for knowledge management, S. 362 ff. und Lehner, S. 247, 279 ff..

360 Einen ähnlichen Ansatz wählt Allweyer, S. 40.

361 Vgl. Lehner, S. 280; Gronau Anwendungen und Systeme für das Wissensmanagement: ein aktueller Überblick, S. 152 ff.; Maier Knowledge management systems: information and communication technologies for knowledge management, S. 370 f.; Riempp, S. 171.

362 Eigene Darstellung.

363 Siehe dazu S. 59, 60.

364 Vgl. Lehner, S. 245; Mandl/Reinmann-Rothmeier, S. 7 f.; Bullinger/Wörner/Prieto, S. 9; Linde, S. 3 und Mertins, S. 11

365 Jahnke/Bawidamann, S. 478 führen die Rolle von MAT-Systemen für das Wissensmanagement vor Augen. Vgl. auch Unternehmens-/Organisationskultur auf Seite 56.

ganisationalen Kontext darstellt. Das schließt ein System von Wissensmanagement-Maßnahmen für explizites und implizites Wissen, Handlungsempfehlungen für eine wissensfreundliche Unternehmenskultur und die Entwicklung von technischen Informations- und Kommunikationssystemen/-plattformen ein. Die Systeme/Plattformen sollten folgende Funktionensbereiche unterstützen: *Kommunikation & Kollaboration*, *Inhaltsmanagement*, *Entscheidungsunterstützung*, *Suche*, *Visualisierung & Navigation* und *Kompetenz*.

Kommunikation und Kollaboration: Diese Funktionen unterstützen die synchrone und asynchrone Kommunikation mithilfe von Groupwaresystemen (Kommunikations-, Kollaborations- und Koordinationssystemen).

Kommunikationssysteme sollen den Austausch zwischen Individuen unterstützen;[366] Kollaborationssysteme regeln die Zusammenarbeit von Individuen an gemeinsamen Objekten;[367] Koordinationssysteme unterstützen bei der Strukturierung und Kontrolle der Aufgabenausführung.[368]

Auch Social Software-Systeme üben eine ähnliche Unterstützungsfunktion aus wie die zuvor genannten Groupwaresysteme und nehmen für das Wissensmanagement eine wichtige Rolle ein.[369] Maier [2004] schlägt sog. *Community Builder* vor, die bei der Identifikation und Einführung von Communities oder virtuellen Teams unterstützen sollen.[370]

Inhaltsmanagement: Inhaltsmanagementsysteme helfen bei der Verwaltung von und dem Umgang mit verschiedenen Inhalten, etwa Bildern, Dokumenten, Videos und Lernobjekten. Idealerweise erlangt der gesamte Informationslebenszyklus Berücksichtigung. Zu dieser Gruppe gehören bspw. Dokumentenmanagement-, Contentmanagement- und Portalsysteme.[371]

Dokumentenmanagementsysteme haben ihren Hauptanwendungsbereich in Datenbanken und sollen das Erfassen, Strukturieren, Annotieren, Verteilen, Suchen, Ausgeben, Abrufen, Bearbeiten und Archivieren von Dokumenten erleichtern.[372] *Knowledge Repositories* stellen in diesem Zusammenhang erweiterte Dokumentenmanagementsysteme dar, die u. a. die Klassifizierung und Strukturierung von Wissenselementen erlauben.[373] Contentmanagementsyteme hingegen sind meist intranet- oder internetbasiert. Zur optimalen

366 Systembeispiele: E-Mail, Videoübertragung, Instant Messaging.

367 Systembeispiele: Planungssysteme, Gruppeninformations-Managementsysteme.

368 Vgl. Lehner, S. 248 ff. und Riempp, S. 189 ff.. Systembeispiel: Workflow-Managementsystem.

369 Systembeispiele: Blogs, Podcasts, Tag-Clouds. Vgl. Lehner, S. 249.

370 Vgl. Maier Knowledge management systems: information and communication technologies for knowledge management, S. 371 und Gronau Wissen prozessorientiert managen: Methode und Werkzeuge für die Nutzung des Wettbewerbfaktors Wissen in Unternehmen, S. 152, 154.

371 Vgl. Lehner, S. 254. Die von Lehner vorgestellten Lernmanagementsysteme werden dem Funktionsbereich Kompetenz zugewiesen.

372 Vgl. Lehner, S. 254 ff.; Riempp, S. 172 ff. und Gronau Wissen prozessorientiert managen: Methode und Werkzeuge für die Nutzung des Wettbewerbfaktors Wissen in Unternehmen, S. 152.

373 Vgl. Maier Knowledge management systems: information and communication technologies for knowledge management, S. 370.

Verwaltung wird der „Content" in Inhalt, Layout und Struktur untergliedert.[374] Portalsysteme schließlich regeln den Zugriff auf Informationen. Sie können auch als Integrationssysteme verstanden werden, die auf eine Bündelung der verteilten Informationssysteme abzielen.[375]

Entscheidungsunterstützung: Hierzu zählen u. a. alle Systeme der Künstlichen Intelligenz, Systeme, die bei der Auswertung und Zusammenfassung von Dokumenten unterstützen, eingeschlossen. Für das Wissensmanagement von besonderer Bedeutung sind Systeme wie Experten-, Agenten- und Text Mining-Systeme.

Erstere, oftmals auch wissensbasierte Systeme genannt, stellen dem Menschen Wissen bereit bzw. unterstützen ihn durch die Kombination von Fakten und Regeln und gelangen häufig bei Diagnosen, Beratungen, Vorhersagen, Planungen oder für Ausbildungszwecke zum Einsatz. Agentensysteme enthalten menschliche, aber auch technische Agenten, die entweder hard- oder softwarebasiert sind, sie werden in der Ressourcenverwaltung verwendet und sind in der Lage, die Ressourcenumwelt wahrzunehmen und mit anderen Systemen zu kommunizieren. Text Mining-Systeme sind, worauf die deutsche Übersetzung bereits hindeutet, Systeme, die in Texten „schürfen" und können bei der Zusammenfassung, Verschlagwortung oder Informationsauffindung innerhalb von Texten von hohem Nutzen sein.[376]

Suche: Suchsysteme unterstützen beim Auffinden von Inhalten und Experten aus heterogenen Quellen wie Datenbanken, Dokumentenmanagementsystemen oder Servern. Sie sind auch als Suchdienste oder Information Retrieval-Systeme bekannt und in Pull- und Pushsysteme zu unterscheiden. Pullsysteme schließen Suchmaschinen mit ein und bieten Nutzern Informationen auf Anfrage. Pushsysteme hingegen geben dem Nutzer passend zu seinem eingetragenen Profil den Hinweis auf neue Informationen, ohne dass er aktiv danach gesucht hat.[377] Hier kommt den bereits vorgestellten Portalsystemen besonderes Gewicht zu. Durch Portale lassen sich die Suchergebnisse (Push und Pull) personalisieren

---

374 Vgl. Lehner, S. 256 und Riempp, S. 172 ff.

375 Vgl. Lehner, S. 254 ff.; Riempp, S. 199 und Maier Knowledge management systems: information and communication technologies for knowledge management, S. 370. Portalsysteme subsumiert Riempp, S. 207 unter den Funktionsbereich *Orientierung durch Navigation und Suche*. In diesem Falle wird der Auffassung von Lehner [2012] gefolgt, wonach Portalsysteme den Zugang zu Informationen regeln und benutzer- oder rollenbasierte Zugriffsrechte unabhängig von einer Suchanfrage oder Navigationshilfe zu definieren sind.

376 Vgl. Lehner, S. 261 ff.. Zu wissensbasierten Systemen: vgl. auch Stahlknecht/Hasenkamp, S. 431 und Heinrich/Heinzl/Riedl, S. 256. Maier Knowledge management systems: information and communication technologies for knowledge management, S. 370 ordnet Text Mining-Systeme den wichtigen Funktionalitäten von WMS zu, geht jedoch nicht näher auf die Rolle der Entscheidungsunterstützung ein.

377 Vgl. Lehner, S. 273 und Maier Knowledge management systems: information and communication technologies for knowledge management, S. 370.

und die Anwender somit vor einer Informationsflut schützen.[378] Die ebenfalls erwähnten Agentensysteme können in Form von Suchagenten dem Suchbereich behilflich sein.[379]

Visualisierung und Navigation: Damit sind Präsentationsformen für Informationen und Wissen wie auch deren Struktur, aber auch Beziehungen zwischen Wissenselementen und Wissensträgern gemeint. Es handelt sich freilich nicht um eine multimediale Darstellung von Inhalten, sondern um die Abbildung von Metadaten, wodurch Rückschlüsse auf Informationen und Wissen gezogen werden können.[380] Riempp [2004] versteht unter Navigation „*... die Bereitstellung einer begrifflichen und/oder grafischen Struktur von Wegweisern ...*“[381]. Zugehörige Systeme sind Wissensnetze, Wissenslandkarten oder die semantische Nähe.[382]

Kompetenz: Kompetenzmanagementsysteme, auch als Skill Management-Systeme bezeichnet, sollen die Kompetenzen von Individuen systematisch analysieren. Ziel ist das Aufdecken und Sichtbar-Machen von Kompetenzen, aber auch deren Bewertung, Weiterentwicklung, Förderung und Nutzung.[383] Die Formalisierung von Kompetenzprofilen ermöglicht eine Bestandsbewertung von Kompetenzen. In diesem Zusammenhang sind Lernmanagementsysteme von Bedeutung. Bei einer festgestellten Soll-Ist-Diskrepanz bei Mitarbeiterkompetenzen können diese Systeme beim Aufbau von Fähig- und Fertigkeiten dienen. Sie umfassen die Methoden des E-Learnings und bieten diverse Funktionen für deren Durchführung an.[384]

Da die abgehandelten Funktionsbereiche den State of the Art der Aufgabenanforderungen an Wissensmanagementsysteme aufspannen, fließen die Funktionsbündel in Kapitel 6.1.1.2 in die funktionalen Anforderungen an ein WMS für das V-Modell XT ein. Somit ist garantiert, dass das gesamte Unterstützungspotential von Wissensmanagementsystemen in die Konzeption einbezogen wird.

---

378 Vgl. Riempp, S. 199.

379 Vgl. Lehner, S. 266.

380 Vgl. Maier Knowledge management systems: information and communication technologies for knowledge management, S. 371; Riempp, S. 206 und Lehner, S. 280.

381 Riempp, S. 199.

382 Vgl. Lehner, S. 275; Riempp, S. 206 und Gronau Wissen prozessorientiert managen: Methode und Werkzeuge für die Nutzung des Wettbewerbfaktors Wissen in Unternehmen, S. 153.

383 Vgl. Riempp, S. 181 und Lehner, S. 260 f.

384 Vgl. Gronau Wissen prozessorientiert managen: Methode und Werkzeuge für die Nutzung des Wettbewerbfaktors Wissen in Unternehmen, S. 154 und Lehner, S. 260 f. Lehner [2012] weist Lernmanagementsysteme den Inhaltsmanagementsystemen zu. Diesbezüglich ist jedoch Riempp, S. 181 vorzuziehen, der bei WMS einen separaten Funktionsbereich für die Kompetenzen des Menschen vorsieht. Maier Knowledge management systems: information and communication technologies for knowledge management, S. 370 f. schlägt E-Learning Suites vor, um die Verwaltung von E-Learning-Umgebungen zu gewährleisten und Expertenwissen in einer Unternehmung sichtbar zu machen.

4.3 Maßnahmenspektrum

4.3.1 Spektrumsanalyse

Ein Blick in die WM-Literatur zeigt, dass es kaum Zugänge gibt, die das Angebot an Wissensmanagement-Maßnahmen systematisch aufbereiten.[385] Im Wesentlichen liegt das Augenmerk auf einzelnen Maßnahmen, die im Sinne einer *Best Practice* dargelegt werden.[386] Zudem sind Probst/Raub/Romhardt [2012], Lehner [2012], Schwarzer/Krcmar [2010] oder Laudon/Laudon/Schoder [2010] anzuführen, die Klassifikationen vornehmen und verschiedenste Methoden des WM vorstellen. Eine systematische Vorgehensweise bei der Methodenauswahl bleibt dem Leser jedoch stets verborgen. So erhebt Lehner [2012] mit seiner Methodenauswahl „keinen Anspruch auf Vollständigkeit" und stellt „häufig verwendete bzw. zitierte Methoden" dar.[387] Natürlich entsteht bereits dadurch ein breites Methodenspektrum. Gleichwohl mangelt es an einer systematischen Analyse, die sowohl wissenschaftliche Literatur als auch Literatur aus der Praxis hinsichtlich der diskutierten WM-Methoden, -Techniken und -Werkzeuge heranzieht. Diese Lücke soll die hier unternommene Literaturanalyse schließen. Zugunsten eines einheitlichen Begriffsverständnisses werden die Termini nachfolgend definiert.

Unter ‚Methode' wird eine *„auf einem System von Regeln aufbauende, intersubjektiv nachvollziehbare Handlungsvorschrift zum Problemlösen"*[388] verstanden. Heinrich et al. [2004] weisen darauf hin, dass der Begriff ‚Technik' meist synonym verwendet wird,[389] dem folgt für den Bereich des Wissensmanagements auch die vorliegende Arbeit.[390] Es ist jedoch zu beachten, dass der Begriff Technik, z. B. im Tübinger Modell, bedeutend weiter gefasst ist. ‚Werkzeug' bezeichnet eine *„routinemäßig anwendbare, häufig auch als Software-Produkt verfügbare Methode zur Lösung eines Problems"*[391]. Fortan subsumieren die Begriffe „Wissensmanagement-Maßnahmen" und „Wissensmanagement-Aktivitäten" wissensmanagementbezogene Methoden, Techniken wie auch Werkzeuge.

Im Zuge der Analyse soll die Literatur gezielt nach verschiedenen Wissensmanagement-Maßnahmen durchsucht werden.[392] Hauptziel ist es, einen Überblick über das Spektrum der verschiedenen WM-Maßnahmen zu geben. Dieses Spektrum soll daraufhin in die

---

[385] Mit Ausnahme von Katenkamp, der diverse Literaturquellen hinsichtlich verschiedener WM-Methoden speziell für das implizite Wissen untersucht.

[386] Dies trifft vor allem auf Zeitschriftenartikel zu. Beispielhaft seien Appelt; Omrane et al.; Stocker/Müller Computerwelt 2010 und Nolden Enterprise Wikis - schnell & kostengünstig zum Wissensmanagement 2.0 genannt.

[387] Vgl. Lehner, S. 193.

[388] Heinrich/Roithmayr/Heinzl, S. 427.

[389] Heinrich/Roithmayr/Heinzl, S. 427.

[390] Der Begriff Technik wird oft deutlich weiter gefasst, wie zum Beispiel im Tübinger Modell der Wirtschaftsinformatik (so auch in der vorliegenden Arbeit in Kapitel 5 und 6).

[391] Heinrich/Roithmayr/Heinzl, S. 710.

[392] Die Literaturanalyse ist ein geeignetes Werkzeug, um den aktuellen Forschungsstand zu erheben. Vgl. dazu Mohan/Ahlemann; Webster/Watson; Wilde/Hess; Piccoli/Ives; Chiasson/Germonprez/Mathiassen und Bartol/Martin.

Methoden- und Werkzeugreferenz des V-Modells eingehen. Inhaltlich werden die Maßnahmen hinsichtlich ihres Untersützungspotentials für die Wissensbausteine nach Probst/Raub/Romhardt klassifiziert. Da das V-Modell grundsätzlich methodenneutral ist, wird von einer Bewertung der Methoden und Werkzeuge abgesehen. Vielmehr soll die Entscheidung, welche Maßnahmen im Einzelfall sinnvoll erscheinen, organisationsspezifisch fallen.

Nach David/Han [2004] trägt die Analyse bestehender Literatur dazu bei, neues Wissen zu generieren und damit einen Wertzuwachs zu erreichen.[393] Dabei wird in dieser Arbeit konzeptzentriert vorgegangen und die verschiedenen berücksichtigten Konzepte und Methoden in den Mittelpunkt gerückt.[394]

Um eine qualitativ hochwertige Literaturanalyse zu gewährleisten, wird den Empfehlungen von Webster und Watson [2002] gefolgt. Die Autoren raten an, sich auf relevante Literatur des gewählten Themenbereichs zu konzentrieren und dabei nicht nur auf eine Forschungsmethode, ein Journal oder eine geografische Region zu beschränken.[395]

Für die Literaturanalyse wurden nachfolgende Quellentypen verwendet: wissenschaftliche Aufsätze, Lehrbücher, Buchkapitel, Dissertationen und Konferenzbeiträge. Da Wissensmanagement ein sehr praxisorientierter Wissenschaftsbereich ist, fanden zusätzlich auch Praktikerzeitschriften Eingang.[396] Wegen des (wichtigen) Einbezugs sowohl wissenschaftlicher als auch praxisorientierter Literatur divergiert die Qualität der verwendeten Beiträge stark. Da es aber in erster Linie um die Darstellung der methodischen Bandbreite per se geht, wird dieser Aspekt nicht als kritisch eingestuft.

Datensammlung

Zur Datensammlung dienten Recherchen innerhalb folgender Onlinedatenbanken:[397] EBSCOhost, Wiso.net und Springerlink. Von *EBSCOhost* wurden vier Subdatenbanken durchsucht: Academic Search Premier, Business Source Premier, eBook Collection und EconLit.[398] *Wiso.net* ermöglicht den Zugang zu den Literaturdatenbanken WISO

[393] Vgl. David/Han, S. 42.

[394] Eine weitere Möglichkeit wäre eine autorenzentrierte Analyse, die die verschiedenen Auffassungen und Konzepte nach ihren Autoren aufschlüsselt. Dieses Vorgehen ist jedoch nicht geeignet, um die Literatur korrekt aufzubereiten. Vgl. Webster/Watson, S. xvi, xvii.

[395] Vgl. Webster/Watson, S. xvi. Diese Auffassung vertreten auch Mohan/Ahlemann, S. 736. Alavi/Leidner, S. 107 betonen die Wichtigkeit, Literatur aus angrenzenden Disziplinen einzubeziehen.

[396] Vgl. Mohan/Ahlemann, S. 736.

[397] Lizensierter Zugriff durch den Fachbereich Wirtschaftswissenschaft der Universität Tübingen. Eine Übersicht über die vorhandenen Datenbanken liefert Fachbereichsbibliothek, worauf u. a. auch dieser Absatz einschließlich Fußnoten Bezug nimmt.

[398] *EBSCOhost* greift ausschließlich auf englischsprachige Quellen zu. *Academic Search Premier* ist darin eine multidisziplinäre Datenbank und beinhaltet über 4600 Journals. Sie verfügt über den Volltext von ca. 3900 (peer-begutachteten) Artikeln. *Business Source Premier* ist eine stark von der Industrie genutzte Datenbank und umfasst mehr als 2300 verschiedene Journals sowie über 1100 Artikel (ebenso peer-begutachtet). *eBook Collection* verschafft Zugriff auf über 4000 elektronische Bücher. *EconLit*

Wirtschaftswissenschaft (Betriebs- und Volkswirtschaft) und WISO Sozialwissenschaften (Sozialwissenschaften und Politik). Aus den ca. 350 angebotenen Journals sind Volltexte erhältlich.[399] *Springerlink* gehört zur Fachverlagsgruppe Springer und umfasst eine große Auswahl an Büchern und Buchreihen, Nachschlagewerken, Protokollen und Zeitschriften.[400]

Datenbank	**Art der Publikation**	**Treffer**	**Verfügbare Treffer**
EBSCOhost	Periodicals News Books Overviews Reports	55	55
Wiso.net	eBooks Fachzeitschriften	1320	1320
Springerlink	eBooks Buchkapitel Zeitschriftenbeiträge	1795	984
Summe		3170	**2359**

Tabelle 4: Datenbankanalyse[401]

Die Suchbegriffe für die Datenbankrecherche waren *„Wissensmanagement Methode"*, *„Wissensmanagement Technik"* und *„Wissensmanagement Werkzeug"*.[402] Angesichts des sehr umfangreichen Angebots an Wissensmanagementliteratur waren Einschränkungen in Bezug auf das Quellenalter notwendig. Nach der Auswertung von insgesamt drei Jahren ließ sich kein zusätzlicher Mehrwert im betreffenden Maßnahmenspektrum erkennen und der Analysezeitraum somit auf drei Jahre zwischen Juli 2010 und Juli 2013 begrenzen.[403]

Dafür sprachen drei Gründe. Erstens erweist sich die Menge an Literaturquellen ohne zeitliche Einschränkung als extrem hoch (> 0,5 Mio. Treffer).[404] Zweitens galt es alte, nicht mehr aktuelle Maßnahmen auszuschließen. Methoden und Werkzeuge, die zwar be-

steht für *American Economic Association Electronic Database* und ist eine wertvolle Ressource für ökonomische Literatur. Sie enthält über 1.1 Millionen Dokumente, beginnend im Jahre 1886. Vgl. EBSCOhost.

399 Die Suche innerhalb von Wiso.net wurde eingegrenzt auf eBooks (1.709 Quellen), Fachzeitschriften (5.294.181 Quellen) und Literaturnachweise (7.943.444 Quellen). Vgl. Wiso.net.

400 Genau stehen 57.016 Bücher, 1.909 Buchreihen, 233 Nachschlagewerke, 29.257 Protokolle und 2777 Zeitschriften zur Verfügung. Die Suche wurde auf folgende Themenpakete eingeengt: Betriebs- und Volkswirtschaftslehre, Informatik, Geistes- und Sozialwissenschaften sowie Psychologie und Verhalten. Vgl. Springerlink.

401 Eigene Darstellung in Anlehnung an Mohan/Ahlemann [2011], S. 736.

402 Um auch englischsprachige Datenbanken durchsuchen zu können, wurden zudem die englischen Suchbegriffe *„knowledge management method"*, *„knowledge management technique"* und *„knowledge management tool"* verwendet.

403 Der Untersuchungszeitraum wurde aufgeteilt. Eine erste Analyse im April 2012 deckte den Zeitraum von Juli 2010 bis März 2012 ab, der zweite Analysegang im September 2013 befasste sich mit dem Zeitraum von April 2012 bis Juli 2013.

404 *Wissensmanagement* resp. *knowledge management* ergab zeitlich unbeschränkt für die verwendeten Datenbanken insgesamt über 517.000 Treffer (Juli 2013).

reits älter, aber immer noch in der Literatur diskutiert werden, sind dadurch trotzdem in der Analyse enthalten. Drittens wird die durchschnittliche Technologiehalbwertszeit zunehmend kürzer.[405] Obsolete Technologien ließen sich auf diesem Wege ausklammern.

Tabelle 4 gibt eine Übersicht über die verschiedenen Datenbanken und die erzielten Treffer.

Alles in allem resultierten 3170 Literaturquellen. Da die Option der Volltextsuche bei Springerlink erst seit ca. November 2012 existiert, d. h. zum Zeitpunkt des ersten Analysegangs noch nicht zur Verfügung stand, wurde die Ergebnisliste um die nicht verfügbaren Paper auf 2359 reduziert.[406] Das auf dieser Basis vorgenommene Identifizieren und Aussortieren von Dubletten ergab eine bereinigte Quellenbasis von 1539 Treffern. Dem Beispiel von Mohan/Ahlemann folgend, wurde anschließend eine Titel- und Inhaltsangabenanalyse durchgeführt, unter konsequentem Ausschluss sämtlicher Treffer, die sich nicht explizit mit dem Thema Wissensmanagement und deren Methoden, Techniken oder Werkzeugen beschäftigten resp. keinen Verfasser ausweisen.[407] Bei Buchkapiteln ohne Inhaltsangaben wurden stattdessen die Kapitelüberschriften analysiert und in sehr uneindeutigen Fällen zusätzlich die Einleitung hinzugezogen.

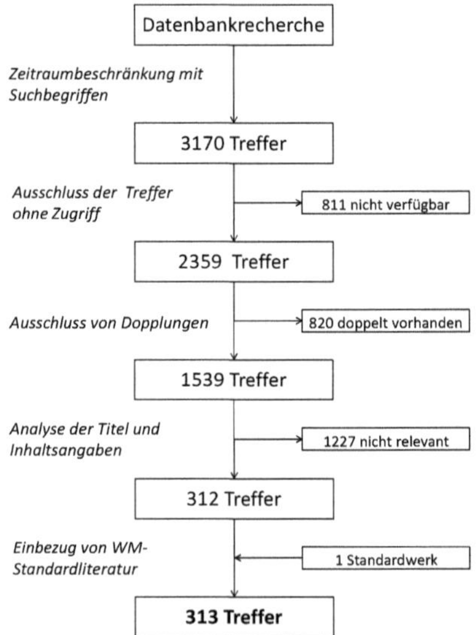

Abbildung 13: Vorgehensweise der Literaturanalyse[408]

405 Schoeneberg, S. 54 nennt Werte zwischen drei bis fünf Jahren.

406 Ebenfalls wurden alle Quellen entfernt, bei denen nur die Inhaltsangabe vorlag oder es sich lediglich um kurze Projektbeschreibungen handelte.

407 In wenigen Fällen ließ sich der Artikel direkt nach der Analyse des Titels ausschließen, da dieser bereits stark auf eine inhaltliche Distanz zum Themenbereich hindeutete.

408 Eigene Abbildung in Anlehnung an Abbas et al. [2011], S. 3.

Die auf diesem Wege realisierte strikte Fokussierung nur auf die genannten Themenbereiche verringerte die Anzahl der Quellen auf 312. Darin war das Buch von Probst/Raub/Romhardt nicht enthalten, weil es nicht in elektronischer Form in den Datenbanken vorliegt. Da es aber im Bereich des deutschsprachigen Wissensmanagements weithin rezipiert ist, zudem einen Grundbaustein der vorliegenden Arbeit darstellt und ebenfalls dem vorgegebenen Zeitrahmen entspricht, wurde es dem Analysekorpus hinzugefügt. Das Endergebnis beläuft sich somit auf 313 Literaturquellen. Seine einzelnen Schritte veranschaulicht Abbildung 13.[409]

Problembereiche und Fokus der Analyse

Bedingt durch die schwankende Qualität der verwendeten Literaturquellen schälten sich im Laufe der Analyse drei Problembereiche heraus. Erstens erschwert die unscharfe Verwendung der Begriffe „Information“ und „Wissen“ das Vorgehen. Wenn der Literaturquelle nicht genau entnehmbar war, ob eine Maßnahme dem Wissensmanagement zugedacht ist, wurde sie von der Analyse ausgeschlossen.[410] Weiterhin werden auch organisatorische Rahmenbedingungen des Wissensmanagements nicht als Methodiken aufgeführt. Gemeint sind Faktoren wie das Geben von Freiräumen oder die Sozialisierung und Professionalisierung von Mitarbeitern.[411] Diese durchaus wichtigen Faktoren werden im Rahmen des Vorgehensbausteins „Wissensmanagement” und den Rollenbeschreibungen in der Arbeit repräsentiert. Fokus der Analyse soll wie beschrieben auf Methoden und Werkzeugen liegen. Zweitens herrscht z. T. ein fließender Übergang zwischen allgemeinen IT-Technologien und WM-Technologien. So werden beispielsweise allgemeine Systeme[412], Datenbanken und E-Mail nicht als eigenständige Wissensmanagement-Werkzeuge in den Katalog aufgenommen. Sie besitzen wichtige Unterstützungsfunktion, werden in dieser Arbeit aber nicht als originäre Maßnahmen des WM betrachtet. Zusätzlich wurden alle kommerziellen Produkte und Marken aus der Analyse ausgeschlossen. So wurde der Nachrichtendienst *Twitter* nicht in den Katalog aufgenommen, sondern nur Beiträge die sich explizit mit dem Werkzeug *Microblogging* beschäftigen. Der dritte und letzte Problembereich betrifft die unterschiedliche Benennung einzelner Methoden und Werkzeuge. Solche Fälle wurden systematisiert und einer Obergruppe zugeordnet, um zu einer klaren wie stringenten Struktur der Analyseergebnisse zu gelangen.

---

409 Vgl. Mohan/Ahlemann, S. 736 f. und Wilde/Hess, S. 283.

410 Dies trifft beispielsweise auf *Netzwerke* zu. Oftmals wurde der Begriff als Wissensmanagement-Maßnahmen verwendet, manchmal auch nur, um eine Zusammengehörigkeit von Gruppen ohne WM Bezug aufzuzeigen. Vgl. Sultanow/Sonnenborn.

411 Vgl. Probst/Raub/Romhardt, S. 121, 155.

412 Bspw. Dokumentenmanagement- und Inhaltsmanagementsysteme.

4.3.2 Ergebnisse der Literaturanalyse

Die Ergebnisse der Untersuchung der insgesamt 313 Literaturquellen werden nachfolgend dargestellt. Wie bereits in den Problembereichen erwähnt, wurde im Zuge der Analyse deutlich, dass in der Literatur ein und dieselbe Maßnahme unter den verschiedensten Namen auftritt, bzw. zahlreiche Facetten einer Maßnahme existieren. Ein gutes Beispiel hierfür sind *Best Practices*. Diese Methode wurde sehr häufig in der Literatur erwähnt, die erwähnten Facetten sind Methoden wie *interne Best Practices*, *Best-Practice-Transfer*, *Work out*, *Best-Practice-Workshops/-Repository*, *Erfolgsgeschichten*, *How to Practice*, *Good Practice* und *Worst Practice/Critical Incident*. Eine noch stärkere Vielfalt ergibt sich bei Netzwerken, die ebenfalls sehr häufig in der Literatur aufgeführt sind. Allein im Rahmen der hier durchgeführten Analyse wurden über 60 verschiedene Ausprägungen identifiziert (siehe Kap. **C.1.1**).

Eine Auflistung der identifizierten Wissensmanagement-Maßnahmen, aufgeteilt in Methoden und Werkzeuge, finden sich in Tabelle 5 und 6. Sie sind jeweils anhand ihres Unterstützungspotentials für die Wissensbausteine nach Probst/Raub/Romhardt eingeordnet. Wie die Tabellen aufzeigen, weisen die Methoden und Werkzeuge für mehrere Wissensbausteine Unterstützungspotential auf. Nachfolgend werden einerseits die Maßnahmen hervorgehoben, die Unterstützungspotential in mehreren Wissensbausteinen aufweisen. Andererseits wird die Maßnahmenverteilung je Baustein aufgezeigt. Eine knappe Erläuterung der einzelnen Maßnahmen erfolgt im Anhang in Kapitel C.1.

Wie Tabelle 5 zu entnehmen ist, haben insgesamt sechs Methoden die größte Breitenwirkung hinsichtlich ihrer Unterstützung der Wissensbausteine. Hervorzuheben ist die Bedeutung der *Definition von Rollen*, die auch ein wesentlicher Bestandteil des V-Modells XT ist (vgl. Kap. 3.2.2). Der Aufbau und Nutzung von *Netzwerken* unterschiedlichster Ausprägung leistet durch die (zum Teil lose) Verbindung von Kommunikationspartnern in Organisationen, oder auch über Organisationsgrenzen hinweg, in mehreren Bausteinen ihren Beitrag. Gleiches gilt für die eng verbundenen *Communities of Practice*. Durch Netzwerke/Communities of Practice kann Wissen leichter identifiziert werden und der Wissenserwerb dadurch auch bei der Rekrutierung von Experten oder dem Einkauf von Beratungsleistung unterstützen. Die Verknüpfung der Kommunikationspartner unterstützt auch bei der Verteilung und Nutzung von Wissen sowie dessen Bewahrung.

Weiterhin haben *Lessons Learned* und *Best Practices* und einen großen Einfluss. Neben der Speicherung der gesammelten Erfahrungen und der damit verbundenen leichteren Verteilung können diese Methodiken auch bei der Identifikation und dem Erwerb von Wissen unterstützen. Dabei ist vor allem wesentlich, die gesammelten Beiträge zu analysieren und dadurch Zusammenhänge, Schlüsselpersonen und Handlungsmuster zu erkennen.

Abschließend ist das *Diversity Management* hervorzuheben, d. h. beispielsweise die Diversifikation der Belegschaft durch geschlechter-, alters- und kulturgemischte Teams. Gemischte Teams unterstützen durch ihre breite Vielfalt vor allem die Wissens(ver)teilung, -nutzung und -bewahrung. Dies ist weiterhin für die Wissensidentifikation wertvoll. Die unterschiedlich strukturierten Teams können von den verschiedenen Wissensbereichen der eingebundenen Mitglieder profitieren.

Methode/Wissensbaustein	**Wissensziele**	**Wissensidentikation**	**Wissenserwerb**	**Wissensentwicklung**	**Wissens(ver)teilung**	**Wissensnutzung**	**Wissensbewahrung**	**Wissensbewertung**
Wissensleitbild	x							
Kernkompetenzen-Ansatz	x							
Fähigkeiten-/Kompetenz-Matrix	x	x						
Management by Knowledge Objectives	x				x			
Erstellung von Zielkomponenten	x							
Definition von Rollen	x	x	x	x	x	x		
Internes Benchmarking		x			x			
Netzwerke		x	x		x	x	x	
Netze		x						
Lessons Learned		x	x		x	x	x	
Interview		x	x	x				
Diversity Management		x			x	x	x	
Best Practices		x	x		x	x	x	
Community of Practice		x	x		x	x	x	
Einkauf von Expertenwissen			x					
Einkauf/Erwerb von Wissensprodukten			x					
Kooperationen			x	x				
Spezifisches Suchprofil			x					
Befragung			x	x				
Fallstudie/Case Study			x					
Storytelling			x		x	x		
Community of Practice		x	x		x	x	x	
Debriefings			x		x			
Diskussionen			x	x	x			
Beobachtung			x		x			
Konferenzen			x		x			
Seminare/Trainings/Schulungen			x		x	x		
Labore				x	x	x		
Szenario-Technik				x				
Innovationen				x				
Kreativitätstechniken				x	x	x		

Methode/Wissensbaustein	**Wissensziele**	**Wissensidentikation**	**Wissenserwerb**	**Wissensentwicklung**	**Wissens(ver)teilung**	**Wissensnutzung**	**Wissensbewahrung**	**Wissensbewertung**
Problemlösungstechniken				x		x		
Handlungsentlastungen				x	x	x		
Hypothesen				x				
Workshops				x	x	x		
Metapher/Analogien/Modelle					x			
Triadengespräch					x	x		
Rollenspiele					x			
Anreizsysteme					x	x		
Gruppen/Teams					x	x	x	
Erfahrungsaustausch					x			
Tandems					x	x	x	
Job-Policy					x	x	x	
Thesaurus/Terminologie					x	x	x	
ANKER-Methode					x			
Meetings					x			
Szenario					x	x		
Dokumentation					x	x	x	
Arbeitsplatzgestaltung						x		
COllaboration PRocess Analysis technique						x		
Leitideen							x	
Strategische Wissensbewertung								x
Operative Wissensbewertung								x
Normative Wissensbewertung								x
Deduktiv-summarische Ansätze								x
Induktiv-analytische Ansätze								x
Rechnungswesenbasierte Ansätze zur Wissensmessung								x
Quantifizierung Humankapital								x

Tabelle 5: Methoden des Wissensmanagements[413]

Neben diesen Methodiken haben 13 weitere Methodiken großes Unterstützungspotential, d. h. sie unterstützen mindestens drei Wissensbausteine. Sie sind Tabelle 5 zu entnehmen.

Hinsichtlich der Methodiken konzentriert sich die Literatur am stärksten auf die Unterstützung der Wissensverteilung (31 Methoden). Weiteres Augenmerk liegt auf der Unterstützung der Bausteine Wissensnutzung (23) und Wissenserwerb (18). Wissensentwicklung (13), Wissensbewahrung (11) und Wissensidentifikation (10) bilden das untere Feld

[413] Eigene Darstellung.

hinsichtlich der vorgeschlagenen Methoden. Wie oben aufgeführt zeigt sich, dass die Methoden überwiegend in mehreren Bausteinen einen Beitrag leisten. Ein anderes Bild zeigt sich bei den Wissenszielen und der Wissensbewertung. Die Wissensziele sind durch sechs Methoden unterstützt, wobei vier exklusiv den Wissenszielen zugeordnet sind und keinen weiteren Baustein betreffen. Diese Exklusivität ist für die Wissensbewertung noch stärker ausgeprägt. Alle sieben vorgeschlagenen Methoden sind nur auf diesen Baustein bezogen.

Bei den Werkzeugen des Wissensmanagements stehen *Ontologien* und *Taxonomien* im Vordergrund. Diese Werkzeuge sind stark miteinander verwandt und bilden Ordnungsstrukturen von Begriffen ab. Ihre Anwendung strukturiert die Inhalte z. B. von Wissensmanagementsystemen. Ihr gezielter Einsatz kommt somit der Speicherung und der Nutzung von Wissen zugute. Durch die Anwendung von Ontologien/Taxonomien auf bereits bestehendes Wissen in Datenbanken oder Firmendokumenten bereichert dies auch die Identifikation und den Erwerb von Wissen.

Die nächsten Werkzeuge mit breiter Verwendung (sie unterstützen drei Wissensbausteine) werden gemeinsam vorgestellt. Diese Werkzeuge entstammen dem Bereich der *Social Software*. Social Software unterstützt die Zusammenarbeit und den Austausch von Mitarbeitern mittels Informationstechnologie. Vor dem Hintergrund der Wissensbausteine sind vor allem Werkzeuge wie *Weblogs/Blogs*, *Microblogs*, *Wikis* und *Foren* wesentlich. Wissen wird dadurch leichter geteilt, aufgerufen und gespeichert. In Foren und Wikis kann Wissen durch Diskussionen und Weiterschreibung außerdem eine qualitative Aufwertung erfahren.

In diesem Zusammenhang weisen auch *Audio-/Video-Technologien* hohes Unterstützungspotential auf. Durch die ausgewiesene Benutzerfreundlichkeit von Audio-/Video-Dateien kann Wissen z. B. über das Internet leicht geteilt werden. Die Speicherung von Audio-/Video-Dateien hilft bei der Wissensbewahrung und die systematische Bereitstellung kann die Wissensnutzung unterstützen.

Ein *Pattern* beschreibt ein wiederkehrendes Problem und zeigt Handlungsempfehlung zur Lösung auf.[414] In Bezug auf das Wissensmanagement kann es daher hinsichtlich der Teilung von Wissen einen hohen Beitrag leisten. Weiterhin kann die Speicherung der Pattern und deren systematische Bereitstellung die Wissensnutzung und -bewahrung positiv beeinflussen.

Hinsichtlich der Werkzeuge konzentriert sich die Literatur am stärksten auf die Unterstützung der Wissensnutzung (19 Werkzeuge) und Wissensbewahrung (16). Das mittlere Feld bilden Wissensidentifikation (12) und Wissens(ver)teilung (10). Nur jeweils vier Werkzeuge sind bei dem Wissenserwerb und der Wissensentwicklung aufzufinden. Der Definition von Werkzeugen aus Kapitel 4.3.1 folgend wurden für Wissensziele und Wissensbewertung keine Werkzeuge identifiziert.

[414] Vgl. Arora/Owens/Khazanchi, S. 64. Die Autoren beziehen sich auf Alexander/Ishikawa/Silverstein.

Werkzeug/Wissensbaustein	**Wissensziele**	**Wissensidentifikation**	**Wissenserwerb**	**Wissensentwicklung**	**Wissens(ver)teilung**	**Wissensnutzung**	**Wissensbewahrung**	**Wissensbewertung**
Gelbe Seiten		x						
Präsenzinformation		x						
Wissenskarten		x						
Agenten		x				x		
Wissensreferenzen		x				x		
Georeferenzierung		x						
Suchfunktionalitäten		x						
Soziale Netzwerkanalyse		x						
Ontologien		x	x			x	x	
Taxonomien		x	x			x	x	
Textanalyse-Methodiken		x	x	x				
Mining-Methodiken		x	x	x				
Vorschlagswesen				x				
Mash-ups				x				
E-Mail-Verteiler					x	x		
Weblog/Blog					x	x	x	
Microblog					x	x	x	
Wiki					x	x	x	
Feeds					x			
Audio-/Video-Technologie					x	x	x	
Soziale Netzwerke					x			
Foren					x	x	x	
Sofortnachrichtendienst/Instant Messaging/Chat					x	x		
Pattern					x	x	x	
Planspiele/Simulation						x	x	
Wissensplattformen und -datenbanken						x	x	
Dashboard						x		
Project Comparison Technique						x		
Tagging/Tags						x	x	
Bewertungs-Funktion						x	x	
Fallbasiertes Schließen						x	x	
Annotation							x	
Knowledge Firewall							x	
Softwaretechniken im Wissensmanagementumfeld							x	

Tabelle 6: Werkzeuge des Wissensmanagements[415]

[415] Eigene Darstellung.

Wie bereits erwähnt sind die WM-Maßnahmen im Anhang in Kapitel C.1 knapp erläutert. Sie sollen im Rahmen eines IT-Projekts unterstützenden Charakter aufweisen. Die Prüfung der Eignung und der Einsatz einer speziellen Maßnahme muss organisationsspezifisch erfolgen.

Im nächsten Kapitel steht nun die Beantwortung der zweiten Forschungsfrage im Fokus. Dafür werden die kritischen Erfolgsfaktoren des Wissensmanagements und des IT-Projektmanagements zunächst aus der Literatur extrahiert und später ihre Repräsentation im V-Modell XT analysiert. Kapitel 5 stellt einen wichtigen Baustein für die spätere Anforderungserhebung an ein ganzheitliches WMS dar.

5 Verknüpfung der Themenbereiche

5.1 Verknüpfungsansatz und Erfolgsfaktoren

5.1.1 Einordnung in den Gesamtzusammenhang

Kapitel 5 und 6 stellen den Hauptteil der vorliegenden Arbeit dar und widmen sich vorwiegend der Beantwortung der Forschungsfragen zwei und drei. Abbildung 14 zeigt den Aufbau der beiden Kapitel und stellt die gewählte Vorgehensweise graphisch dar. Die Abbildung soll den Zusammenhang der Vorgehensweise grob veranschaulichen, hinsichtlich ihrer Lesbarkeit wird auf die Abbildungen 11, 15 und 18 verwiesen.

Zu Beginn werden Erfolgsfaktoren des Wissensmanagements und des IT-Projektmanagements erhoben. Die Klassifizierung der Erfolgsfaktoren erfolgt anhand der MAT-Dimensionen. Daraufhin wird untersucht inwieweit sich die Erfolgsfaktoren im V-Modell XT wiederfinden.

Die daraus gewonnenen Ergebnisse fließen in die Anforderungsdefinition des ganzheitlichen Wissensmanagementsystems ein. Hierbei geben die Wissensbausteine nach Probst/Raub/Romhardt mitsamt der Funktionsunterstützungen von WMS aus Kapitel 4.2.2 den Rahmen für die funktionalen Anforderungen des Wissensmanagementsystems. Die identifizierten Erfolgsfaktoren erweitern überdies die funktionalen und nicht-funktionalen Anforderungen. Auf diese Anforderungsdefinition stützt sich dann das zu entwickelnde, ganzheitliche Wissensmanagementkonzept.

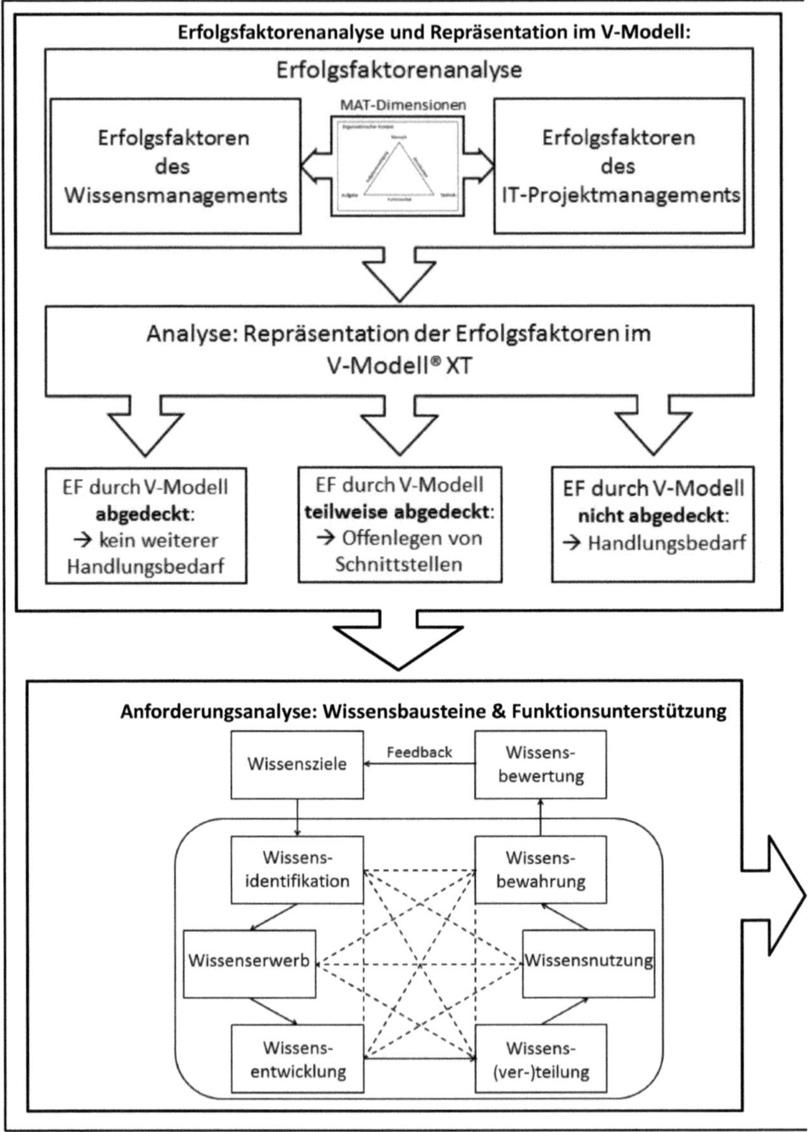
Erfolgsfaktorenanalyse und Repräsentation im V-Modell:
Erfolgsfaktorenanalyse
MAT-Dimensionen
Erfolgsfaktoren des Wissensmanagements
Erfolgsfaktoren des IT-Projektmanagements
Analyse: Repräsentation der Erfolgsfaktoren im V-Modell® XT
EF durch V-Modell abgedeckt: → kein weiterer Handlungsbedarf
EF durch V-Modell teilweise abgedeckt: → Offenlegen von Schnittstellen
EF durch V-Modell nicht abgedeckt: → Handlungsbedarf
Anforderungsanalyse: Wissensbausteine & Funktionsunterstützung
Wissensziele
Feedback
Wissens-bewertung
Wissens-identifikation
Wissens-bewahrung
Wissenserwerb
Wissensnutzung
Wissens-entwicklung
Wissens-(ver-)teilung

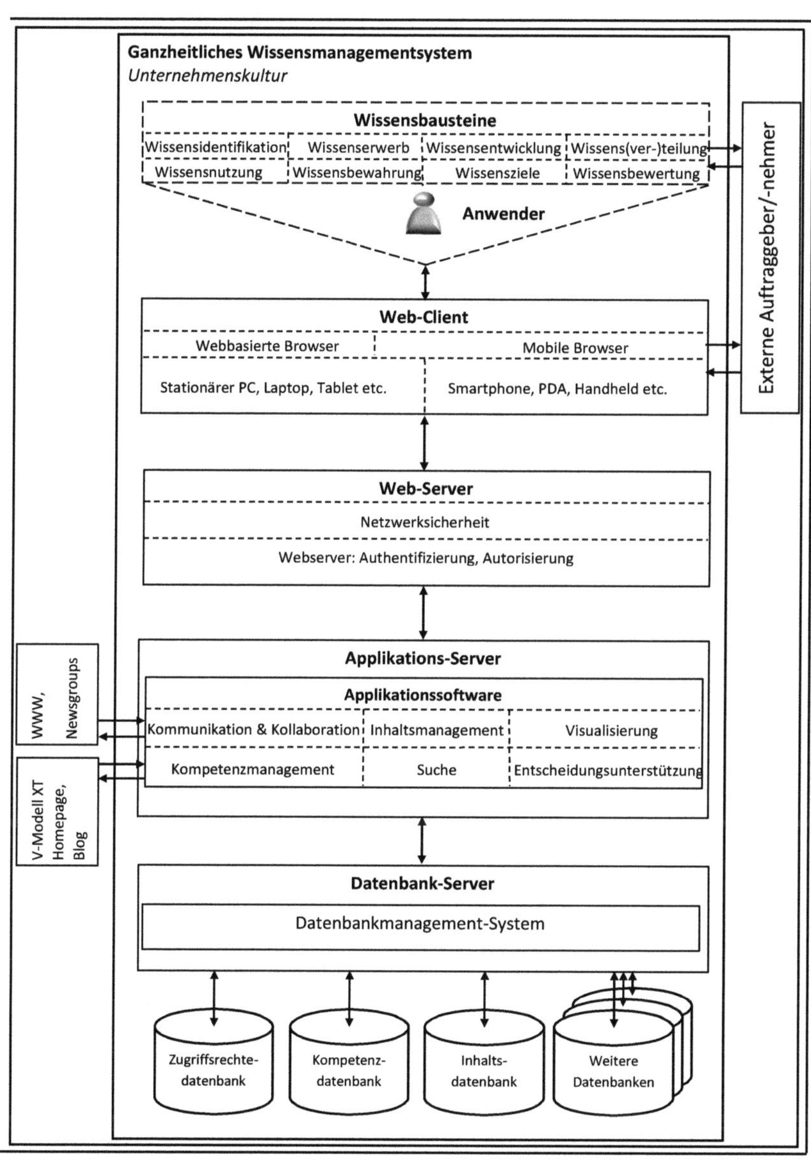

Abbildung 14: Konzeption der Hauptkapitel[416]

[416] Eigene Darstellung.

5.1.2 Erfolgsfaktorenbasierte Verknüpfung

Unter Erfolgsfaktoren bzw. kritischen Erfolgsfaktoren versteht man Aspekte, die Einfluss auf die erfolgreiche Umsetzung einer Aufgabe haben.[417] Sie beziehen sich nicht nur auf ein spezielles Produkt eines Vorhabens, sondern auch auf die dieses umgebenden fachlichen, technischen, sozialen oder organisatorischen Komponenten.[418] Als Grundlage für die Erhebung der Erfolgsfaktoren wurden die vier Dimensionen des Tübinger Modells der Wirtschaftsinformatik selegiert: Mensch, Aufgabe, Technik und organisatorischer Kontext. Wie in Kapitel 4.2.1 diskutiert, notiert die Wissensmanagement-Literatur oft nur Mensch, Technik und Organisation und vernachlässigt damit häufig die betriebswirtschaftliche Aufgabe. Da Wissensmanagement nicht dem puren Selbstzweck verpflichtet sein darf, wird an dieser Stelle noch einmal betont, dass die zu bearbeitende Aufgabe wesentlichen Einfluss auf das Wissensmanagement hat. Um den Bezug für die vorliegende Arbeit zu verdeutlichen: Wissensmanagement in der Software-/Systementwicklung soll den Menschen beim IT-Projektmanagement unterstützen. Die betriebswirtschaftliche Aufgabe wurde daher, wie bereits angeführt, dem IT-Projektmanagement zugewiesen.

Gemeinsam leiten sich kritische Erfolgsfaktoren für die Dimensionen Mensch, Organisation und Technik aus den Rahmenbedingungen des Wissensmanagements und des IT-Projektmanagements ab. Die Erfolgsfaktoren der Dimension „Aufgabe“ bestimmen dabei das IT-Projektmanagement.Repräsentation der Erfolgsfaktoren

Um die Erfolgsfaktoren ausfindig zu machen wurden gezielt bestimmte Publikationen durchsucht. Gegenstand der Recherche waren wissenschaftliche Lehrbücher zu den Bereichen „Wissens-“ bzw. „IT-Projektmanagement“ sowie Studien und Artikel, die sich mit dem Thema „Erfolgsfaktoren“ im Wissens- oder IT-Projektmanagement beschäftigen.[419] Ebenfalls integriert wurden Studien, die sich auf die Hürden im Wissens-[420] bzw. IT-Projektmanagement[421] beziehen, da die Fallstricke es in einigen Fällen im Umkehrschluss erlauben, Erfolgsfaktoren abzuleiten.[422]

Abbildung 15 verdeutlicht die Vorgehensweise der Erfolgsfaktorenanalyse. Zunächst werden die Erfolgsfaktoren für jede Dimension gesondert vorgestellt und mit einer Kennziffer versehen, um sie im weiteren Verlauf der Arbeit stets eindeutig zuweisen zu können. Eine Aufstellung aller Erfolgsfaktoren mit Kennziffer hält Tabelle 7 (S. 99) bereit. Nach der Einführung und Erläuterung der Erfolgsfaktoren des Wissensmanagements und des IT-

417 Vgl. Brugger, S. 136 f. und Sanio, S. 6.
418 Vgl. Brugger, S. 136 f.
419 Einige Artikel führen ihrerseits abermals Literaturrecherchen durch. In diesen Fällen wurde lediglich die Hauptstudie herangezogen. Bei weiterführendem Interesse wird auf die dortige Sekundärliteratur verwiesen.
420 Verwendete Literatur: Haas; Linde; Heisig/Orth; Lehner; Davenport/De Long/Beers; Probst/Raub/Romhardt und North.
421 Verwendete Literatur: Heilmann; Schoeneberg; Ruf/Fittkau; Wieczorrek/Mertens; Ludewig/Lichter; Brugger und Sanio.
422 Vgl. Brugger, S. 136.

Projektmanagement wird das V-Modell XT auf die dortige Repräsentation der erarbeiteten Erfolgsfaktoren überprüft. Je nach Repräsentationsgrad werden die drei verschiedenen Status *abgedeckt, teilweise abgedeckt* und *nicht abgedeckt* vergeben. Auf diesen Analyseergebnissen aufbauend extrahiert Kapitel 6.1.1 hernach Anforderungen an ein ganzheitliches Wissensmanagementsystem für das V-Modell XT.

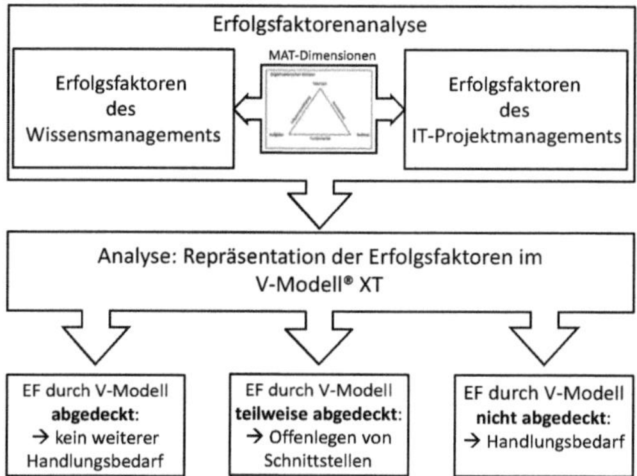

Abbildung 15: Vorgehensweise der Erfolgsfaktorenanalyse[423]

5.2 Erfolgsfaktoren des Wissensmanagements

5.2.1 Einflussfaktor Mensch

In diesem Kontext sind fünf Erfolgsfaktoren von Belang.

Motivation und Einstellung der Mitarbeiter [WM 1]: Wissensmanagement steht und fällt mit der Motivation und Einstellung der Mitarbeiter. Motivation kann extrinsischer oder intrinsischer Natur sein. Extrinsische Motivation ist gegeben, wenn der resultierende Nutzen einer Wissensmanagement-Aktivität höher ist als der Aufwand, sie durchzuführen. Die extrinsiche Motivation könnte beim Schreiben eines Blogbeitrags in einer Belohnung begründet sein, oder darin, andere Mitarbeiter dazu zu bewegen, ebenfalls Wissen auszutauschen. Intrinsische Motivation meint dagegen die persönliche Motivation eines Mitarbeiters, der den Nutzen von Wissensmanagement in diesem Fall selbst erkennt.[424] Nicht unumstritten sind Anreizsysteme zur Motivationssteigerung.[425] Jedoch können wohlüberlegte Anreizsysteme die Etablierung von Wissensmanagement im Unternehmen flankieren.[426] Dabei lassen sich monetäre und nicht-monetäre Anreizsysteme un-

423 Eigene Darstellung.

424 Vgl. Haas, S. 65 ff. und Lehner, S. 330 f..

425 Vgl. Heisig/Orth, S. 48.

426 Die Rolle von Anreizsystemen als Erfolgsfaktor im Wissensmanagement erörtern Linde, S. 44; Lehner, S. 330 und Probst/Raub/Romhardt, S. 45. Linde findet anhand einer Umfrage jedoch heraus, dass die

terscheiden. Grundsätzlich kann gelten, dass die Motivation der Mitarbeiter durch schnell nachvollziehbare Erfolge aufrechterhalten werden sollte.

Akzeptanz der Mitarbeiter [WM 2]: Außer von der Motivation hängt die Einstellung der Mitarbeiter gegenüber Wissensmanagement in hohem Maße von der Verankerung des Wissensmanagements im Unternehmen ab. Die Mitarbeiter müssen bereit sein Wissensmanagement anzunehmen und aktiv zu betreiben.[427] Diese Akzeptanz lässt sich durch die Etablierung einer wissensfreundlichen Unternehmenskultur gewährleisten.[428] Auf den Aspekt der Wissenskultur als Erfolgsfaktor wird in Kapitel 5.2.2 bei der Dimension „Organisation" eingegangen.

Unterstützung durch das Top-Management [WM/IT 3]: Es obliegt der Verantwortung der Führungskräfte, Wissensmanagement vorzuleben und eine Vorbildfunktion zu übernehmen. Durch das aktive Leben von WM können sie auf das Verhalten und letztlich auf die Akzeptanz ihrer Mitarbeiter einwirken.[429]

Kommunikation der Bedeutung des Wissensmanagements [WM 4]: Alle Mitarbeiter müssen verstehen, welchen Wertbeitrag das Wissensmanagement leistet bzw. leisten kann, welche Ziele erreicht werden sollen und welche Wissensbereiche des Unternehmens Schlüsselfaktoren darstellen. Daher ist es unabdingbar, die Bedeutung des Wissensmanagements stetig zu kommunizieren und zudem sicherzustellen, dass der Mehrwert den Mitarbeitern ersichtlich ist.[430] Das lässt sich durch die verpflichtende Teilnahme an Workshops und Seminaren bewerkstelligen.

Persönliche Kommunikation [WM 5]: Die Menschen als Träger des Wissens sind bei ihrer Kommunikation ausreichend zu unterstützen. Gerade bei der Betrachtung komplexer Probleme, was besonders häufig auf das IT-Projektmanagement zutrifft, müssen der Wissensaustausch generell und speziell der persönliche Wissensaustausch gefördert werden. Zwischenmenschliche Interaktion kann die Bereitschaft, über komplexe Problemfelder zu sprechen, erhöhen, was auch die Wahrscheinlichkeit steigert, diese Probleme zu lösen.[431]

Befragten den Stellenwert von Anreizsystemen als eher gering einschätzen. Heisig/Orth, S. 48 weisen auf Problematiken von Anreizsystemen hin.

427 Die Bedeutung der Akzeptanz als Erfolgsfaktor heben Linde, S. 44 f. und Heisig/Orth, S. 52 hervor.

428 Vgl. Lehner, S. 24.

429 Vgl. Haas, S. 64 f.; Lehner, S. 328; Heisig/Orth, S. 49; Davenport/De Long/Beers, S. 54; Probst/Raub/Romhardt, S. 162; Linde, S. 44 f. und North, S. 178.

430 Vgl. Haas, S. 69; Lehner, S. 330; Davenport/De Long/Beers, S. 54; Probst/Raub/Romhardt, S. 277 und North, S. 178.

431 Vgl. Linde, S. 44, 50 und Davenport/De Long/Beers, S. 54.

5.2.2 Einflussfaktor Organisation

Sieben folgende Erfolgsfaktoren ergeben sich für den Einflussfaktor „Organisation“:

Unternehmenskultur/Wissenskultur [WM 10]: Den wohl maßgeblichsten Erfolgsfaktor stellt die Etablierung einer wissensfreundlichen Unternehmenskultur dar,[432] die außerdem auf die Werte und Verhaltensweisen der Mitarbeiter einwirkt. Auf einer Unterebene der Unternehmenskultur befindet sich die Wissenskultur. Deren wissensfreundliche oder -fördernde Ausgestaltung vermag positive Auswirkungen auf die allgemeine Wertschätzung zu entfalten, weil sie den Umgang mit Wissen innerhalb einer Organisation steuert und dabei den Grad der Unterstützung von Wissensmanagement-Aktivitäten festlegt. Er entscheidet darüber, ob WM-Aktivitäten unterstützt, be- oder verhindert werden.[433] Auch kann die Unternehmenskultur Mitarbeiter in ihrer Verantwortungsübernahme beeinflussen und für das wichtige Vertrauensverhältnis zwischen Mitarbeitern sorgen, was wiederum die Bereitschaft erzeugt und vor allem vergrößert, Wissen zu erstellen zu teilen und zu nutzen. Auch der Umgang mit Fehlern ist wesentlich, Fehler sollten sich offen eingestehen lassen und als wichtiger Lernprozess begriffen werden.[434]

Mithin kann die Unternehmenskultur die Identifikation der Mitarbeiter mit dem Unternehmen steigern, auch mit Auswirkungen auf die Unternehmenswerte. Wird beispielsweise die enge Zusammenarbeit zwischen den Hierarchiestufen gefördert, könnten Wissensflüsse auch von niedrigeren in höhere Hierarchieebenen zunehmen.[435]

Organisatorischer Rahmen [WM 12]: Neben der wichtigen Aufgabe, eine wissensfreundliche Unternehmenskultur und damit ein Verständnis für WM zu generieren, ist der Erschaffung eines organisatorischen Rahmens hohe Bedeutung beizumessen. Mitarbeiter brauchen ausreichende Freiräume für Wissensmanagement, sei es in zeitlicher, inhaltlicher oder auch räumlicher Hinsicht.[436] Auf diese Weise können das Vertrauen der Mitarbeiter verstärkt werden und Wissensstrukturen entstehen. Wie in der Dimension „Mensch“ bereits angesprochen, ist der zwischenmenschliche Austausch im Rahmen persönlicher Kontakte wesentlich. Aufgabe der Organisation ist es hier, die zeitlichen und räumlichen Möglichkeiten bereitzustellen. Prinzipiell können Organisationen den Wissensaustausch formell, z. B. über Besprechungen, E-Mails und Telefonate, und informell,

---

[432] Vgl. Haas, S. 74 ff.; Davenport/De Long/Beers, S. 52; Lehner, S. 330 und North, S. 178. Schon mehrfach kam die Wichtigkeit dieses Themas zur Sprache. Die Ausgestaltung der Unternehmenskultur für das Wissensmanagement ist sehr komplex und sollte Gegenstand eines eigenen Forschungsbereichs sein. Aufgrund ihrer inhaltlichen Ausrichtung kann diese Arbeit das nicht weiter verfolgen, sondern begnügt sich i. F. mit Gestaltungsempfehlungen für die Unternehmenskultur. Zumal sich bereits gehaltvolle Beiträge in diese Richtung begeben. Vgl. Gust von Loh, Kapitel 6.

[433] Vgl. Haas, S. 74 ff.. Zur Informationskultur/Wissenskultur Gust von Loh, S. 102. Probst/Raub/Romhardt, S. 45 sehen die Notwendigkeit ein Wissensleitbild zu erstellen.

[434] Haas, S. 74 ff.; Lehner, S. 330 und Heisig/Orth, S. 46.

[435] Vgl. Lehner, S. 25, 330.

[436] Vgl. Linde, S. 44, 50 und Lehner, S. 330.

etwa über die Etablierung von Netzwerken und das Einrichten von Besprechungszimmern oder Teeküchen, begünstigen.[437]

Zielsystem für WM [WM 14]: Wissensmanagement darf nicht losgelöst von der Organisationsstruktur, sondern muss zielgerichtet sein. Zentral ist das Aufstellen eines Zielsystems für Wissensmanagement, das sich an den Organisations- oder Geschäftszielen einer Unternehmung orientiert,[438] wodurch sich die Richtung der Wissensmanagement-Aktivitäten steuern und somit sicherstellen lässt, dass diese ein spezifisches Ziel verfolgen.[439] Mithilfe des Zielsystems wird die Überprüfung und Messung der Zielerreichung möglich, was für ein professionelles Wissensmanagement auch erforderlich ist. Dessen Unterstützung besonders zuträglich ist der Nachweis ökonomischer Erfolge, umzusetzen z. B. durch ein internes oder externes Benchmarking.[440]

Ausgestaltung von Wissensmanagementprozessen [WM 15]: Eng mit dem Zielsystem hängt die Ausgestaltung der Wissensmanagementprozesse zusammen. Die Literatur kennt dafür diverse Bezeichnungen wie „Phasen", „Prozesse" oder „Bausteine" des Wissensmanagements. Trotz unterschiedlicher Bezeichnungen geht es im Kern jedoch stets um die ganzheitliche Betrachtung des Wissensmanagements, die bspw. Probst/Raub/Romhardt [2012] vorbildlich gelingt.[441]

Rollenkonzept und Verantwortlichkeiten [WM/IT 17]: Es müssen neue Rollen für das Wissensmanagement eingerichtet und Verantwortlichkeiten zugewiesen werden, was insbesondere bei der Aktualität von Wissensinhalten oder notwendigen Ansprechpartnern unumgänglich ist.[442] Ein weiterer Grund, Rollen und Zuständigkeiten zu vereinbaren, liegt in der Verteilung und Partizipation. Aufgrund der Beteiligung von verschiedenen Abteilungen eines Unternehmens, wie Personalwesen oder IT, und der Verpflichtung von Führungskräften und Mitarbeitern besitzt ein weiter Personenkreis Zugang zum Wissensmanagement. Zusätzlich lässt sich durch das frühe Einbinden von Mitarbeitern einer Ablehnung des WM entgegenwirken.[443]

Trainings und Schulungen [WM/IT 19]: Erfolgssteuernde Weichen sind auch in der Personalentwicklung zu stellen. Trainings und Schulungen können Wissensmanagement-Maßnahmen flankieren,[444] indem sie die Kompetenz der Mitarbeiter und darüber hinaus auch ihre Motivation steigern sowie die Bedeutung von Wissensmanagement transpor-

[437] Vgl. Haas, S. 73 f.; Lehner, S. 330 und Davenport/De Long/Beers, S. 51.

[438] Vgl. Haas, S. 70; Lehner, S. 330; Linde, S. 44, 48 und Probst/Raub/Romhardt, S. 33, 37 ff.. In diesem Zusammenhang kann auch von der Erstellung von Wissenszielen gesprochen werden. Vgl. Heisig/Orth, S. 58.

[439] Vgl. Heisig/Orth, S. 58.

[440] Vgl. Davenport/De Long/Beers, S. 50 f.; Heisig/Orth, S. 58; Haas, S. 70; Lehner, S. 330 und Probst/Raub/Romhardt, S. 66 f.

[441] Vgl. Haas, S. 70 ff.; Heisig/Orth, S. 52; Lehner, S. 330 und auch 4.1.3.

[442] Vgl. Linde, S. 44, 49; Davenport/De Long/Beers, S. 51 und Heisig/Orth, S. 52 f.

[443] Vgl. Lehner, S. 330 und Haas, S. 73.

[444] Vgl. Haas, S. 68 f.

tieren und dessen Akzeptanz erhöhen. Ferner vermögen Trainings und Schulungen der Mitarbeiter technische Hürden[445] zu beseitigen, wodurch Mitarbeitern der gesamte Funktionsumfang von WMS zur Verfügung steht. Im Rahmen der Personalentwicklung sollte eine Lernkultur Einzug halten, welche das Lernen in der Organisation und das Wahrnehmen von Weiterbildungsangeboten bedient.[446] Ebenso in der Personalentwicklung verankert ist das Erstellen von Fähigkeitsprofilen für spezielle Rollen und Gruppen. Dadurch wird offengelegt, welche Wissensbereiche für eine Rolle oder innerhalb einer Gruppe vorhanden sein müssen.[447]

Einheitliche Terminologie [WM 20]: Dieselbe organisatorische Verankerung wird auch bei der Festlegung einer gemeinsamen Sprache benötigt. Es ist zwingend auf eine einheitliche Terminologie zu achten. Der Sprachgebrauch muss jedoch stets an die Unternehmung angepasst sein, damit die Begriffe nicht fremd wirken resp. neu erlernt werden müssen.[448] Dieser Erfolgsfaktor ist auch für die nächste Dimension der „Technik" relevant und muss sich zudem in den Inhalten von WMS widerspiegeln: Für alle Nutzer des WMS müssen eine gemeinsame Sprache und präzise Begrifflichkeiten bestehen. Nur wenn Konsens über die gebrauchten Worte bzw. Termini herrscht, ist garantiert, dass keine Missverständnisse über den Inhalt aufkommen.[449]

5.2.3 Einflussfaktor Technik

Den Einflussfaktor „Technik" prägen folgende acht Erfolgsfaktoren:

Integration des WMS in die IT [WM 22]: Wissensmanagementsysteme werden bekanntlich zur Funktionsunterstützung von Wissensmanagement-Aktivitäten eingesetzt. Die Informationstechnik kann zum Verknüpfen, Verstärken und Dokumentieren des Wissensaustauschs dienen.[450] Von herausgehobenem Rang und somit ein wichtiger Erfolgsfaktor ist deshalb die optimale Integration des Wissensmanagementsystems in die bestehende Informationsinfrastruktur.[451]

Benutzerfreundlichkeit [WM 23]: Neben der Bereitstellung eines WMS per se ist die Sicherstellung seiner Benutzbarkeit wesentlich. Auf technischer Seite kann dies eine be-

445 Technische Hürden treten auf, wenn der Mitarbeiter nicht weiß, wie er die Informationstechnologie anwenden soll. Dann scheitert die Nutzung des WMS bereits am technischen Know-how des Mitarbeiters, ehe dieser überhaupt in die Lage versetzt wird, das Wissen abzurufen oder einzupflegen.

446 Vgl. Haas, S. 68 f.

447 Vgl. Davenport/De Long/Beers, S. 51. Das Etablieren einer Lernkultur und die Verankerung des Wissensmanagements in der Personalentwicklung stellen substanzielle Teile des Wissensmanagements dar. Die vorliegende Arbeit fokussiert jedoch die Erstellung eines ganzheitlichen WMS, weswegen die beiden Bereiche nicht näher betrachtet werden.

448 Vgl. Linde, S. 44, 52; Davenport/De Long/Beers, S. 53; Lehner, S. 330 und Probst/Raub/Romhardt, S. 166.

449 Vgl.Haas, S. 80.

450 Vgl. North, S. 178, 315 f.

451 Vgl. Haas, S. 78 und Lehner, S. 330 sowie Kapitel 4.2.2.

nutzerfreundliche Systemoberfläche[452] leisten, und zwar dahingehend, dass sich die Benutzeroberfläche in ihrer Gestaltung einfach und intuitiv präsentiert und den Nutzer bei der Bearbeitung seiner Aufgabe unterstützt.[453] Die Möglichkeit, die Benutzeroberfläche zu personalisieren, kann Akzeptanz und Nutzerzufriedenheit erhöhen.[454]

Weiterhin sind für den Betrieb einige Faktoren zu beachten:

Verarbeitung verschiedener Datenformate [WM 24]: Da die verschiedensten Wissensdokumente in zahlreichen Dateiformaten verfügbar gemacht werden können oder die Kommunikation der Mitarbeiter über diverse Quellen bzw. Kanäle unterstützt werden sollten, muss ein WMS verschiedene Datenformate verarbeiten und integrieren können.[455]

Datenschutz und Datensicherheit [WM 25]: Die Wissensinhalte des WMS weisen eine hohe Sensibilität auf und müssen daher vollständigem Datenschutz und ebensolcher Datensicherheit unterliegen.[456]

Erreichbarkeit des WMS [WM 26]: Die Mitarbeiter müssen zu jeder Zeit uneingeschränkten Zugriff auf das WMS haben, wofür die durchgängige Erreichbarkeit des WMS zu gewährleisten ist.[457]

Push- und Pullsysteme [WM 27]: Weil nicht jedem Mitarbeiter bewusst sein kann, welche Wissensbestände er zur Verfügung hat, hat sich die Verwendung von Push- und Pullsystemen im Wissensmanagement bewährt.[458] Pushsysteme stellen Benutzern Informationen unaufgefordert zur Verfügung, Pullsysteme suchen erst auf Anfrage eines Benutzers nach relevanten Informationen.[459]

Qualität des gespeicherten Wissens [WM 28]: Die Nutzung eines WMS ist stark von der Qualität des gespeicherten Wissens abhängig. Mangelhafte Wissensinhalte können das Vertrauen in das WMS schmälern. Die erforderliche Qualität lässt sich einerseits durch die verpflichtende Eintragung des Verfassernamens und die Möglichkeit von Rückmeldungen erzielen. Qualitative Gesichtspunkte beziehen sich auch auf die Überprüfung und Sicherstellung der Aktualität und Korrektheit des eingetragenen Wissens. Im Zuge

---

452 In der analysierten Literatur ist dieser Erfolgsfaktor nur auf die Benutzeroberfläche eines WMS fokussiert. Es ist anzumerken, dass dies nicht weitreichend genug ist. Vielmehr sollte die Gestaltung der Benutzerschnittstelle im Fokus stehen. Diese schließt die Benutzeroberfläche, weiterhin aber auch den Dialog zwischen Benutzer und IT-System ein. Eine genaue Beschreibung der Benutzerschnittstelle findet sich in Heinrich/Heinzl/Riedl, S. 166 f.

453 Vgl. Linde, S. 44, 49 und Heisig/Orth, S. 54. Heisig/Orth beziehen sich auf eine Tabelle von Gehle/Mülder.

454 Vgl. Haas, S. 79 f.

455 Vgl. Haas, S. 80.

456 Vgl. Haas, S. 80 und Lehner, S. 330.

457 Vgl. Haas, S. 80.

458 Vgl. Haas, S. 79 und North, S. 178. Hierbei ist jedoch die Quantität der zur Verfügung gestellten Wissensbestände im Auge zu behalten, um die Mitarbeiter nicht mit Wissen zu überfluten. Vgl. Probst/Raub/Romhardt, S. 82, 217.

459 Vgl. Lehner, S. 273.

dessen müssen Verantwortlichkeiten und ein Prozess definiert werden, der die Sicherung, Pflege und Überprüfung der Wissensbeiträge sicherstellt.[460] Für elektronisch gespeicherte Wissensbeiträge gibt es die Option, die Einträge direkt zu bewerten. Somit bestimmen die Nutzer selbst den Wert eines Eintrags und können andere Teilnehmer über seine Qualität informieren.[461]

Umgang mit Fehlern im WMS [WM 29]: Als erfolgskritisch stellt sich schließlich der Umgang mit Fehlern innerhalb des WMS heraus, diese sollten möglichst schnell erkannt und beseitigt werden. Anderenfalls ist mit negativen Auswirkungen zu rechnen,[462] wie beispielsweise eine verminderte Nutzung des Systems.

5.3 Erfolgsfaktoren des IT-Projektmanagements

5.3.1 Einflussfaktor Mensch

Hier sind fünf Erfolgsfaktoren anzuführen:

Unterstützung durch das Top-Management [WM/IT 3]: Analog zum Wissensmanagement ist auch im Bereich des IT-Projektmanagements die Unterstützung des Top-Managements entscheidend. Es muss die Mitarbeiter durch Engagement, offene Unterstützung und Zusammenarbeit direkt einbeziehen, sie beispielsweise in ein Entscheidergremium integrieren.[463]

(IT-)Projektleiter [IT 6]: Besondere Bedeutung fällt dem (IT-)Projektleiter zu.[464] Abgesehen von der fachlichen Expertise muss er auch als Motivator, Krisenbewältiger und Führungsperson wirken können.[465] Unabdinglich ist eine adäquate Ausbildung, wobei das Fähigkeitsprofil stets zum Projekt passen muss. Wesentlicher Einflussfaktor des Projektleiters ist seine Reputation, er muss von allen Projektbeteiligten ernst genommen werden. Sofern die Qualifikation eines Projektleiters nicht zu dem geforderten Fähigkeitsprofil passt, ist er angemessen zu schulen.[466]

Projekterfahrung des gesamten Projektteams [IT 7]: Insgesamt ist Projekterfahrung aber nicht nur für den Projektleiter und -manager elementar, sondern ein Projekt profitiert von der Erfahrung des gesamten Teams.[467] Die Projektmitarbeiter müssen systema-

---

[460] Vgl. Haas, S. 80; Lehner, S. 81, 330 und Linde, S. 44, 48.

[461] Vgl. Stocker/Müller HMD - Praxis der Wirtschaftsinformatik, Bd. 277, 2011, S. 43.

[462] Vgl. Linde, S. 44, 51.

[463] Vgl. Wieczorrek/Mertens, S. 19; Heilmann, S. 32 f.; Schoeneberg, S. 57; Brugger, S. 136; Sanio, S. 22 und Ludewig/Lichter, S. 138 f.

[464] Vgl. Ruf/Fittkau, S. 155; Ludewig/Lichter, S. 139 f.; Schoeneberg, S. 57 und Wieczorrek/Mertens, S. 20. Dieser Erfolgsfaktor wird auch explizit im V-Modell XT erwähnt; dazu Kapitel 6.2.2.1.

[465] Vgl. Wieczorrek/Mertens, S. 20 und Ludewig/Lichter, S. 139 f.

[466] Vgl. Ludewig/Lichter, S. 139 f.

[467] Vgl. Schoeneberg, S. 57. Der Autor schlägt die Einrichtung eines Team-Managements zur Findung der Projektmitarbeiter vor. Die Projektorganisation muss der Größe des Projekts korrespondieren. Vgl. Wieczorrek/Mertens, S. 22.

tisch und fristgerecht arbeiten, Vorgaben einhalten sowie wichtige Entscheidungen und Pflichtelemente dokumentieren,[468] auch die Kompetenzverteilung muss ihnen klar sein. Zusätzlich müssen die Mitarbeiter motiviert, kommunikations- und teamfähig sein.[469]

Zielgruppenbasierte Kommunikation [IT 8]: Alle Interessengruppen sind anhand diverser Medien und in angemessener Quantität zu informieren.[470] Insgesamt ist es auch bedeutsam, dass alle Projektbeteiligten Wissen über das Vorgehensmodell erlangen, Kunden, Partner, Anwender und Entwickler gleichermaßen.[471]

Einbezug der Projektbeteiligten [IT 9]:[472] Über eine Projektumfeldanalyse lassen sich die verschiedenen Stakeholdergruppen einbinden.[473] Stakeholder schließen in diesem Zusammenhang Befürworter, Unterstützer und Gegner ein und lassen sich in einer Stakeholderlandkarte graphisch abbilden. Die Beeinflussung des Stakeholderkreises kann sich als förderlich erweisen.[474] Herausragender Stellenwert kommt dabei den Nutzern des Systems zu. Die späteren Anwender des Systems müssen an der Gestaltung des IT-Systems beteiligt werden. Es ist zudem sicherzustellen, die Erwartungen der Benutzer zu erfüllen. Dazu gehört ebenfalls, die Nutzer ins Projektteam, den Lenkungsausschuss und die Begutachtungsteams zu integrieren.[475]

5.3.2 Einflussfaktor Organisation

Für diesen Einflussfaktor tun sich fünf Erfolgsfaktoren auf:

Ausrichtung auf Unternehmensziele [IT 11]: Ein oft vernachlässigter Erfolgsfaktor ist die Unternehmensstrategie. Die Projekte eines Unternehmens müssen sich an den Unternehmenszielen ausrichten. Wenn die Unternehmensstrategie mitsamt ihrer Ziele nicht definiert ist, können auch die durchgeführten Projekte keine ausreichende Formalität erreichen. Ein ausgewogenes Projektportfolio ist dann nur schwer zu erstellen, und die Projektresultate sind nicht völlig nachvollziehbar.[476] Neben der Definition von Projektzielen ist deren Kommunikation ausschlaggebend. Jeder Projektmitarbeiter muss sich im Klaren über die Ziele sein. Die dafür notwendigen Messgrößen zur Zielerreichung[477] sind unter dem Erfolgsfaktor „Aufgabe“ erläutert.

Vorgabe eines Vorgehensmodells [IT 13]: Das IT-Projektmanagement ganzheitlich aufzufassen, ist darüber hinaus entscheidend, um eine vollständige Sichtweise auf das Projekt

468 Vgl. Ludewig/Lichter, S. 139.
469 Vgl. Heilmann, S. 32 ff.; Sanio, S. 19 f. und Brugger, S. 136.
470 Vgl. Schoeneberg, S. 57. Die Bedeutung der Teamkommunikation verdeutlicht Sanio, S. 30.
471 Vgl. Ruf/Fittkau, S. 66.
472 Vgl. Heilmann, S. 33; Brugger, S. 136 und Ludewig/Lichter, S. 139.
473 Vgl. Schoeneberg, S. 56.
474 Vgl. Schneider/Marti, S. 41.
475 Vgl. Wieczorrek/Mertens, S. 19 und Brugger, S. 136.
476 Vgl. Wieczorrek/Mertens, S. 20 und Brugger, S. 136.
477 Vgl. Schoeneberg, S. 56.

zu erreichen, welche die unterschiedlichen Einflussbereiche integriert.[478] Hierbei spielen Vorgehensmodelle eine signifikante Rolle.[479] Die entsprechende Vorgabe muss organisatorisch verankert sein, damit die Verwendung eines solchen nicht infrage gestellt wird.

Bereitstellung qualifizierter Mitarbeiter [IT 16]: Eine weitere organisationsbasierte Aufgabe ist die Bereitstellung von qualifizierten Mitarbeitern in hinlänglicher Anzahl, um ausgeglichene Projektteams zusammenstellen zu können.[480] Je nach Art der Projektorganisation (Matrix-, Stabs- oder Linienorganisation) können Bedarfsprobleme beim Einsatz von Mitarbeitern entstehen. Abhängig vom Projekt kann es auch notwendig sein, dass ein Mitarbeiter in Vollzeit zur Verfügung stehen muss.[481] In diesem Zusammenhang ist auch das Delegieren von Aufgabenbereichen essentiell. Die Projektleiter und -manager müssen von Arbeitsaufgaben, die nicht das Projekt betreffen, ausgenommen sein, um sich auf das Projektgeschäft konzentrieren zu können.[482]

Rollenkonzept und Verantwortlichkeiten [WM/IT 17]: Zur Identifikation qualifizierter Mitarbeiter sind Rollen zu definieren und bei der Rollenzuweisung auf spezifische Verantwortlichkeiten, Zuständigkeiten sowie Rechte- und Kompetenzprofile Wert zu legen. Um den Abstimmungsbedarf zu minimieren, sollten hierbei Schnittstellen eingerichtet werden.[483]

Zentrale Steuerungs- und Koordinationsstelle [IT 18]: In der Literatur wird die Notwendigkeit einer zentralen Steuerungs- und Koordinationsstelle akzentuiert, die sich in Form eines Lenkungsausschusses[484] oder eines sogenannten Projekt-Office oder Projektmanagement-Office (PMO) umsetzen lassen.[485]

Trainings und Schulungen [WM/IT 19]: Bei unzureichender Qualifikation der Mitarbeiter haben sich Trainings und Schulungen der Projektleiter, -mitarbeiter und Endanwender als erfolgsfördernd erwiesen.[486]

5.3.3 Einflussfaktor Technik

Zwei Einflussfaktoren weist der Einflussfaktor „Technik“ aus.

Einheitliche Informationsinfrastruktur [IT 21]: Neu zu entwickelnde IT-Systeme müssen mit der bestehenden Informationsinfrastruktur kompatibel sein. Sie sollten also nicht ohne Anbindung realisiert und sinnvoll in weitere bereits bestehende IT-Systeme integriert

[478] Vgl. Ruf/Fittkau, S. 21.
[479] Ein Vorgehensmodell muss den Kriterien der Vollständigkeit, Systematisierbarkeit, Modularisierbarkeit, Allgemeingültigkeit und Modifizierbarkeit genügen. Vgl. Ruf/Fittkau, S. 66.
[480] Vgl. Schoeneberg, S. 56; Sanio, S. 18 ff. und Heilmann, S. 33, 189.
[481] Vgl. Heilmann, S. 33, 189.
[482] Vgl. Schoeneberg, S. 57.
[483] Vgl. Schneider/Marti, S. 52 ff.; Schoeneberg, S. 56 und Heilmann, S. 189 f.
[484] Vgl. Heilmann, S. 32 f.
[485] Vgl. Schneider/Marti, S. 57 f. und Schoeneberg, S. 56.
[486] Vgl. Schoeneberg, S. 56.

werden.[487] Zusätzlich müssen auch die technischen Anforderungen praktikabel sein, was die Grundlage für die Lauffähigkeit des zu entwickelnden Softwaresystems darstellt.[488]

Technische Hilfsmittel [IT 30]: Im Zuge der Projektarbeit haben sich zudem technische Hilfsmittel zur Unterstützung hilfreich gezeigt,[489] beispielsweise Entwicklungsumgebungen oder IKT, wie E-Mail oder Dokumentenmanagementsysteme.

5.3.4 Einflussfaktor Aufgabe

Folgende 13 Erfolgsfaktoren wurden für die Dimension „Aufgabe" erarbeitet:

Anwendung von Vorgehensmodellen [IT 31]: Es muss ein standardisierter Projektablauf erreicht werden, der unabhängig von internen und externen Rahmenbedingungen ist. Gewissermaßen sollte ein projektunabhängiger Prozessstandard greifen, der garantiert, systematisch Start, Umsetzung und Abschluss für ein Projekt abzuwickeln.[490] Das Anpassen eines standardisierten Projektablaufs auf die Rahmenbedingungen für ein spezielles Projekt wird Tailoring genannt.[491]

Projektsteuerung und Projektkontrolle [IT 32]: Die Ziele, Termine, Kosten, Ressourcen, Ergebnisse und Qualität hat die Projektplanung eindeutig festzulegen und im Rahmen der Projektsteuerung und der Projektkontrolle (auch: Projektcontrolling) zu überprüfen. Das gewährleistet die Terminüberwachung, Ressourcensteuerung und Messung der Zielerreichung.[492] Für die Begutachtung des Projektfortschritts wird die Verwendung von Kenngrößen und Messzahlen empfohlen.[493]

Projektdokumentation [IT 33]: Sie kann einen wertvollen Beitrag leisten, indem sie die gesammelten Projekterfahrungen strukturiert den zukünftigen Entwicklungsprojekten zur Verfügung stellt.[494] Z. B. durch die Implementation mithilfe von Erfahrungs- bzw. Projekt-Datenbanken.

Anforderungsdefinition [IT 34]: Eine saubere Anforderungsdefinition muss in ausreichender Quantität und Qualität vorliegen. Die Anforderungen müssen einerseits prüfbar und korrekt, andererseits aber auch eindeutig und verständlich formuliert sein. Wenn Anforderungen diese Bedingungen nicht erfüllen, sind im Laufe des Projekts weitere Anforderungsanalysen durchzuführen.[495] Die Einhaltung der Anforderungen sollte mit einer Erfolgsmessung überprüft werden.

---

487 Vgl. Wieczorrek/Mertens, S. 21.
488 Vgl. Schoeneberg, S. 57.
489 Vgl. Schoeneberg, S. 57 und Brugger, S. 136.
490 Vgl. Wieczorrek/Mertens, S. 21 f. und Brugger, S. 136.
491 Vgl. Wieczorrek/Mertens, S. 22.
492 Vgl. Heilmann, S. 192 f.; Ludewig/Lichter, S. 141; Sanio, S. 15; Schoeneberg, S. 56 und Schneider/Marti, S. 117 ff.
493 Vgl. Schoeneberg, S. 56 und Heilmann, S. 192.
494 Vgl. Ruf/Fittkau, S. 66.
495 Vgl. Sanio, S. 5 und Sanio, S. 23.

Anforderungsmanagement [IT 35]: Strukturiertes Anforderungsmanagement kann der Ausweitung des Projektumfangs und dem Rework[496] entgegenwirken. Es sammelt gegebene und neue Anforderungen sowie Anforderungsänderungen und verwaltet sie über den gesamten Projektzyklus hinweg.[497]

Projektauftrag [IT 36]: Zu Beginn eines Projekts sollte ein detaillierter Projektplan erstellt sein, der Projektparameter und Ziele beinhaltet. Wichtig ist die Kommunikation dieses Projektauftrags.[498]

Festsetzung von Verträgen [IT 37]: Auch diesbezüglich ist verlässlich zu kommunizieren. Das Aufsetzen eines Vertrags[499] dient der rechtlichen Absicherung zwischen zwei Vertragsparteien: zwischenorganisatorisch oder auch innerhalb von Firmen und unabhängig von der Projektgröße. Zur Aufwandsminimierung werden standardisierte Verträge nahegelegt,[500] die den Lieferumfang klar festschreiben sowie Ziele und Lieferobjekte aufteilen.[501] Eine weitere Empfehlung lautet, die Abnahme von Teilleistungen festzusetzen. Dabei wird eine vertragliche Regelung ausgearbeitet, wie mit der Abnahme umzugehen ist.[502]

Kommunikation und schriftliche Dokumentation [IT 38]: Sie betreffen sowohl Entscheidungen als auch Ergebnisse.[503] Die Kommunikation sollte innerhalb wie außerhalb der Projekte erfolgen, um Interessierte und Beteiligte über den Status des Projektfortschritts zu informieren. Kommunikationsmittel sind beispielsweise Besprechungen, Statusmeetings, Telefon, Fax, E-Mail, Schwarzes Brett oder Intra- bzw. Internet.[504]

Informations- und Dokumentationsplanung [IT 39]: Dieser Faktor gewährleistet das systematische Festhalten und die Pflege von Informationen. Sie sind derart weiterzuleiten, dass ein Informationsfluss entsteht.[505] Zur zentralisierten Ablage von Dokumenten bietet sich das Anlegen eines Dokumentenmanagementsystems an. Der Zugriff auf die Inhalte kann durch Groupwaresysteme sowie das Intranet geschehen, bei externen Partnern über Extranet[506].[507]

---

496 D. h. Nacharbeitung von Software aufgrund von Fehlern oder geänderten Anforderungen.
497 Vgl. Wieczorrek/Mertens, S. 21.
498 Vgl. Schoeneberg, S. 56.
499 Vgl. Schneider/Marti, S. 27 ff. und Ruf/Fittkau, S. 155.
500 Vgl. Schneider/Marti, S. 27.
501 Vgl. Schneider/Marti, S. 69.
502 Vgl. Ruf/Fittkau, S. 155.
503 Vgl. Heilmann, S. 191 f. und Schneider/Marti, S. 74 f., 79, 133 f.
504 Vgl. Heilmann, S. 191 f. Schoeneberg, S. 56 votiert für ein eigenes Projektmarketing, genauer ein Projektinformationssystem zur Informationsversorgung aller Projektbeteiligten.
505 Vgl. Heilmann, S. 191 f. und Schneider/Marti, S. 75 ff.
506 Das Extranet lässt sich als Erweiterung des Intranets mit dem Ziel, spezielle Nutzerkreise anzubinden, verstehen. Vgl. Rechenberg/Pomberger, S. 1084.
507 Vgl. Heilmann, S. 191 f.

Weitere Erfolgsfaktoren mit Blick auf das Projektmanagement sind:

Aufwandsschätzung [IT 40]: Diese muss zuverlässig und an mehreren Zeitpunkten erfolgen, im Zuge des Projektverlaufs auch in unterschiedlichen Detaillierungsgraden.[508] Dabei hat sich außerdem der Einbezug der Mitarbeiter bewährt, die zusammen mit dem Projektleiter die Realisierungsaufwände eines Projekts schätzen, darunter auch den Zeitaufwand, wobei andere Projektvorhaben mitkalkuliert werden sollten.[509]

Risikomanagement [IT 41]: Risiken sollen im Vorhinein erkannt und richtig bewertet werden. Dadurch lassen sich Herausforderungen bewältigen und Maßnahmen bei Risikoeintritt festlegen.[510]

Qualitätssicherung [IT 42]: Entsprechende geeignete Maßnahmen helfen, die vom Auftraggeber geforderte Qualität zu erreichen. Zur Sicherstellung kann auf Qualitätsnormen zurückgegriffen werden, bspw. ISO 9000 und CMMI.[511]

Änderungsmanagement [IT 43]: Es wird empfohlen, um veränderte Zielsetzungen in Projekten abzufangen, alle Abweichungen in Personal, Organisation, IT, Projekten sowie Änderungen von den vertraglich festgelegten Anforderungen einzuschließen.[512]

5.4 Untersuchung des V-Modells XT

5.4.1 Repräsentation der Erfolgsfaktoren

Dieses Kapitel untersucht das V-Modell auf seine Übernahme der Erfolgsfaktoren des Wissensmanagements und des IT-Projektmanagements hin, denn ihr Einbezug kann die Erfolgswahrscheinlichkeit von Projekten erhöhen. In der Praxis lassen sich die Erfolgsfaktoren jedoch nicht immer vollständig umsetzen. Die Nichterreichung eines Erfolgsfaktors indiziert bereits Risikofaktoren, auf welche im Projektverlauf besonders geachtet werden sollte.[513]

Durch die Analyse der Repräsentation der Erfolgsfaktoren sollen Bereiche im V-Modell identifiziert werden, an welche das Wissensmanagement gleichsam andocken kann. Ziel ist es mithin, durch das Aufdecken von Lücken Implikationen für ein WMS abzuleiten sowie mögliche Schnittstellen und Synergiepotentiale offenzulegen.

[508] Konkrete Schätzungsmethoden sind z. B. Function Point Analyse oder Constructive Cost Model. Vgl. dazu V-Modell XT, Teil 8, S. 19 f. und Kapitel 5.4.2 auf Seite 110.

[509] Vgl. Schneider/Marti, S. 37 ff. und Wieczorrek/Mertens, S. 22. Die finanziellen, zeitlichen und qualitativen Vorgaben eines Projekts sind zunehmend schwerer einzuhalten, je größer und komplexer ein Projekt gerät. Aufwandsschätzungen werden mit zunehmender Komplexität schwieriger. Sinnvoll ist daher die Übernahme von wenig umfangreichen und kleineren Projekten bzw. die Aufteilung in handhabbare Teilprojekte. Vgl. Wieczorrek/Mertens, S. 20 f.

[510] Vgl. Schoeneberg, S. 56; Sanio, S. 25 und Schneider/Marti, S. 80 ff.

[511] Vgl. Schneider/Marti, S. 144 f., 161 ff. und Sanio, S. 27 f.

[512] Vgl. Schoeneberg, S. 56; Schneider/Marti, S. 165 ff. und Brugger, S. 136.

[513] Vgl. Wieczorrek/Mertens, S. 22.

Kennziffer	Erfolgsfaktoren des WM	Erfolgsfaktoren des IT-PM	Repräsentation im V-Modell
Dimension: Mensch			
WM 1	Motivation und Einstellung der Mitarbeiter		teilweise abgedeckt
WM 2	Akzeptanz der Mitarbeiter		teilweise abgedeckt
WM/IT 3	Unterstützung durch das Top-Management	Unterstützung durch das Top-Management	teilweise abgedeckt /abgedeckt
WM 4	Kommunikation der Bedeutung von WM		nicht abgedeckt
WM 5	Persönliche Kommunikation		teilweise abgedeckt
IT 6		(IT-)Projektleiter	abgedeckt
IT 7		Projekterfahrung des gesamten Projektteams	abgedeckt
IT 8		Zielgruppenbasierte Kommunikation	teilweise abgedeckt
IT 9		Einbezug der Projektbeteiligten	abgedeckt
Dimension: Organisation			
WM 10	Unternehmenskultur/ Wissenskultur		nicht abgedeckt
IT 11		Ausrichtung auf Unternehmensziele	teilweise abgedeckt
WM 12	Organisatorischer Rahmen		teilweise abgedeckt
IT 13		Vorgabe eines Vorgehensmodells	abgedeckt
WM 14	Zielsystem für WM		teilweise abgedeckt
WM 15	Ausgestaltung von Wissensmanagementprozessen		nicht abgedeckt
IT 16		Bereitstellung qualifizierter Mitarbeiter	abgedeckt
WM/IT 17	Rollenkonzept und Verantwortlichkeiten	Rollenkonzept und Verantwortlichkeiten	teilweise abgedeckt /abgedeckt
IT 18		Zentrale Steuerungs- und Koordinationsstelle	abgedeckt
WM/IT 19	Trainings und Schulungen	Trainings und Schulungen	teilweise abgedeckt /abgedeckt
WM 20	Einheitliche Terminologie		teilweise abgedeckt
Dimension: Technik			
IT 21		Einheitliche Informationsinfrastruktur	abgedeckt
WM 22	Integration des WMS in die IT		teilweise abgedeckt
WM 23	Benutzerfreundlichkeit		teilweise abgedeckt
WM 24	Verarbeitung verschiedener Datenformate		teilweise abgedeckt
WM 25	Datenschutz und Datensicherheit		teilweise abgedeckt
WM 26	Erreichbarkeit des WMS		teilweise abgedeckt
WM 27	Push- und Pullsysteme		teilweise abgedeckt
WM 28	Qualität des gespeicherten Wissens		nicht abgedeckt
WM 29	Umgang mit Fehlern im WMS		teilweise abgedeckt
IT 30		Technische Hilfsmittel	abgedeckt
Dimension: Aufgabe			
IT 31		Anwendung von Vorgehensmodellen	abgedeckt
IT 32		Projektsteuerung und Projektkontrolle	abgedeckt
IT 33		Projektdokumentation	abgedeckt
IT 34		Anforderungsdefinition	abgedeckt
IT 35		Anforderungsmanagement	abgedeckt
IT 36		Projektauftrag	abgedeckt
IT 37		Festsetzung von Verträgen	abgedeckt
IT 38		Kommunikation u. schriftliche Dokumentation	teilweise abgedeckt
IT 39		Informations- u. Dokumentationsplanung	teilweise abgedeckt
IT 40		Aufwandsschätzung	abgedeckt
IT 41		Risikomanagement	abgedeckt
IT 42		Qualitätssicherung	abgedeckt
IT 43		Änderungsmanagement	abgedeckt

Tabelle 7: Repräsentation der Erfolgsfaktoren im V-Modell XT[514]

Tabelle 7 zeigt die Dimensionen der Erfolgsfaktoren des Wissens- und des IT-Projektmanagements in einer Übersicht. Den Repräsentationsgrad der Erfolgsfaktoren im V-Modell

[514] Eigene Darstellung.

XT geben die Status *abgedeckt, teilweise abgedeckt* und *nicht abgedeckt* an. Für die Zuteilung der Status wurde das V-Modell XT in seiner aktuellen Version 1.4 analysiert.[515] Lautet der Status „abgedeckt" ist der Erfolgsfaktor im V-Modell abgebildet. Da das V-Modell ein Vorgehensmodell für die Softwareentwicklung ist, versteht es sich, wie bereits erwähnt, dass die Erfolgsfaktoren des Wissensmanagements nicht oder nur bedingt aufgenommen sind.

An einigen Stellen hält das V-Modell gleichwohl schon wertvolle Schnittstellen für das Wissensmanagement bereit, d. h., Bestandteile, die nicht direkt für das Wissensmanagement entwickelt wurden, diesem aber zuträglich sind.

Diese Eigenschaft wurde mit „teilweise abgedeckt" gekennzeichnet und lässt sich am besten anhand des Erfolgsfaktors „Rollenkonzepte und Verantwortlichkeiten" verdeutlichen. Der Erfolgsfaktor wurde sowohl für den Bereich des Wissensmanagements als auch für den Bereich des IT-Projektmanagements identifiziert. Wie in Tabelle 7 ersichtlich ist er für beide Bereiche unterschiedlich im V-Modell repräsentiert und erhält daher den Status „teilweise abgedeckt/abgedeckt". Zur Veranschaulichung:

Das V-Modell definiert verschiedene Rollen, die am SW-Entwicklungsprozess beteiligt sind. Die Rollen werden zunächst danach beschrieben, welche Verantwortlichkeiten sie besitzen, an welchen Produkten sie mitwirken, welche Aufgaben und Befugnisse sie erfüllen und welches Fähigkeitsprofil sie aufweisen müssen. Somit ist der Inhalt der Rollenbeschreibung auf die SW-Entwicklung abgestimmt (und erhält somit für das IT-PM den Status *abgedeckt*). Das Grundkonzept im V-Modell entspricht jedoch auch dem Postulat des Wissensmanagements, Rollen und Verantwortlichkeiten festzulegen, ohne diese konkret anzusprechen (der Erfolgsfaktor ist daher für das WM nur *teilweise abgedeckt*).

Bei der Vergabe des Status „nicht abgedeckt" wiederum hat die Repräsentationsanalyse eines Erfolgsfaktors im V-Modell kein Ergebnis geliefert.

5.4.2 Analyseergebnis

Nachfolgend wird die Analyse der Erfolgsfaktoren gemäß ihrer Kennziffern aus Tabelle 7 durchgeführt und ihre Ergebnisse vorgestellt. Die Implikationen daraus bilden die Grundlage der Anforderungsdefinition in Kapitel 6.1.1.

Motivation und Einstellung der Mitarbeiter [WM 1]: Dieser Erfolgsfaktor wird im V-Modell angeführt, Motivation namentlich in den Fähigkeitsprofilen des Projektleiters

[515] Vgl. V-Modell XT. Die Betitelung der verschiedenen Status ist der V-Modell-Dokumentation entlehnt. Im dortigen Teil 7 erfolgen Analysen des V-Modells in Hinblick auf seine Erfüllung nationaler oder internationaler Konventionen. Vgl. V-Modell XT, Teil 7, S. 5 ff.

und des Logistikverantwortlichen[516]. Ein weiterer Motivationsaspekt betrifft den Projekt-Kick-Off zu Beginn eines Projekts. Das Ziel der Sitzung besteht darin, alle Projektbeteiligten über Aufgabe, Projektart, Umfang und Termine zu informieren, wird aber auch zur Motivation der Projektmitarbeiter genutzt.[517] Ein genauer Bezug zum Thema Wissensmanagement ist nicht gegeben, daher ist der Erfolgsfaktor im V-Modell **teilweise abgedeckt**.

Akzeptanz der Mitarbeiter [WM 2]: Dieses Thema greift das V-Modell an vielen Stellen auf. Einerseits erhoffen sich die Autoren durch die Neuerungen der Version 1.4 eine Erhöhung der Nutzerakzeptanz. Andererseits beziehen sie diese auf die Gestaltungsprinzipien von Systemen und die logistische Konzeption.[518] Die spezifische Betrachtung der Akzeptanz der Mitarbeiter im Wissensmanagement ist nicht Teil des V-Modells, jedoch lassen sich ausreichend Anknüpfungspunkte zu diesem Erfolgsfaktor ausmachen, sodass er als **teilweise abgedeckt** gelten kann.

Unterstützung durch das Top-Management [WM/IT 3]: Auf seine Bedeutung kommt auch das V-Modell an diversen Stellen zu sprechen. Im Rahmen der Prozessverbesserung wird die Bedeutung der Managementunterstützung für das Vertreten der Projektbewertung und das Durchsetzen der Projektdurchführung aufgeführt,[519] und klargestellt, dass die Unterstützung des Managements zu jeder Zeit für alle Projektbeteiligten sichtbar sein muss. Geschehen soll dies mithilfe öffentlicher Stellungnahme, der Offenlegung der geschäftlichen Relevanz und des Freigebens von Ressourcen.[520] Auf die Einbindung des Managements wird im Rahmen der Prozessbewertung explizit hingewiesen und zusätzlich angeregt, die Unterstützung auch in schriftlicher Form festzuhalten.[521] Da kein direkter Bezug zum Wissensmanagement existiert, erweist sich dieser Erfolgsfaktor somit nur als **teilweise abgedeckt**. Für das IT-Projektmanagement ist dieser Faktor durch das V-Modell **abgedeckt**.

Kommunikation der Bedeutung des Wissensmanagements [WM 4]: Dieser Erfolgsfaktor wird nicht erwähnt; der Erfolgsfaktor ist somit **nicht abgedeckt**.

Persönliche Kommunikation [WM 5]: Das V-Modell gilt als Kommunikationsgrundlage innerhalb eines IT-Projekts. Bereits in seiner Zielsetzung hebt es auf die Verbesserung der Kommunikation der Projektbeteiligten ab, die sich durch die einheitliche Beschreibung der Bestandteile und Begrifflichkeiten einstellt.[522] Im Zuge der Erstellung des Projekthandbuchs werden das Berichtswesen und die Kommunikationswege festgelegt.[523]

[516] Dieser ist für die Planung und Umsetzung der logistischen Konzeption zuständig. Im Speziellen organisiert er die Planung, Steuerung und Durchführung aller Aktivitäten und Maßnahmen für das logistische Unterstützungssystem und optimiert dessen Systemeigenschaften.
[517] Vgl. V-Modell XT, Teil 4, S. 30, 33 und Teil 6, S. 17.
[518] Vgl. V-Modell XT, Teil 1, S. 7 ; Teil 3, S. 319; Teil 6, S. 115, 140.
[519] Vgl. V-Modell XT, Teil 5, S. 265.
[520] Vgl. V-Modell XT, Teil 5, S. 267.
[521] Vgl. V-Modell XT, Teil 6, S. 147, 149.
[522] Vgl. V-Modell XT, Teil 1, S. 6, 8.
[523] Vgl. V-Modell XT, Teil , S. 38.

Die persönliche Kommunikation der Projektbeteiligten zur Förderung von Wissensaustausch ist zum Teil im V-Modell repräsentiert. Einen wesentlichen Grundbaustein legt bereits die Beschreibung der Fähigkeitsprofile.[524] Weiterhin wird festgelegt, mit welchen Rollen diese kommunizieren müssen. Die Bewertung hier: **teilweise abgedeckt**.

(IT-)Projektleiter [IT 6]: Seiner zentralen Position trägt das V-Modell Rechnung und sieht zwei Rollen vor: (IT-)Projektleiter und (IT-)Projektmanager. Der Projektleiter übernimmt die operativen Führungsaufgaben im Projekt, wohingegen der Projektmanager vor der Aufgabe steht, die Planung, Durchführung und den Abschluss des Projekts wirtschaftlich und technisch erfolgreich zu gewährleisten. Beide Rollen sind ausführlich erläutert und enthalten alle unter dem Erfolgsfaktor rubrizierten Eigenschaften.[525] Der Erfolgsfaktor ist durch das V-Modell **abgedeckt**.

Projekterfahrung des gesamten Projektteams [IT 7]: Dieser Erfolgsfaktor schlägt sich in der Beschreibung des Fähigkeitsprofils nieder. Für jede Rolle werden der genaue Aufgabenbereich und die dafür notwendigen Fähigkeiten aufgelistet. Den Rollenbeschreibungen lässt sich entnehmen, ob eine Rolle mit einer erfahrenen Person besetzt werden muss bzw. in welchen Bereichen Erfahrung mitgebracht werden sollte.[526]

Eine Fundstelle zur Erfahrungsspeicherung liefert der Vorgehensbaustein Projektmanagement, der ein Projekttagebuch vorschreibt. Dieses dient der projektbezogenen Information und enthält positive wie negative Projekterfahrungen. Dadurch wird garantiert, dass die Projekterfahrungen nicht verloren gehen.[527] Der Erfolgsfaktor gilt somit als **abgedeckt**.

Zielgruppenbasierte Kommunikation [IT 8]: Vgl. Kennziffer [WM 5]. Bezogen auf das IT-Projektmanagement sind im V-Modell demgemäße Ansatzpunkte gegeben. Es schreibt vor, erteilt jedoch keine Auskunft darüber, in welcher Art und Quantität dies geschehen soll. Mithin ist der Erfolgsfaktor für **teilweise abgedeckt** zu befinden.

Einbezug der Projektbeteiligten [IT 9]: Die Sicherstellung dieses Erfolgsfaktors wird an verschiedenen Stellen im V-Modell thematisiert. An erster Stelle ist das Rollenmodell zu nennen, das die verschiedensten Interessengruppen bereits abbildet.[528] Ihre Integration zeigt sich gut bei der Bildung eines Lenkungsausschusses. Dieser soll alle Projektbeteiligten (Stakeholder) in angemessener Weise umfassen.[529] Weiterhin ist auch bei der Festlegung der Anforderungen in Form des Lastenhefts auf die Berücksichtigung der Interes-

[524] Sie erstreckt sich auf die Rollen Akquisiteur, Änderungssteuerungsgruppe, Anforderungsanalytiker der AG und AN, Anwender, Ergonomieverantwortlicher, HW-Entwickler, KM-Administrator, KM-Verantwortlicher, Logistikentwickler, Logistikverantwortlicher, Projektleiter, QS-Verantwortlicher, SW-Architekt, SW-Entwickler, Systemarchitekt und Systemintegrator. Vgl. V-Modell XT, Teil 4, S. 8 ff.

[525] Vgl. V-Modell XT, Teil 4, S. 32 ff.

[526] Vgl. V-Modell XT, Teil 4, S. 8 ff.

[527] Vgl. V-Modell XT, Teil 5, S. 62 f. Sie werden in der Erfahrungsdatenbasis gespeichert. Vgl. V-Modell XT, Teil 5, S. 270.

[528] Vgl. V-Modell XT, Teil 7, S. 13.

[529] Vgl. V-Modell XT, Teil 4, S. 27.

sengruppen zu achten,[530] z. B. bei Anforderungsdefinition, -bewertung und -festlegung. Auch für die Bewertung der Gesamtspezifikation (Pflichtenheft) sind die Stakeholder essentiell. Ferner müssen alle Beteiligten die Entscheidungen über die Anwenderanforderungen kritisch abnehmen.[531] Ob alle Beteiligten eingeschlossen sind, wird im Rahmen der Qualitätsprüfung der Anforderung überprüft.[532] Aufgrund seiner Methodenneutralität gibt das V-Modell jedoch keine genaue Methodik zur Stakeholderanalyse inklusive Bewertung von Einflussfaktoren oder Ableitung von Maßnahmen vor.[533] Dennoch ist hier ein **abgedeckter** Erfolgsfaktor zu verzeichnen.

Unternehmenskultur/Wissenskultur [WM 10]: Hinweise zur Ausgestaltung der Unternehmenskultur fehlen im V-Modell, was auch für die noch spezifischere Wissenskultur gilt. Der Erfolgsfaktor ist somit als **nicht abgedeckt** zu werten.

Ausrichtung auf Unternehmensziele [IT 11]: Die Orientierung der Projekte an übergeordneten Unternehmenszielen ist bedingt gegeben. Im V-Modell XT werden bereits im Projektvorschlag Projektziele festgelegt und über die Durchführung anhand von Kriterien entschieden. Ein Projekt soll hinsichtlich seiner Machbarkeit, Finanzierbarkeit, Marktrelevanz und Wirtschaftlichkeit Vorteile aufweisen.[534] Diese wichtigen Entscheidungsparameter sollten aber um die Ausrichtung an den Geschäftszielen erweitert werden.

Auch an anderer Stelle ist die Ausrichtung an den Geschäftszielen sichtbar. Beispielsweise legt das Schulungskonzept nahe, den Bedarf an Schulungen aus den strategischen Geschäftszielen abzuleiten.[535] Weiterhin wird bei dem Produkt „Verbesserungskonzept für ein Vorgehensmodell“ geraten, die Ziele des Verbesserungsprojekts unter Rekurs auf die Geschäftsziele festzulegen.[536] Der Erfolgsfaktor ist folglich nur **teilweise** durch das V-Modell **abgedeckt**.

Organisatorischer Rahmen [WM 12]: Dieser ist für das IT-Projektmanagement vorgesehen. An ihm können auch die Rahmenbedingungen für das Wissensmanagement geknüpft werden. Die Wissensmanagement-Aktivitäten lassen sich ebenfalls durch Produkte und Aktivitäten erfassen und können Rollen zugewiesen werden. Vorgaben zur Gestaltung der Arbeitsplätze erteilt das V-Modell nicht. Das Risikomanagement indes macht auf die Wichtigkeit der organisatorischen Rahmenbedingungen aufmerksam und versucht, ein möglichst großes Spektrum an Risiken zu erfassen. Etwa wird anhand von Fragenkatalo-

530 Vgl. V-Modell XT, Teil 5, S. 136 ff.

531 Vgl. V-Modell XT, Teil 5, S. 180 ff. Weiterhin müssen die Projektbeteiligten auch in den Prozess der Abstimmung des Projekthandbuchs und des Projektplans integriert werden. Im V-Modell kommen die Stakeholder an vielen weiteren Stellen zur Geltung. Vgl. V-Modell XT, Teil 6, S. 16 f., 27. Zur Analyse des Erfolgsfaktors mögen die hier angeführten Beispiele genügen, bei fortführendem Interesse siehe die V-Modell-Dokumentation.

532 Vgl. V-Modell XT, Teil 6, S. 77.

533 Vgl. V-Modell XT, Teil 7, S. 31.

534 Vgl. V-Modell XT, Teil 3, S. 8 und Teil 5, S. 131.

535 Vgl. V-Modell XT, Teil 5, S. 270.

536 Vgl. V-Modell XT, Teil 6, S.149.

gen überprüft, ob die Rahmenbedingungen hinsichtlich System, Technik, Prozessen, Organisation oder Arbeitsumgebung ausreichend sind.[537] Damit gilt der Erfolgsfaktor hier nur als **teilweise abgedeckt**.

Vorgabe eines Vorgehensmodells [IT 13]: Dabei handelt es sich um die obligatorische Vorbedingung für die Anwendung des V-Modells. Die Durchsetzung erfolgt durch die verpflichtende Vorgabe des Einsatzes des V-Modells XT für alle Einrichtungen der öffentlichen und militärischen Bereiche der Bundesrepublik Deutschland.[538] Die Tailoringfunktion stellt sicher, dass das Vorgehensmodell projektspezifisch angepasst wird.[539] Also zeigt sich der Erfolgsfaktor durch das V-Modell **abgedeckt**.

Zielsystem für WM [WM 14]: Die Ausrichtung an Zielen ist im V-Modell niedergelegt. Im Rahmen des Projektvorschlags werden die Projektziele festgelegt und dann im Zuge des Projektstatusberichts überprüft, der die zuvor festgelegten Projektziele und ihren Erreichungsgrad miteinander abgleicht.[540]

Ein Zielsystem für das Wissensmanagement ist nicht vorgesehen, lässt sich aber an das bestehende Vorgehen anschließen. Der Erfolgsfaktor erweist sich somit durch das V-Modell **teilweise abgedeckt**.

Ausgestaltung von Wissensmanagementprozessen [WM 15]: Dieser Erfolgsfaktor ist kein Bestandteil des V-Modells. Ein Anknüpfungspunkt zum Wissensmanagement kann allenfalls bei der Erfahrungsdatenbasis ausgemacht werden, die sich u. a. um Projekt- und Produktdaten, Erfahrungen, Fehler und Wechselwirkungen kümmert.[541] Da ein WM-Prozess jedoch deutlich umfangreicher ist als die Definition einer Erfahrungsdatenbasis, ist der Erfolgsfaktor durch das V-Modell **nicht abgedeckt**.

Bereitstellung qualifizierter Mitarbeiter [IT 16]: Darauf geht das V-Modell ein. Die Beschreibung der erforderlichen Qualifikationen erfolgt mithilfe der Rollenprofile. Während der Ressourcenplanung legt der Ressourcenmanager gemeinsam mit dem Lenkungsausschuss einen fest zugesicherten Ressourcenbestand fest.[542] Das Risikomanagement weist darauf hin, Mitarbeiter in ausreichender Anzahl verfügbar zu halten.[543] Der Erfolgsfaktor ist folglich durch das V-Modell **abgedeckt**.

Rollenkonzept und Verantwortlichkeiten [WM/IT 17]: Dieser Erfolgsfaktor ist im V-Modell für den Bereich des IT-Projektmanagements vorgesehen. Rollenkonzepte und Vergabe von Verantwortlichkeiten sind Kernelemente des V-Modells.[544] Dies trifft nicht auf

[537] Vgl. V-Modell XT, Teil 6, S.21.
[538] Vgl. V-Modell XT, Teil 1, S. 6, 8 und BIT Die Beauftragte der Bundesregierung für Informationstechnik. Prinzipiell steht es jeder Unternehmung frei das V-Modell als Vorgehensmodell einzusetzen.
[539] Vgl. V-Modell XT, Teil 1, S. 23.
[540] Vgl. V-Modell XT, Teil 5, S. 71, 132.
[541] Vgl. V-Modell XT, Teil 5, S. 270.
[542] Vgl. V-Modell XT, Teil 5, S. 29.
[543] Vgl. V-Modell XT, Teil 6, S. 21.
[544] Vgl. V-Modell XT, Teil 4, S. 7 ff.

den Bereich des Wissensmanagements zu, spezielle WM-Rollen könnten jedoch das bestehende Rollenkonzept ergänzen. Hinsichtlich WM lautet das Urteil: Erfolgsfaktor **teilweise abgedeckt**, hinsichtlich des IT-Projektmanagements aber **abgedeckt**.

Zentrale Steuerungs- und Koordinationsstelle [IT 18]: Ihr trägt die Etablierung einer Projektorganisation Rechnung. Diese muss eindeutig in das Organisationsumfeld integriert sein, steht aber über der Organisation des Projektumfelds.[545] Die Leitung operativer Aufgaben übernimmt der Projektleiter. Der Projektmanager ist für die wirtschaftliche und erfolgreiche Planung, Durchführung und Abwicklung eines Projekts zuständig. Weiterhin unterstützen die Projektsteuerungsgremien, nämlich der Lenkungsausschuss und die Änderungssteuerungsgruppe.[546] Der Erfolgsfaktor gilt folglich durch das V-Modell als **abgedeckt**.

Trainings und Schulungen [WM/IT 19]: Die Notwendigkeit von Trainings und Schulungen wird erkannt. Ein Schulungskonzept schreibt organisationsweite und projektspezifische Schulungen vor und sieht den Schulungsbedarf und die Schulungsinhalte. Überdies legt es Fähigkeitsanforderungen an potentielle Trainer nieder. Der Ausbildungsplan enthält das Schulungsangebot einer speziellen Rolle.[547] Das Schulungskonzept ist jedoch um die Bereiche des Wissensmanagements zu erweitern, daher resultiert eine Einstufung des Erfolgsfaktors als **teilweise abgedeckt**. Für das IT-Projektmanagement ist er allerdings **abgedeckt**.

Einheitliche Terminologie [WM 20]: Dieser Erfolgsfaktor ist im V-Modell gegeben. Es wird besonderer Wert darauf gelegt, allen Projektbeteiligten eine einheitliche Beschreibung der relevanten Bestandteile und Begrifflichkeiten des V-Modells an die Hand zu geben.[548] Die Verwendung eines Glossars[549] gewährleistet den einheitlichen und eindeutigen Sprachgebrauch. Die Terminologie des WM ist allerdings nicht darin enthalten und muss nachgetragen werden. Der Erfolgsfaktor ist somit durch das V-Modell nur **teilweise abgedeckt**.

Einheitliche Informationsinfrastruktur [IT 21]: Verschiedene Mechanismen garantieren eine einheitliche Informationsinfrastruktur im V-Modell. Bereits bei der Anforderungsdefinition im Lastenheft wird die Infrastruktur, in die das Neusystem einzupassen ist, betrachtet. Die technischen Rahmenbedingungen wie z. B. Entwicklungsumgebung, Plattform und IT-Infrastruktur werden durch die Aufstellung nicht-funktionaler Anforderungen erfasst.[550] Im Rahmen der Gesamtsystemspezifikation nimmt die Schnittstellenbeschreibung die Grenzen eines Systems zu seiner Umwelt in den Blick. Darunter fallen die Schnittstellen zu angrenzenden Systemelementen, Mensch-Maschine-Schnittstellen

545 Vgl. V-Modell XT, Teil 1, S. 25.
546 Vgl. V-Modell XT, Teil 4, S. 8, 27, 32 ff. und Teil 1, S. 25.
547 Vgl. V-Modell XT, Teil 5, S. 53, 270.
548 Vgl. V-Modell XT, Teil1, S. 8.
549 Vgl. V-Modell XT, Anhang, S. 7 ff.
550 Vgl. V-Modell XT, Teil 5, S. 132, 144.

und solche zu Unterstützungssystemen.[551] Die Entwicklung eines neuen Systems zur Ablösung eines Altsystems sieht eine Altsystemanalyse vor, die über Schnittstellen- und Abhängigkeitsuntersuchungen den Ist-Zustand eines Systems erhebt und Interaktionen zu Nachbarsystemen identifiziert.[552] Für diesen Erfolgsfaktor ergibt sich folglich die Einstufung: **abgedeckt**.

Integration des WMS in IT [WM 22]: Laut Kennziffer [IT 21] wird eine einheitliche Integration von Systemen im V-Modell berücksichtigt. Von einer Integration des Wissensmanagementsystems in die IT-Infrastruktur ist zwar nicht explizit die Rede, sie muss jedoch nach demselben Prinzip vorgenommen werden. Dieser Erfolgsfaktor ist mithin nur **teilweise** durch das V-Modell **abgedeckt**.

Benutzerfreundliche Schnittstelle [WM 23]: Diese fordert das V-Modell in der Tat. Anhand der Projektmerkmale lässt sich festlegen, ob die Benutzerschnittstelle einen hohen Anteil am Projekterfolg besitzt. Wenn dies zutrifft, wird empfohlen, den Vorgehensbaustein „Benutzbarkeit und Ergonomie“ hinzuzuziehen, er regelt die Gestaltung der Mensch-Maschine-Schnittstelle.[553] Ein Styleguide weist Vorschriften und Gestaltungsmerkmale zu. Verantwortliche Rolle ist der *Ergonomieverwantwortliche*.[554]

Weiterhin sind für die Benutzerfreundlichkeit die nicht-funktionalen Anforderungen von Belang. Hierbei wird das FURPS[555]-Schema empfohlen, dessen Stichwort der Benutzerfreundlichkeit Systemanforderungen hinsichtlich Erlernbarkeit, Bedienbarkeit, Verständlichkeit und Oberflächengestaltung beinhaltet.[556] Die benutzerfreundliche Gestaltung des WMS wird nicht explizit angesprochen, es kann jedoch an die Rahmenbedingungen des V-Modells anknüpfen. Folglich erweist sich der Erfolgsfaktor durch das V-Modell als **teilweise abgedeckt**.

Verarbeitung verschiedener Datenformate [WM 24]: Die Realisierung dieses Erfolgsfaktors durch das V-Modell ist unproblematisch. Eine ausführliche Anforderungsdefinition und die Festlegung der funktionalen Eigenschaften des WMS können verschiedene Datenformate einfach berücksichtigen.[557] Für das Wissensmanagement sind keine genauen Empfehlungen vorhanden, somit wird der Erfolgsfaktor als **teilweise abgedeckt** bewertet.

Datenschutz und Datensicherheit [WM 25]: Bei der Erstellung des Lastenhefts ist auf den Einbezug sicherheitsrelevanter Anforderungen zu achten. Sie müssen Aussagen über

---

551 Vgl. V-Modell XT, Teil 5, S. 188. Unterstützungssysteme sind Systeme, die das zu entwickelnde System untersützen, jedoch keinen Teil desselbigen bilden. Die Beschreibung der Schnittstellen hängt natürlich davon ab, ob es sich um Hardware- oder Softwaresysteme handelt.

552 Vgl. V-Modell XT, Teil 5, S. 154 ff.

553 Vgl. V-Modell XT, Teil 3, S. 114, 138 f., 73.

554 Vgl. V-Modell XT, Teil 5, S. 215.

555 Functionality, Usability, Reliability, Performance, Supportability; zu Deutsch: Funktionalität, Benutzerfreundlichkeit, Zuverlässigkeit, Performanz und Effizienz resp. Wartbarkeit.

556 Vgl. V-Modell XT, Teil 6, S. 72 f.

557 Vgl. Im Rahmen der funktionalen und nicht-funktionalen Anforderungen. V-Modell XT, Teil 5, S. 140.

die Informationssicherheit und den Datenschutz treffen.[558] Datenschutz und Datensicherheit werden weiterhin durch die Verwendung der Vorgehensbausteine „Sicherheit“ und „Sicherheit (AN)“ gewährleistet.[559] Sobald in einem Projekt personenbezogene Daten behandelt werden, ist ein Datenschutzkonzept zu erstellen, das u. a. rechtliche Grundlagen berücksichtigt, den Verwendungszweck aufzeigt und die Erhebungsmethode offenlegt. Das Informationssicherheitskonzept fokussiert Sicherheitsaspekte wie Einsatzumgebung, Schutzbedarf, Sicherheitsanforderungen aus anderen Projekten, Notfallplanung und weitere Risiken. Hierfür wird der Schutzbedarf in Hinsicht auf Vertraulichkeit, Integrität, Verbindlichkeit und Verfügbarkeit analysiert.[560] Zuständige Rolle ist der Informationssicherheitsverantwortliche.[561] Im V-Modell werden keine Aussagen über das Wissensmanagement getroffen, es kann jedoch an seine Randbedingungen anschließen. Der Erfolgsfaktor gilt infolgedessen als **teilweise abgedeckt**.

Erreichbarkeit des WMS [WM 26]: Sie ist im V-Modell bei der Charakterisierung der Projektmerkmale Thema. Hierbei werden bei der Systemsicherheit (AG) und Systemsicherheit (AN) abgefragt, ob es sich um ein sicherheitskritisches System handelt und systemkritische Aspekte wie Ausfallrisiken und Maßnahmen zum Umgang mit Ausfällen definiert.[562] Wenn ein sicherheitskritisches System gegeben ist, sind die Vorgehensbausteine „Sicherheit“ und „Sicherheit (AN)“ hinzuzuziehen, welche neben der Informationssicherheit und dem Datenschutz auch die Funktionssicherheit gewährleisten.[563] Verantwortliche Rolle ist der *Funktionssicherheitsverantwortliche*.[564] Ein spezieller Bezug zur Erreichbarkeit eines Wissensmanagementsystems wird nicht hergestellt, was den Erfolgsfaktor also **teilweise abdeckt**.

Push- und Pullsysteme [WM 27]: Die Verfügbarmachung von Push- und Pullsystemen ist unproblematisch (vgl. [WM 24]). Für das Wissensmanagement existieren keine genauen Empfehlungen; somit lautet das Urteil erneut: **teilweise abgedeckt**.

Qualität des gespeicherten Wissens [WM 28]: Sie ist nicht im V-Modell verankert, der Erfolgsfaktor mithin **nicht abgedeckt**.

Umgang mit Fehlern im WMS [WM 29]: Die Fehlerproblematik wird bereits bei der Systemerstellung durch den Vorgehensbaustein „Problem- und Änderungsmanagement“ adressiert. Anhand des Bausteins „Logistikkonzeption“ wird der Betrieb eines Systems nach seiner Auslieferung beschrieben.[565] An dieser Stelle sollte auch der Umgang mit

[558] Vgl. V-Modell XT, Teil 5, S. 141.
[559] Vgl. V-Modell XT, Teil 3, S. 127 f.
[560] Vgl. V-Modell XT, Teil 6, S. 86 ff.
[561] Vgl. V-Modell XT, Teil 4, S. 23 f.
[562] Vgl. V-Modell XT, Teil 3, S. 110 f.
[563] Vgl. V-Modell XT, Teil 3, S. 127 f.
[564] Vgl. V-Modell XT, Teil 4, 20.
[565] Vgl. V-Modell XT, Teil 3, 121 f., 137 f.

Fehlern im WMS hinzukommen, weshalb der Erfolgsfaktor **teilweise** durch das V-Modell **abgedeckt** ist.

Technische Hilfsmittel [IT 30]: Dies ist im V-Modell vorgesehen. Einen Überblick gibt das Kapitel *Werkzeugreferenzen*, das eine Liste an Hilfsmitteln bereithält. Die darin aufgeführten Werkzeuge lassen sich bei der Projektarbeit verwenden, bspw. Compiler, GUI-Werkzeug, Konstruktions-/Simulationswerkzeuge und Testwerkzeuge.[566] Prinzipiell ist das V-Modell jedoch methodenneutral, d. h. die vorgestellten Werkzeuge dienen als Vorschlag, jede Unternehmung muss jedoch mit unternehmensspezifischen Werkzeugen arbeiten. Der Erfolgsfaktor ist durch das V-Modell **abgedeckt**.

Anwendung von Vorgehensmodellen [IT 31]: Kennziffer [IT 13] erfasst bereits die Vorgabe eines Vorgehensmodells. Durch obligatorische Verwendung des V-Modells und die Vergabe von Rollen, Aufgaben und Zuständigkeiten werden alle Projektmitarbeiter einbezogen. Das V-Modell regelt genau die Vorgehensweise in Entwicklungsprojekten. Die Standardisierung der Vorgehensweise ist eine der Zielsetzungen des V-Modell-Leitfadens.[567] Der Erfolgsfaktor ist damit klar durch das V-Modell **abgedeckt**.

Projektsteuerung und Projektkontrolle [IT 32]: Diesen Erfolgsfaktor setzt das V-Modell an zahlreichen Stellen um, grundlegend durch die verpflichtende Übernahme des Vorgehensbausteins „Projektmanagement", der die Planung, Kontrolle und Steuerung von Projekten sicherstellt.[568] Bei der Charakterisierung der Projektmerkmale kann angegeben werden, ob die Messung und Analyse von quantitativen Projektkennzahlen sowie eine kaufmännische Projektplanung und Projektverfolgung benötigt wird. Hierfür schreibt der Vorgehensbaustein „Messung und Analyse" einen Prozess zur Festlegung und Nutzung von Kennzahlen vor, um die Steuerung von Projekten zu unterstützen. Der Vorgehensbaustein „kaufmännisches Projektmanagement" nimmt die kaufmännischen Bereiche des Projektmanagements, etwa die Betrachtung der verschiedenen Kostenarten, in den Blick. Zuständige Rolle ist der Projektkaufmann.[569] Folglich zeigt sich der Erfolgsfaktor durch das V-Modell **abgedeckt**.

Projektdokumentation [IT 33]: Eine ausführliche Projektdokumentation ist gegeben, an zahlreichen Stellen werden Dokumente angelegt. Zentrales Dokument stellt hierbei das Projekthandbuch dar, das auf jedes Projekt spezifisch zugeschnitten wird. Im Detail enthält es eine Projekt-Kurzbeschreibung, die Beschreibung der Tailoringergebnisse, den Projektdurchführungsplan, die Vereinbarung der Unterstützung des Auftraggebers, Vorgaben und Organisation der Planung und Durchführung des Projekts und die Entwicklungsaufgaben.[570] Weiterhin leistet das Berichtswesen einen wichtigen Beitrag zur Dokumen-

566 Vgl. V-Modell XT, Anhang, S. 26 ff.

567 Vgl. V-Modell XT, Teil 1, S. 7.

568 Vgl. V-Modell XT, Teil 3, S. 117 f.. Wesentlichen Beitrag liefert hierzu der Projektplan. Vgl. V-Modell XT, Teil 5, S. 47.

569 Vgl. V-Modell XT, Teil 3, S. 130; Teil, 5, S. 55 und Teil 4, S. 31.

570 Vgl. V-Modell XT, Teil 5, S. 58 ff.

tation, es umfasst Besprechungsdokumente, Projektstatusberichte und Projektabschlussberichte des Auftragnehmers, das Projekttagebuch, den kaufmännischen Projektstatusbericht, Projektstatusbericht, QS-Bericht und Projektabschlussbericht.[571] Der Erfolgsfaktor ist durch das V-Modell **abgedeckt**.

Anforderungsdenition [IT 34]: Die hohe Bedeutung einer gewissenhaften Anforderungsdefinition ist im V-Modell reflektiert. Mithilfe des Vorgehensbausteins „Anforderungsfestlegung" werden die Anwenderanforderungen gemäß ihrer Eindeutigkeit, Vollständigkeit, Erfüllbarkeit, Verständlichkeit, Konsistenz, Verfolgbarkeit, Priorisierung und Stabilität festgeschrieben. Prämisse ist, die Anforderungen so detailliert zu erläutern, dass der Auftragnehmer diese durchgängig versteht und eine optimale technische Lösung entwickeln kann.[572] Wesentlich beteiligte Rolle ist hierbei der Anforderungsanalytiker (AG), der die Anforderungen für das Lastenheft erstellt und für die Anforderungsbewertung verantwortlich ist. Der Anforderungsanalytiker (AN) ist ferner für die Gesamtsystemspezifikation, sprich die Erstellung des Pflichtenhefts, zuständig.[573] Den Ausführungen folgend ist der Erfolgsfaktor durch das V-Modell **abgedeckt**.

Anforderungsmanagement [IT 35]: Bereits im Projekthandbuch findet sich der Verweis auf die Organisation und Aufgaben des Anforderungsmanagements. Hier werden alle daran Beteiligten, die Verantwortlichkeiten, der Abstimmungsgrad zwischen den Beteiligten, eine Beschreibungsvorlage und u. U. auch die Werkzeugunterstützung niedergelegt.[574]Werkzeugreferenzen erheben Anforderungen an Werkzeuge, welche erfüllt sein sollten.[575] In den Fähigkeitsprofilen der Anforderungsanalytiker (AG) und (AN) sind Kenntnisse des und Erfahrungen mit Anforderungsmanagement vorgeschrieben.[576] Der Erfolgsfaktor stellt sich mithin als im V-Modell **abgedeckt** heraus.

Projektauftrag [IT 36]: Die betreffende Vorgabe ist integriert. Im V-Modell wird der Projektauftrag mittels der *Projektfortschrittsentscheidung* verwirklicht. Hierbei werden alle Entscheidungspunkte in eine Reihenfolge gebracht.[577] Die genaue Festlegung, welche Beteiligten zu welchem Zeitpunkt eine spezielle Aufgabe übernehmen, steht im Projektplan geschrieben. Zuständige Rolle ist der Projektleiter, der definiert, wie die festgelegten Ziele erreicht werden sollen.[578] Der Erfolgsfaktor ist durch das V-Modell **abgedeckt**.

Festsetzung von Verträgen [IT 37]: Der Erfolgsfaktor, Abmachungen vertraglich festzuhalten, ist im V-Modell enthalten. Seine Ergebnisse dienen der Ausgestaltung der Verträ-

---

[571] Vgl. V-Modell XT, Teil 5, S. 29.
[572] Vgl. V-Modell XT, Teil 3, S. 124.
[573] Vgl. V-Modell XT, Teil 4, S. 10 ff.
[574] Vgl. V-Modell XT, Teil 5, S. 37.
[575] Vgl. V-Modell XT, Teil 8, S. 26. Sie beinhalten beim Anforderungsmanagement beispielsweise die Aufgaben, Anforderungen zu erfassen und zu verfeinern, Anforderungsstrukturen aufzubauen und Versionierungen anzulegen.
[576] Vgl. V-Modell XT, Teil 4, S. 10 ff.
[577] Vgl. V-Modell XT, Teil 5, S. 129, Abbildung 7.
[578] Vgl. V-Modell XT, Teil 5, S. 47 f.

ge zwischen Auftraggeber und -nehmer.[579] Dafür kommen die Vorgehensbausteine „Vertragsschluss (AG) und (AN)" zum Einsatz, die definieren, welche Produkte zwischen den beiden ausgetauscht werden und welche Verantwortlichkeiten bestehen. Die grundsätzliche Frage, ob ein Produkt extern eingekauft oder produziert werden soll, wird in dem Projekthandbuch oder anhand einer Make-or-Buy-Entscheidung bewertet.[580] Folglich ist der Erfolgsfaktor durch das V-Modell **abgedeckt**.

Kommunikation u. schriftliche Dokumentation [IT 38]: Siehe Kennziffern [WM 5], [IT 8] und [IT 33]. Dieser Erfolgsfaktor ist durch das V-Modell **teilweise abgedeckt**.

Informations- u. Dokumentationsplanung [IT 39]: Dies spricht das V-Modell nur zum Teil an. Die systematische Ablage der Dokumente im V-Modell wird einerseits durch die Etablierung einer Produktbibliothek gewährleistet. In dieser befinden sich alle Produktexemplare und -versionen also handelt es sich faktisch um eine Projektdatenbank.[581] Mittels dieser Werkzeuge lassen sich Versions-, Dokumentations- und Distributionskontrollen durchführen.[582] Die langfristige Speicherung der Projektinhalte ist nicht Teil des V-Modells, da dies als projektexterne Aufgabe eingestuft wird. Daher ist der Erfolgsfaktor durch das V-Modell nur **teilweise abgedeckt**.

Aufwandsschätzung [IT 40]: Der Vorgehensbaustein „Projektmanagement" und das Produkt „Schätzung" veranlassen eine Umfangs- und Aufwandsschätzung. Die Umfangsschätzung bezieht sich u. a. auf die Funktionalitäten und die zu erstellenden Produkte, während die Aufwandsschätzung auf den geschätzten Umsätzen basiert und in Personenmonaten oder -tagen angegeben wird. Projektübergreifende Aktivitäten wie z. B. das Konfigurationsmanagement sind mit einzuschließen, ebenso Faktoren wie die Projekterfahrung der Mitarbeiter und die Stabilität der Anforderungen.[583] Die Projektkosten berechnen sich wiederum auf Basis der Aufwandsschätzung.[584] Zusätzlich werden Methodenbeispiele (z. B. Function Point Analyse, Constructive Cost Model, Expertenschätzung oder Prozentsatzmethode) vorgeschlagen mit dem Hinweis, dass jeweils unternehmensspezifische Entscheidungen getroffen werden müssen.[585] Der Erfolgsfaktor ist somit durch das V-Modell **abgedeckt**.

Risikomanagement [IT 41]: Der Einsatz von Risikomanagement ist im Vorgehensbaustein „Projektmanagement" vorgesehen. Dadurch sollen mögliche Risiken in einem Projekt frühzeitig erkannt und ihnen entgegengesteuert werden. Im Projekthandbuch ist festgeschrieben, wann und durch welche Umstände ein Risiko in eine Risikoliste aufgenom-

[579] Vgl. V-Modell XT, Teil 1, S. 6.
[580] Vgl. V-Modell XT, Teil 3, S. 122 ff., 131 f.
[581] Zur Verwaltung der Produktbibliothek wird zu einem KM-Werkzeug geraten. Vgl. V-Modell XT, Teil 5, S. 77 f.
[582] Vgl. V-Modell XT, Teil Anhang, S. 28 f.
[583] Vgl. V-Modell XT, Teil 5, S. 43 ff.
[584] Vgl. V-Modell XT, Teil 3, S. 129.
[585] Vgl. V-Modell XT, Anhang, S. 19 f.

men wird. Auch wird niedergelegt, mit welchen Methoden, Richtlinien, Standards und Werkzeugen das Risikomanagement durchzuführen ist. Wesentliche Aspekte sind das Festlegen von Risikoklassen, Kriterien der Risikoakzeptanz, Eskalationsstufen, Dokumentationsverfahren der identifizierten Risiken und das Definieren eines Maßnahmenkatalogs.[586] Demzufolge ist der Erfolgsfaktor durch das V-Modell **abgedeckt**.

Qualitätssicherung [IT 42]: Für diesen Erfolgsfaktor kennt das V-Modell einen gleichnamigen Vorgehensbaustein, der die Prozesse für die Planung und Durchführung qualitätsbezogener Aktivitäten beschreibt. Die genaue Definition der Qualitätsziele im Projekt wird im QS-Handbuch festgelegt, Test- und Prüfverfahren werden bei den entsprechenden Entwicklungsarbeiten durchgeführt. Die Prüfung nimmt ein unabhängiger Prüfer ab.[587] Der Erfolgsfaktor ist mithin durch das V-Modell **abgedeckt**.

Änderungsmanagement [IT 43]: Problem- und Änderungsmanagement integriert das V-Modell ebenfalls in einem gleichnamigen Vorgehensbaustein. Während der Entwicklung auftretende Probleme, Fehler oder Änderungswünsche werden durch einen Prozess aufgenommen und gelöst. Nach der Meldung eines Problem-/Änderungsantrags wird dieser mitsamt seines Status in einer Änderungsstatusliste vermerkt, bewertet und in eine Änderungsentscheidung überführt. Die Entscheidung macht deutlich, ob ein Problem gelöst, einem Änderungsantrag zugestimmt oder dieser abgelehnt wurde.[588] Zuständige Rolle ist der *Änderungsverantwortliche*.[589] Wiederum also ist der Erfolgsfaktor durch das V-Modell **abgedeckt**.

Zusammenfassung der Analyse

Die vorgestellten Analyseergebnisse zeigen deutlich die ungleiche Repräsentation der Erfolgsfaktoren auf: Während für das IT-Projektmanagement die Vielzahl der Erfolgsfaktoren im V-Modell repräsentiert sind oder zumindest Schnittstellen identifiziert werden konnten, ist dies beim Wissensmanagement nicht der Fall. Keiner der Erfolgsfaktoren ist durch das V-Modell vollkommen repräsentiert.

Die detaillierten Analyseergebnisse des IT-PM zeigen auf, dass von den 26 identifizierten Faktoren 22 komplett durch das V-Modell und nur vier teilweise abgedeckt sind. Die nachfolgende Anforderungsdefinition an ein ganzheitliches Wissensmanagementsystem konzentriert sich vor allem auf die vier Erfolgsfaktoren, die nur teilweise im V-Modell repräsentiert sind. Dies sind: Zielgruppenbasierte Kommunikation [IT 8], Ausrichtung auf Unternehmensziele [IT 11], Kommunikation und schriftliche Dokumentation [IT 38] und Informations- und Dokumentationsplanung [IT 39].

586 Vgl. V-Modell XT, Teil 5, S. 35, 45, 293.
587 Vgl. V-Modell XT, Teil 3, S. 118 f.
588 Vgl. V-Modell XT, Teil 3, S. 120 f.
589 Vgl. V-Modell XT, Teil 4, S. 9.

Die Analyseergebnisse des WM zeigen, dass keiner der 20 identifizierten Faktoren durch das V-Modell vollkommen abgedeckt ist. 16 Erfolgsfaktoren sind teilweise und vier Faktoren überhaupt nicht im V-Modell repräsentiert. Für die Anforderungsdefinition ergibt sich daher die Notwendigkeit einer starken Betonung der WM-Erfolgsfaktoren. Besonderes Augenmerk liegt dabei auf den nicht repräsentierten Faktoren: Kommunikation der Bedeutung von WM [WM 4], Unternehmenskultur/Wissenskultur [WM 10], Ausgestaltung von Wissensmanagementprozessen [WM 15] und Qualität des gespeicherten Wissens [28].

6 Ganzheitliches Wissensmanagementsystem

Im vorliegenden Kapitel wird ein Rahmenkonzept eines ganzheitlichen Wissensmanagementsystems für das V-Modell XT entwickelt, das sich an dessen Systementwicklungsprozess orientiert.[590] Dieser gliedert sich in *Spezifikation und Zerlegung* (Kapitel 6.1) sowie *Realisierung und Integration* (Kapitel 6.2). Da das Wissensmanagementsystem ganzheitlich arbeiten soll, wird eine Systemarchitektur entworfen, die beide Elemente vereint: die organisatorische Verankerung des Wissensmanagements durch die Wissensbausteine und eine technische Wissensmanagementlösung. Der Schwerpunkt bei Spezifikation und Zerlegung liegt auf der technischen Realisierung des ganzheitlichen Wissensmanagementsystems. Für Realisierung und Integration rückt dann die organisatorische Verankerung des Wissensmanagements ins Blickfeld, dabei werden das V-Modell XT um den Vorgehensbaustein „Wissensmanagement" erweitert sowie Wissensmanagementmaßnahmen vorgestellt.

6.1 Spezifikation und Zerlegung

6.1.1 Anforderungsdefinition

6.1.1.1 Überblick

Die Disziplin „Anforderungen und Analysen" stellt Produkte und Aktivitäten zur Verfügung, die beim Erfassen von Anwenderanforderungen unterstützen. Zu einer Anforderung zählen alle von einem System erwarteten Eigenschaften.[591] Im V-Modell werden die Anforderungen in dem Produkt *Anforderungen (Lastenheft)* festgehalten. Sie bilden schließlich die Grundlage für Ausschreibungen und Vertragsgestaltungen. Im Pflichtenheft verfeinern die Auftragnehmer die Anforderungen weiter. Prinzipiell werden funktionale und nicht-funktionale Anforderungen unterschieden.[592]

Zur Anforderungsanalyse kennt das V-Modell verschiedene Methoden. Sie beziehen vor allem bei der Anforderungsermittlung den späteren Anwender des Systems stark ein. Im vorliegenden Fall wird von diesen Methoden abgesehen, da das Rahmenkonzept eines ganzheitlichen Wissensmanagementsystems auf einer theoretischen Ebene angesiedelt sein soll. Für die konkrete organisationsspezifische Entwicklung eines WMS ist es jedoch unverzichtbar, über Anwendungsfälle und Interviews den Nutzer des WMS zu integrieren.[593]

---

[590] Vgl. Abbildung 3.

[591] Vgl. Balzert Lehrbuch der Softwaretechnik, S. 455.

[592] Vgl. V-Modell XT, Teil 5, S. 138.

[593] Vgl. V-Modell XT, Teil 8, S. 4 ff.

Kennziffer	**Erfolgsfaktoren des WM/IT**	**Repräsentation**
	Dimension: Mensch	
WM 1	Motivation und Einstellung der Mitarbeiter	V-Modell XT; WB: Wissensziele; FU: Kompetenzmanagement
WM 2	Akzeptanz der Mitarbeiter	V-Modell XT; WB: Wissensziele; FU: Kompetenzmanagement
WM/*IT* 3	Unterstützung des Top-Managements	*V-Modell XT* ; WB: Wissensziele
WM 4	Kommunikation der Bedeutung von WM	WB: Wissensziele
WM 5	Persönliche Kommunikation	V-Modell XT; WB: Wissens(ver-)teilung; FU: Kommunikation & Kollaboration, Visualisierung
IT 6	*(IT-)Projektleiter*	*V-Modell XT*
IT 7	*Projekterfahrung des gesamten Projektteams*	*V-Modell XT; FU: Kompetenzmanagement*
IT 8	Zielgruppenbasierte Kommunikation	V-Modell XT; FU: Kommunikation & Kollaboration
IT 9	*Einbezug der Projektbeteiligten*	*V-Modell XT*
	Dimension: Organisation	
WM 10	Unternehmenskultur/Wissenskultur	WB: Wissensziele, Wissens(ver-)teilung
IT 11	Ausrichtung auf Unternehmensziele	V-Modell XT
WM 12	Organisatorischer Rahmen	V-Modell XT; WB: Wissensnutzung
IT 13	*Vorgabe eines Vorgehensmodells*	*V-Modell XT*
WM 14	Zielsystem für WM	V-Modell XT; WB: Wissensziele
WM 15	Ausgestaltung von Wissensmanagementprozessen	WB: alle Wissensbausteine
IT 16	*Bereitstellung qualifizierter Mitarbeiter*	*V-Modell X; WB: Wissenserwerb; FU: Suche, Kompetenzmanagement*
WM/*IT* 17	Rollenkonzept und Verantwortlichkeiten	*V-Modell XT;* WB: Wissensziele; FU: Kompetenzmanagement
IT 18	*Zentrale Steuerungs- und Koordinationsstelle*	*V-Modell XT*
WM/*IT* 19	Trainings und Schulungen	*V-Modell XT;* WB: Wissens(ver-)teilung; FU: Kompetenzmanagement,
WM 20	Einheitliche Terminologie	V-Modell XT, WB: Wissensbewahrung
	Dimension: Technik	
IT 21	*Einheitliche Informationsinfrastruktur*	*V-Modell XT, nicht-funktionale Anforderung*
WM 22	Integration des WMS in die IT	V-Modell XT; nicht-funktionale Anforderung
WM 23	Benutzerfreundlichkeit	V-Modell XT; nicht-funktionale Anforderung
WM 24	Verarbeitung verschiedener Datenformate	V-Modell XT; FU: Inhaltsmanagement
WM 25	Datenschutz und Datensicherheit	V-Modell XT; nicht-funktionale Anforderung
WM 26	Erreichbarkeit des WMS	V-Modell XT; nicht-funktionale Anforderung
WM 27	Push- und Pullsysteme	V-Modell XT; FU: Inhaltsmanagement
WM 28	Qualität des gespeicherten Wissens	WB: Wissensbewahrung
WM 29	Umgang mit Fehlern im WMS	V-Modell XT; nicht-funktionale Anforderung
IT 30	*Technische Hilfsmittel*	*V-Modell XT*
	Dimension: Aufgabe	
IT 31	*Anwendung von Vorgehensmodellen*	*V-Modell XT; FU: Inhaltsmanagement, Kommunikation & Kollaboration*
IT 32	*Projektsteuerung und Projektkontrolle*	
IT 33	*Projektdokumentation*	
IT 34	*Anforderungsdefinition*	
IT 35	*Anforderungsmanagement*	
IT 36	*Projektauftrag*	
IT 37	*Festsetzung von Verträgen*	
IT 38	Kommunikation u. schriftliche Dokumentation	V-Modell XT; FU: Inhaltsmanagement, Kommunikation & Kollaboration
IT 39	Informations- u. Dokumentationsplanung	V-Modell XT; FU: Inhaltsmanagement
IT 40	*Aufwandsschätzung*	*V-Modell XT; FU: Inhaltsmanagement, Kommunikation & Kollaboration*
IT 41	*Risikomanagement*	
IT 42	*Qualitätssicherung*	
IT 43	*Änderungsmanagement*	

Tabelle 8: Repräsentation der Erfolgsfaktoren im V-Modell XT, den Wissensbausteinen und den Funktionsunterstützungen[595]

595 Eigene Darstellung.

In der vorliegenden Arbeit wird ein Rahmenkonzept entwickelt. Hierfür werden aufbauend auf den Erfolgsfaktoren aus Kapitel 5 Anforderungen an ein Wissensmanagementsystem für das V-Modell XT abgeleitet. Eckpunkte dafür sind das V-Modell XT, die Wissensbausteine nach Probst/Raub/Romhardt zur Gewährleistung einer organisatorischen Verankerung und die Funktionsunterstützungen von WMS.

Um die verschiedenen Teilbereiche zu integrieren, bildet Tabelle 8 die Repräsentation der Erfolgsfaktoren durch V-Modell, Wissensbausteine und Funktionsunterstützungen ab. Aus den Erkenntnissen der Analyse werden die funktionalen und nicht-funktionalen Anforderungen abgeleitet bzw. ergänzt. Kennziffern und Erfolgsfaktoren basieren auf Tabelle 7 aus Kapitel 5. Die Spalte „Repräsentation" gibt an, ob sich der jeweilige Erfolgsfaktor durch das V-Modell XT, einen Wissensbaustein (WB), eine Funktionsunterstützung (FU) oder durch nicht-funktionale Anforderungen umsetzen lässt. Erfolgsfaktoren, die das V-Modell XT gemäß Tabelle 7 bereits abdeckt, sind in kursiv gesetzt. Diese Erfolgsfaktoren werden in den funktionalen und nicht-funktionalen Anforderungen nicht mehr explizit aufgegriffen, es sei denn, sie können in besonderem Maße durch Wissensbausteine oder Funktionsunterstützungen aufgewertet werden.

6.1.1.2 Funktionale Anforderungen

Funktionale Anforderungen (FA) legen die Funktionalität und das Verhalten eines Systems aus Anwendersicht fest. Hierunter fallen Funktionen, Daten, Stimuli, Reaktionen und Verhalten des Systems.[596] Als Grundlage dienen die in Abbildung 11 vorgestellten Wissensbausteine nach Probst/Raub/Romhardt und die Funktionsklassifizierungen aus Kapitel 4.2.2. Die Wissensbausteine sind, wie bereits erwähnt, eine wertvolle Kombination theoretischer Leitideen des WM mit den Problembereichen der Praxis.[597] So wird garantiert, den gesamten Wissensmanagementzyklus zu repräsentieren [WM 15].

FA Wissensziele: Kernanforderung an ein ganzheitliches WMS ist die organisatorische Verankerung und Durchsetzung des Wissensmanagements. Dafür ist es zwingend erforderlich, die notwendige Unterstützung des Top-Managements [WM/IT 3] sicherzustellen und überdies die Bedeutung von Wissensmanagement [WM 4] zu kommunizieren. Dies kann im Rahmen von Workshops oder anderen öffentlichen Veranstaltungen geschehen. Zusätzlich muss, wie im V-Modell für das IT-Projektmanagement bereits verankert, Wissensmanagement durch öffentliche Bekennungen, die Verdeutlichung der geschäftlichen Relevanz und das Freigeben von Ressourcen bekräftigt werden.[598]

Weiterhin sind Unternehmens- und Wissenskultur [WM 10] wissensfreundlich zu gestalten, sodass Motivation und Einstellung der Mitarbeiter [WM 1] gesteuert und ihre Ak-

596 Vgl. Balzert Lehrbuch der Softwaretechnik, S. 465 und V-Modell XT, Teil 5, S. 140.
597 Vgl. Probst/Raub/Romhardt, S. 29 f.
598 Vgl. V-Modell XT, Teil 5, S. 267.

zeptanz [WM 2] erhöht werden. Dazu müssen Maßnahmen zur Förderung der Akzeptanz und Motivation ergriffen werden, bspw. Veranstaltungen, Workshops usw. Ob der Einsatz von Anreizsystemen für eine Organisation zielführend ist, muss organisationsspezifisch befunden werden.

Zusätzlich ist bei der Festlegung der Wissensziele [WM 14] unabdingbar, sich an den Organisationszielen zu orientieren.[599]

Ebenso müssen für das ganzheitliche WMS Rollenkonzepte und Verantwortlichkeiten [WM/IT 17] definiert werden. Diese Rollen haben zum Ziel, das Wissensmanagement zu unterstützen und im Unternehmen durchzusetzen. Dies schließt u. a. Aufgaben ein wie: bei Fragen und Problemen des Wissensmanagements Hilfestellung zu geben, sowie wissensmanagementbezogene Veranstaltungen durchzuführen.

Die Wissensziele sind im Wesentlichen organisatorisch zu bewältigen. Technisch lassen sie sich durch Kompetenzmanagementsysteme unterstützen. Das betrifft vor allem die technische Abbildung des Rollenkonzepts und der Verantwortlichkeiten [WM/IT 17], kann aber auch bei der Messung der Motivation und Akzeptanz der Mitarbeiter [WM 1, 2] zuträglich sein.

FA Wissensidentifikation: Das ganzheitliche WMS muss der Organisation bei der Aufdeckung des Wissensumfelds behilflich sein. Ziel ist eine angemessene Transparenz und ein klarer Überblick über die organisationalen Fähigkeiten. Dadurch lassen sich Wissenslücken offenlegen, auf deren Basis Handlungsempfehlungen für den Wissenserwerb und die Wissensentwicklung ausgesprochen werden müssen.[600]

Die Wissensidentifikation kann systemseitig durch Visualisierung und Navigation, Suchfunktion, Inhaltsmanagement und Kompetenzmanagement unterstützt werden. Visualisierungs- und Navigationssysteme zeigen Strukturen und Beziehungen von Wissensträgern und -elementen auf. Die Suchsysteme müssen beim Auffinden von Inhalten und Experten zur Hand gehen [IT 16] und dabei interne wie auch externe Wissensbestände integrieren. Mit den Inhaltsmanagementsystemen muss auf verschiedene Datenbasen und das Intra- oder Internet zugegriffen werden; Kompetenzmanagementsysteme wiederum analysieren die Kompetenzen von Mitarbeitern und bringen diese strategisch zum Einsatz.[601]

FA Wissenserwerb: Das ganzheitliche WMS hat die Integration von Wissen aus externen Quellen zu befördern. Die Anforderung „Wissensidentifikation" stellt den Bedarf an externen Wissensquellen heraus. Der Erwerb der Wissensquelle muss an dieser Stelle or-

[599] Diese Bedingung ist zusätzlich auch bei der Definition von Projektzielen [IT 11] einzuhalten. Dieser Erfolgsfaktor sollte stärker im V-Modell vertreten sein.

[600] Vgl. Probst/Raub/Romhardt, S. 31, 65 ff.

[601] Vgl. Probst/Raub/Romhardt, S. 31, 65 ff.; Lehner, S. 248 ff., 260 f., 273, 280; Riempp, S. 181, 206; Gronau Wissen prozessorientiert managen: Methode und Werkzeuge für die Nutzung des Wettbewerbfaktors Wissen in Unternehmen, S. 152, 154 und Maier Knowledge management systems: information and communication technologies for knowledge management, S. 370 f.

ganisatorisch geregelt werden. Einerseits ist zu bestimmen, welche Wissensbereiche gekauft werden müssen. Andererseits einzukalkulieren sind der Einkauf von Experten [IT 16], der Aufbau von Kooperationen, das Heranziehen von Stakeholderwissen oder die Übernahme von Unternehmen.[602]

Systemseitig lassen sich durch Kompetenzmanagementsysteme nicht abgedeckte Wissensbereiche erschließen und durch Suchsysteme Quellen für den Ausgleich der Wissenslücke aufdecken.[603]

FA Wissensentwicklung: Die Entwicklung neuen Wissens muss bestärkt werden. Dabei ist darüber zu befinden, Wissensbereiche entweder zu kaufen oder organisationsintern zu entwickeln. Hierfür bietet sich der Einsatz einer Wissensmanagementrolle an, welche gemeinsam mit der Organisationsführung und/oder der Personalabteilung den Kauf oder die Entwicklung von Wissensquellen, die Entwicklung von neuen Fähig- und Fertigkeiten, Produkte sowie Ideen abstimmt und sich der Schaffung neuer Prozesse oder deren Optimierung widmet.[604] Zentral ist die Gestaltung organisatorischer Rahmenbedingungen, wie das Geben von Freiräumen und bewusst gesteuerte Zeiträume für längerfristig angelegte Projekte.[605]

Mittels Kompetenzmanagementsystemen lassen sich die Fähigkeiten von Mitarbeitern erweitern [IT 16]. Wird ein Experte eingekauft, ist dies in einem Kompetenzprofil abzuspeichern. Im WMS müssen verschiedene Rollen angelegt werden, die mit unterschiedlichen Verantwortlichkeitsbereichen und Rechten ausgestattet werden können, was den Zugriff auf verschiedene Inhalte des WMS regelt. Als Vorlage für ein Rollenprofil dienen die im V-Modell XT angelegten Fähigkeitsprofile, Aufgaben und Verantwortungsbereiche [WM/IT 17]. Diese müssen um WM-Rollen und WM-Verantwortlichkeiten erweitert werden. Jeder Mitarbeiter muss ferner ein eigenes Profil besitzen, das sein Fähigkeitsprofil aufzeigt, und darüber hinaus die Primärrolle, die er bei Entwicklungsarbeiten übernimmt oder ggf. die Rollen, die er bereits innehatte, dokumentiert. Die Speicherung kann in einer Art „Projekterfahrungsbilanz“ erfolgen, auch zum Auffinden qualifizierter Mitarbeiter. Hierdurch lässt sich ebenfalls sicherstellen, dass die Projekterfahrung des gesamten Projektteams für ein Projekt angemessen ist [IT 7].

Zudem kann ein Entscheidungsunterstützungssystem integriert werden. Expertensysteme können Wissen bereitstellen und Diagnosen, Beratungen, Vorhersagen, Planungen oder

602 Vgl. Probst/Raub/Romhardt, S. 99 ff.

603 Vgl. Probst/Raub/Romhardt, S. 31, 95 ff.; Gronau Wissen prozessorientiert managen: Methode und Werkzeuge für die Nutzung des Wettbewerbfaktors Wissen in Unternehmen, S. 154; Riempp, S. 181; Lehner, S. 260 f., 273 und Maier Knowledge management systems: information and communication technologies for knowledge management, S. 370.

604 Vgl. Probst/Raub/Romhardt, S. 31, 115 ff.; Lehner, S. 248 ff., 260 ff., 273, 280; Riempp, S. 181, 206; Gronau Wissen prozessorientiert managen: Methode und Werkzeuge für die Nutzung des Wettbewerbfaktors Wissen in Unternehmen, S. 152, 154 und Maier Knowledge management systems: information and communication technologies for knowledge management, S. 370 f.

605 Vgl. Probst/Raub/Romhardt, S. 121, 142.

Ausbildungseinheiten anbieten. Die Wissensentwicklung fördern auch Kommunikations- und Kollaborationssysteme. Sie steigern die Interaktion zwischen Individuen. Inhaltsmanagement-, Such- sowie Visualisierungssysteme stellen sicher, dass die neuen Wissensquellen kommuniziert und gespeichert werden, wie auffindbar und einfach zu erfassen sind.

FA Wissens(ver-)teilung: Das ganzheitliche WMS muss die Zusammenarbeit der Mitarbeiter stärken. Im Wesentlichen müssen Wissensbereiche geteilt und an Mitarbeiter weitergegeben, vergangene Erfahrungen gesichert und verteilt sowie die persönliche Kommunikation der Mitarbeiter [WM 5] unterstützt werden. Strategien zur Wissens(ver-)teilung können die Schaffung von Netzwerken oder Trainings und Schulungen [WM/IT 19] sein. Zusätzlich ist an dieser Stelle wieder die Wichtigkeit einer angemessenen ausgestalteten Unternehmens- und Wissenskultur [WM 10] zu betonen. Die Mitarbeiter müssen willens sein, ihr Wissen anderen zur Verfügung zu stellen.[606]

Technisches Unterstützungspotential der Wissens(ver-)teilung sollte durch Kommunikations- und Kollaborationssysteme realisiert werden. Wissen und Erfahrungen müssen der gesamten Organisation zugänglich sein. Groupwaresysteme[607] sollen die persönliche Kommunikation zwischen Mitarbeitern [WM 5] und damit ihre Zusammenarbeit fördern. Kommunikationssysteme unterstützen die synchrone und asynchrone Kommunikation, Kollaborationssysteme die Zusammenarbeit der Individuen. Letztere vereinfachen die Zusammenarbeit und Teilung von gemeinsamen Dokumenten und helfen, die Zusammenarbeit zu planen mithin auch, zu zielgruppenbasierter Kommunikation [IT 8] zu gelangen. Hierbei sollen über diverse Medien[608] Informationen zielgerichtet definierte Benutzerkreise erreichen.

Durch das Aufdecken der Strukturen und Beziehungen zwischen verschiedenen Wissensträgern können Visualisierungssysteme auch die persönliche Kommunikation [WM 5] verbessern.

Im Bereich des Kompetenzmanagements müssen Schulungen und Trainings [WM/IT 19] angegliedert werden. Das V-Modell sieht zwar rollenspezifische Ausbildungspläne vor, die Inhalte müssen jedoch die Bereiche sowohl des IT-Projektmanagements als auch des Wissensmanagements abdecken.[609]

---

606 Vgl. Probst/Raub/Romhardt, S. 155, 167 ff., 178.

607 Analog zu Kapitel 4.2.2 sind Groupwaresysteme ein Oberbegriff für Kommunikations-, Kollaborations- und Koordinationssysteme.

608 Beispielsweise Meetings, Telefon, Fax, E-Mail, Schwarzes Brett oder Internet.

609 Vgl. Gronau Wissen prozessorientiert managen: Methode und Werkzeuge für die Nutzung des Wettbewerbfaktors Wissen in Unternehmen, S. 154 und Lehner, S. 260 f. Lehner [2012] ordnet Lernmanagementsysteme den Inhaltsmanagementsystemen zu. Hier soll jedoch Vgl. Riempp, S. 181 gefolgt werden, die bei WMS einen separaten Funktionsbereich für die Kompetenzen des Menschen vorsieht. Maier Knowledge management systems: information and communication technologies for knowledge management, S. 370 f. schlägt E-Learning-Suites vor, um die Verwaltung von E-Learning-Umgebungen zu gewährleisten und Expertenwissen in einer Organisation sichtbar zu machen.

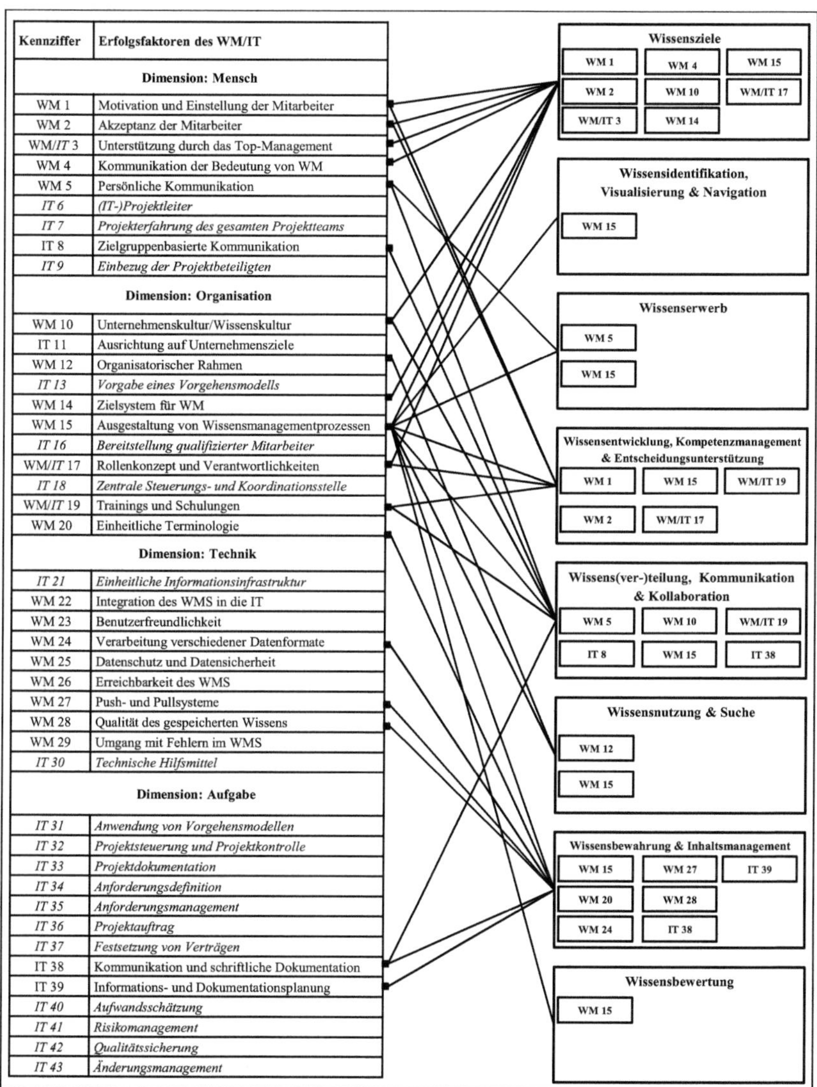

Kennziffer	Erfolgsfaktoren des WM/IT
	Dimension: Mensch
WM 1	Motivation und Einstellung der Mitarbeiter
WM 2	Akzeptanz der Mitarbeiter
WM/*IT* 3	Unterstützung durch das Top-Management
WM 4	Kommunikation der Bedeutung von WM
WM 5	Persönliche Kommunikation
IT 6	*(IT-)Projektleiter*
IT 7	*Projekterfahrung des gesamten Projektteams*
IT 8	Zielgruppenbasierte Kommunikation
IT 9	*Einbezug der Projektbeteiligten*
	Dimension: Organisation
WM 10	Unternehmenskultur/Wissenskultur
IT 11	Ausrichtung auf Unternehmensziele
WM 12	Organisatorischer Rahmen
IT 13	*Vorgabe eines Vorgehensmodells*
WM 14	Zielsystem für WM
WM 15	Ausgestaltung von Wissensmanagementprozessen
IT 16	*Bereitstellung qualifizierter Mitarbeiter*
WM/*IT* 17	Rollenkonzept und Verantwortlichkeiten
IT 18	*Zentrale Steuerungs- und Koordinationsstelle*
WM/*IT* 19	Trainings und Schulungen
WM 20	Einheitliche Terminologie
	Dimension: Technik
IT 21	*Einheitliche Informationsinfrastruktur*
WM 22	Integration des WMS in die IT
WM 23	Benutzerfreundlichkeit
WM 24	Verarbeitung verschiedener Datenformate
WM 25	Datenschutz und Datensicherheit
WM 26	Erreichbarkeit des WMS
WM 27	Push- und Pullsysteme
WM 28	Qualität des gespeicherten Wissens
WM 29	Umgang mit Fehlern im WMS
IT 30	*Technische Hilfsmittel*
	Dimension: Aufgabe
IT 31	*Anwendung von Vorgehensmodellen*
IT 32	*Projektsteuerung und Projektkontrolle*
IT 33	*Projektdokumentation*
IT 34	*Anforderungsdefinition*
IT 35	*Anforderungsmanagement*
IT 36	*Projektauftrag*
IT 37	*Festsetzung von Verträgen*
IT 38	Kommunikation und schriftliche Dokumentation
IT 39	Informations- und Dokumentationsplanung
IT 40	*Aufwandsschätzung*
IT 41	*Risikomanagement*
IT 42	*Qualitätssicherung*
IT 43	*Änderungsmanagement*

Tabelle 9: Zuordnung der Erfolgsfaktoren zu den Kategorien der funktionalen Anforderungen (Wissensbausteine)[611]

FA Wissensnutzung: Das ganzheitliche WMS muss die Wissensbedürfnisse der Mitarbeiter abdecken. Einerseits muss eine nutzerfreundliche Darstellung von Wissen dessen Nutzung erleichtern. Andererseits hat die beschriebene Notwendigkeit, Wissen zu tei-

[611] Eigene Darstellung.

len, auch für die Notwendigkeit, Wissen anzunehmen, zu gelten. Organisatorisch ist hier wiederum die bereits angesprochene Etablierung einer Unternehmens- und Wissenskultur bedeutsam.

Durch die Ausgestaltung des Arbeitsbereichs für Individuen, z. B. in Form eines persönlichen Arbeitsplatzes, oder für das Kollektiv, etwa das Einrichten von Besprechungsräumen, muss die Wissensnutzung in der Organisation verbessert werden. [WM 12][612]

Kommunikations-, Kollaborations- und Inhaltsmanagementsysteme sollen die Wissensnutzung vereinfachen. Die beiden erstgenannten erleichtern die Teilung und Nutzung von Wissen. Mithilfe von Inhaltsmanagement lassen sich verschiedene Datenformate bereitstellen und der gesamte Informationslebenszyklus umgreifen.[613] Dadurch werden Kommunikation und schriftliche Dokumentation [IT 38] systemseitig garantiert.[614]

FA Wissensbewahrung: Für das ganzheitliche WMS müssen einerseits Prozesse hinsichtlich des Selegierens, Speicherns und Aktualisierens und andererseits Verantwortlichkeiten und Rollen definiert sein, die die Einhaltung dieses Prozesses sicherstellen.[615] So lässt sich die Qualität des gespeicherten Wissens [WM 28] realisieren. Zusätzlich ist eine einheitliche Terminologie zu entwickeln, die gewährleistet, dass alle Mitarbeiter einer Organisation über dasselbe Sprachverständnis [WM 20] verfügen. Das im V-Modell enthaltene Glossar muss um die Terminologie des WM erweitert werden.

Die Wissensbewahrung zielt auf die Speicherung von Wissen und Fähigkeiten ab. Dies kann durch den Einsatz von Inhaltsmanagementsystemen erreicht werden, einschließlich Dokumentenmanagementsysteme und Portalsysteme.[616]

Ferner ist auf diesem Wege die Verarbeitung verschiedener Datenformate [WM 24] zu ermöglichen wie auch die systematische Informations- und Dokumentationsplanung zu fördern [IT 39].

Portalsysteme können den Zugriff auf Informationen regeln, etwa dass ihn nur spezielle Nutzerkreise erhalten. Portalsysteme können auch als Integrationssysteme verstanden werden, die eine Bündelung der verteilten Informationssysteme anstreben[617] und ermöglichen auch die Informationsbereitstellung im Sinne von Push und Pull [WM 27].

612 Vgl. Probst/Raub/Romhardt, S. 194 f.

613 Vgl. Probst/Raub/Romhardt, S. 32, 183 ff.; Lehner, S. 248 ff.; Gronau Wissen prozessorientiert managen: Methode und Werkzeuge für die Nutzung des Wettbewerbfaktors Wissen in Unternehmen, S. 152 und Riempp, S. 189 ff.

614 Kommunikations-, Kollaborations- sowie Inhaltsmanagementsysteme können das IT-Projektmanagement in vielerlei Hinsicht unterstützen, etwa bei den Erfolgsfaktoren [IT 31-37, 40-43].

615 Vgl. Probst/Raub/Romhardt, S. 203 ff.

616 Vgl. Probst/Raub/Romhardt, S. 32, 199ff.; Lehner, S. 254 ff.; Riempp, S. 172 ff. und Gronau Wissen prozessorientiert managen: Methode und Werkzeuge für die Nutzung des Wettbewerbfaktors Wissen in Unternehmen, S. 152.

617 Vgl. Lehner, S. 254 ff.; Riempp, S. 199 und Maier Knowledge management systems: information and communication technologies for knowledge management, S. 370. Portalsysteme fallen bei Riempp, S. 207 unter den Funktionsbereich *Orientierung durch Navigation und Suche*. In diesem Falle wird jedoch die Position von Lehner [2012] übernommen, wonach Portalsysteme den Zugang zu Information

FA Wissensbewertung: Die festgelegten Wissensziele müssen auf ihre Erfüllung hin überprüft werden, wofür organisationsspezifisch geeignete Wissenscontrollinginstrumente zur Verfügung stehen müssen.[618] Die Überprüfung der Ziele kann sich zudem an der Vorgehensweise des V-Modells für Projektziele orientieren.

Systemseitig lässt sich die Wissensbewertung durch Visualisierungs- und Navigationssysteme sowie Expertensysteme bei der Aufdeckung von Ursache-Wirkungszusammenhängen bestärken.[619]

Wie sich diese Erfolgsfaktoren in den Wissensbausteinen niederschlagen, veranschaulicht Tabelle 9.

6.1.1.3 Nicht-funktionale Anforderungen

Unter nicht-funktionale Anforderungen (NFA) werden meist technikbezogene Anforderungen subsumiert. Oft betreffen sie viele oder alle funktionalen Anforderungen und haben starke Auswirkungen auf die Softwarearchitektur.[620] Nicht-funktionale Anforderungen tragen zur Anwendbarkeit eines Systems bei und schließen Anforderungen hinsichtlich Qualität, Sicherheit und Performance ein.[621]

Qualitätskriterien für nicht-funktionale Anforderungen werden in verschiedenen Qualitätsmodellen festgelegt. Es kann u. a. nach dem FURPS-Schema oder der ISO 9126 vorgegangen werden. Die ISO/IEC 9126[622] ist ein Qualitätsmodell, das sich aus sechs Qualitätskategorien und diversen Untermerkmalen zusammensetzt. Die Qualitätskategorien beziehen sich auf Funktionalität, Zuverlässigkeit, Benutzbarkeit, Effizienz, Wartbarkeit und Portabilität von Software im Allgemeinen. Im V-Modell wird das FURPS-Schema zur Erfassung von Systemeigenschaften empfohlen.[623]

---

regeln. Benutzer- oder rollenbasierte Zugriffsrechte müssen unabhängig von einer Suchanfrage oder Navigationshilfe definiert werden.

618 Vgl. Probst/Raub/Romhardt, S. 240 f.

619 Vgl. Probst/Raub/Romhardt, S. 72, 163, 234 ff.; Lehner, S. 254 ff.; Riempp, S. 172 ff. und Gronau Wissen prozessorientiert managen: Methode und Werkzeuge für die Nutzung des Wettbewerbfaktors Wissen in Unternehmen, S. 152.

620 Vgl. Balzert Lehrbuch der Softwaretechnik, S. 463 f.

621 Vgl. V-Modell XT, Teil 5, S. 141 und Balzert Lehrbuch der Softwaretechnik, S. 463 f.

622 Die ISO 9126 wurde in die ISO 25000 aufgenommen. Da sie jedoch weiterhin in der Softwareentwicklung Anwendung findet und auch im V-Modell angesprochen wird, bleibt hier der Bezug auf die ISO 9126 stehen. Vgl. International Organization for Standardization Bewerten von Softwareprodukten: Qualitätsmerkmale und Leitfaden zu ihrer Verwendung; identisch mit ISO IEC 9126: 1991; International Organization for Standardization Software engineering - software product quality requirements and evaluation (SQuaRE) - Guide to SQuaRE. Ingénierie du logiciel - exigences de qualité du produit logiciel et évaluation (SQuaRE) - Guide de SQuaRE; V-Modell XT, Teil 6, S. 71 und Balzert Lehrbuch der Softwaretechnik, S. 465, 468ff.

623 Aufgrund seiner Methodenneutralität ist dies nur ein Vorschlag und nicht zwingend nach diesem Schema vorzugehen. Jede Organisation muss eine für sie geeignete Methode wählen. Vgl. Kapitel 5.4.2 und V-Modell XT, Teil 6, S. 72. Im vorliegenden Fall wird diesem Vorschlag jedoch entsprochen; die nachfolgende Beschreibung des FURPS-Schemas bezieht sich auf: V-Modell XT, Teil 6, S. 72 f. und Balzert Lehrbuch der Softwaretechnik, S. 465, 468 ff.

NFA Funktionalität: Bei diesem Kriterium gilt es die *Angemessenheit* der Funktionen zu beachten. Ziel des WMS ist die Bereitstellung von Informationen und Wissen. Hierfür muss gewährleistet sein, dass die Benutzer Zugriff auf Informationen und Wissen bekommen, diese hinterlegen und abrufen können sowie bei der synchronen und asynchronen Kommunikation mit einzelnen oder mehreren Benutzern unterstützt werden. Das WMS hat also die unter den funktionalen Anforderungen beschriebenen Funktionalitäten zu garantieren. Ebenso ist die *Genauigkeit* der Ergebnisse essentiell: Das WMS muss solide arbeiten, sprich Suchanfragen der Benutzer mit den erwünschten Ergebnissen beantworten.

Interoperationalität bezeichnet die Fähigkeit, mit anderen Systemen zusammenzuarbeiten. Dieses Merkmal nimmt einen hohen Stellenwert ein, da das Wissensmanagementsystem darauf basiert, die Wissensinhalte aus diversen Datenbasen zu integrieren. [WM 22] Schließlich markiert die *Sicherheit* des Systems ein sehr grundlegendes Merkmal für das WMS. Aufgrund der Sensibilität von gewissen Wissensinhalten muss sichergestellt werden, autorisierten bzw. nicht-autorisierten Personen entsprechenden Zugriff auf Inhalte oder deren Veränderung nur gemäß ihrer Zugriffsrechte zu gestatten, die Abschirmung des Systems nach außen inbegriffen. [WM 25][624]

NFA Benutzerfreundlichkeit: Das hiesige Augenmerk muss sich auf die *Erlernbarkeit* des WMS richten. Es muss in kurzer Zeit erklärbar sein, und seine Funktionalitäten müssen Ähnlichkeit zu den bisher im Unternehmen eingesetzten Systemen aufweisen. Dies wirkt sich unmittelbar auf die *Bedienbarkeit* des Systems aus, sie erfordert, eine einfache Menüführung einzusetzen, die dem Nutzer zu jedem Zeitpunkt angibt, wo er sich im System befindet. *Verständlichkeit* des WMS meint, dass der Nutzer erkennen kann, ob die Software den vorgesehenen Zweck erfüllt; d. h. das Wissensmanagementsystem muss eindeutige Verweise auf Wissensinhalte setzen. Seine *Oberfläche* sollte möglichst an das Unternehmensdesign angepasst werden, damit es einen Wiedererkennungswert besitzt, für den Benutzer attraktiv sowie benutzerfreundlich gestaltet werden [WM 23] und Vorgaben zu Standards, Konventionen und Stilen (sog. *style guides*) einhalten.

NFA Zuverlässigkeit: Bei diesem Qualitätskriterium werden folgende Merkmale einbezogen: Die *Fehlertoleranz* eines Systems bezieht sich auf die Notwendigkeit seine Leistungsfähigkeit in einer Fehlersituation aufrechtzuerhalten [WM 29]. Hierunter fallen Softwarefehler und Schnittstellenprobleme. Die *Wiederherstellbarkeit* des WMS nach dem Auftreten einer Fehlersituation muss unbedingt gewährleistet sein, um z. B. eingegebene Daten mittels einer Notsicherung zu erhalten bzw. zurückzugewinnen.[625]

[624] Zur Umsetzung dieses Erfolgsfaktors trägt der Vorgehensbaustein „Sicherheit“ bei.
[625] Die Zeit der Wiederherstellung sollte weniger als eine Minute betragen.

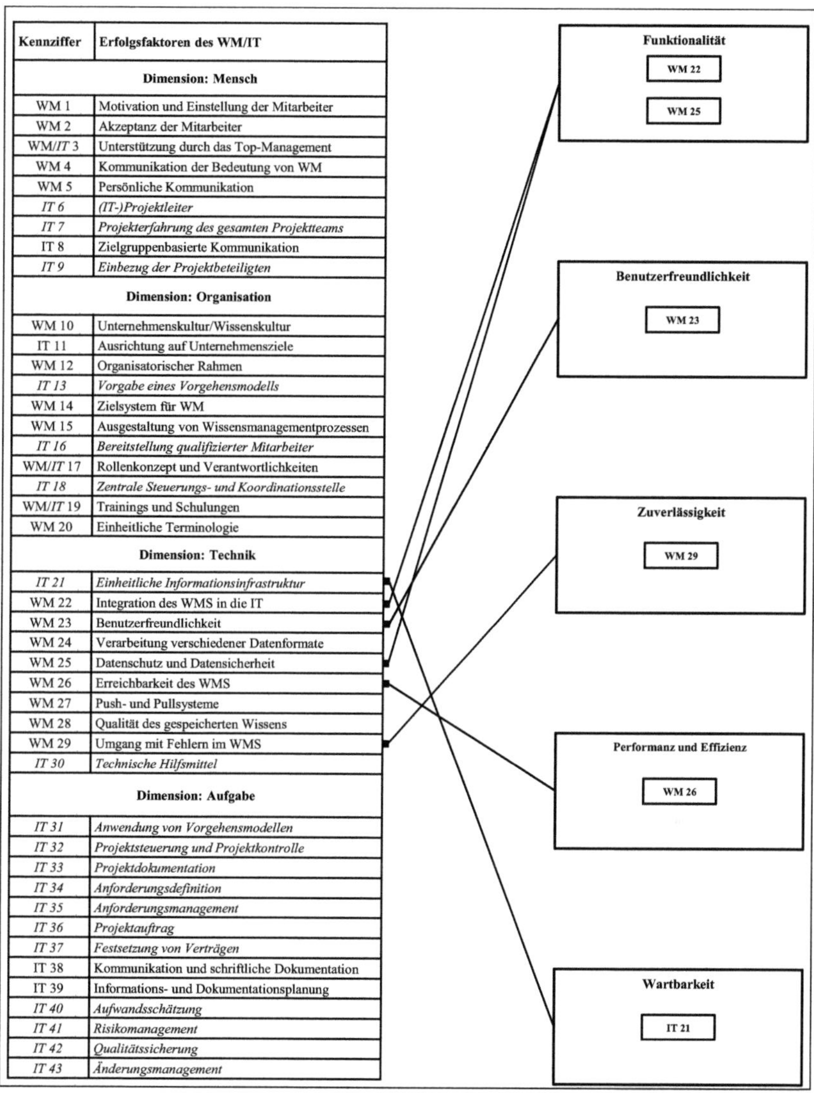

Kennziffer	Erfolgsfaktoren des WM/IT
Dimension: Mensch	
WM 1	Motivation und Einstellung der Mitarbeiter
WM 2	Akzeptanz der Mitarbeiter
WM/*IT* 3	Unterstützung durch das Top-Management
WM 4	Kommunikation der Bedeutung von WM
WM 5	Persönliche Kommunikation
IT 6	*(IT-)Projektleiter*
IT 7	*Projekterfahrung des gesamten Projektteams*
IT 8	Zielgruppenbasierte Kommunikation
IT 9	*Einbezug der Projektbeteiligten*
Dimension: Organisation	
WM 10	Unternehmenskultur/Wissenskultur
IT 11	Ausrichtung auf Unternehmensziele
WM 12	Organisatorischer Rahmen
IT 13	*Vorgabe eines Vorgehensmodells*
WM 14	Zielsystem für WM
WM 15	Ausgestaltung von Wissensmanagementprozessen
IT 16	*Bereitstellung qualifizierter Mitarbeiter*
WM/*IT* 17	Rollenkonzept und Verantwortlichkeiten
IT 18	*Zentrale Steuerungs- und Koordinationsstelle*
WM/*IT* 19	Trainings und Schulungen
WM 20	Einheitliche Terminologie
Dimension: Technik	
IT 21	*Einheitliche Informationsinfrastruktur*
WM 22	Integration des WMS in die IT
WM 23	Benutzerfreundlichkeit
WM 24	Verarbeitung verschiedener Datenformate
WM 25	Datenschutz und Datensicherheit
WM 26	Erreichbarkeit des WMS
WM 27	Push- und Pullsysteme
WM 28	Qualität des gespeicherten Wissens
WM 29	Umgang mit Fehlern im WMS
IT 30	*Technische Hilfsmittel*
Dimension: Aufgabe	
IT 31	*Anwendung von Vorgehensmodellen*
IT 32	*Projektsteuerung und Projektkontrolle*
IT 33	*Projektdokumentation*
IT 34	*Anforderungsdefinition*
IT 35	*Anforderungsmanagement*
IT 36	*Projektauftrag*
IT 37	*Festsetzung von Verträgen*
IT 38	Kommunikation und schriftliche Dokumentation
IT 39	Informations- und Dokumentationsplanung
IT 40	*Aufwandsschätzung*
IT 41	*Risikomanagement*
IT 42	*Qualitätssicherung*
IT 43	*Änderungsmanagement*

Tabelle 10: Zuordnung der Erfolgsfaktoren zu den Kategorien der nicht-funktionalen Anforderungen (Qualitätskategorien)[627]

NFA Performanz und Effizienz: Hierunter wird die Aufrechterhaltung der Leistungsfähigkeit des WMS verstanden. Zunächst ist das *Zeitverhalten* kritisch: Antwort- und Reaktionszeiten des Systems müssen angemessen ausfallen, z. B. beim Aufrufen von Doku-

627 Eigene Darstellung.

menten oder anderen Inhalten. Dies gilt für die onlinebasierte Benutzeroberfläche in einem Inhaltsmanagementsystem und für klassische Dokumentenmanagementsysteme gleichermaßen. Zusätzlich gibt das *Verbrauchsverhalten* die Verarbeitungszeit der maximalen Dauer bei der Speicherung von Dateneinheiten an. Es muss sich zudem wirtschaftlich zeigen, d. h. in einer angemessenen Ressourcenauslastung resultieren.

Weiterhin muss das WMS in der Kernarbeitszeit von Unternehmen den maximalen Nutzeranfragen und -aktivitäten standhalten und eine 24/7 Erreichbarkeit [WM 26] aufweisen.

NFA Wartbarkeit: Sie bildet das abschließende Qualitätskriterium. *Wartungsaufwand und Änderungsaufwand* sollten möglichst gering gehalten werden. Wartungsarbeiten am WMS müssen außerhalb der Hauptbetriebszeit liegen. Dadurch soll vermieden werden, Nutzer des Systems bei der Arbeit zu unterbrechen. Änderungen des Systems müssen möglich sein, insgesamt muss der diesbezügliche Aufwand aber gering und in einer möglichst kurzen Zeitspanne zu vollbringen sein. *Releasezyklen*[628] dürfen nicht zu kurz geraten, damit die Benutzer des Systems ausreichend Zeit haben, das WMS kennenzulernen. Die *Portabilität* des WMS muss ferner gewährleisten, dass es sich an ändernde organisatorische oder software- bzw. hardwarebezogene Umgebungen anpassen kann. Weiterhin muss sich das WMS in der vorgesehenen IT-Infrastruktur installieren lassen [IT 21] und mit anderen Systemen dieser Infrastruktur koexistieren, sprich die zur Verfügung gestellten Ressourcen mit ihnen gemeinsam nutzen können.

Zur Übertragung dieser Erfolgsfaktoren auf die Qualitätskategorien siehe Tabelle 10.

6.1.2 Gesamtsystemspezifikation

6.1.2.1 Überblick

Das V-Modell schreibt im Zuge der Systementwicklung zahlreiche Dokumente vor, beispielsweise das Projekthandbuch, den Projektauftrag, das Lasten- und Pflichtenheft u.v.m. Kern des Lastenhefts ist die Erfassung der Anforderungen, daneben enthält es noch weitere Inhalte, z. B. Definition der Ausgangssituation und Zielsetzung, Lieferumfang und Abnahmekriterien des Gesamtprojekts, Qualität der Anforderungen, Skizze des Lebenszyklus' und der Gesamtsystemarchitektur, Unterteilung in Teilprojekte sowie Einteilung der Risikoakzeptanz und Sicherheitsstufen.[629] Die Gesamtsystemspezifikation wird im Pflichtenheft festgehalten, welches das Gegenstück zum Lastenheft darstellt und einen sehr ähnlichen Inhaltsaufbau aufweist.[630]

[628] Ein Release ist die Veröffentlichung einer Version von Software. Vgl. Fink/Schneidereit/Voß, S. 182 und Rechenberg/Pomberger, S. 830.

[629] V-Modell XT, Teil 5, S. 133 ff.

[630] Für die vorliegende Arbeit wird auf die genaue Ausgestaltung des Lasten- und des Pflichtenhefts aus zwei Gründen verzichtet: Erstens wird ein Rahmenkonzept erstellt, und zudem sind keine Auftrag-

Die Disziplin *Systemspezifikation* hält Produkte und Aktivitäten bereit, die bei der Erstellung eines Gesamtsystems oder einzelner HW-/SW-Einheiten benötigt werden. Wesentliche Elemente sind, die Anforderungen aus dem Lastenheft zu evaluieren, bei Bedarf abzuändern und Aussagen über die Risikoakzeptanz und Sicherheitsstufen zu treffen. Weiterhin gilt es, Komponenten wie Schnittstellenübersicht, Lebenszyklusanalyse und Gesamtsystemarchitektur, Lieferumfang sowie Abnahmekriterien und Anforderungsverfolgungsüberblick zu bestimmen bzw. zu präzisieren.[631]

Die Gültigkeit der funktionalen und nicht-funktionalen Anforderungen aus Kapitel 6.1.1 bleibt bestehen, weswegen auf eine erneute Begutachtung der Anforderungen verzichtet wird. Dies bezieht sich auch auf den Anforderungsverfolgungsüberblick. Da keine Unterscheidung zwischen den Anforderungen aus Lasten- und Pflichtenheft getroffen wird, entfällt der Abgleich der Anforderungen.[632] Weiterhin wird von den Beschreibungen des Lieferumfangs und den Abnahmekriterien abgesehen, da ein Rahmenkonzept ohne einen Auftraggeber/-nehmer erstellt wird. Ferner werden keine Aussagen über die Risikoakzeptanz und Sicherheitsstufen für das ganzheitliche Wissensmanagementsystem getroffen (siehe dafür Kapitel 6.1.3.3).[633]

Fokus des vorliegenden Kapitels bildet daher die Gestaltung der *Gesamtsystemarchitektur* und die *Schnittstellenübersicht*. Erstere bildet die Anforderungen an das Gesamtsystem ab, allerdings nicht technisch sondern funktional. D. h. die Systemarchitektur wird in Abhängigkeit von den funktionalen Abläufen mit benachbarten Systemen dargelegt. Wegen des konzeptionellen Aufbaus des ganzheitlichen WMS wird von einer Lebenszyklusanalyse abgesehen.[634] Die Schnittstellenübersicht zeigt das System in Abhängigkeit von seiner Umgebung. Schnittstellen sind zu Anwendern, Unterstützungssystemen und Nachbarsystemen aufzudecken und schriftlich festzuhalten.[635]

6.1.2.2 Gesamtsystemarchitektur

Das ganzheitliche Wissensmangementsystem umgibt den Anwender, welcher durch die Unternehmenskultur in seinem Handeln geprägt ist. Der Anwender greift direkt auf das Wissensmanagementsystem zu und wird so bei seiner Projektarbeit unterstützt. Die tech-

geber/-nehmer involviert, was eine Unterscheidung von Lasten- und Pflichtenheft erforderlich machte. Daher sollen aus Gründen der Übersichtlichkeit nur die Kernelemente der Systementwicklung fokussiert werden. Zweitens würde die Ausgestaltung der Dokumente lediglich Redundanz nach sich ziehen, weil sie ohnehin bereits Erläutertes nochmal aufgreifen und weiter detaillieren würde.

631 Vgl. V-Modell XT, Teil 5, S. 180 ff.

632 Siehe hierzu Kapitel 3.9.1.9 „Anforderungsverfolgung zu den Anforderungen (Lastenheft)". Vgl. V-Modell XT, Teil 5, S. 185.

633 Vgl. V-Modell XT, Teil 5, S. 141 f.

634 Vgl. V-Modell XT, Teil 5, S. 141, 184 f. Sie betrachtet die verschiedenen Systemlebenszyklen wie Entwicklung, Betrieb, Wartung und Stilllegung. Da es sich hier aber um die Entwicklung eines Konzepts handelt, wird der Zyklus nicht weiter beachtet. Bei der Realisierung eines Systems indessen ist es unbedingt notwendig, eine Lebenszyklusanalyse vorzunehmen.

635 Vgl. V-Modell XT, Teil 5, S. 185.

nische Kommunikation innerhalb des ganzheitlichen WMS erfolgt über ein organisationsspezifisches Intranet. Weiterhin steht der Anwender im Austausch mit externen Arbeitgebern/-nehmern und hat zudem die Möglichkeit, über das WMS Informationen aus externen Quellen (z. B. Internet) zu erhalten. Abbildung 16 verdeutlicht den Grobentwurf eines solchen ganzheitlichen Wissensmanagementsystems.

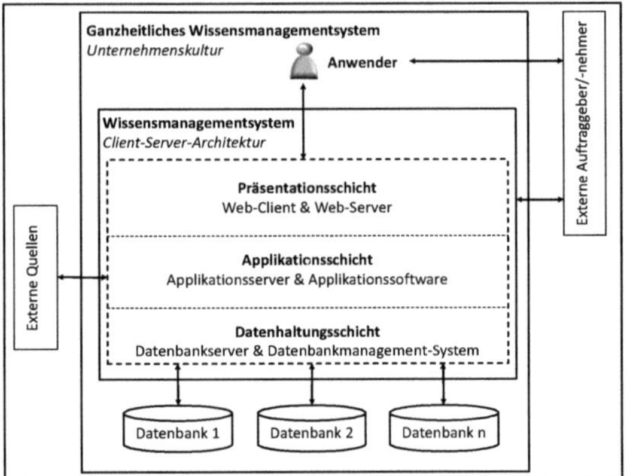

Abbildung 16: Der Systementwurf[636]

Das WMS besitzt eine Client-Server-Architektur. Da es sich um eine intranet- bzw. internetbasierte Anwendung handeln soll, ist die Wahl einer solchen Architektur sinnvoll, denn das Internet selbst ist nach dem Client-Server-Modell aufgebaut.[637]

Ein Client-Server-Modell zeichnet sich dadurch aus, dass die Datenverarbeitung auf verschiedene Anwendungen verteilt ist. Der Anwender sendet über seinen Computer oder sein mobiles Telefon (*Client*) eine Anfrage an einen Dienstleister (*Server*). Er greift dabei nicht direkt auf einen Zentralrechner zu, sondern ist über ein Netzwerk mit einem Rechner, oder auch mehreren verbunden. Der Client liefert dabei immer die Benutzerschnittstelle und in manchen Fällen zusätzlich weitere Datenverarbeitungsfunktionalität. Der Server hingegen ist in jedem Fall für die Speicherung der Daten zuständig, er liefert außerdem meist ebenso Datenverarbeitungsfunktionalität an.[638]

Die Client-Server-Architektur lässt sich (s. Abbildung 16) in drei verschiedene Schichten gliedern: Präsentations-, Applikations- und Datenhaltungsschicht.[639] Dank der Präsentationsschicht ist es dem Anwender möglich, Anfragen in Form von Eingaben zu tätigen und Antworten vom System zu erhalten. Die gesendeten Anfragen werden durch die Imple-

[636] Eigene Darstellung.
[637] Vgl. Lehner/Wildner/Scholz, S. 307 und Laudon/Laudon/Schoder, S. 347.
[638] Vgl. Gumm/Sommer, S. 502 und Laudon/Laudon/Schoder, S. 347.
[639] Vgl. Lehner/Wildner/Scholz, S. 138; Balzert Lehrbuch Grundlagen der Informatik: Konzepte und Notationen in UML 2, Java 5, C++ und C, Algorithmik und Software-Technik, Anwendungen, S. 448 f. und Laudon/Laudon/Schoder, S. 349.

mentierung von Algorithmen zur Aufgabenlösung in der Applikationsschicht verarbeitet. Schließlich werden die zur Aufgabenlösung benötigten Daten in Datenbank- oder Dateisystemen der Datenhaltungsschicht gespeichert und nach Bedarf gesucht und geladen.[640] Im Folgenden werden diese einzelnen Schichten des Client-Server-Modells beleuchtet.

Auf der Präsentationsschicht sind der Web-Client und Web-Server angesiedelt. Ersterer bildet die Benutzeroberfläche des WMS. Da es sich um ein internetbasiertes System handelt, wird der Zugriff über einen Browser[641] realisiert.

Der Web-Client stellt seine Anfrage an den Web-Server, ein Computersystem, welches über eine Software zum Ausführen von Clientanfragen verfügt. Der Web-Server nimmt diese Anfragen über das Internetprotokoll HTTP auf und sendet die Anfrage an den Applikationsserver weiter, der die Anfrage bearbeitet und die Antwort wieder an den Web-Server zurückleitet. Dieser bereitet die Rückmeldung als HTML-Dokument auf und spielt dieses auf den Web-Client, der es für den Anwender graphisch umsetzt.[642]

Auf der Applikationsschicht befindet sich der Applikationsserver, also ein Computersystem mit Software, das seinerseits auch in eine mehrschichtige Systemarchitektur gegliedert ist. Hauptaufgabe eines Applikationsservers ist die Verfügbarmachung von Geschäftslogik. Wie bereits geschildert, nimmt er hierfür die Anfragen des Web-Servers entgegen und führt die entsprechenden Transaktionen aus. Dafür muss er auf sogenannte Backendsysteme zugreifen. Aufgrund dieser „Vermittlungsaufgaben“ spricht man auch von Middleware-Funktionalitäten des Applikationsservers.[643]

Auf der untersten Ebene der Client-Server-Architektur befindet sich die Datenhaltungsschicht mit einem *Datenbankserver*, wiederum einem Computersystem, das mit Software ausgestattet ist. Der Datenbankserver enthält ein Datenbankmanagementsystem, das den Applikationsserver beim Zugriff auf die Backendsysteme unterstützt.[644] Unter einer *Datenbank* versteht man einen Datenbestand, i. e. eine Menge von zusammengehörigen Daten[645], welcher über anwendungsunabhängige Zugriffsverfahren genutzt wird. Eine Datenbank weist eine Struktur auf, die alle Datenmengen verwalten lässt.[646] Datenbanken selber können nach verschiedenen Architekturmodellen aufgebaut werden, darunter die bewährte ANSI/SPARC-Architektur.[647] Hierbei werden analog zum Client-Server-Modell drei Abstraktionsebenen unterschieden: eine interne oder physische Ebene, die Daten in physischen Datenspeichern verwahrt. Sodann die konzeptionelle oder logische Ebene, welche die logische Speicherung der Daten mithilfe von Datenmodellen übernimmt.

640 Vgl. Lehner/Wildner/Scholz, S. 138, 309.
641 Aus dem Englischen *„to browse“*: „schmökern“, „sich umsehen“, „durchstöbern“.
642 Vgl. Laudon/Laudon/Schoder, S. 371 f.
643 Vgl. Laudon/Laudon/Schoder, S. 372 f.
644 Vgl. Laudon/Laudon/Schoder, S. 373.
645 Vgl. Hansen/Neumann, S. 295 und Kemper/Eickler, S. 17.
646 Vgl. Lehner/Wildner/Scholz, S. 144.
647 Sie ist nach dem Standards Planning and Requirements Committee (SPARC) des American National Standards Institute (ANSI) benannt.

Schließlich die externe Ebene, sie legt die Definition der Daten abhängig vom Benutzer oder, wie im vorliegenden Fall, einem Anwendungsprogramm fest.[648]

Ein *Datenbanksystem (DBS)* setzt sich aus einer Datenbank und einem Datenbankmanagementsystem zusammen.[649] Ein *Datenbankmanagementsystem (DBMS)* ist für die Verwaltung des Datenbestands, wie z. B. die Administration der Daten, zuständig, ermöglicht gleichzeitige Zugriffe von mehreren Anwendern auf die Datenbank, bewerkstelligt die effiziente Speicherung der Daten und organisiert Zugriffsrechte. Der Datenbestand wird zwar von dem DBMS verwaltet, vermag jedoch von mehreren Anwendungsprogrammen aufgerufen, benutzt und verändert zu werden.[650] Ein DBMS hat mithin die Aufgabe, das externe und logische Schema in das interne Schema zu überführen.[651]

Kritische Beurteilung des Client-Server-Modells

Diese Client-Server-Architektur wird auch Drei-Schichten-Architektur[652] genannt und hat den wesentlichen Vorteil, alle Ressourcen unternehmensweit zugreifbar zu machen.[653] Darüber hinaus können die in den Schichten enthaltenen Komponenten beliebig miteinander kommunizieren, jedoch nach strikten Regeln bzgl. der Kommunikationskanäle (Ports) resp. dahingehend, welche Kanäle Anfragen eines Servers/Clients entgegennehmen dürfen. Weiterer Vorteil einer solchen Architektur ist die Verwendbarkeit verschiedener Benutzeroberflächen, da diese nur die Präsentationsebene darstellen und sich nicht auf das Fachkonzept (Applikationsschicht) auswirken.[654] Die Trennung der Präsentations-, Applikations- und Datenhaltungsschicht erleichtert die Handhabung des gesamten Systems, und die einzelnen Komponenten des Systems lassen sich unabhängig voneinander entwickeln, implementieren und austauschen. Einzige Voraussetzung hierfür ist die Definition einheitlicher Schnittstellen,[655] was zu hoher Flexibilität und im Vergleich zu zentralen Systemen somit zu besserer Erweiterungsfähigkeit führt.[656] Durch die Verteilung der Berechnungen der Anfragen auf verschiedene Systeme (Web-, Applikations- und Datenbankserver) steigt die Effizienz, da die Rechnerleistung nicht bloß einem System auferlegt ist.[657]

---

[648] Vgl. Vossen, S. 26 ff. und Sauer, S. 23 f.

[649] Vgl. Kemper/Eickler, S. 17 und Hansen/Neumann, S. 125, 295.

[650] Vgl. Hansen/Neumann, S. 295 f.

[651] Vgl. Hansen/Neumann, S. 296 ff.; Vossen, S. 26 ff. und Gumm/Sommer, S. 748 f.

[652] Engl. *three tier architecture*.

[653] Vgl. Stahlknecht/Hasenkamp, S. 127.

[654] Vgl. Balzert Lehrbuch Grundlagen der Informatik: Konzepte und Notationen in UML 2, Java 5, C++ und C, Algorithmik und Software-Technik, Anwendungen, S. 448.

[655] Vgl. Laudon/Laudon/Schoder, S. 373.

[656] Vgl. Stahlknecht/Hasenkamp, S. 127.

[657] Vgl. Lehner/Wildner/Scholz, S. 139; Stahlknecht/Hasenkamp, S. 127 und Laudon/Laudon/Schoder, S. 373.

Zusammenfassend ist damit zu konstatieren, dass die Hardwareanforderungen an die Clients sehr gering ausfallen und auch leistungsschwächere Geräte problemlos eingesetzt werden können. Hinzu kommt, dass keine Softwareinstallation auf den Clients notwendig ist, was das Management der Software-Verteilung erleichtert.[658] Zusätzlich macht die Nutzung eines Browsers als Client einen betriebssystemunabhängigen Betrieb möglich, sodass verschiedene Betriebssysteme, wie MAC oder Windows, und verschiedene Smartphone- oder Tabletsysteme, wie iOS oder Android, ohne Probleme verwendbar sind.

Negativ zu Buche schlägt beim Client-Server-Modell gleichwohl, dass die Netzwerkauslastung bei hohem Nutzungsgrad stark ansteigen kann,[659] was den Aufwand des Systemmanagements erhöht. Speziell trifft dies auf das Netzwerkmanagement zu. Insgesamt können infolge von Kommunikation über das Internet ferner eine höhere IT-Sicherheitsgefährdung und Probleme beim Datenschutz auftreten, vor allem beim Austausch von als sensibel klassifizierten Daten. Sicherheitsmaßnahmen zur Datenübertragung und zum Schutz der Systeme werden in Kapitel 6.1.3.3 definiert. Im Vergleich zur direkten Eingabe in ein Computerfenster erhöht sich bei einer browserbasierten Eingabe auch die Antwortzeit, da die Anfragen erst an den Web-Server gesendet, verarbeitet und rückgemeldet werden müssen. Dieser Problematik lässt sich durch den Einsatz von Web-Frameworks[660] begegnen.[661]

Diese Nachteile einer Client-Server-Architektur gilt es durch ein detailliertes Architekturkonzept zu minimieren. Bei der Entwicklung des in Kapitel 6.1.3.2 vorgestellten Feinentwurfs wird besonders darauf geachtet.

6.1.2.3 Schnittstellenübersicht

Nun werden die Schnittstellen des ganzheitlichen WMS zu Organisation, Anwendern, Software und Hardware vorgestellt.[662] Schnittstellen bilden die Kommunikationspunkte zwischen einem System und seiner Umgebung. Wie Abbildung 17 zu entnehmen ist, werden organisationsbezogene, anwenderbezogene und technikbezogene Schnittstellen unterschieden.

Die nachfolgende Betrachtung bezieht ein großes Spektrum an möglichen Schnittstellen ein, wobei nicht jede Schnittstelle für alle Organisationen relevant sein werden. Es geht vielmehr grundsätzlich darum aufzuzeigen, dass vielfältige Schnittstellenbereiche für ein ganzheitliches WMS identifiziert werden können. Überdies ist anhand von Analy-

[658] Vgl. Dunkel, S. 48.

[659] Vgl. Lehner/Wildner/Scholz, S. 139 und Laudon/Laudon/Schoder, S. 373.

[660] Etwa Ajax und JSF.

[661] Vgl. Dunkel, S. 47.

[662] Vgl. Balzert Lehrbuch der Softwaretechnik, S. 107 und V-Modell XT, Teil 5, S. 185. Im V-Modell werden Schnittstellen zu Anwendern, Unterstützungssystemen und Nachbarsystemen angesprochen. Organisatorische Schnittstellen sind demgegenüber, in Hinblick auf ein ganzheitliches WMS ebenfalls zu untersuchen.

sen des Nutzens, der Wirtschaftlichkeit und technologischen Sinnhaftigkeit zu erweisen, ob Schnittstellen zu bestehender Soft- und Hardware eingerichtet werden sollen. In diesen Fällen könnte die Frage aufkommen, ob die bestehende Software und weitere Systemlandschaften eventuell ersetzt werden sollten, was vor allem in Hinblick auf sogenannte Legacy-Systeme[663] sinnvoll erscheinen kann.

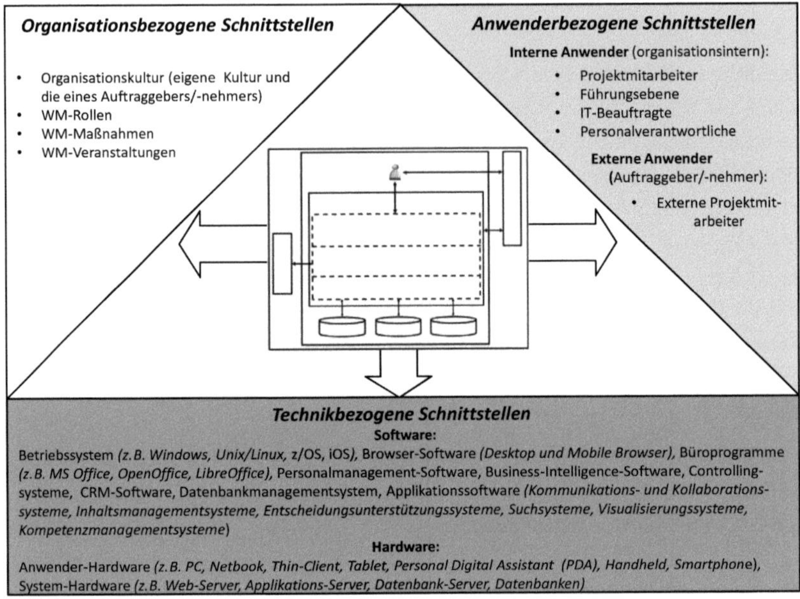

Abbildung 17: Schnittstellenübersicht[664]

Die Beziehung des ganzheitlichen Wissensmanagementsystems zur organisationsbezogenen Schnittstelle zeigt auf, dass jede Organisation organisatorische Rahmenbedingungen besitzt. Die Einbettung des ganzheitlichen WMS in diese Rahmenbedingungen muss sorgfältig und schrittweise erfolgen. Schnittstellen müssen zu der vorliegenden Unternehmenskultur gesetzt werden, das ganzheitliche WMS muss zunächst auf ihr aufsetzen, auch wenn vielleicht ein Kulturwandel angestrebt wird. Hierbei ist es besonders wichtig, die Organisationsmitglieder mit dem neuen ganzheitlichen WMS nicht zu überfordern, sondern sie schrittweise an dieses heranzuführen. Nicht zu vernachlässigen ist zudem die Organisationskultur des Auftraggebers/-nehmers. Für eine erfolgreiche Zusammenarbeit müssen Unterschiede zwischen den Organisationskulturen offengelegt und Anknüpfungspunkte ausgemacht werden. Letztere sind zudem bei eventuell bestehenden Wissensmanagement-Rollen zentral. Diese besitzen wertvolles Know-how sowie

[663] Altsysteme, meist historisch gewachsene Individualentwicklungen. Vgl. Stahlknecht/Hasenkamp, S. 321 und Nüttgens.

[664] Eigene Darstellung.

organisationsspezifische Einblicke und müssen von Anfang an in die Konzeption des ganzheitlichen WMS einbezogen werden. Weiterhin sind bisherige Wissensmanagement-Maßnahmen und ggf. vorhandene Veranstaltungen des Wissensmanagements zu integrieren.

Innerhalb der anwenderbezogenen Schnittstellen werden interne und externe Anwenderkreise unterschieden. Interne Anwender beziehen sich auf die Organisation, die ein ganzheitliches Wissensmanagementsystem etablieren möchte. Dazu gehören alle Projektmitarbeiter, die an den diversen IT-Projekten der Organisation arbeiten. Weiterhin müssen auch Schnittstellen zur Führungsebene eingerichtet werden, die zwar oftmals nicht direkt an der operativen Projektarbeit teilhaben, aber aus strategischen Gründen und zu Planungszwecken darauf zugreifen müssen. Ebenfalls anzulegen sind Schnittstellen des ganzheitlichen WMS zu den IT-Mitarbeitern, diese müssen alle Anwenderkreise bei Problemen mit dem technischen WMS unterstützen und Abhilfe schaffen. Die Personalverantwortlichen sind u. a. in die Personalbeschaffung und Personalentwicklung involviert. Externe Anwender schließlich sind, je nach Projekttyp, alle Projektmitarbeiter des Auftraggebers oder -nehmers.

Technikbezogene Schnittstellen werden in Schnittstellen zu Software und Hardware differenziert. Solche zur bestehenden Softwarelandschaft sind in vielerlei Hinsichten einzurichten. Einerseits muss das technische WMS mit dem bestehenden Betriebssystem kommunizieren. Da es sich um ein webbasiertes System handelt, müssen Schnittstellen zu bestehenden Web-Browsern und mobilen Browsern bestehen. Außerdem muss mit dem bisherigen Büroprogramm kommuniziert werden und erwogen werden, ob die Kommunikation zu einer bestehenden Personalmanagement-Software erforderlich ist. Dies trifft auch auf ein eventuell vorhandenes Kundenbeziehungsmanagement-System (CRM-System) zu, welches bislang zur Organisation der Zusammenarbeit mit Auftraggebern/-nehmern eingesetzt wurde. Schnittstellen sind weiterhin zu eventuell existierenden Business-Intelligence-Systemen und Controllingsystemen zu etablieren. Je nach Organisation muss geprüft werden, ob bereits ein Datenbankmanagementsystem vorhanden ist und ob dieses an das WMS angebunden werden soll. Gleiches gilt für die Verwendung bereits bestehender Applikationssoftware, es ist zu überprüfen, ob bereits Softwaresysteme zur Funktionsunterstützung des WMS bestehen und ob Schnittstellen zum WMS eingerichtet werden sollen. Für das WMS in Frage kommende Applikationssoftware stammen beispielsweise aus diesen Bereichen:

- Kommunikation und Kollaboration: Groupwaresysteme (Kommunikations-, Kollaborations- und Koordinationssysteme).[665]
- Inhaltsmanagement: Dokumentenmanagement-, Contentmanagement- und Portalsysteme.

[665] Sie können sich eventuell mit den Büroprogrammen überschneiden.

- Entscheidungsunterstützung: Experten-, Agenten- und Text Mining-Systeme.
- Suche: Suchdienste oder Information Retrieval Systeme.
- Visualisierung und Navigation: Wissensnetze, Wissenslandkarten oder Systeme zur Darstellung semantischer Nähe.
- Kompetenz: Kompetenzmanagement- und E-Learning-Systeme.[666]

Hardwareschnittstellen beziehen sich auf die Hardware der Anwender und allgemeine Systemhardware. Die Anwender können durch diverse Formen auf das WMS zugreifen. Benötigte Schnittstellen zur Hardware müssen für PCs, Netbooks, Thin-Clients, Tablets, Personal Digital Assistants (PDA), Handhelds und Smartphones[667] eingerichtet werden. Die System-Hardware einer Organisation ist entweder anzupassen, oder es muss neue Hardware beschafft werden, sofern diese nicht vorhanden ist. Schnittstellen müssen hierfür zu einem Web-Server, Applikationsserver, Datenbankserver und zu Datenbanken vorgesehen werden.

6.1.3 Systementwurf

6.1.3.1 Überblick

Die Disziplin *Systementwurf* beinhaltet Produkte und Aktivitäten, die auf dem Architekturentwurf aufbauen und einen Entwicklungsprozess festlegen.[668] Insbesondere stehen nachfolgend die Produkte „SW-" und „HW-Architektur" im Blickpunkt. Für die identifizierten SW-/HW-Einheiten wird jeweils eine SW-/HW-Architektur erstellt und beschrieben.[669] Dabei leitet die vorliegende Arbeit aufbauend auf der Gesamtsystemarchitektur einen Feinentwurf des ganzheitlichen Wissensmanagementsystems ab, der die Systemelemente weiter spezifiziert und die Grundlagen des technischen Wissensmanagementsystems erläutert.

Ebenfalls wird auf die gesetzlichen Aspekte des Wissensmanagements eingegangen und ein Sicherheitskonzept für das ganzheitliche WMS definiert, was sich u. a. auf den Umgang mit personenbezogenen Daten und den Schutz von geistigem Eigentum erstreckt. Für die Erstellung eines Sicherheitskonzepts werden organisatorische und technische Sicherheitsmaßnahmen definiert, um das WMS vor Angriffen zu schützen.

---

666 In diesem Bereich treten wahrscheinlich Überlappungen mit der Personalmanagement-Software auf.
667 Die Beschreibung der Hardware erfolgt in Tabelle 11.
668 V-Modell XT, Teil 5, S. 207.
669 Vgl. V-Modell XT, Teil 5, S. 217, 221.

6.1.3.2 Feinentwurf

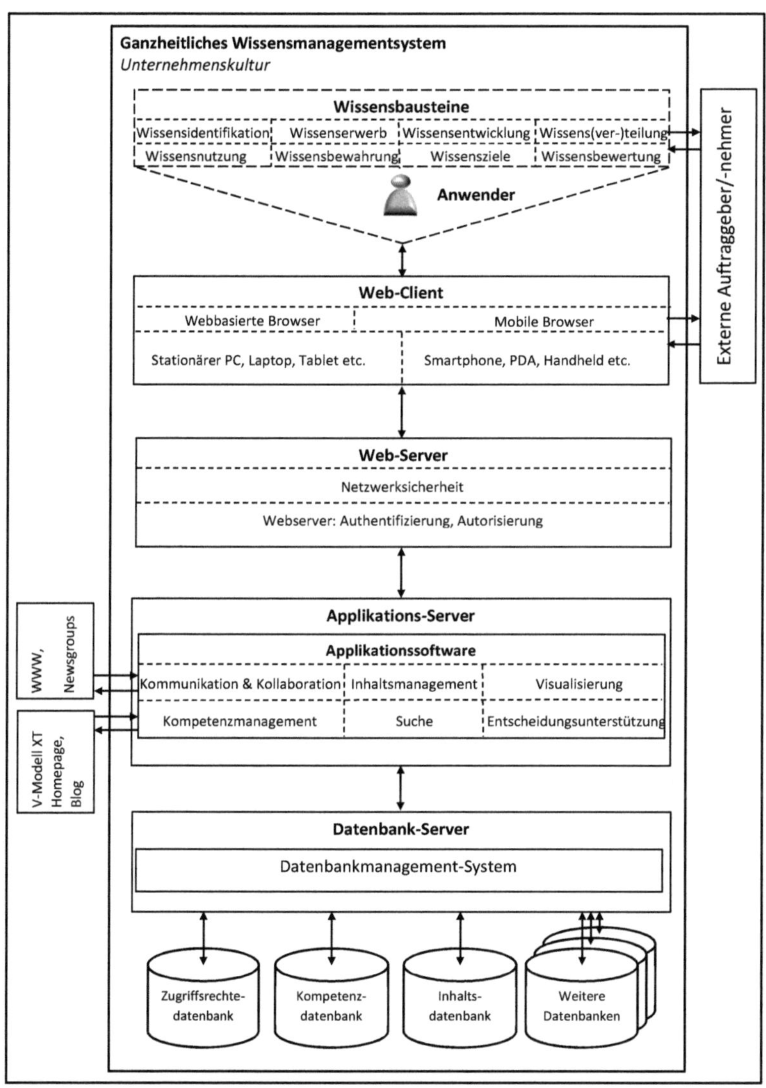

Abbildung 18: Der Feinentwurf[670]

[670] Eigene Darstellung.

Der Feinentwurf des ganzheitlichen Wissensmanagementsystems baut auf dem Grobentwurf auf. Abbildung 18 zeigt den detaillierten Überblick über die Systemarchitektur.[671]

Unternehmenskultur und Wissensbausteine

Gemäß dem Grobentwurf setzt die Unternehmenskultur den Rahmen für ein ganzheitliches Wissensmanagementsystem. Wie erläutert, ist das die Vorbedingung für die Etablierung von Wissensmanagement.

Die Realisierung der Wissensbausteine wird in die Unternehmenskultur eingebettet, da sie einer organisatorischen Verankerung bedürfen. Dies bedeutet, dass sämtliche Nutzer des WMS sich der Unternehmenskultur bewusst und im Bereich Wissensmanagement kompetent, also mit den Wissensbausteinen nach Probst/Raub/Romhardt vertraut, darin kontinuierlich geschult und bereit sind, diese anzuwenden. Die Pfeile hin zu bzw. weg von externen Auftraggebern/-nehmern deuten darauf hin, dass die externen Einheiten über wesentliche Wissensmanagementprozesse informiert sind und im Gegenzug auch bekannt geben, welche Wissensbedarfe diese aufweisen.

Web-Client

Der Anwender besitzt die Möglichkeit, über den Web-Client Zugriff auf das WMS zu erhalten. Um den Zugriff universell zu ermöglichen, wird kein spezieller Gerätetyp empfohlen. Je nach Gerätetyp lässt sich der Zugriff über einen Web-Browser oder einen mobilen Browser umsetzen. Potenzielle Gerätetypen listet Tabelle 11 auf.

Ein Web-Browser ist eine Software mit graphischer Benutzerschnittstelle, über die Webseiten aufgerufen werden können und der Zugriff auf diverse Webdienste hergestellt wird, beispielsweise Web-Dokumente, E-Mail, Chat, Internettelefonie u. ä.[672] Der Web-Browser bezieht seine Daten aus dem Intranet. Unter einem Intranet wird ein organisationsspezifisches Computernetzwerk verstanden, das auf der selben Technologie wie das Internet basiert, jedoch geschlossen und nicht-öffentlich ist.[673] Der Intranetzugang kann kabelbasiert oder kabellos[674] erfolgen[675] und macht den Zugriff auf das WMS von außen nicht möglich. Zugriff kann jedoch nichtsdestoweniger, z. B. über ein Virtuelles Privates

[671] In der Literarur gibt es bereits Architekturen für Wissensmanagementsysteme jedoch ohne den Schwerpunkt der Wissensbausteine und den externen Schnittstellen. Vgl. z. B. Riempp, S. 126; Probst/Raub/Romhardt, S. 215 oder Maier Knowledge management systems: information and communication technologies for knowledge management, S. 337.

[672] Vgl. Balzert Lehrbuch Grundlagen der Informatik: Konzepte und Notationen in UML 2, Java 5, C++ und C, Algorithmik und Software-Technik, Anwendungen, S. 52; Laudon/Laudon/Schoder, S. 245; Lehner/Wildner/Scholz, S. 307; Gumm/Sommer, S. 630 und Kersken, S. 1 ff..

[673] Vgl. Lux, S. 17.

[674] Bspw. via W-LAN.

[675] Vgl. Balzert Lehrbuch Grundlagen der Informatik: Konzepte und Notationen in UML 2, Java 5, C++ und C, Algorithmik und Software-Technik, Anwendungen, S. 52.

Netzwerk (VPN) erteilt werden. Ein VPN baut über ein öffentliches Netzwerk wie dem Internet allgemein die Verbindung zu einem privaten Netzwerk wie dem Intranet auf.[676]

Gerätetyp	**Beschreibung**
Personal Computer (PC)	Der PC stellt ein wichtiges Arbeitsmittel zur Aufgabenerledigung dar. Es kann zwischen einem stationären Arbeitsplatzrechner mit Stromnetzverbindung, einen portablen Laptop oder Notebooks mit Akku und Stromnetzbetrieb differenziert werden.
Netbook	Im Vergleich zum Laptop zeichnet sich ein Netbook durch einen geringeren Speicher und geringere Datenverarbeitungskapazitäten aus. Netbooks sind meist raumsparender und kostengünstiger und werden vor allem für die mobile Internetnutzung eingesetzt.
Thin-Client	Stationärer Arbeitsplatz, der nur einen sehr geringen Arbeits- und lokalen Speicher aufweist. Man spricht auch von einem (Internet-)Terminal.
Tablet	Mobiler und extrem flacher Computer, der über einen Touchscreen und eine hohe Datenverarbeitungskapazität verfügt. Die Benutzeroberfläche und Bedienung ähnelt in hohem Maße der eines Smartphones (s.u.).
Personal Digital Assistant (PDA)	Kleiner, mobiler Organizer mit Datenverarbeitungsprogrammen. Benutzereingaben erfolgen über ein LC-Display. Ein PDA unterstützt das persönliche Informationsmanagement des Anwenders, etwa bei der Organisation von Terminen und Aufgaben, E-Mails und dem Zugriff auf das Internet (engl.: Personal Information Management (PIM)). Auf das Internet zugreifen kann der PDA selbst oder über eine Verbindung zu anderen externen Geräten.
Handheld	Bezeichnet einen kleinen, mobilen Organizer mit Tastatur, der zu den Mobilfunktelefonen zählt und zumeist für E-Mail-Funktionalitäten eingesetzt wird.
Smartphone	Gehört ebenso zur Gruppe der Mobilfunktelefone. Der große Bildschirm ist entweder ein berührungsempfindlicher Touchscreen oder eine Tastatur. Smartphones besitzen Internet- und E-Mail-Funktionalität und bieten Raum für zahlreiche Anwendungen (Apps).

Tabelle 11: Verschiedene Typen von Web-Clients[677]

Aus der Verwendung von Smartphones, Handhelds und anderen Mobiltelefonarten mit Internetzugriff ergeben sich besondere Anforderungen an einen mobilen Web-Browser. Er muss an die kleine Bildschirmoberfläche der Mobiltelefone angepasst werden, damit die Übersichtlichkeit einer Webpage gewährleistet bleibt. Zusätzlich haben auch die im Vergleich zum PC geringeren Arbeitsspeicher und Netzübertragungsgeschwindigkeiten[678] der Mobiltelefone Einfluss auf die Gestaltung der mobilen Web-Browser.[679]

676 Vgl. Lux, S. 53 f.

677 In Anlehnung Laudon/Laudon/Schoder [2010], S. 372 und Hansen/Neumann [2009], S. 93 ff.

678 Für Webanwendungen gelten die Standards GSM, UMTS und LTE. Bei GSM beträgt die Übertragungsgeschwindigkeit max. 9,6-14,4 Kbit/s, die Datenbeschleuniger sind GPRS (max. 53,6 Kbit/s) und EDGE (max. 260 Kbit/s). Für UMTS beläuft sich die Übertragungsgeschwindigkeit auf max. 384 Kbit/s, und der Datenbeschleuniger HSPA (HSDPA/HSUPA) liegt zwischen 3,6-42,2 Mbit/s. Der LTE-Netzstandard beträgt in der Übertragungsgeschwindigkeit max. 50-150 Mbit/s. Wenn sie sich mit einem W-Lan-Netz verbinden, können Mobiltelefone auch höhere Datenübertragungsgeschwindigkeiten erreichen. Vgl. Kompendium und Telekom.

679 Vgl. Alby, S. 64 ff.

Damit Web-Browser mit verschiedenen Servern kommunizieren können, ist ein spezielles Protokoll vonnöten. In der Adresszeile eines Browsers wird angezeigt, welches Protokoll für die Datenübertragung verwendet werden soll.[680] Um via Web-Client auf das Wissensmanagementsystem zuzugreifen, muss zunächst die Web-Adresse[681] in den Browser eingegeben und eine Anmeldemaske ausgefüllt werden. Hierbei spricht man von einer *formularbasierten Authentifizierung*, für die ein Benutzername und ein Passwort zu verwenden ist. Diese Anmeldedaten werden über eine gesicherte Verbindung an den Web-Server übermittelt, ohne dass der Browser Informationen über den Anwendernamen besitzt oder speichert.[682]

Web-Server

Um die Zugriffskontrolle zu sichern, wird zwischen zwei wesentlichen Verfahren unterschieden: der Authentifizierung des Anwenders auf einer Webseite und seiner Autorisierung. Dass beide ordnungsgemäß ablaufen, gewährleistet der Web-Server. Unter Authentifizierung versteht man den Prozess der Überprüfung der *Identität* von Personen, Systemkomponenten oder Anwendungen beim Anmeldevorgang an ein System. Das Überprüfen der *Berechtigung* einer Person, Systemkomponente oder Anwendung, spezifische Aktionen auf einem System durchzuführen, wird unter Autorisierung verstanden.[683] Um eine schnelle Nutzung des WMS zu garantieren, sollte ein Single Sign on-Verfahren gewählt werden. Es bezeichnet die einheitliche Authentifizierung eines Anwenders anhand eines einzigen Merkmals. Dem Anwender stehen nach erfolgreicher Authentifizierung und gemäß seiner Autorisierung dann alle Dienste und Applikationen des WMS zur Verfügung, ein erneutes Anmelden ist nicht notwendig.[684] Für die Autorisierung mittels Single Sign on-Verfahren existieren folgende zwei gängige Möglichkeiten: Entweder sendet der Web-Server die Anfrage über den Applikationsserver an den Datenbankserver, der sich mit der Datenbank „Zugriffsrechte" verbindet, die Anmeldung überprüft und die Rechteeinstellung des Anwenders an den Web-Server zurückgibt. Oder die Anmeldeinformationen werden anhand des Abgleichs mit einem Verzeichnisdienst überprüft.[685]

Die Kommunikation zwischen Web-Client und Web-Server kann mit client- oder serverseitiger Anwendungslogik ablaufen. Bei einer clientseitigen Anwendungslogik können Clientanfragen bereits durch den Client selber bearbeitet werden. Bei einer serverseitigen Anwendungslogik fungiert der Client als sogenannter Thin-Client, übernimmt folglich nur die Darstellung von Inhalten und leitet alle Anfragen an einen oder mehrere Server weiter, welche die Anwendungslogik vorhalten und damit die Bearbeitung der Anfrage

680 Vgl. Balzert Lehrbuch Grundlagen der Informatik: Konzepte und Notationen in UML 2, Java 5, C++ und C, Algorithmik und Software-Technik, Anwendungen, S. 52.
681 Diese könnte lauten: https://www.GanzheitlichesWMS/V-Modell-XT-Projektwissensportal.de
682 Vgl. Boddenberg, S. 782.
683 Vgl. Boddenberg, S. 783 und Laudon/Laudon/Schoder, S. 1017.
684 Vgl. Rieger, S. 12.
685 Vgl. Boddenberg, S. 783.

übernehmen.[686] Aufgrund der Anforderung möglichst universell einsetzbarer Clients bietet sich eine clientseitige Anwendungslogik nicht an. Da die bereits nachteilig beschriebenen längeren Antwortzeiten einer reinen serverseitigen Anwendungslogik ebenfalls umgangen werden sollten, wird eine Kombination der beiden Ansätze empfohlen, für den Systementwurf speziell eine serverseitige Anwendungslogik mit Clientscripting.[687] Dies bedeutet, dass die Anwendungslogik auf dem Server verbleibt, jedoch ein Skript[688] auf dem Client ausgeführt wird, was zum Beispiel beim Klicken auf eine Schaltfläche zum Tragen kommt. Nach der Eingabe eines Anwenders wird für das Auslösen einer Aktion am Server ein Skript benötigt. Zudem ist Clientscripting auch beim Senden einer Seite an den Server nützlich. Benutzereingaben können bereits auf dem Client überprüft und ggf. Rückmeldung an den User gegeben werden.[689] Dadurch reduziert sich die Menge an Daten, die der Client an den Server spielt, drastisch.[690]

Applikationsserver

Applikationsserver stellen die Ausführungsumgebung für Anwendungssoftware dar und sollen alle Anwendungen für das WMS bereithalten. Die Anwendungen bspw. Groupwaresysteme, Inhaltsmanagementsysteme, Suchsysteme, Kompetenzmanagementsystem u. ä. sollen die Funktionsbereiche von Wissensmanagementsystemen, wie in den funktionalen Anforderungen beschrieben, unterstützen.[691]

Um überdies wichtige Wissensinhalte aus dem Internet zu erhalten, wird der Zugriff darauf auch durch die Applikationssoftware ermöglicht. So können bei Suchanfragen eines Anwenders die unternehmensinternen Inhalte durchsucht, aber auch externe Quellen einbezogen werden. Ein gutes Beispiel sind die V-Modell-spezifischen Internetseiten wie der V-Modell-Blog[692], die V-Modell Foren[693] oder auch generelle Internetinhalte und Newsgroups, die sich mit dem Thema V-Modell und Systementwicklung beschäftigen.

Als Ausführungsumgebung für die Anwendungssoftware sollten Applikationsserver folgende Eigenschaften besitzen.

- Mehrbenutzerbetrieb-Unterstützung
- Unterstützung hoher Transaktionsaktivitäten[694]

[686] Vgl. Chantelau/Brothuhn, S. 41 f. und Lehner/Wildner/Scholz, S. 309.
[687] Vgl. Boddenberg, S. 712.
[688] Aus dem Englischen *„script"* für „Drehbuch". Dabei handelt es sich um ein kleines Computerprogramm.
[689] Das lässt sich am Beispiel der Benutzeranmeldung erläutern: Wenn ein Benutzername mindestens fünf und ein Passwort mindestens sieben Elemente erhalten muss, können Fehler bei der Eingabe bereits vom Client entdeckt werden.
[690] Vgl. Boddenberg, S. 712 und Ernst, S. 758.
[691] Vgl. Riempp, S. 127 f. und Vossen, S. 439 f.
[692] Erreichbar unter: http://vmxt.blogspot.de/.
[693] Erreichbar unter: https://www.cio.bund.de/cio_forum/index.php.
[694] Zum Begriff der Transaktionen siehe weiter unten.

- Kurze Antwortzeiten[695]
- Hohe Verfügbarkeit[696]

Die Durchführung einer einzelnen Aktion stellt noch kein Problem für Anwendungsserver dar, die Konsolidierung vieler parallel laufender Anfragen hingegen ist herausfordernder. Zu den wesentlichen Aufgaben eines Applikationsservers gehören daher die Transaktions-, Prozess-, Objekt- und Komponentenverwaltung sowie die Kommunikation.

Als Transaktion bezeichnet man eine Folge von Operationen, also eine Sequenz von zusammengehörigen Programmschritten. Transaktionen müssen die ACID-Eigenschaften[697] erfüllen und sind eine Verarbeitungseinheit, die den Start und das Ende jeder Transaktion festlegt und dadurch einen Synchronisationspunkt für den Fall von Systemfehlern vorgibt. Die Eingaben eines Benutzers lösen eine Aktivität im System aus, den *Dialogschritt*. Ihn führt ein Transaktionsprogramm durch und vollzieht dabei oftmals eine ACID-Transaktion auf einer Ressource, im vorliegenden Fall einer Datenbank.

Im Zuge der Prozessverwaltung werden Prozesse erzeugt und mit Betriebsmitteln[698] versorgt. Hier sind *Deadlock*-Szenarien unbedingt zu verhindern. Deadlock bedeutet, dass einige Prozesse auf ein Ereignis warten, das von ihnen selbst oder einem anderen beteiligten Prozess ausgelöst werden müsste.[699] Mit dem vorliegenden Client-Server-Modell und seiner Browserschnittstelle wird ein leichtgewichtiger Prozess implementiert, da die Anwendungslogik weder auf dem Benutzergerät noch auf dem Web-Server ausgeführt wird.

Die Objekt- und Komponentenverwaltung organisiert die Ablaufumgebung für Objekte und Komponenten und die Bereitstellung von Transaktionssteuerungsdiensten und Persistenz, der automatisierten Speicherung in Datenbanken.

Der Applikationsserver ist weiterhin für die Kommunikation zuständig und unterstützt den Dialogbetrieb, indem er den über den Web-Server gesendeten Datenstrom aufnimmt

---

695 Sie müssen sich unterhalb einer Sekunde bewegen.

696 Organisationsspezifisch eventuell 24/7-Betrieb.

697 *Atomicity* steht für die Unteilbarkeit von Transaktionen. Dies bedeutet, dass jede Transaktion nicht teilbar ist, dass mithin stets die Summe aller Operationen wirksam ist, jedoch nie nur Teilbereiche. „Rollback" heißt in diesem Kontext, dass bereits wirksame Operationen wieder rückgängig gemacht werden, wenn die nächsten anstehenden Operationen nicht wirksam werden können. Die Konsistenz von Zuständen wird unter *Consistency* gefasst und meint die Eigenschaft, dass Transaktionen die Daten stets von einem konsistenten Zustand in den nächsten führen. Inkonsistente Zwischenzustände sind nur innerhalb einer einzigen Transaktion möglich. *Isolation* paralleler Transaktionen bedeutet, dass die inkonsistenten Zwischenzustände innerhalb einer Transaktion für andere Transaktionen verborgen bleiben. Unter *Durability*, also der dauerhaften Speicherung von Änderungen, versteht man, dass erfolgreich beendete Transaktionen dauerhaft in diesem Datenzustand verbleiben. Vgl. Siedersleben, S. 139 f.

698 Speicher und Datensätze.

699 Vgl. Tanenbaum, S. 512. Es gibt drei verschiedene Strategien für den Umgang mit Deadlocks: 1.) Entdeckung und Wiederherstellung, 2.) Vermeidung 3.) Prävention. Vgl. Li/Zhou, S. 4.

und verarbeitet. Die für die Anwendungen notwendigen Inhalte muss er vom Datenbankserver abfragen und prozessieren.[700]

Datenbankserver

Der Datenbankserver stellt das Datenbankmanagementsystem zur Verfügung, das wiederum den Zugriff auf die Backendsysteme (Datenbanken) ermöglicht. Da in den meisten Firmen bereits Datenbanken existieren, liegen diese in dem vorliegenden Feinentwurf außerhalb des Serversystems. Dadurch lassen sich der Datenbankserver kleiner halten und unterschiedlichste, evtl. sogar schon bestehende Datenbanken integrieren. Falls noch keine Datenbanken vorhanden sind, können sie auch in den Datenbankserver aufgenommen werden.

Datenbanksysteme werden ca. seit 1975 entwickelt, um die Probleme einer separaten Datenhaltung zu beheben, primär z. B. redundante und inkonsistente Daten, Sicherheitsprobleme, eingeschränkte Zugriffsmöglichkeiten in Bezug auf Abfragen und eine fehlende Überwachung bei gleichzeitigem Zugriff von mehreren Anwendern. [701] Anknüpfend an diese Defizite, sollte ein Datenbanksystem die nachstehenden Eigenschaften erfüllen:[702]

- Hohe Systemdurchsatzleistung
- Mehrbenutzerbetrieb-Unterstützung sodass gleichzeitige Anfragen von mehreren Benutzern parallel bearbeitet werden.
- Unterlineare Skalierung häufiger Anfragen und Operationen[703]
- Tansaktions-Unterstützung[704]
- Zugriffsschutz, qua Authentisierung und Autorisierung[705]
- Hohe Verfügbarkeit

Wie bereits in der Gesamtsystemarchitektur angeführt, sind Datenbanken genau wie Client-Server-Architekturen in drei verschiedene Schichten untergliedert. Wesentliche Vorteile dieser zentralen Datenhaltung stehen nun im Mittelpunkt. Essentiell ist die Möglichkeit einer weitgehenden Redundanz- und Inkonsistenzfreiheit der integrierten Datenbasis, die doppelte Datenhaltungen vermeiden hilft. Man spricht oftmals auch von einer „kontrollierten Datenredundanz", da es aus Effizienz- und Verfügbarkeitsgesichtspunkten empfehlenswert sein kann, Datenbestände zu replizieren. Datenkonsistenz meint die

[700] Vgl. Siedersleben, S. 137 ff.
[701] Vgl. Brause, S. 145.
[702] Siehe im Folgenden Schöning, S. 110 ff. und Brause, S. 146 f.
[703] Eine lineare Skalierung liegt vor, wenn die n-fache Erhöhung von Benutzeranfragen eine n-fache Erhöhung der Antwortzeit nach sich zieht. Diese Eigenschaft ist für häufige Anfragen und Operationen nicht erwünscht, weswegen Indizes eingesetzt werden, damit die Antwortzeiten nur geringfügig steigen.
[704] Bei Erfüllung der ACID-Eigenschaften (s. o. Fußnote 697).
[705] Vgl. hierzu den Abschnitt *Web-Server*.

logische Widerspruchsfreiheit der Daten, in dem Sinne, dass die Datenbank aufgrund von Redundanzen keine widersprüchlichen Informationen erhält. Zusätzlicher Vorteil ist die Datenintegrität, d. h. die Vollständigkeit und Korrektheit der Datenbank. Das DBMS übernimmt hierfür die Kontrollfunktion. Durch die Aufteilung in physische und logische Ebenen lässt sich weiterhin physische und logische Datenunabhängigkeit erzielen. Unter physischer Datenunabhängigkeit versteht man die Eigenschaft von Datenbanken, die physischen Zugriffsebenen zu ändern, ohne dabei Einfluss auf das Datenbankschema zu nehmen. Die logische Datenunabhängigkeit hingegen erlaubt Änderungen am Datenbankschema, ohne damit die Anwendungsprogramme zu betreffen.[706]

6.1.3.3 Gesetzliche Aspekte und Sicherheitskonzept

Das ganzheitliche WMS enthält viele wettbewerbskritische und vertrauliche Inhalte. Wegen dieser Sensibilität des Systems kommt einem Sicherheitskonzept hohe Bedeutung zu. Die menschenbezogenen und organisatorischen Elemente des ganzheitlichen WMS lassen sich mithilfe gesetzlicher Regelungen und organisatorischer Maßnahmen absichern. Das technische WMS bedarf der Kombination organisatorischer mit technischen Maßnahmen.

Schwerer zu regulieren sind seine „nicht-technischen" Elemente. Sie erstrecken sich auf den Menschen und seine Kommunikation mit Kollegen, Auftraggebern und -nehmern sowie auf seinen Umgang mit sensiblem Wissen und Informationen.

Einfacher, wenngleich auch niemals vollständig, sind die technischen Systemelemente zu schützen. Die folgenden Abschnitte beschäftigen sich mit gesetzlichen Aspekten des Wissensmanagements sowie mit organisatorischen und technischen Maßnahmen zum Schutz des ganzheitlichen WMS.

IT-Sicherheitsmaßnahmen stellen keinen Selbstzweck dar. Vor der Etablierung organisatorischer und technischer Maßnahmen zum Schutz von Informationstechnik müssen diese in Hinblick auf ihre Ergonomie, Effektivität und Wirtschaftlichkeit analysiert werden.[707] Die Sicherstellung der Wirksamkeit der Maßnahmen und die Kosten müssen im Einzelfall analysiert werden.

Gesetzliche Aspekte

Schutz personenbezogener Daten

Das WMS wird von Menschen genutzt. Jeder Anwender des WMS hat ein eigenes Benutzerprofil, das z. B. Zugriffsberechtigungen und Informationsbedarfe bestimmt.

[706] Vgl. Kemper/Eickler, S. 17 ff.
[707] Vgl. Pohlmann/Blumberg, S. 83 ff., 405.

Zudem werden in Expertenverzeichnissen, auch Yellow Pages genannt, und Fähigkeitsdatenbanken personenbezogene Daten erfasst. Weiterhin verfügen Personalverantwortliche über weitreichende persönliche Daten der Anwender. Solche personenbezogenen Daten enthalten Informationen über Geburtstag, Familienstand, persönliche Kontaktdaten u.v.m. und sind laut Bundesdatenschutzgesetz (BDSG) in besonderem Maße schutzwürdig.

Laut § 1(1) BDSG besteht der Zweck des Gesetzes darin,

> *„den Einzelnen davor zu schützen, dass er durch den Umgang mit seinen personenbezogenen Daten in seinem Persönlichkeitsrecht beeinträchtigt wird.“*

In diesem Zusammenhang sind personenbezogene Daten laut § 3 (1) BDSG:

> *„Einzelangaben über persönliche oder sachliche Verhältnisse einer bestimmten oder bestimmbaren natürlichen Person (Betroffener).“*

Bei der Verwendung personenbezogener Daten durch das WMS muss die automatische Verarbeitung oder Nutzung der Daten so gestaltet sein, dass diese den Anforderungen des Datenschutzes genügen. Um das zu garantieren werden, je nach Art der personenbezogenen Daten, im Anhang zu § 9 (1) BDSG acht verschiedene Maßnahmen empfohlen:[708]

1. Zutritt: Es muss eine Zutrittskontrolle zu Datenverarbeitungsanlagen, in welchen die Verarbeitung und/oder Nutzung personenbezogener Daten erfolgt, existieren.
2. Zugang: Zugangskontrolle von Datenverarbeitungssystemen, um unbefugtes Eindringen zu verhindern.
3. Zugriff: Zugriffskontrolle, damit nur Berechtigte das Datenverarbeitungssystem mit personenbezogenen Daten nutzen können.
4. Weitergabe: Kontrolle der Weitergabe bei der elektronischen Übermittlung personenbezogener Daten. Dadurch ist sicherzustellen, dass Daten nicht von Unbefugten gelesen, dupliziert, geändert oder gelöscht werden.
5. Eingabe: Eingabekontrolle im Sinne einer Überprüfung und Feststellung, wer bzw. ob jemand personenbezogene Daten in Datenverarbeitungssysteme eingegeben hat. Dies gilt auch für die Veränderung und Entfernung von Daten.
6. Auftrag: Auftragskontrolle der Verarbeitung von personenbezogenen Daten, sodass sie nur im Sinne des Auftraggebers verarbeitet werden.
7. Verfügbarkeit: Verfügbarkeitskontrolle der personenbezogenen Daten, um sie gegen Zerstörung und Verlust zu schützen.

[708] Vgl. BDSG, §9.

8. Trennung: Daten, die für verschiedene Zwecke erhoben werden, müssen eine voneinander getrennte Verarbeitung erlauben.

Schutz des Know-how

Die Besonderheiten der Softwareentwicklung und des IT-Projektmanagements wurden an vielen Stellen der vorliegenden Arbeit betont. Das hierfür benötigte Spezialwissen, das durch betriebliche und technische Erfahrungen gesammelt wurde, lässt sich unter dem Begriff Know-how zusammenfassen.[709] Das Know-how einer Organisation ist einer ihrer kritischen Erfolgsfaktoren und aus diesem Grund besonders schutzwürdig. Das Gesetz sieht keine explizite Regelung zum Schutz von Know-how vor, es wird jedoch indirekt durch einige Paragraphen geschützt.[710]

Das Gesetz gegen den unlauteren Wettbewerb (UWG) regelt den Schutz von Geschäfts- und Betriebsgeheimnissen. Hierunter ist auch das unternehmensinterne Know-how zu subsumieren.[711] § 17 (1) UWG besagt:

> *„Wer als eine bei einem Unternehmen beschäftigte Person ein Geschäfts- oder Betriebsgeheimnis, das ihr im Rahmen des Dienstverhältnisses anvertraut worden oder zugänglich geworden ist, während der Geltungsdauer des Dienstverhältnisses unbefugt an jemand zu Zwecken des Wettbewerbs, aus Eigennutz, zugunsten eines Dritten oder in der Absicht, dem Inhaber des Unternehmens Schaden zuzufügen, mitteilt, wird mit Freiheitsstrafe bis zu drei Jahren oder mit Geldstrafe bestraft.“*

§ 18 UWG regelt die Verwertung von Vorlagen und legt fest, dass die Verwendung von Vorlagen, insbesondere Zeichnungen, Schnitten, Modellen u.v.m., auf die eine beschäftigte Person aufgrund ihres Arbeitsverhältnisses Zugriff erhalten hat, nicht unbefugt weitervermittelt und verwertet werden dürfen.

Aus § 823 (1) BGB leiten sich infolge der Verletzung von §§ 17, 18 UWG Schadenersatzpflichten ab:

> *„Wer vorsätzlich oder fahrlässig das Leben, den Körper, die Gesundheit, die Freiheit, das Eigentum oder ein sonstiges Recht eines anderen widerrechtlich verletzt, ist dem anderen zum Ersatz des daraus entstehenden Schadens verpflichtet.“*

Überlassung geistigen Eigentums

Im Rahmen des Wissensmanagements entstehen viele neue Wissensbereiche. Einerseits können diese in Form von Wikis, Blogs und Wissensdokumenten abgelegt sein oder kann

709 Vgl. Verfasser Definition: Know-how.
710 Vgl. Verfasser Der Know-how-Schutz in der Praxis.
711 Vgl. Verfasser Der Know-how-Schutz in der Praxis

Wissen andererseits über Prozessverbesserungen oder bloße verbale Kommunikation weitergetragen werden. Dadurch ergibt sich eine fundamentale Frage in Bezug auf das Eigentum des generierten Wissens: Gehört das Wissen dem Arbeitnehmer, und hat er Anrecht darauf, dieses nach Ausscheiden aus einer Organisation mitzunehmen? Wissen, das in den Köpfen der Mitarbeiter gespeichert ist, wird natürlich nicht im Unternehmen verbleiben. Weniger eindeutig gestaltet sich die Lage bei der Verewigung des Wissens in elektronischen Speichermedien. Hier besitzt der Autor die Urheberrechte. Ein Urheber ist laut § 8 des Urheberrechtgesetzes (UrhG) der *„Schöpfer eines Werkes"*.[712] Fiele dem Arbeitnehmer aber das Recht zu, die von ihm generierten Inhalte z. B. in einem Wiki bei Ausscheiden aus der Organisation zu löschen, würde dies die künftige Nutzung aller elektronischen Wissensspeicher, die auf der Mitarbeit der Arbeitnehmer basieren, in Frage stellen.[713]

Für Arbeitgeber vorteilhaft geregelt ist der Schutz derjenigen Inhalte, die im Rahmen des Arbeitsverhältnisses erstellt wurden. Der Arbeitgeber kann sicherstellen, dass die vom Arbeitnehmer erstellten Arbeitsergebnisse dem Unternehmen zufallen. Im Arbeitsvertrag sollte ein Passus bezüglich der Urheberrechte enthalten sein. Hier kommt § 31 (5) in Verbindung mit § 43 des UrhG zum Tragen.

So gilt nach § 31 (5) UrhG, dem Gesetz zur Einräumung von Nutzungsrechten:

> *„Sind bei der Einräumung eines Nutzungsrechts die Nutzungsarten nicht ausdrücklich einzeln bezeichnet, so bestimmt sich nach dem von beiden Partnern zugrunde gelegten Vertragszweck, auf welche Nutzungsarten es sich erstreckt. Entsprechendes gilt für die Frage, ob ein Nutzungsrecht eingeräumt wird, ob es sich um ein einfaches oder ausschließliches Nutzungsrecht handelt, wie weit Nutzungsrecht und Verbotsrecht reichen und welchen Einschränkungen das Nutzungsrecht unterliegt."*

§ 43 UrhG regelt die Urheberschaft in Arbeits- oder Dienstverhältnissen:

> *„Die Vorschriften dieses Unterabschnitts sind auch anzuwenden, wenn der Urheber das Werk in Erfüllung seiner Verpflichtungen aus einem Arbeits- oder Dienstverhältnis geschaffen hat, soweit sich aus dem Inhalt oder dem Wesen des Arbeits- oder Dienstverhältnisses nichts anderes ergibt."*

Durch die vertragliche Absicherung der Nutzungsrechte können die Einträge vor der Löschung geschützt werden. Dies bezieht sich jedoch nur auf Arbeitsergebnisse, die während der Arbeitszeit erreicht wurden. Für Ergebnisse, die ein Mitarbeiter außerhalb seiner Arbeitszeit oder in seiner Freizeit erstellt, greift dieser Schutz nicht. Weiterhin ist auch

[712] Gleiches gilt für Miturheber, also Personen, die gemeinsam mit anderen an einem Werk gearbeitet haben. Vgl. hierzu § 8 UrhG.

[713] Der gesamte Abschnitt zum Thema Urheberrecht bezieht sich auf das gültige Urheberrechtsgesetz in Verbindung mit Ulbricht.

das Bereitstellen von Photographien z. B. in Expertenverzeichnissen und Social Media-Systemen kritisch. In beiden Fällen müssen die Nutzungsrechte der Mitarbeiter eingeholt und vertraglich niedergelegt werden.

Ebenfalls heikel zeigt sich das Verletzen der Urheberrechte Dritter. Bei der Recherche zu einem bestimmten Themengebiet werden häufig Literatur, Fachzeitschriften und das Internet zurate gezogen, sodass für die Übertragung von Themenbereichen aus diesen Quellen die urheberrechtlichen Grundsätze gelten müssen.[714]

Speicherung von Wissensdokumenten

Ein Teil der im WMS gespeicherten Dokumente unterliegt der Aufbewahrungspflicht, namentlich Verträge. Da das V-Modell bei der Erstellung von Verträgen unterstützt, müssen besondere Aufbewahrungspflichten eingehalten werden, was zusätzlich auch die schriftliche Kommunikation der Kaufleute, sog. *Handelsbriefe*, betrifft. Nach § 257 (2) HGB sind Handelsbriefe *„nur Schriftstücke, die ein Handelsgeschäft betreffen"*. Hierunter fallen Faxe, E-Mails und Briefe.

Aufbewahrungspflichten werden in diversen Gesetzen geregelt. Je nach Art des Projekts oder Unternehmensform (Aktiengesellschaft, GmbH, GbR usw.) ergeben sich unterschiedliche Pflichten, im Detail wird aber auf die einzelnen Unternehmensformen nicht eingegangen. Gemeinsamer Nenner ist das Handelsgesetzbuch (HGB). Hier regelt § 257 HGB für die Aufbewahrung von Unterlagen sog. Aufbewahrungsfristen:

- Verträge: relevant für Buchungsgrundlage 10 Jahre, nicht relevant für Buchungsgrundlage 6 Jahre
- Handelsbriefe (abgesendete und empfangene): 6 Jahre

Die Aufbewahrung der Dokumente auf Bildträgern oder anderen Datenträgern ist laut § 257 HGB (3) erlaubt.[715]

Sicherheitskonzept: organisatorische Maßnahmen

Organisatorische Maßnahmen legen das Fundament für die Einhaltung sämtlicher Sicherheitsmaßnahmen, indem sie die Menschen in ihrem Handeln prägen und auf die besondere Sensibilität im Umgang mit Wissen vorbereiten.

Schulungen

Organisatorisch lässt sich zunächst durch Schulungen in einer Organisation Einfluss nehmen. Die Sensibilisierung der Mitarbeiter hinsichtlich ihres Umgangs mit Wissen und

[714] Vgl. § 106 UrhG und Wien, S. 197.

[715] Detailliertere Aufbewahrungspflichten ergeben sich aus buchhalterischer Sicht, was jedoch kein Teil des Wissensmanagements ist. Diese Aspekte werden in anderen Bereichen einer Organisation geregelt, eben der Buchhaltung. Dazu sei u. a. auf die Regelungen § 147 AO und GewStg verwiesen.

in Hinblick auf die Handhabung des ganzheitlichen WMS ist wesentliches Element einer erfolgreichen Einführung. Einerseits müssen alle Mitarbeiter den Umgang mit der Vertraulichkeit von firmeninternem Wissen erlernen. Das schließt die Kommunikation[716] über Projekte und Wissensinhalte wie auch die Behandlung von Dokumenten ein. Andererseits sind die Mitarbeiter in besonderem Maße im Umgang mit dem technischen WMS zu schulen.

IT-Sicherheitslinie

Zusätzlich sollte eine IT-Sicherheitsleitlinie entworfen werden. Sofern bereits eine existiert, muss sie um die Aspekte des WMS erweitert werden. Eine IT-Sicherheitsleitlinie ist die Basis für ein risikosensibles und wirtschaftlich angemessenes IT-Sicherheitskonzept, welche die Regeln der IT-Nutzung verbindlich vorschreibt. Spätere Verstöße gegen die Regelungen lassen sich somit ahnden.[717]

Die Durchsetzung des verbindlich vertraulichen Umgangs mit Wissen und die Einhaltung der IT-Sicherheitslinie können weiterhin durch *Arbeitsverträge* erreicht werden. Diese sollten neben den allgemeinen Regelungen zum Arbeitsverhältnis auch spezielle, auf das WMS abzielende Inhalte beinhalten. Dabei sollten zumindest der Umgang mit Authentifizierungsmerkmalen[718], das Einverständnis über (IT-)Sicherheitsleitlinien, Vereinbarungen über den Schutz von geistigem Eigentum und die Verpflichtung der Geheimhaltung von dem Mitarbeiter zugänglichen Informationen vertraglich festgehalten werden.[719]

Eine weitere organisatorische Maßnahme ist die Einführung von sicherheitsspezifischen *Rollen*.[720] Für diese Belange kann auf die im V-Modell enthaltenen Organisationsrollen des Datenschutzbeauftragten und des IT-Sicherheitsbeauftragten zurückgegriffen werden. Organisationsrolle bedeutet, dass diese Rolle ihre Aufgaben organisationsweit übernimmt. Auf Projektebene ist hier die Rolle des Datenschutzverantwortlichen vorgesehen.[721] Die im V-Modell vorgegebenen Rollen sind um die Kritizität des Wissens zu erweitern, was im Rahmen von Kapitel 6.2.1.2 geschieht.

Zudem muss wegen der besonderen Sensibilität der Wissensinhalte ein Sicherungskonzept für Backups/Datenspeicherungen in den Datenbanken erstellt werden.[722] Dazu dienen Backups, d. h. die Duplizierung der Inhalte des WMS auf externen Speichermedien. Durch die Spiegelung der Daten in einem zumeist weiter entfernten Rechenzentrum können diese im Falle der Löschung oder unberechtigten Veränderung wieder rekonstruiert

716 Gemeint ist die rein verbale Kommunikation zwischen Kollegen, Auftragnehmern und -gebern, aber auch unternehmensexternen Personen.

717 Vgl. Pohlmann/Blumberg, S. 88 f.

718 Passwörter, Werksausweise etc.

719 Vgl. Kersten/Klett, S. 135 ff.

720 Vgl. Schmidt, S. VI.

721 Vgl. V-Modell XT, Teil 4, S. 16, 18, 24 f.

722 Diese Maßnahme vereint sowohl organisatorische als auch technische Elemente. Die Durchführung der Datenspeicherung gehört zur technischen, das Erstellen eines Sicherungskonzepts und die Überprüfung der Einhaltung der Verfahren zur organisatorischen Ebene. Vgl. Stahlknecht/Hasenkamp, S. 485 f.

werden. Da Voll- bzw. Gesamtspeicherungen der Datenbestände sehr zeitaufwändig sind, sollten diese nur in größeren Abständen durchgeführt werden.[723] Geänderte Datenbestände lassen sich durch sogenannte Differenzsicherungen aufbewahren. Da selbst bei der Datensicherung Fehler auftreten können, sollten ältere Gesamtdatenspeicherungen nicht sofort, sondern erst nach Ablauf eines geeigneten Zeitraums gelöscht werden.[724]

Sicherheitskonzept: technische Maßnahmen

Systemarchitektur

Schon der *Aufbau* des WMS bildet die erste Sicherheitsmaßnahme. Aufgrund seiner Mehrschichtigkeit lassen sich die verschiedenen Systemebenen mit unterschiedlichen Sicherheitsmechanismen ausstatten, und so der Angriff auf das WMS erschweren. Da die Unternehmensdaten bzw. das -wissen auf der untersten Stufe des WMS angesiedelt sind, ist der unberechtigte Zugriff auf diese sensiblen Daten per se erschwert. Der Web- und der Applikationsserver bilden ein Schutzschild zwischen Client und Datenbanken.[725]

Zusätzlichen Schutz vor Angreifern bietet die intranetbasierte Kommunikation, überdies entscheidet die gewählte *Netzwerktopologie* darüber, wie leicht der Zugriff auf ein System erfolgen kann, und wie ausfallsicher dieses ist. Hierfür müssen zwischen den Systemelementen verschiedene Netzwerkverbindungen existieren, damit bei Ausfall einer einzelnen Verbindung, die Kommunikation des Netzwerks nicht beeinträchtigt wird. Die Netzwerkverbindungen können kabelgebunden oder drahtlos erfolgen, was auch auf die Kommunikation des Clients mit dem Webserver als äußerstem Vertreter des WMS zutrifft. Besondere Vorsicht ist bei Drahtlosverbindungen geboten (zu entsprechenden Schutzmaßnahmen siehe weiter unten). Innerhalb des Netzwerks sollte eine kabelbasierte Verbindung favorisiert werden, da hierdurch höhere Übertragungsgeschwindigkeiten erreicht werden können. Weiterhin ist die Abschirmung der Datenübertragung mittels Kabel leichter als über die Drahtlosverbindung.[726]

Authentifizierung

Die Authentifizierung des Anwenders an einem Gerät garantiert, dass nur Befugte Zugang zum Gerätesystem, ob Laptop oder Smartphone, erhalten. Sie ist neben der Geräte- und Netzwerkauthentifizierung ein eigener Schritt. Weiterhin ist sicherzustellen, dass der

723 Über die Abstände der Voll- bzw. Gesamtspeicherungen muss organisationsspezifisch befunden werden. Je nach Wichtigkeit der Daten könnten auch kürzere Speicherungszyklen empfehlenswert sein.

724 Vgl. Stahlknecht/Hasenkamp, S. 485 f. Der Zeitpunkt zum Löschen alter Datenspeicherungen muss ebenfalls organisationsspezifisch bestimmt werden. Dies kann monats-, wochen- und jahresweise geschehen.

725 Vgl. Schwichtenberg.

726 Vgl. McClure/Scambray/Kurtz, S.473 ff.

Kennwortschutz eines Betriebssystems nicht umgangen werden kann. Das lässt sich durch die Festlegung des Systemstarts nur von der lokalen Festplatte aus erreichen.[727]

Zur Authentifizierung können *Zertifikate* einen wichtigen Beitrag leisten.[728] Bei einem Zertifikat handelt es sich um

> *„eine mit einer qualifizierten elektronischen Signatur versehene, digitale Bescheinigung über die Zuordnung eines öffentlichen Signaturschlüssels zu einer natürlichen Person.“*[729]

Es enthält folgende Informationen: den Namen des Signaturschlüsselinhabers[730], den öffentlichen Signaturschlüssel, die Algorithmen zur Verwendung der öffentlichen Schlüssel, Angaben zum Zeitraum, innerhalb dessen das Zertifikat gültig ist, den Namen der Zertifizierungsstelle und Informationen über Benutzungseinschränkungen des Zertifikats, z. B. hinsichtlich der Art oder des Umfangs von speziellen Anwendungen.[731] Die Verteilung von öffentlichen und privaten Schlüsseln wird auch Public-Key-Verfahren genannt.[732] Diese Art der Verschlüsselung wird im nächsten Abschnitt erklärt.

Verschlüsselung

Unter der Verschlüsselung von Daten versteht man das Umwandeln eines Klartextes in einen geheimen, schwer zu entschlüsselnden Text. Hierfür werden sogenannte *Schlüssel* eingesetzt. Die Länge eines Schlüssels entscheidet mit über die Sicherheit: Je umfangreicher der Schlüssel, desto mehr Versuche zum Aufdecken des Schlüssels werden benötigt. Der zu verschlüsselnde Text wird mithilfe eines mathematischen Algorithmus umgewandelt. Dieser muss umkehrbar sein, dies ist die logische Voraussetzung für die erfolgreiche Entschlüsselung.[733]

Prinzipiell lassen sich symmetrische, asymmetrische und hybride Verfahren unterscheiden.[734] Ein *symmetrisches* Verschlüsselungsverfahren benutzt den gleichen Schlüssel zur Ver- und Entschlüsselung von Daten. Dadurch verläuft die technische Realisierung des Algorithmus, die Operation, stets gleich, unabhängig davon, ob die Daten ver- oder entschlüsselt werden sollen. Vorteil dieses Verfahrens ist seine hohe Leistungsfähigkeit bei der Ver- und Entschlüsselung. Als nachteilig erweist es sich bei einer hohen Anzahl von Kommunikationspartnern, wie in einem Netzwerk gegeben, da für jedes Kommunikationspaar ein separates Set an Schlüsseln zur Verfügung stehen muss. Bekannte Standards

727 Vgl. Eren/Detken, S. 510.
728 Vgl. Eren/Detken, S. 167.
729 Vgl. Eckert, S. 383.
730 Oder ein eindeutig zugewiesenes Pseudonym.
731 Vgl. Eckert, S. 383, 390 f.
732 Vgl. Eren/Detken, S. 167.
733 Vgl. Kersten/Klett, S. 157 ff.
734 Vgl. Eren/Detken, S. 160 ff.; Kersten/Klett, S. 157 ff. und Pohlmann/Blumberg, S. 220 ff.

sind der Data Encryption Standard (DES), Triple DES (3DES) und der Advanced Encryption Standard (AES).[735]

Im Unterschied dazu werden bei der *asymmetrischen* Verschlüsselung zwei verschiedene Schlüssel verwendet, einmal ein öffentlicher Schlüssel (*public key*), der z. B. in einem öffentlichen Verzeichnis abgelegt und zugänglich ist. Dieser öffentliche Schlüssel dient der Verschlüsselung der Daten, wozu prinzipiell jeder in der Lage ist. Zur Entschlüsselung der Daten wird jedoch ein geheimer Schlüssel (*private key*) benötigt, der nur einem einzelnen Besitzer oder einem ausgewählten Besitzerkreis bekannt bzw. nur mit praktisch nicht leistbarem Aufwand zu ermitteln ist. Bekannte Standards stellen hier der Rivest-Shamir-Adleman (RSA)-Algorithmus und die Elliptical Curve Cryptography (ECC) dar.

Vorteile des Public-Key-Verfahrens sind die leichte Verteilung des öffentlichen Schlüssels und das hohe Sicherheitsniveau des Verfahrens. Aufgrund der benötigten enormen Rechenleistung zur Entschlüsselung eignet sich das Verfahren jedoch nicht für die Verschlüsselung großer Datenmengen.[736]

Hybride Verfahren kombinieren die Eigenschaften symmetrischer und asymmetrischer Verfahren. Besonders günstig ist dabei, dass die Vorteile beider Verfahren beibehalten, die Nachteile dagegen weitestgehend vermieden werden. Die asymmetrischen Schlüsselpaare von Kommunikationspartnern werden für die Verschlüsselung der symmetrischen Schlüssel verwendet. In einem weiteren Schritt werden die Daten dann symmetrisch verschlüsselt. Dadurch entsteht hohe Leistungsfähigkeit bei der Übertragung. Um Angriffe, etwa Man-in-the-Middle zu vermeiden, wird häufig das SSL-Protokoll eingesetzt, das eine Verbindung aus dem hybriden Verfahren und Zertifikaten darstellt. Inzwischen ist das SSL-Protokoll zum Transport Layer Security (TLS) Protokoll weiterentwickelt worden und stellt neben dem Secure Shell (SSH) den aktuellen Standard.[737]

Da durch die Client-Server-Architektur alle Daten über Internet und Intranet ausgetauscht oder in zugänglichen Datenbanken gespeichert werden, ist eine Verschlüsselung der Daten von hoher Bedeutung.[738] Potenzielle Angreifer können somit die Daten nicht oder nur unter extremen Aufwand auswerten. Abhängig vom Endgerät kann das Verschlüsselungsverfahren variieren. Je komplexer das Verschlüsselungsverfahren ist, desto mehr steigen auch die Anforderungen an den Speicher und die Rechenleistung des Endgeräts. Gera-

[735] Vgl. Slay/Koronios, S. 141 ff.; Kersten/Klett, S. 162 f. und Pohlmann/Blumberg, S. 220 f.

[736] Vgl. Kersten/Klett, S. 164 f.; Slay/Koronios, S. 143 ff. und Pohlmann/Blumberg, S. 221 f.

[737] Vgl. Kersten/Klett, S. 165 ff. und Eckert, S. 702. Jüngste Vorkommnisse zeigen jedoch auf, dass diese Standards keine vollkommene Sicherheit garantieren. Am 07. April 2014 wurde der sogenannte *Heartbleed-Bug* bekannt, eine Sicherheitslücke der Open-SSL-Bibliothek. Dieser Bug wird verwendet, um mittels ungezielter Angriffe Passwörter auszulesen. Die Sicherheitslücke gilt inzwischen als geschlossen (Stand 18.04.2014), das BSI weist jedoch auf die Gefahr hin, dass ggf. noch nicht alle Zertifikate aktualisiert wurden. Vgl. dazu BSI.

[738] Dabei ist die Art der Datenübertragung zunächst zweitrangig, da die Verschlüsselung unabhängig von der Datenübertragung gewählt werden sollte. Es soll jedoch angemerkt werden, dass sehr wohl sicherheitskritische Unterschiede bei den Datenübertragungsarten bestehen. Dies trifft auch auf die verschiedenen Mobilfunknetze zu. Für weiterführendes Interesse vgl. Eren/Detken, S. 531 ff.

de bei mobilen Endgeräten ist neben der Gefahr, dass Daten mitgelesen werden können, auch das Risiko einzukalkulieren, dass Endgeräte verloren gehen oder gestohlen werden. In diesem Zusammenhang kann es notwendig sein, die auf einem Endgerät befindlichen Daten und Informationen ebenfalls verschlüsselt abzulegen. Im Falle des Endgeräteverlusts lässt sich auf diese Weise gewährleisten, dass die Inhalte des Geräts für den Finder im Normalfall unbrauchbar sind.[739]

Firewall und Personal Firewall

Prinzipiell lassen sich zwei Typen von Firewalls unterscheiden: die Hardware-Firewall, fortan Firewall genannt, und die Software-Firewall, auch Personal Firewall.[740] Mithilfe eines Firewall-Systems kann der Übergang von einem zu schützenden Netz zu einem unsicheren Netz (z. B. dem Internet) gesichert und kontrolliert werden.[741] Firewalls können somit als Kontrollinstanzen für ein Netzwerk fungieren. Wenn eine Verbindungsanfrage an eine Firewall gestellt wird, dann wird regelbasiert analysiert, ob der Datenaustausch durchgeführt werden darf oder zu verweigern ist. Nur autorisierte Hosts dürfen mit autorisierten Zielobjekten Datenverbindungen aufbauen. Alle anderen Anfragen werden ignoriert.[742]

Eine Personal Firewall installiert man auf einem Computersystem oder Mobiltelefon, um die Lücke zwischen Firewall und Virenscannern zu schließen. Dabei schützt sie das System vor bösartiger Software oder Zugriffen, die den von der Firewall gesicherten Kommunikationskanal zu benutzen trachten.[743]

Filter

Filter dienen zur Erweiterung einer Firewall. Zu ihren wichtigen Komponenten zählen Paket- und Applikationsfilter, Intrusion-Detection-Systeme (IDS), Intrusion-Prevention-Systeme (IPS) sowie Content-, Spam[744]- und Mailfilter.

Paketfilter überprüfen Datenpakete nach Vorgabe einer Sicherheitsstrategie. Sie sind meist im Grenzbereich von Internet und Intranet angesiedelt. Dadurch entsteht die Möglichkeit, Datenpakete u. a. auf der Grundlage von IP-Adressen, Ports und Protokolltyp zu kontrollieren und sie bei Auffälligkeiten zu filtern, d. h. ihnen den Durchlass zu blockieren.[745]

Das Filtern von Datenpaketen auf Anwendungsebene leistet der *Applikationsfilter*, der auf jede Anwendung spezifisch zugeschnitten wird und die jeweils benötigten Informationen besitzt. Durch das Zusammenspiel des Paketfilters mit dem Applikationsfilter werden die

[739] Vgl. Eren/Detken, S. 520 f., 528.
[740] Vgl. Ettisberger, S. 311; Eckert, S. 652 und Anonymous/Rowe, S. 219.
[741] Vgl. Pohlmann/Blumberg, S. 297 und Kersten/Klett, S. 197.
[742] Vgl. Anonymous/Rowe, S. 239 f.
[743] Vgl. Pohlmann/Blumberg, S. 313 und Eren/Detken, S. 544.
[744] Spam sind kommerzielle E-Mails, die ohne Aufforderung an viele E-Mail-Empfänger gesendet werden. Vgl. McClure/Scambray/Kurtz, S. 851.
[745] Vgl. Eckert, S. 658 f.

Datenpakete über einen Port an den Web- und Applikationsserver weitergegeben. Der Paketfilter kann dabei die Art der Anfrage aus dem Internet nicht bestimmen. Dies ist Aufgabe des Applikationsfilters, der die einzelnen Pakete zusammenfasst und den Inhalt analysiert.[746]

Ähnlich wie Applikationsfilter arbeitet auch ein *IDS*. Es analysiert indessen keine einzelnen anwendungsbezogenen Paketdaten, sondern erfasst zur Analyse eines Netzwerks den gesamten Datenverkehr. So lassen sich Angriffe auf ein Netzwerk erkennen, indem nach speziellen Angriffssignaturen[747] gesucht wird, wobei die bekannten in einer Datenbank gespeichert sind. Das IDS protokolliert den Datenstrom im Netzwerk und informiert bei Regelverstößen den Netzwerkadministrator. Mit Vorsicht sind in diesem Zusammenhang *IPS* zu erwähnen. IPS starten nach erkanntem Angriff ein Skript, das durch einen Paketfilter den Datenstrom komplett unterbindet. Dieses Vorgehen kann zwar bei einem tatsächlichen Angriff sehr sinnvoll sein, hat jedoch den Nachteil, dass es oftmals in einen Denial-of-Service münden kann. In einem extremen Szenario können Angreifer bei Kenntnis der Gateway-IP eines Netzwerks die gesamte Datenverbindung obstruieren, indem sie die Gateway-IP als Auslöser eines Angriffs darstellen. Die eigentlich bekannte und sichere IP wird somit zur Angreifer-IP, die das IDS identifiziert, und das IPS könnte damit den gesamten Datenstrom des Netzwerks blockieren.[748]

Content-, *Spam-* und *Mailfilter* sind inhaltsbezogene Filter und definieren den genauen Inhalt, der nicht angezeigt werden soll. Bei Spam- und Mailfiltern können beispielsweise Versenderadressen blockiert werden oder spezielle Inhalte der Betreffzeile und des Textinhalts einer E-Mail. Mailfilter gehen noch weiter und können auch den Anhang einer E-Mail nach Viren durchsuchen.[749] Dabei schützen Spam- und Mailfilter das System nach außen durch das Blockieren von Inhalten. Content-Filter schützen ein Netzwerk zudem von innen, indem sie den Besuch von Anwendern auf bestimmten Homepages unterbinden. Dies stellt eine Möglichkeit dar, ein Netzwerk vor Viren und Malware zu schützen, ersetzt jedoch nicht die Installation von Anti-Malware-Software.[750]

Anti-Malware-Systeme

Aufgrund seiner Anbindung an das Internet ist das WMS natürlich den Gefahren durch Malware ausgesetzt. Um diesbezügliche Schäden zu minimieren, müssen Anti-Malware-Systeme auf den verschiedenen Computersystemen des WMS installiert werden. Sie gehören nicht zu der Kategorie der *Scanner*[751] und sind Softwaresysteme, die Sicher-

[746] Vgl. Eren/Detken, S. 191 f. und Eckert, S. 674 f.
[747] Besondere Zeichenketten, die als Angriffsmethoden bekannt sind.
[748] Vgl. Eren/Detken, S. 192 f.; Eckert, S. 676 und Anonymous/Rowe, S. 281 ff.
[749] Vgl. McClure/Scambray/Kurtz, S. 855.
[750] Vgl. Eschweiler/Atencio Psille, S. 315 f. und Anonymous/Rowe, S. 241.
[751] Aus dem Englischen für: „Leser“, „(Ab-)Taster“.

heitslücken in Organisationen aufdecken sollen. Daher sind sie auch unter dem Namen „Schwachstellenscanner“ bekannt.[752]

Installierte Anti-Malware-Systeme[753] überwachen die Kommunikation mit dem Internet und untersuchen u. a. E-Mails und Webseiten auf Malware. Um bekannte Malware zu identifizieren, ist die Signaturdatenbank solch einer Software stets auf dem aktuellen Stand zu halten.[754] So wird natürlich nur Malware erkannt, die bereits bekannt ist. Da Malware jedoch auch in mutierter Form auftritt oder neue Angriffsmethoden entwickelt werden, wird auf *Heuristiken* zurückgegriffen, die Programme nach auffälligen Codesequenzen durchsuchen. Verdächtige Virenaktivitäten in Programmen sind beispielsweise Suchbefehle zum Angriff neuer Systeme und Kopier- resp. Replizierbefehle.[755]

Wegen des direkten Internetzugangs der Endgeräte muss bei ihnen in besonderem Maße mit Angriffen gerechnet werden. Daraus ergibt sich ein erhöhter Schutzbedarf für PCs, Laptops und internetfähige Telefongeräte. Für letztere steht seit geraumer Zeit ebenfalls Anti-Malware-Software zur Verfügung.[756]

Systemkomponente	**Schutzmaßnahmen**
Anwender	- Schulung - IT-Sicherheitslinie - Arbeitsvertrag
Web-Client	- Benutzerauthentifizierung am Gerät - Zertifikate - Verschlüsselung (Datenübertragung & -speicherung) - Personal Firewall - Filter - Anti-Malware-Software - Evtl. Protokollierungs-Tools und Sniffer
Web-Server Applikations-Server Datenbank-Server	- Authentifizierung - Zertifikate - Verschlüsselung (Datenübertragung) - Firewall - Filter - Anti-Malware-Software - Evtl. Protokollierungs-Tools und Sniffer
Datenbank	- Verschlüsselung (Datenübertragung & -speicherung) - Backups/Datenspeicherung

Tabelle 12: Schutzmaßnahmen[757]

752 Vgl. Anonymous/Rowe, S. 271 ff. und Eckert, S. 55.

753 Der Begriff wird nicht einheitlich verwendet. Oftmals ist von Anti-Viren-Systemen die Rede, wenn es eigentlich um Abwehrsysteme geht, die für den Schutz vor Viren, Trojanern und Würmern gedacht sind. Vgl. Pohlmann/Blumberg, S. 334. Daher wird fortan konsequent der Terminus Anti-Malware-Systeme verwendet.

754 Vgl. Eren/Detken, S. 528 und Pohlmann/Blumberg, S. 334 ff.

755 Vgl. Eckert, S. 55.

756 Vgl. Eren/Detken, S. 528.

757 Eigene Darstellung.

Weitere Maßnahmen

Natürlich gibt es neben den aufgeführten Methoden noch weitere technische Schutzmaßnahmen, die sich für das WMS eignen und von denen abschließend zwei ins Blickfeld rücken sollen: Protokollierungs-Tools und Sniffer.

Durch die Protokollierung werden die Logdateien eines Systems gespeichert. Die Protokolldateien können bei der Lösung von Problemen dienlich sein und auf Ungereimtheiten innerhalb eines Netzwerks aufmerksam machen. Hauptaugenmerk der Protokollierung liegt auf der Definition einer angemessenen Protokollierungsstrategie, sie muss sicherstellen, dass die angelegten Protokolle nicht manipuliert werden können. Angreifer könnten nämlich mittels Manipulation von Protokollen versuchen, die Anomalien in den Logdateien zu verschleiern und somit einen normalen Systemzustand vortäuschen.[758]

Sniffer[759] sind Programme oder Geräte, die Datenpakete abfangen. Sie werden zur Analyse des Datenverkehrs in Netzwerken eingesetzt und tragen dadurch zur Identifizierung von Gefahrenbereichen bei. Es ist jedoch hinzuzufügen, dass Sniffer sehr häufig missbraucht werden. Ihre Fähigkeit, den Datenstrom eines Netzwerks auszulesen, birgt die Gefahr, Kennwörter und vertrauliche Inhalte ebenfalls erfassen zu können.[760] Der Einsatz von Sniffern in einem Netzwerk muss also kritisch hinterfragt werden.

Tabelle 12 zeigt die Systemkomponenten des ganzheitlichen WMS und stellt ihnen adäquate Schutzmaßnahmen gegenüber. Je nach Organisation kann der Aufbau eines ganzheitlichen WMS variieren. So ist beispielsweise organisationsspezifisch zu entscheiden, ob die Abschottung des WMS durch eine Firewall am Web-Server ausreicht oder auf jeder Serverebene eigene Firewalls installiert werden.

6.2 Integration und Realisierung

In diesem Kapitel werden Integrationsempfehlungen für das V-Modell XT eingeführt und ein neuer Vorgehensbaustein vorgestellt. Zusätzlich werden die Rollen des V-Modells um zwei neue, wissensmanagementbezogene Rollen erweitert. Im Zuge der Realisierung wird ein Verfahren zur Unterstützung der Teamzusammenstellung entwickelt und ein Demonstrationsprototyp des Projekt-WMS vorgestellt.

758 Vgl. Anonymous/Rowe, S. 297 ff.
759 Aus dem Englischen für Schnüffler.
760 Vgl. Anonymous/Rowe, S. 335 ff. und Eckert, S. 108.

6.2.1 Integrationsempfehlung für das V-Modell XT

6.2.1.1 Vorgehensbaustein Wissensmanagement

Die nachfolgende Darstellung hält sich eng an die Darstellungsweise von Vorgehensbausteinen des V-Modells XT.

Sinn und Zweck

Wissensmanagement wird als ganzheitliches Konzept aufgefasst, das humanorientierte und technikorientierte Aspekte vereint. Es soll strategische und operative Methoden zur effizienten Auffindung, Nutzung, Entwicklung, Verteilung und Speicherung von Wissen zur Anwendung bringen.[761] Einen Überblick liefert Abbildung 20. Aufgrund der organisatorischen und technischen Verankerung von Wissensmanagement umfasst der Vorgehensbaustein „Wissensmanagement" zwei sich ergänzende Aufgabenbereiche: Wissensbausteine und technische Funktionsunterstützungen.

Die Umsetzung des Vorgehensbausteins verlangt die aktive Teilnahme aller an einem V-Modell XT-Projekt beteiligten Rollen bzw. Mitarbeiter als Voraussetzung für die Akzeptanz des Wissensmanagements. Abgesehen vom Projektteam sind zwei weitere, hier neu konzipierte Rollen essentiell: die Organisationsrolle des Wissensagenten und die Projektrolle des Wissensmanagers.[762]

Ziel des Vorgehensbausteins ist es, das im V-Modell XT beinhaltete wie auch das durch die V-Modell XT-Projekte generierte Wissen dauerhaft zugreifbar zu machen. Dabei werden organisatorische Disziplinen zur Verfügung gestellt und die bisher bestehenden Disziplinen um technikorientierte Produkte und Aktivitäten erweitert. Das umfasst Maßnahmen zu Inhaltsmanagement, Suche sowie Visualisierung und Navigation der Wissensbereiche. Weiterhin sollen Kollaboration und Kommunikation der Projektarbeiter verbessert werden und Entscheidungsunterstützungssysteme die Projektarbeiter bei der Entscheidungsfindung beraten. Das Kompetenzmanagement soll die Fähigkeiten der Mitarbeiter erschließen, offenlegen und fortentwickeln.

Der Vorgehensbaustein „Wissensmanagement" erweitert, wie in Abbildung 19 unterstrichen hervorgehoben, den V-Modell-Kern, dessen Vorgehensbausteine in jedem Projekt verpflichtend zu verwenden sind.[763] Wie bereits erwähnt, soll der V-Modell-Kern ein *„Mindestmaß an Projektdurchführungsqualität garantieren"*.[764] Durch die Einbettung des WM-Vorgehensbausteins in den V-Modell-Kern wird somit die organisatorische Verankerung des Wissensmanagements erreicht.

[761] Vgl. hierzu Kapitel 4.1.2 sowie Probst/Raub/Romhardt, S. 24, 161 f.; Davenport/Prusak, S. 17 f.; North, S. 3, 85; Mandl/Reinmann-Rothmeier, S. 7 f. und Heinrich/Stelzer, S. 287.

[762] Sie sind nicht Teil des V-Modells XT, ihre Aufgabenbereiche und Zuständigkeiten erläutert Abschnitt 6.2.1.2.

[763] Vgl. V-Modell XT, Teil 1, S. 18, 24.

[764] V-Modell [2012]: Teil 1, S. 18.

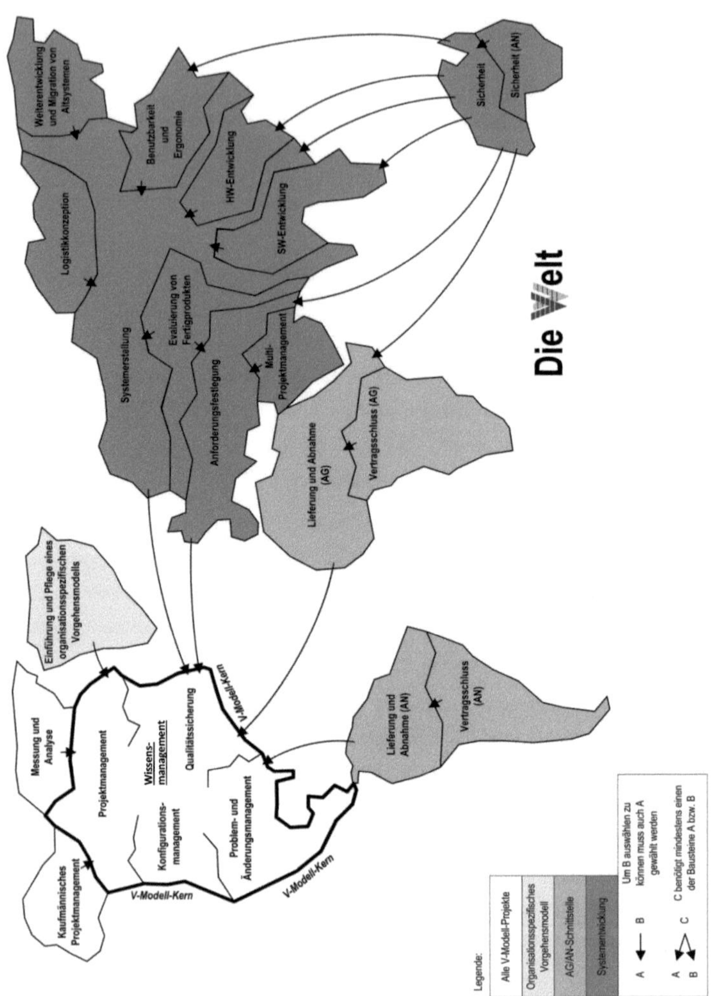

Abbildung 19: Die erweiterte Vorgehensbaustein-Landkarte[765]

Projekttypen, die diesen Vorgehensbaustein verpflichtend verwenden

Projekttypen	Systementwicklungsprojekt (AG), Systementwicklungsprojekt (AN), Systementwicklungsprojekt (AG/AN), Einführung und Pflege eines organisationsspezifischen Vorgehensmodells

Tabelle 13: Projekttypen des Vorgehensbausteins „Wissensmanagement“[766]

765 In Anlehnung an V-Modell [2012]: Teil 1, S. 18.

766 Eigene Darstellung in Anlehnung an V-Modell XT [2012].

Überblick

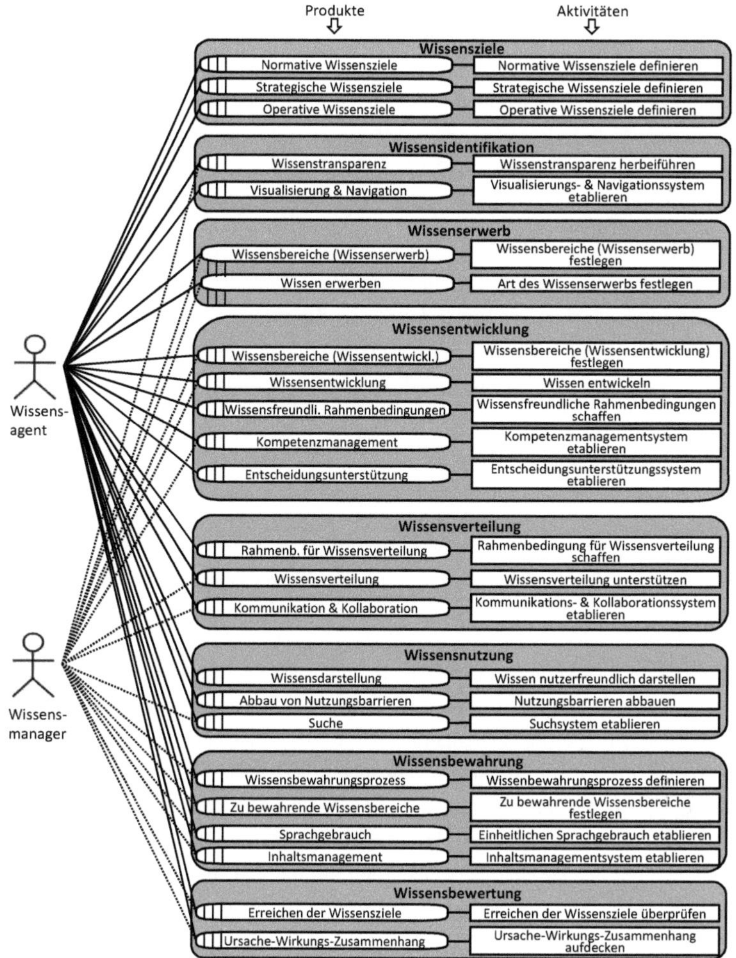

Abbildung 20: Der Vorgehensbaustein Wissensmanagement[767]

6.2.1.2 Rollenkonzept

In der gleichnamigen V-Modell-Referenz[768] werden alle in dem V-Modell XT verwendeten Rollen aufgelistet, detailliert beschrieben und eine Rollenausprägung festgelegt, die

[767] Eigene Darstellung. Die Wissensbausteine beziehen sich erneut auf Probst/Raub/Romhardt [2012].
[768] Vgl. V-Modell XT, Teil 4, S. 7 ff.

besagt, für welche Produkte und Aktivitäten eine Rolle verantwortlich oder mitwirkend tätig ist. Weiterhin werden die Aufgaben und Befugnisse einer Rolle definiert und ein Fähigkeitsprofil angelegt. Bei besonderen Rahmenbedingungen treten zusätzlich noch Informationen zur Rollenbesetzung hinzu.[769]

Prinzipiell werden zwei unterschiedliche Rollenkategorien unterschieden: Organisations- und Projektrollen. Erstere sind projektunabhängig, auch was ihre Besetzung anbelangt, und regeln institutionelle Verantwortlichkeiten. Im Gegensatz dazu sind Projektrollen nur während der Projektdauer besetzt und besitzen projektbezogene Aufgabenbereiche.[770]

Die vorliegende Arbeit erarbeitet zwei neue Rollen sowie wissensmanagementbezogene Zusätze zu den bestehenden 44 Rollen. Um die Verankerung des Wissensmanagements über die Projektdauer hinaus zu gewährleisten, wird eine Organisationsrolle definiert, und, um die Verantwortlichkeit für Wissensmanagement in Projekten zu konzentrieren bzw. zur Geltung zu bringen, weiterhin eine neue Projektrolle.

6.2.1.2.1 Wissensagent

Rollenkategorie	Organisationsrolle

Tabelle 14: Rollenkategorie des Wissensagenten[771]

Beschreibung

Der Wissensagent ist verantwortlich für die organisationsweite Durchsetzung des Wissensmanagements. Er ist der Hauptverantwortliche bei der Verankerung der Wissensbausteine und zuständig für die Ausgestaltung des Wissensmanagements, dessen Kommunikation, Wirksamkeit und fortlaufende Verwendung. Der Wissensagent besitzt ein breites Aufgabenspektrum. Da seine Entscheidungen weitreichende Konsequenzen haben, legt er alle relevanten Entscheidungen bzw. Handlungsempfehlungen der Führungsebene[772] vor, diskutiert und entscheidet über sie gemeinsam mit ihr.[773] Die zuständige Führungsebene ist organisationsspezifisch bestimmt. In der nachfolgenden Tabelle 15 findet sich eine Zusammenfassung der in Abbildung 20 aufgeführten Aktivitäten des Wissensagenten.

[769] Die maskuline Verwendung der Rollenbezeichnungen wird übernommen, selbstverständlich sind aber beide Geschlechter inbegriffen. Vgl. V-Modell XT, Teil 4, S. 5.

[770] Vgl. V-Modell XT, Teil 4, S. 5 f.

[771] Eigene Darstellung in Anlehnung an V-Modell XT [2012].

[772] Oder einem anders gearteten Entscheidergremium.

[773] In der folgenden Beschreibung der Aufgabenbereiche wird dieser Aspekt nicht mehr explizit aufgegriffen.

Verantwortlich für	Normative Wissensziele, Strategische Wissensziele, Operative Wissensziele, Wissenstransparenz, Wissensbereiche (Wissenserwerb), Wissen erwerben, Wissensbereiche (Wissensentwicklung), Wissensentwicklung, Wissensfreundliche Rahmenbedingungen, Rahmenbedingung für Wissensverteilung, Wissensverteilung, Wissensdarstellung, Abbau von Nutzungsbarrieren, Wissensbewahrungsprozess, Zu bewahrende Wissenbereiche, Sprachgebrauch, Erreichen der Wissensziele, Ursache-Wirkungs-Zusammenhang
Mitwirkend an	Visualisierung & Navigation, Kompetenzmanagement, Entscheidungsunterstützung, Kommunikation & Kollaboration, Suche, Inhaltsmanagement

Tabelle 15: Verantwortlichkeiten des Wissensagenten[774]

Aufgaben und Befugnisse[775]

Aus der Disziplin „Wissensziele“:

- *Produkt: Normative Wissensziele; Aktivität: Normative Wissensziele definieren:* Der Wissensagent ist zuständig für die Ausgestaltung einer wissensbewussten Unternehmenskultur, sprich der Wissenskultur. Dazu muss er eine genaue Analyse des Status quo durchführen und eventuell vorhandenes Verbesserungspotential aufdecken.[776] Im Zuge dessen muss er ein Wissensleitbild aufstellen, das die Wichtigkeit von und den Umgang mit Wissen unternehmensweit festlegt. Das Vorleben des Wissensleitbilds durch die Führungsebenen ist unabdingbar.[777]

- *Produkt: Strategische Wissensziele; Aktivität: Strategische Wissensziele definieren:* Seine Hauptaufgabe besteht darin, die Kernkompetenzen der Organisation zu identifizieren. Dies umfasst sowohl eine Analyse des Istzustands als auch die Definition eines zu erreichenden Sollzustands.[778]

- *Produkt: Operative Wissensziele; Aktivität: Operative Wissensziele definieren:* Diese Aktivität erstreckt sich darauf, sowohl die normativen als auch die strategischen Ziele in operative Ziele zu übertragen. Weiterhin muss er Methoden zur Messung der Zielerreichung erarbeiten.[779]

[774] Eigene Darstellung in Anlehnung an V-Modell XT [2012].

[775] Die Aufgabenbereiche leiten sich aus den hinlänglich bekannten Wissensbausteinen ab. Vgl. Hierzu Kapitel 4 und Probst/Raub/Romhardt.

[776] Als Analysegrundlage kann hierbei der *„Leitfaden zur Wissenskultur“* aus Probst/Raub/Romhardt, S. 237, 238 dienen.

[777] Vgl. Probst/Raub/Romhardt, S. 42 ff.

[778] Vgl. Probst/Raub/Romhardt, S. 47 ff.

[779] Vgl. Probst/Raub/Romhardt, S. 54 ff.

Aus der Disziplin „Wissensidentifikation“:

- *Produkt: Wissenstransparenz; Aktivität: Wissenstransparenz herbeiführen:* Zunächst muss der Wissensagent all sein Handeln stets mit den Wissenszielen abgleichen um sicherzustellen, dass alle Handlungen zum Erreichen der Wissensziele beitragen. Es muss eine angemessene Wissenstransparenz[780] erreicht werden. Er muss die Experten seiner Organisation ausfindig machen und die Fähigkeiten der Mitarbeiter offenlegen, auch die kollektiven Fähigkeiten der Organisation. Weiterhin ist das Wissensumfeld zu topographieren, wofür externe Wissensträger und Wissensquellen erschlossen werden müssen. Neben dem Ausloten des Wissens, das inner- und außerhalb der Organisation zur Verfügung steht, müssen zusätzlich Wissenslücken enthüllt werden. Sie liefern die Basis für den Wissenserwerb und die Wissensentwicklung.[781]

- *Produkt: Visualisierung & Navigation; Aktivität: Visualisierungs- und Navigationssysteme einführen:* Unterstützende Aufgaben fallen dem Wissensagenten bei der Zusammenarbeit mit dem IT-Beauftragten der Organisation zu, dessen Berichtsweg organisationsspezifisch gelöst ist. Er definiert die Anforderungen an das Visualisierungs- und Navigationssystem. Ist bereits eines vorhanden, muss es auf seine Leistungsfähigkeit und Anforderungsrepräsentation untersucht und ggf. ergänzt werden. Sofern noch kein System existiert, wählen sie gemeinsam ein geeignetes Visualisierungs- und Navigationssystem aus und legen die entsprechenden Prozesse fest. Ziel ist eine geeignete Präsentationsform von Informationen und Wissen im Projekt-WMS anzulegen. Gemeinsam mit dem IT-Beauftragten definiert er dann dafür eine Integrationsstrategie.

Aus der Disziplin „Wissenserwerb“:

- *Produkt: Wissensbereiche (Wissenserwerb); Aktivität: Wissensbereiche (Wissenserwerb) festlegen:* Der Wissensagent nimmt sich der zuvor herausgestellten Wissenslücken an, indem er Handlungsbedarfe priorisiert, um für die Interventionsebenen eine Rangfolge zu vergeben. Die Handlungsbedarfe gleicht er dabei stets hinsichtlich ihrer Konformität mit den Wissenszielen ab. Er entscheidet zudem, welche Wissensbereiche erworben werden sollen.

- *Produkt: Wissen erwerben; Aktivität: Art des Wissenserwebs festlegen:* Hier wird darüber befunden, in welcher Form der Wissenserwerb stattfinden soll. Dabei kann er entscheiden, ob die Einstellung neuer Experten in Betracht zu ziehen ist, die

[780] Vollständige Wissenstransparenz ist nur schwer zu erreichen und zudem sehr ressourcenintensiv. Durch die Orientierung an den Wissenszielen werden die aufzudeckenden Wissensbereiche bereits dezimiert. Vgl. Probst/Raub/Romhardt, S. 65 ff.

[781] Vgl. Probst/Raub/Romhardt, S. 57 ff.

Organisation Kooperationen eingehen, gezielt Stakeholder einbeziehen oder Wissensprodukte einkaufen soll.[782]

Aus der Disziplin „Wissensentwicklung“:

- *Produkt: Wissensbereiche (Wissensentwicklung); Aktivität: Wissensbereiche (Wissensentwicklung) festlegen:* Diese Aktivität baut auf den bereits priorisierten Handlungsbedarfen aus der Disziplin „Wissenserwerb“ auf. Dabei führt der Wissensagent die Entscheidung herbei, welche Wissensbereiche zu entwickeln sind. Abermals gleicht er die identifizierten Wissensbereiche hinsichtlich ihrer Übereinstimmung mit den Wissenszielen ab.

- *Produkt: Wissensentwicklung; Aktivität: Wissen entwickeln:* Seine Aufgabe ist es, vorzugeben wie diese Wissensbereiche zu entwickeln sind, also ob Wissen durch Forschungs- und Entwicklungstätigkeiten entwickelt, die gezielte Wissensentwicklung von Individuen unterstützt wird oder aber, ob kritische Wissensbereiche externalisiert[783] werden.[784]

- *Produkt: Wissensfreundliche Rahmenbedingungen; Aktivität: Wissensfreundliche Rahmenbedingungen schaffen:* Er muss die Wissensentwicklung organisationaler Fähigkeiten unterstützen, Wissensentwicklungsbarrieren identifizieren und abbauen und Freiräume für die Wissensentwicklung einräumen. Unabdingbar ist ferner, die Interaktion und Kommunikation zwischen Individuen zu fördern.[785]

- *Produkt: Kompetenzmanagement; Aktivität: Kompetenzmanagementsystem etablieren:* Gemeinsam mit dem IT-Beauftragen der Organisation und dem Personalverantwortlichen[786] wählt der Wissensagent ein Kompetenzmanagementsystem aus. Mit dem Personalverantwortlichen definiert er die Anforderungen. Bei bereits bestehendem Kompetenzmanagementsystem ist dieses auf seine Leistungsfähigkeit und Anforderungsrepräsentation hin zu überprüfen und ggf. zu erweitern. Zusammen mit dem IT-Beauftragten definiert der Wissensagent wiederum eine entsprechende Integrationsstrategie. Er veranlasst die Übernahme der Rollenprofile des V-Modells XT und des Mitarbeiterbestands. Unter Mitarbeit der Projektleiter/Teamleiter leitet er die Bewertung der Mitarbeiter mit Blick auf ihre Aufgaben und Befugnisse sowie ihr Fähigkeitsprofil ein. Gleicht man diese mit den Rollenprofilen ab, können ggf. Diskrepanzen auftreten. Der Wissensagent und der Personalverantwortliche legen dann einen Prozess fest, wie diese Diskrepanzen behandelt und geschlossen werden.

[782] Vgl. Probst/Raub/Romhardt, S. 99 ff.
[783] Heißt, implizites in explizites Wissen umzuwandeln. Vgl. Anhang, Kapitel B.2.
[784] Vgl. Probst/Raub/Romhardt, S. 116 f., 142.
[785] Vgl. Probst/Raub/Romhardt, S. 117 ff.
[786] Oder ggf. auch dem Personalentwickler.

- *Produkt: Entscheidungsunterstützung; Aktivität: Entscheidungsunterstützungssystem etablieren:* Diese Aktivität umreißt die Aufgabe, gemeinsam mit dem IT-Beauftragten der Organisation ein Entscheidungsunterstützungssystem auszuwählen. Dafür definiert der Wissensagent die betreffenden Anforderungen. Besteht bereits ein Entscheidungsunterstützungssystem, analysiert er dessen Leistungsfähigkeit und Anforderungsrepräsentation und setzt etwaige Ergänzungen in Gang. Gemeinsam mit dem IT-Beauftragten definiert er auch eine Integrationsstrategie für das Projekt-WMS.

Aus der Disziplin „Wissensverteilung“:

- *Produkt: Rahmenbedingungen für Wissensverteilung, Aktivität: Rahmenbedingung für Wissensverteilung schaffen:* Der Wissensagent setzt Maßnahmen zur Ermöglichung kollektiver Aufgabenerledigung um. Sofern es die Umstände zulassen, optimiert er die räumliche Arbeitsplatzvergabe, um zusammenarbeitenden Teams einen leichten Austausch zu ermöglichen. Zusätzlich erhebt er den Schutzbedarf der Wissensbestände, um auszuschließen, dass geheime oder personenbezogene Dokumente veröffentlicht werden. Diese Aufgabe hängt inhaltlich eng mit der Bestimmung des Grads der Wissensverteilung zusammen. Hierbei definiert der Wissensagent eine rollenbasierte Verteilungsstruktur, die im Projekt-WMS zum Tragen kommt. So erhalten die Mitarbeiter gemäß ihrer Rolle/-n und Projektzugehörigkeiten Zugriff auf verschiedene Bereiche des Projekt-WMS. Weiterhin plant er Veranstaltungen zur Wissensverteilung und stößt Maßnahmen zur Sozialisierung der Mitarbeiter gemäß der Wissenskultur an. Aufbauend auf dem Wissensbewahrungsprozess aus der Disziplin „Wissensbewahrung“, entwickelt er ein Konzept zur aktiven Verteilung der gespeicherten Wissensbereiche.[787]

- *Produkt: Wissensverteilung; Aktivität: Wissensverteilung unterstützen:* Er hat die Teilungsbereitschaft der Mitarbeiter zu beeinflussen. Dabei muss er Teilungsbarrieren abbauen und die Bildung von Kommunikations- und Erfahrungsaustauschgruppen unterstützen.[788]

- *Produkt: Kommunikation & Kollaboration; Aktivität: Kommunikations- & Kollaborationssystem etablieren:* Seine Aufgabe ist es, gemeinsam mit dem IT-Beauftragten der Organisation ein Kommunikations- und Kollaborationssystem auszuwählen. Dafür definiert er dessen Anforderungen; falls bereits eines existiert, müssen seine Leistungsfähigkeit und Anforderungsrepräsentation eruiert und ggf. Erweiterungen angeordnet werden. Gemeinsam mit dem IT-Beauftragten definiert der Wissensagent eine Strategie, wie das System in das Projekt-WMS eingebettet wer-

[787] Vgl. Probst/Raub/Romhardt, S. 146 ff.
[788] Vgl. Probst/Raub/Romhardt, S. 157 ff.

den kann. Augenmerk legt er dabei auf die Unterstützung der synchronen und asynchronen Kommunikation. Weiterhin definiert er Regeln für das gemeinsame Arbeiten an Dokumenten, etwa, dass gemeinsame Dokumente bei ihrer Bearbeitung durch einen Mitarbeiter für andere gesperrt sind. Zusätzlich bezieht er Funktionen zur Koordination der Aufgabenerledigung und Planung ein.

Aus der Disziplin „Wissensnutzung":

- *Produkt: Wissensdarstellung; Aktivität: Wissen nutzerfreundlich darstellen:* Der Wissensagent muss ein Regelwerk zur Gestaltung der im Projekt-WMS abgelegten Wissensinhalte vorlegen. Dabei geht es um die Definition von Handlungsempfehlungen bezüglich der graphischen und didaktischen Aufbereitung der Inhalte.[789]
- *Produkt: Abbau von Nutzungsbarrieren; Aktivität: Nutzungsbarrieren abbauen:* Folgenden zwei Aufgabenbereichen hat er sich zu widmen: erstens, die Nutzungsbarrieren hinsichtlich der weichen Wissensmanagementmaßnahmen zu senken. Dies erreicht er beispielsweise durch die Ausgestaltung eines wissensfreundlichen Arbeitsplatzes und einer ebensolchen Arbeitsplatzumgebung. Außerdem kann er via Informationsveranstaltungen und Erfolgsgeschichten auf die Akzeptanz dieser Maßnahmen einwirken. Zweitens besteht die Notwendigkeit das Projekt-WMS nutzerorientiert zu gestalten. Dafür muss der Wissensagent eine Gestaltungsrichtline erstellen und ausgeben, die sich am vorherrschenden Design der Organisation orientiert.[790]
- *Produkt: Suche; Aktivität: Suchsystem etablieren:* Gemeinsam mit dem IT-Beauftragten der Organisation muss ein Suchsystem eingeführt werden. Dafür definiert der Wissensagent die Anforderungen an das System. Besteht es schon, sind erneut Leistungsfähigkeit und Anforderungsrepräsentation zu prüfen und ggf. Ergänzungen vorzunehmen. Dabei muss er sicherstellen, dass das Suchsystem über eine Push- und Pull-Funktionalität verfügt. Weiterhin definiert der Wissensagent die Anbindung des Suchsystems an das Inhaltsmanagementsystem und die Datenbanken. Überdies veranlasst er die Entwicklung eines organisationsspezifischen Suchalgorithmus, in den die projekttypenbezogenen und projektspezifischen Such-Tags integriert werden müssen.

Aus der Disziplin „Wissensbewahrung":

- *Produkt: Wissensbewahrungsprozess; Aktivität: Wissensbewahrungsprozess:* Er muss einen Wissensbewahrungsprozess definieren, der genau festlegt, welches Wis-

[789] Zur Nutzerfreundlichkeit vgl. Probst/Raub/Romhardt, S. 189 ff.

[790] Zu Nutzungsbarrieren vgl. Lehner, S. 66 und Probst/Raub/Romhardt, S. 185 ff.

sen selegiert und gespeichert wird. Weiterhin erstellt er auch Aktualisierungsregeln, damit das gespeicherte Wissen nicht veraltet.[791]

- *Produkt: Zu bewahrende Wissensbereiche; Aktivität: Zu bewahrende Wissensbereiche festlegen:* Aufgabe des Wissensagenten ist, dass er Unternehmensdokumente identifiziert und speichert. Zudem muss er Erfolge und Misserfolge aufdecken und dauerhaft speichern. Weiterhin trägt er zur Identifikation von Schlüsselmitarbeitern bei. Diese müssen entweder besonders an die Organisation gebunden werden, z. B. indem Schlüsselmitarbeitern der Austritt aus der Organisation z. B. durch besondere Anreize erschwert wird, oder er veranlasst die Explikation des personengebundenen Wissens. Ferner initiiert er die Anwendung von Fähigkeiten und Erfahrungen und wägt je nach Unternehmenskultur und Vorteilhaftigkeit den Einsatz von Anreizsystemen ab.[792]

- *Produkt: Sprachgebrauch; Aktivität: Einheitlichen Sprachgebrauch etablieren:* Diese Aktivität beinhaltet die Aufgabe, ein Unternehmensglossar anzulegen. Dabei stellt der Wissensagent den Zugriff aller Mitarbeiter auf das Glossar sicher und hält sie an, sich nach dem Glossar zu richten und den Sprachgebrauch zu übernehmen.[793]

- *Produkt: Inhaltsmanagement; Aktivität: Inhaltsmanagementsystem etablieren:* Gemeinsam mit dem IT-Beauftragten der Organisation muss ein Inhaltsmanagementsystem eingeführt werden. Dafür schreibt der Wissensagent die Anforderungen an das System vor. Ist eines vorhanden, folgt wie bekannt die Analyse in puncto Leistungsfähigkeit und Anforderungsrepräsentation ggf. mit Ergänzungen. Überdies wählen sie ein Unterstützungssystem (Dokumentenmanagement, Contentmanagement) aus oder integrieren ein bereits vorhandenes System. Der Wissensagent legt rollenbasierte Berechtigungen für das Projekt-WMS fest und regelt damit darauf. Weiterhin bestimmt er die Speicherstruktur für Dokumente und ordnet die Speicherung der Projektvorlagen des V-Modells im Projekt-WMS an, sodass die Mitarbeiter die Vorlagen im System abrufen und auch der Bearbeitung unterziehen können. Er kümmert sich zudem um die Integration von alten V-Modell XT-Projektdokumenten. Besteht bereits eine V-Modell-Erfahrungsdatenbasis, so muss er entscheiden, ob diese übernommen wird oder die Ergebnisse anderweitig in das Projekt-WMS einfließen.[794]

[791] Vgl. Probst/Raub/Romhardt, S. 203.
[792] Vgl. Probst/Raub/Romhardt, S. 216, 220.
[793] Vgl. Probst/Raub/Romhardt, S. 221.
[794] Vgl.V-Modell XT, Teil 5, S. 270.

Aus der Disziplin „Wissensbewertung“:

- *Produkt: Erreichen der Wissensziele; Aktivität: Erreichen der Wissensziele überprüfen:* Die diesbezügliche Wissensagenten-Aufgabe ist es, die Einhaltung der normativen, strategischen und operativen Wissensziele zu analysieren.[795]
- *Produkt: Ursache-Wirkungs-Zusammenhang; Aktivität: Ursache-Wirkungs- Zusammenhang aufdecken:* Er muss die Wirkung von Wissensmanagement-Methoden untersuchen und die Ergebnisse der Maßnahmen aufbereiten,[796] was einerseits der Führungsebene zur Übersicht dient. Andererseits muss er aber auch Erfolgsbeispiele[797] herausstellen und allen Mitarbeitern zur Verfügung stellen. Auf diese Weise stellt er sicher, dass das Wissensmanagement positive Resonanz erfährt.

Fähigkeitsprofil[798]

- Fachliche Erfahrung auf dem Themengebiet Wissensmanagement
- Technisches Verständnis und Kenntnis von Wissensmanagementsystemen
- Erfahrung im Umgang mit Methoden und Werkzeugen des Wissensmanagements
- Fähigkeit zur Motivation und Moderation
- Analytisches Denkvermögen
- Fähigkeit, Ursache-Wirkungs-Zusammenhänge zu erkennen
- Kommunikationsgeschick auch bei heterogenen Kommunikationspartnern (z. B. Entwicklern, Anwendern, Projektleitern)
- Durchsetzungsvermögen und Akzeptanz in der Organisation

Rollenbesetzung

Der Wissensagent ist eine organisationsweite Rolle, die stets besetzt sein muss. Er bildet das Fundament der organisatorischen Verankerung des Wissensmanagements und ist zentrale Rolle bei der Einführung und Etablierung des Projekt-WMS.

---

795 Vgl. Probst/Raub/Romhardt, S. 240.
796 Vgl. Probst/Raub/Romhardt, S. 240.
797 Sog. *Best Practices.*
798 Die nachfolgenden Formulierungen sind stark an die betreffende Passage des V-Modells angelehnt. Vgl. hierzu V-Modell XT, Teil 4.

6.2.1.2.2 Der Wissensmanager

Rollenkategorie	Projektrolle

Tabelle 16: Rollenkategorie des Wissensmanagers[799]

Beschreibung

Der Wissensmanager unterstützt die Durchsetzung des Wissensmanagements auf Projektebene. Er ist der Ansprechpartner für alle wissensbezogenen Fragen innerhalb eines Projekts und für die Befüllung des Projekt-WMS zuständig. Der Wissensmanager diskutiert all seine Entscheidungen und Handlungsempfehlungen stets mit dem Projektleiter und stimmt sie mit ihm ab.[800]

In der nachfolgenden Tabelle 17 findet sich eine Zusammenfassung der in Abbildung 20 aufgeführten Aktivitäten des Wissensmanagers.

Mitwirkend an	Wissenstransparenz, Wissensbereiche (Wissenserwerb), Wissen erwerben, Wissensbereiche (Wissensentwicklung), Wissensentwicklung, Kompetenzmanagement, Wissensverteilung, Kommunikation & Kollaboration, Suche, Wissensbewahrungsprozess, Zu bewahrende Wissenbereiche, Sprachgebrauch, Inhaltsmanagement, Erreichen der Wissensziele, Ursache-Wirkungs-Zusammenhang

Tabelle 17: Verantwortlichkeiten des Wissensmanagers[801]

Aufgaben und Befugnisse

Aus der Disziplin „Wissensidentifikation“:

- *Produkt: Wissenstransparenz; Aktivität: Wissenstransparenz herbeiführen:* Der Wissensmanager berät den Wissensagenten bei der Einschätzung von Experten, der Klärung des projektbezogenen Wissensumfelds und bei der Identifikation von projektspezifischen Wissenslücken.

Aus der Disziplin „Wissenserwerb“:

- *Produkt: Wissensbereiche (Wissenserwerb); Aktivität: Wissensbereiche (Wissenserwerb) festlegen:* Ihm fällt die Aufgabe zu, den Wissensagenten auf Projektebene bei der Priorisierung der Handlungsbedarfe zu unterstützen.

- *Produkt: Wissen erwerben; Aktivität: Art des Wissenserwerbs festlegen:* Hier ist es darum zu tun, dem Wissensagenten projektbezogen bei der Findung der Art des

[799] Eigene Darstellung in Anlehnung an V-Modell XT [2012].
[800] Fortan wird der Abstimmungsprozess mit dem Projektleiter nicht weiter thematisiert, er ist aber stets inbegriffen.
[801] Eigene Darstellung in Anlehnung an V-Modell XT [2012].

Wissenserwerbs zur Hand zu gehen, der Wissensmanager gibt dazu Handlungsempfehlungen.

Aus der Disziplin „Wissensentwicklung“:

- *Produkt: Wissensbereiche (Wissensentwicklung); Aktivität: Wissensbereiche (Wissensentwicklung) festlegen:* Diese Aktivität setzt auf den bereits priorisierten Handlungsbedarfen aus der Disziplin „Wissenserwerb“ auf. Dabei diskutiert er mit dem Wissensagenten über die Notwendigkeit der zu entwickelnden Wissensbereiche auf Projektebene.
- *Produkt: Wissensentwicklung; Aktivität: Wissen entwickeln:* Er unterstützt den Wissensagenten auf Projektebene bei der Findung der Art der Wissensentwicklung und erteilt wiederum diesbezügliche Handlungsempfehlung.
- *Produkt: Kompetenzmanagement; Aktivität: Kompetenzmanagementsystem einführen:* Es obliegt dem Wissensmanager, Wissenslücken oder Fähigkeitsdefizite der Projektmitarbeiter in dem Kompetenzmanagementsystem zu dokumentieren. Gemäß dem entwickelten Prozess im Umgang mit Diskrepanzen zum Rollenprofil priorisiert er diese systemseitig.

Aus der Disziplin „Wissensverteilung“:

- *Produkt: Wissensverteilung; Aktivität: Wissensverteilung unterstützen:* Der Wissensmanager hat auf die Teilungsbereitschaft der Mitarbeiter im Projekt Einfluss zu nehmen. Er diskutiert auftretende Problembereiche mit dem Wissensagenten und führt dessen Maßnahmen zum Abbau von Teilungsbarrieren sowie zur Bildung von Kommunikations- und Erfahrungsaustauschgruppen aus.
- *Produkt: Kommunikation & Kollaboration; Aktivität: Kommunikations- & Kollaborationssystem etablieren:* Er muss die Nutzung dieses Systems in der Projektarbeit durchsetzen. Dafür stellt er sicher, dass ein Teil der Kommunikation zwischen den Mitarbeitern, der Austausch und die Nutzung gemeinsamer Dokumente wie auch die Koordination der Aufgabenerledigung und Planung im System ablaufen.

Aus der Disziplin „Wissensnutzung“:

- *Produkt: Suche; Aktivität: Suchsystem etablieren:* Das bedeutet für den Wissensmanager, darauf zu achten, dass die Projektmitarbeiter die Dokumente des Inhaltsmanagementsystems mit projektspezifischen Such-Tags versehen.

Aus der Disziplin „Wissensbewahrung“:

- *Produkt: Wissensbewahrungsprozess; Aktivität: Wissensbewahrungsprozess definieren:* Er unterstützt den Wissensagenten beim Selegieren und Speichern des Wissens auf Projektebene.
- *Produkt: Zu bewahrende Wissensbereiche; Aktivität: Zu bewahrende Wissensbereiche festlegen:* Die hiesige Aufgabe des Wissensmanagers liegt darin, Erfolge und Misserfolge in Bezug auf das Projekt auszumachen und zu speichern. Weiterhin trägt er zur Identifikation von Schlüsselmitarbeitern bei und animiert die Projektmitarbeiter, schon existierende Fähigkeiten und Erfahrungen anzuwenden.
- *Produkt: Sprachgebrauch; Aktivität: Einheitlichen Sprachgebrauch etablieren:* Diese Aktivität bezieht sich darauf, den Wissensagenten bei der Anlage eines Unternehmensglossars zu unterstützen. Projektbezogen soll er sicherstellen, dass der Sprachgebrauch übernommen wird.
- *Produkt: Inhaltsmanagement; Aktivität: Inhaltsmanagementsystem etablieren:* Hierbei ist sicherzustellen, dass alle Dokumente, die im Rahmen des V-Modell-Projekts entstehen, im Inhaltsmanagementsystem abgelegt werden.

Aus der Disziplin „Wissensbewertung“:

- *Produkt: Erreichen der Wissensziele; Aktivität: Erreichen der Wissensziele überprüfen:* Der Wissensmanager steht dem Wissensagenten bei der Analyse der Einhaltung der normativen, strategischen und operativen Wissensziele auf Projektebene zur Seite.
- *Produkt: Ursache-Wirkungs-Zusammenhang; Aktivität: Ursache-Wirkungs- Zusammenhang aufdecken:* Diese Aktivität umfasst die Aufgabe Ursache-Wirkungs-Zusammenhänge, die er in seinen Projekten beobachtet, an den Wissensagenten zu kommunizieren.

Fähigkeitsprofil

- Fachliche Erfahrung auf dem Themengebiet Wissensmanagement
- Erfahrung im Umgang mit Methoden des Wissensmanagements
- Fähigkeit zur Motivation und Moderation
- Fähigkeit, das Projektteam zu Zusammenarbeit und Austausch zu motivieren
- Didaktische und rhetorische Fähigkeiten

- Analytisches Denkvermögen
- Fähigkeit zur Identifikation und Hervorhebung essentieller Aussagen
- Fähigkeit, Ursache-Wirkungs-Zusammenhänge zu erkennen
- Kommunikationsgeschick im Projektteam
- Durchsetzungsvermögen und Akzeptanz im Projektteam

Rollenbesetzung

Die Rolle des Wissensmanagers ist in jedem Projekt zu besetzen. Da die Rolle nicht eine gesamte Stelle in Anspruch nimmt, wird empfohlen, sie mit einer weiteren Projektrolle zu kombinieren - nicht jedoch mit der Rolle des Projektleiters, weil die Abstimmung und Diskussion zwischen Projektleiter und Wissensmanager zentral ist. Es sollte darauf geachtet werden, dass alle Teammitglieder den Mitarbeiter, der die Rolle des Wissensmanagers innehat, respektieren und er Entscheidungsbefugnis besitzt.

6.2.1.3 Allgemeine Rollenkonzepterweiterung

Wie beschrieben, sieht das V-Modell XT 35 Rollen vor. Sie wurden hinsichtlich ihrer Aufgaben und Befugnisse sowie der Fähigkeitsbeschreibung auf ihre Unterstützung des Wissensmanagements hin untersucht. Da Wissensmanagement im V-Modell keine nähere Betrachtung findet, nehmen die Beschreibungen der Aufgaben und Befugnisse auch keinen Bezug darauf. Jedoch ergab sich bei der Analyse der Fähigkeitsbeschreibungen, dass das Fähigkeitsspektrum der einzelnen Rollen bereits sehr breit gefächert ist. Besondere, dem Wissensmanagement zuträgliche Eigenschaften wie „Kommunikationsfähigkeit“, „Fähigkeit zu Führung, Motivation und Moderation“, „Fähigkeit zu Organisation und Kommunikation“ oder „Ausdrucksfähigkeit in Text und Grafik“ liefern bereits eine optimale Basis für das Wissensmanagement.[802]

Daraus leiten sich aber ebenfalls zusätzliche Aufgaben und Befugnisse ab für

- alle 35 Rollen:
  - Berücksichtigung der generischen Wissensmanagement-Komponenten, bestehend aus
    - Annehmen/Verinnerlichen der Wissenskultur
    - Verwendung des V-Modells XT-Projekt-WMS
    - Vertraulichkeit im Umgang mit firmeninternem Wissen

[802] Diese Eigenschaften finden sich u. a. in den Rollenbeschreibungen des Projektleiters, Trainers und Qualitätsmanagers. Vgl. V-Modell XT, Teil 4, S. 32 f., 38, 45

- den Projektleiter:
  - Erweiterung der oben genannten WM-Komponenten, um die
    - Diskussion und Abstimmung wissensmanagementbezogener Aufgaben mit dem Wissensmanager

Bei den Fähigkeitsprofilen ergibt sich für

- den Projektleiter:
  - Erfahrung im Umgang mit Methoden des Wissensmanagements

6.2.2 Realisierung der Systemelemente

6.2.2.1 Teamzusammenstellung

Die Analyse der Erfolgsfaktoren aus Kapitel 5.4.2 hat gezeigt, dass das V-Modell den Großteil der Erfolgsfaktoren des IT-Projektmanagements berücksichtigt. In der V-Modell-Dokumentation selbst werden sie nicht explizit angesprochen, das prinzipielle Thema Erfolgsfaktoren jedoch kommt an einer Stelle zur Sprache: Bei der Besetzung der Rollen durch Personen aus der Organisation wird ausgeführt:

> *„Diese **Besetzung der Rollen** ist der **wichtigste Faktor für den Erfolg** eines Projektes. Die einzelnen Schlüsselrollen, wie zum Beispiel Projektleiter und Systemarchitekt, müssen mit erfahrenen, kompetenten und akzeptierten Personen besetzt werden. Gleiches gilt für die Projektsteuerungsgremien, beispielsweise den Lenkungsausschuss oder die Änderungssteuerungsgruppe (Change Control Board).“*[803]

Diesem aus Sicht des V-Modells wichtigsten Erfolgsfaktor wird nun Rechnung getragen indem der Entscheider[804] beim Rollenbesetzungsprozess unterstützt wird. Hierfür wird das Rollenprofil des V-Modells herangezogen, das die Aufgabenfelder und Fähigkeiten einer speziellen Rolle beinhaltet. Bei der Besetzung der Rollen durch einen Mitarbeiter sollte der Entscheider die Erfahrungswerte und Fähigkeitsprofile der verfügbaren Mitarbeiter abgleichen und den am besten geeigneten Mitarbeiter auswählen. Gegebenenfalls ist auch abzuwägen, ob der Einsatz eines externen Mitarbeiters sinnvoll ist.

Diesen Auswahlprozess gilt es im Folgenden methodisch zu unterfüttern, nämlich unter Rekurs auf die Rollenprofile des V-Modells und das Kompetenzmanagementsystem des Projekt-WMS. Letzteres enthält die Mitarbeiterinformationen mitsamt den jeweiligen

[803] V-Modell XT, Teil 1, S. 25; eigene Hervorhebung.

[804] Oder das Entscheidergremium, je nach Prozessablauf in der jeweiligen Organisation.

Aufgabenbereichen und Fähigkeiten. Jeder Mitarbeiter wird nach Abschluss eines Projekts und nach Teilnahme an Weiterbildungskursen hinsichtlich der Erfüllung der Aufgabenbereiche und Fähigkeiten bewertet. Das Kompetenzmanagementsystem stellt somit für jeden Mitarbeiter ein bewertetes, spezifisches Mitarbeiterprofil bereit.

Zur Rollenbesetzung definiert der Entscheider anhand der Art des Projekts[805] generelle Anforderungen an das zu besetzende generische Rollenprofil des V-Modells. Dies bedeutet, dass der Entscheider für alle Aufgaben und Fähigkeiten des generischen Rollenprofils Bewertungen vergibt.[806]

Der Entscheidungsprozess darüber, welcher Mitarbeiter am besten für die Rolle geeignet ist, wird durch den Vergleich des bewerteten generischen Rollenprofils mit den spezifischen Mitarbeiterprofilen erreicht. Je höher die Deckungsgleichheit zwischen Mitarbeiter und generischem Rollenprofil, desto vorteilhafter ist dieser Mitarbeiter für die Rollenbesetzung.

Wissenschaftliche Methodik für die Teamzusammenstellung liefert die Nutzwertanalyse. Zangemeister war wesentlich an der Verbreitung der Nutzwertanalyse beteiligt und definiert sie folgendermaßen[807]:

> *„Nutzwertanalyse ist die Analyse einer Menge komplexer Handlungsalternativen mit dem Zweck, die Elemente dieser Menge entsprechend den Präferenzen des Entscheidungsträgers bezüglich eines multidimensionalen Zielsystems zu ordnen. Die Abbildung dieser Ordnung erfolgt durch die Angabe der Nutzwerte (Gesamtwerte) der Alternativen.“*[808]

Eine Nutzwertanalyse zeichnet sich dadurch aus, dass sie ein komplexes Bewertungsproblem in handhabbare Teilbereiche zerlegt. Diese Teilbereiche werden zunächst getrennt bewertet und anschließend zusammengefasst. Daraus entsteht eine aussagekräftige Gesamtbewertung, der sogenannte Nutzwert. Tabelle 18 zeigt die Berechnung des Nutzwerts für den Vergleich zweier Alternativen auf.[809]

---

[805] Vgl. weiter unten den Abschnitt über die Projektklassifizierung.

[806] In diesem Zusammenhang sei erwähnt, dass der Entscheider sehr erfahren und kompetent sein muss bzw. das Entscheidergremium aus derartigen Personen bestehen muss.

[807] Vgl. Bechmann, S. 20.

[808] Zangemeister, S. 45.

[809] Dieser Absatz und die folgenden Ausführungen beziehen sich auf Bechmann, S. 21 ff.

Dabei sind[810]

K_i	*i* Kriterien, die bewertet werden sollen. Die Kriterien dürfen sich nicht bedingen.
A_j	*j* Alternativen, die bewertet werden sollen.
g_i	Gewichtung der *i* Kriterien, mit $g_i \in [0,1]$
e_{ij}	Erfüllungsgrad des Kriteriums *i* bezogen auf Alternative *j*, mit $e_{ij} \in \{1, 2, 3, 4, 5\}$, $i \in \{1,..,n\}$ und $j \in \{1,..,m\}$
N_{ij}	Teilnutzen des Kriteriums *i* in Bezug auf Alternative *j* mit $i \in \{1,..,n\}$ und $j \in \{1,..,m\}$
N_j	Nutzwert der Alternative *j*, mit $j \in \{1,..,m\}$

Es gilt

$$N_{ij} = g_i * e_{ij}$$

$$\text{mit } i \in \{1,..,n\},\ j \in \{1,..,m\}$$

und

$$N_j = N_{1j} + N_{2j} + ... + N_{nj} = \sum_{i=1}^{n} N_{ij}.$$

Alternativen		A_1		A_2	
Kriterium	Gewicht	Erfüllungsgrad	Teilnutzwert	Erfüllungsgrad	Teilnutzwert
K_1	g_1	e_{11}	$N_{11} = g_1 e_{11}$	e_{12}	$N_{12} = g_1 e_{12}$
K_2	g_2	e_{21}	$N_{21} = g_2 e_{21}$	e_{22}	$N_{22} = g_2 e_{22}$
K_3	g_3	e_{31}	$N_{31} = g_3 e_{31}$	e_{32}	$N_{32} = g_3 e_{32}$
Summe:	$\sum g_n = 1$	Nutzwert N_1 von A_1:	$N_1 = \sum N_{i1}$	Nutzwert N_2 von A_2:	$N_2 = \sum N_{i2}$

Tabelle 18: Rechenschema der Nutzwertanalyse[811]

Wie weiter oben erläutert, werden für die Rollenbesetzung im Projekt drei verschiedene Kriterienbereiche festgelegt:

1. Projektklassifizierung
2. Aufgaben und Befugnisse
3. Fähigkeitsprofil

---

810 Der Erfüllungsgrad e_{ij} wurde bewusst größer Null gewählt.

811 In Anlehnung an Bechmann [1978], S. 30.

Der Kriterienbereich „Projektklassifizierung“ wird durch die Art des Projekts angegeben. Die verschiedenen Projektklassifizierungen gemäß dem Projekttyp und der Projekttypvariante lauten:

- Projekttyp: Systementwicklungsprojekt (AG)
  - Projekttypvarianten:
    - AG-Projekt mit einem Auftragnehmer
    - AG-Projekt mit mehreren Auftragnehmern
- Projekttyp: Systementwicklungsprojekt (AN)
  - Projekttypvarianten:
    - AN-Projekt mit Entwicklung, Weiterentwicklung oder Migration
    - AN-Projekt mit Wartung und Pflege
- Projekttyp: Systementwicklungsprojekt (AG/AN)
  - Projekttypvarianten:
    - AG/AN-Projekt mit Entwicklung, Weiterentwicklung oder Migration
    - AG/AN-Projekt mit Wartung und Pflege
- Projekttyp: Einführung und Pflege eines organisationsspezifischen Vorgehensmodells
  - Projekttypvariante:
    - Einführung und Pflege eines organisationsspezifischen Vorgehensmodells

Die Kriterienbereiche „Aufgaben und Befugnisse“ sowie „Fähigkeitsprofile“ umfassen jeweils die zu besetzende Rolle und entstammen der V-Modell-Dokumentation.

Zur Veranschaulichung des Verfahrens wird die Rollenbesetzung beispielhaft anhand der Rolle des Projektleiters nachvollzogen. Tabelle 19 zeigt die Kriterienbereiche der Rolle „Projektleiter“ im Rahmen ihrer Nutzwertanalyse auf.

Da per definitionem nicht alle Projekte gleich sind, muss sich natürlich auch der Projektleiter unterschiedlichen Anforderungen stellen. Somit muss in einem ersten Schritt der Entscheider die Rolle hinsichtlich der Projektrahmenbedingungen priorisieren. Im angegebenen Beispiel bedeutet dies, dass er den Zielertrag festlegt, also die Projektrolle in Hinblick auf das anstehende Projekt einstuft. Die Bewertungen der Alternativen A_1 und A_2 werden dann aus dem Kompetenzmanagementsystem geladen. Wie Tabelle 19 zu entnehmen, erzielt Alternative A_1 mit 3,49 einen höheren Nutzwert als Alternative A_2. In diesem Fall wird deshalb angeraten, Projektleiter A_1 zu wählen.

Rolle/Ressource		„Wunsch“-Projektleiter		Projektleiter A_1		Projektleiter A_2	
Kriterium	Gewicht	Erfüllungsgrad	Teilnutzwert	Erfüllungsgrad	Teilnutzwert	Erfüllungsgrad	Teilnutzwert
Projektklassifizierung	**[0,1]**						
Systementwicklungsprojekt (AG) [1]	0,07	5	0,35	5	0,35	3	0,21
AG-Projekt mit mehreren Auftragnehmern [2]	0,03	5	0,15	5	0,15	2	0,06
Aufgaben und Befugnisse	**[0,40]**						
Bericht an Lenkungsausschuss [3]	0,08	5	0,40	3	0,24	4	0,32
Technische Lösung und Realisierung [4]	0,08	5	0,40	5	0,40	4	0,32
Projektfortschrittsüberwachung [5]	0,06	4	0,24	3	0,18	3	0,18
Auswahl und Überwachung von Leistungserbringern [6]	0,05	3	0,15	1	0,05	4	0,20
Vorbereitung der Entscheidung einer Angebotsabgabe [7]	0,05	5	0,25	2	0,10	2	0,10
Berücksichtigung der generischen Wissensmanagement-Komponenten [8]	0,08	5	0,40	4	0,32	2	0,16
Fähigkeitsprofil	**[0,50]**						
Projektabwicklung [9]	0,08	5	0,40	3	0,24	4	0,32
Betriebswirtschaftliche Zusammenhänge [10]	0,06	4	0,24	5	0,30	3	0,18
Anwendung, Einsatzgebiete und technische Systemausprägung [11]	0,04	2	0,08	3	0,12	2	0,08
Methoden und Werkzeuge des Projektmanagements [12]	0,07	5	0,35	4	0,28	1	0,07
Durchsetzungsvermögen und Akzeptanz [13]	0,05	3	0,15	3	0,15	2	0,1
Führung, Motivation und Moderation [14]	0,07	4	0,28	4	0,28	3	0,21
Organisation und Kommunikation [15]	0,06	5	0,30	3	0,18	4	0,24
Erfahrung im Umgang mit Methoden des Wissensmanagements [16]	0,07	5	0,35	2	0,14	4	0,28
Summe	**1**	**Nutzwert**	**4,49**	**Nutzwert**	**3,48**	**Nutzwert**	**3,03**

Tabelle 19: Nutzwertanalyse der Projektleiter-Rolle[812]

Abbildung 21 verdeutlicht den Grad der Übereinstimmung der Projektleiter A_1 und A_2 mit der optimalen „Wunsch“-Besetzung des Entscheiders. Die Ziffern an den Randpunkten beziehen sich auf die Kriterien nach Tabelle 19. Innerhalb des Netzdiagramms sind

812 Eigene Darstellung.

die Teilnutzwerte auf den Achsen abgetragen. Eine solche graphische Darstellung lässt schnell die kritischen Bereiche erkennen, in welchen Projektleiter A_1 Unterstützungsbedarf aufweist. Diese Unterstützung kann in Form von Schulungen oder auch durch das Bereitstellen qualifizierter Teammitglieder erfolgen. Im angegebenen Beispiel stellen sich als kritischste Bereiche der „Bericht an den Lenkungsausschuss [3]“, die „Vorbereitung der Entscheidung einer Angebotsabgabe [7]“ sowie die „WM-Komponente [15]“ heraus.

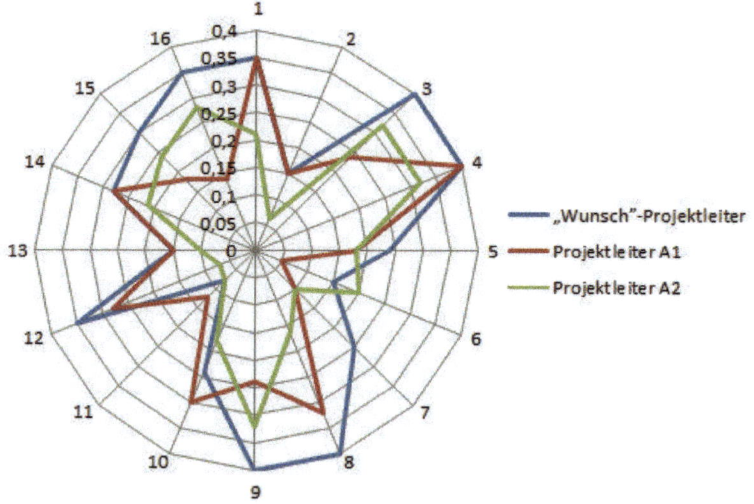

Abbildung 21: Vergleich der Projektleiter-Alternativen[813]

Bewertung des Verfahrens

Bei der Nutzwertanalyse ist in hohem Maße darauf zu achten, dass die ausgewählten Kriterien unabhängig voneinander operieren. Kriterien, die sich gegenseitig bedingen, verfälschen das Ergebnis.

Die Bewertung der Kriterien durch den Entscheider läuft subjektiv ab.[814] Für die Mitarbeiterprofile gilt diese Subjektivität nur eingeschränkt, da nicht ein Entscheider allein einen Mitarbeiter bewertet. Die Mitarbeiterbewertungen setzen sich aus den zahlreichen Bewertungen der bereits abgeschlossenen Projekte zusammmen. Wie ein Entscheider eine Rolle einschätzt, bleibt jedoch subjektiv. Es stellt sich mithin die Frage, ob diese Einschätzung ohne den Prozess eventuell noch subjektiver ausfiele. Würde der Entscheider nur aus dem Bauch heraus bestimmen, welche Mitarbeiter dem Projekt angehören, so neigte er

813 Eigene Darstellung.

814 Mehr zum Thema Optimalität von Nutzwertanalysen und einem subjektiven Wertsystem findet sich bei Zangemeister, S. 47.

wahrscheinlich dazu, bereits bekannte Personen ins Team zu holen. Mithilfe des Verfahrens erfährt er demgegenüber ganz objektiv, wer am besten für die Rolle geeignet ist, und dadurch erhöht sich die Wahrscheinlichkeit, sie auch mit Experten besetzen zu können.

Negativ anzumerken ist, dass bei einem hohen Nutzwert die schlechter bewerteten Kriterien leicht außer Acht gelassen werden,[815] was das Netzdiagramm jedoch mildert. Es zeigt alle Kriterien auf, und der Entscheider sieht sogleich, wo Problembereiche liegen. Das fungiert als eine Art Risikomanagement: Nach dem Aufdecken der Problembereiche lassen sich beispielsweise Schulungen und Weiterbildungsmaßnahmen in die Wege leiten.

Offen angesprochen werden muss die Problematik, dass das vorgestellte Verfahren für größere Organisationen sinnvoller ist als für kleinere, da ihr Mitarbeiterpool in der Regel größer ist. So haben größere Organisationen mehr Vergleichsmöglichkeiten als kleinere, die nicht derart viele Alternativen für die Rollenbesetzungen aufweisen. Vorteilhaft bleibt jedoch der bereits angesprochene Punkt, dass das Netzdiagramm Aufschluss über die Problembereiche eines Mitarbeiters gibt.

Exkurs: Berechnung des Gewichtungsfaktors

Die Gewichtungsfaktoren der Kriterienbereiche ergeben sich aus der Bewertung der verschiedenen Bereiche durch das Projektteam. Im Rahmen des Projektabschlusses werden alle Kriterienbereiche samt Unterkategorien bewertet. Für alle Gewichtungskategorien erfolgen Bewertung und Diskussion separat. Ergebnis der Diskussion sind Gewichtungsfaktoren aller Unterkategorien g_t^{Kat}, die vom gesamten Projektteam vertreten werden.

Zum Zeitpunkt $t = 2$ werden die Gewichtungsfaktoren aus dem Projektabschluss ($t = 1$) übernommen. Alle weiteren Gewichtungsfaktoren setzen sich künftig aus den Gewichtungsfaktoren aller vorhergehenden Projektabschlussrunden zusammen. Zur Berechnung der Gewichtungsfaktoren wird das Prognoseverfahren der *exponentiellen Glättung* herangezogen.[816] Es eignet sich vor allem für kurzfristige Prognosen. Für die Periode $t+1$ wird dabei ein Prognosewert aus dem gewogenen arithmetischen Mittel des Gewichtungsfaktors g_t^{Kat} sowie des Prognosewerts $\widehat{G}_t$ gebildet.[817]

Daraus ergibt sich:

$$\widehat{G}_{t+1} := \beta g_t^{Kat} + (1-\beta)\widehat{G}_t$$

[815] Vgl. Weber, S. 19.

[816] Hintergrund war, ein einfaches Verfahren anzuwenden, das alle Vergangenheitswerte mit abnehmender Wertigkeit in die Prognosewerte eingehen lässt. Das Verfahren der exponentiellen Glättung ist hierfür als geeignet einzustufen, bildet aber nicht die einzige bzw. beste Lösung. Grundsätzlich muss jede Organisation für sich analysieren, welches Verfahren sich anbietet. Weitere Verfahren können beispielsweise eine einfache Durchschnittsbildung, gleitende Durchschnitte oder die exponentielle Glättung zweiter Ordnung sein. Vgl. dazu Bücker, S. 117 ff. Immerhin wird das hier gewählte Verfahren der exponentiellen Glättung auch kritisiert, z. B. dahingehend, Trendausbrüche zu wenig zu berücksichtigen. Vgl. Bücker, S. 117 ff. und Schira, S. 151.

[817] Vgl. Bücker, S. 117 ff. Die nachfolgende Beschreibung bezieht sich exakt auf diese Stelle.

mit

t	Zeitpunkt, $t \in \{1,2,..,T\}$
ß	Glättungsparameter, $ß \in]0,1[$
g_t^{Kat}	Gewichtungsfaktor des Teams, $Kat \mathrel{\widehat{=}}$ Unterkategorie, $g_t^{Kat} \in [0,1]$
$\widehat{G}_{t+1}$	Prognosewert, Startwert $\widehat{G}_{t+1} := g_t^{Kat}$

Wird die Prognose des Werts $\widehat{G}_{t+1}$ unendlich fortgesetzt, gehen damit alle Gewichtungsfaktoren in die Zeitreihe ein:

$$\widehat{G}_{t+1} := \beta g_t^{Kat} + (1-\beta)\widehat{G}_t$$

mit

$$\widehat{G}_t = \beta g_{t-1}^{Kat} + (1-\beta)\widehat{G}_{t-1}$$

und

$$\widehat{G}_{t-1} = \beta g_{t-2}^{Kat} + (1-\beta)\widehat{G}_{t-2}.$$

In die ursprüngliche Gleichung $\widehat{G}_{t+1}$ eingesetzt, ergibt sich:

$$\widehat{G}_{t+1} = \beta g_t^{Kat} + (1-\beta)(\beta g_{t-1}^{Kat} + (1-\beta)(\beta g_{t-2}^{Kat} + (1-\beta)\widehat{G}_{t-2}))$$

$$\widehat{G}_{t+1} = \beta g_t^{Kat} + (1-\beta)\beta g_{t-1}^{Kat} + (1-\beta)^2(\beta g_{t-2}^{Kat} + (1-\beta)\widehat{G}_{t-2})$$

$$\widehat{G}_{t+1} = \beta g_t^{Kat} + \beta(1-\beta) g_{t-1}^{Kat} + \beta(1-\beta)^2 g_{t-2}^{Kat} + (1-\beta)^3\widehat{G}_{t-2}$$

Bei unendlicher Erweiterung der Gleichung bis zum Glättungswert $\widehat{G}_{t-i}$ erhält man:

$$\widehat{G}_{t+1} = \sum_{i=0}^{\infty} \beta(1-\beta)^i g_{t-i}^{Kat}.$$

Projekt	Zeitpunkt t	Gewichtungsfaktor Team g_t^{Kat}	Berechneter Prognosewert $\widehat{G}_t$
Projekt 1	1	0,01	-
Projekt 2	2	0,05	0,01
Projekt 3	3	0,07	0,038
Projekt 4	4	0,09	0,0604
Projekt 5	5	-	0,08112

Tabelle 20: Berechnung des Prognosewerts $\widehat{G}_t$ [818]

[818] Eigene Darstellung.

Die Berechnung des gewichteten Mittelwerts $\widehat{G}_{t+1}$ verdeutlicht Tabelle 20. Der Glättungsparameter β wird auf $\beta = 0,7$ festgelegt. Je kleiner β gewählt ist, desto weniger nimmt der Einfluss der vergangenen Gewichtungsfaktoren der Teams ab. Im Umkehrschluss bedeutet dies, dass die Festlegung des Glättungsparameters auf einen Wert von *0,7* den geschätzten Gewichtungsfaktoren des Teams aus kürzer zurückliegenden Projekten mehr Gewicht beimisst, da $\beta > 0,5$.[819] Es sei jedoch begemerkt, dass der Glättungsparameter nur exemplarisch gewählt wurde und nicht als Empfehlung dient. Jede Organisation sollte auf Basis ihrer Projekterfahrungen einen ihr angemessenen Glättungsparameter definieren.

6.2.2.2 Realisierung eines Demonstrationsprototypen

Nun wird ein Demonstrationsprototyp des technischen WMS vorgestellt und erläutert. Solche Prototypen, auch Layout-Prototypen genannt, veranschaulichen die Funktionalitäten eines Systems, ohne sie programmiertechnisch zu realisieren.[820] Der folgende Demonstrationsprototyp ist webbasiert und mittels der Auszeichnungssprache HTML, unter Hilfe der Software Axure[821], generiert worden.

Zugang zum V-Modell XT-Projekt-WMS

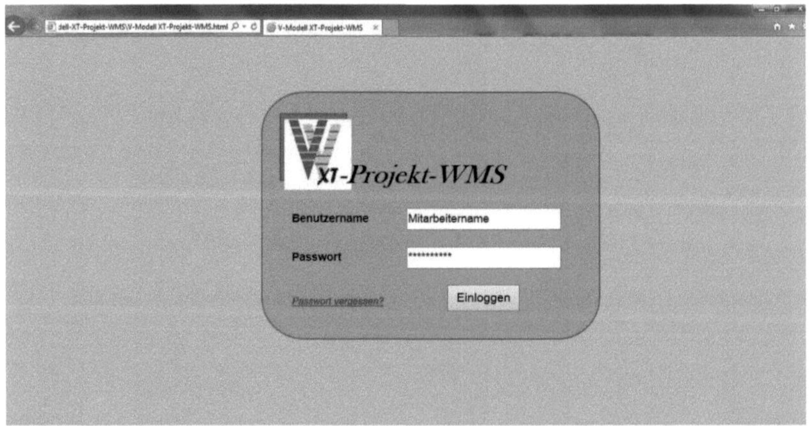

Abbildung 22: Zugang zum V-Modell XT Projekt-WMS[822]

Den webbasierten Zugang zum technischen WMS ermöglicht ein Desktopbrowser oder ein mobiler Browser. Nach Eingabe der organisationsspezifischen URL wird der Anwender auf die Zugangsseite geleitet, deren möglichen Aufbau Abbildung 22 zeigt.

[819] Vgl. Bücker, S. 118 f.

[820] Vgl. Böcker/Schneider, S. 98 und Wieczorrek/Mertens, S. 78 ff.

[821] http://www.axure.com/

[822] Eigene Darstellung.

Im Anschluss an die erfolgreiche Eingabe des Benutzernamens und eines benutzerspezifischen Passworts erlangt der Anwender Zugriff auf ein für ihn personalisiertes technisches Wissensmanagementsystem.

Projekt-Dashboard

Die Startseite jedes Anwenders ist das sogenannte Dashboard[823] (so Abb. 23), zentraler Ausgangspunkt des ganzheitlichen WMS und auf jeden Anwender individuell zugeschnitten.

Es liefert dem Anwender einen schnellen Überblick über den Status seiner Projekte. Über die Reiter kann er auf seine Projekte zugreifen, genauere Informationen abfragen oder Projektarbeiten fortführen. Weiterhin sieht er, welche Aufgaben demnächst auf ihn zukommen. Im vorliegenden Fall wird der Mitarbeiter daran erinnert, dass er in der kommenden Woche für das Mentorenprogramm einen neuen Kollegen zugewiesen bekommt.

Über das Dashboard kann der Anwender auf seinen persönlichen Kompetenzmanagementbereich zugreifen. Hier erfährt er, in welchen Kompetenzbereichen er Expertenstatus besitzt und welche weiter ausgebaut werden sollten. Zusätzlich wird er auf Schulungen und Webinare hingewiesen, an denen er teilnehmen kann oder muss. Über das Kompetenzmanagement kann er außerdem kommunizieren, wenn er selber einen Themenbereich im Rahmen einer Schulung o. ä. präsentieren oder vertiefen möchte.

Weiterhin lässt sich das Dashboard auch nutzen, um einem Anwender anhand einer Wissenskarte aufzuzeigen, wie die Kompetenzverteilung in seinem Projektumfeld aussieht. Die beispielhaft angelegte Matrix visualisiert ihm etwa, dass die neue Entwicklungsumgebung „KDeveloper“ mit nur einem erfahrenen Mitarbeiter unzureichend abgedeckt ist. Über den Bereich „Kompetenzmanagement“ kann sich der Anwender für ein Online-Webinar anmelden, um seine Kenntnisse auszubauen.

Das Suchfeld steht dem Anwender bei der Suche nach Projektinhalten, beim Auffinden von Projekten oder bei der Recherche im Falle projektbezogener Probleme zur Seite. Dabei stützt sich das Suchsystem auf das Wissensmanagementsystem mit all seinen Dokumenten und Inhalten. Ferner ist es möglich, das Internet zu durchsuchen. Große Wichtigkeit kommt hier der V-Modell XT-Homepage sowie dem V-Modell-Blog, -Forum und -FAQ zu. Diese Plattformen halten schon wertvolle Inhalte über Probleme und Fragen beim Umgang mit dem V-Modell XT bereit.

[823] Aus dem Englischen für „Armaturenbrett“.

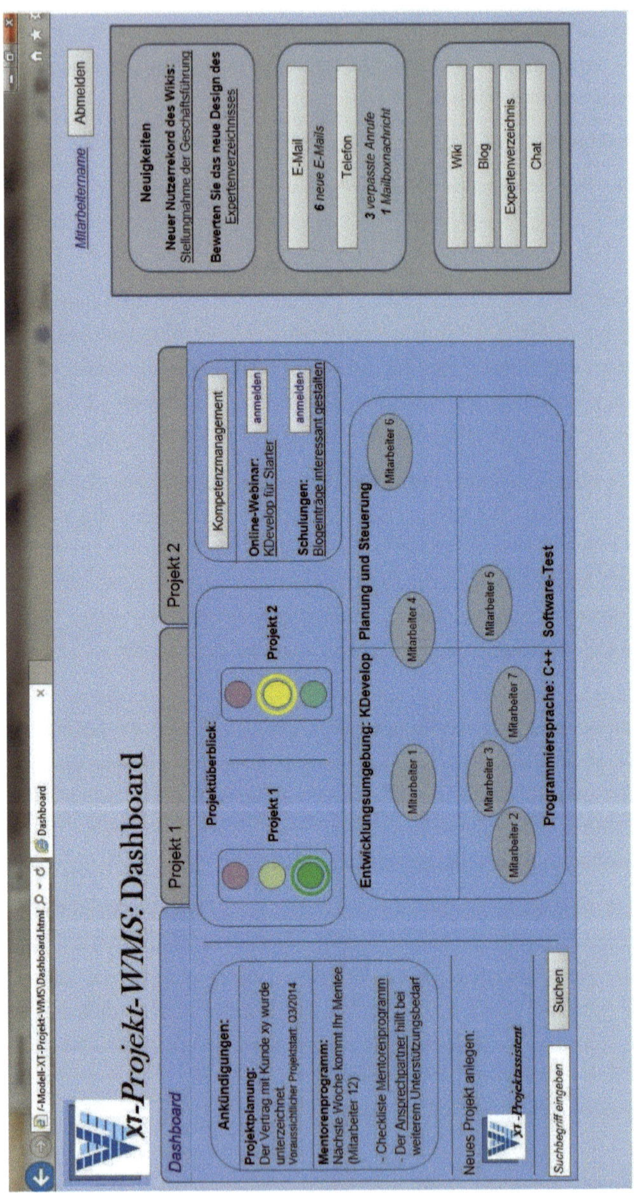

Abbildung 23: Dashboard[824]

[824] Eigene Darstellung.

Im rechten Teil des Dashboards befindet sich ein projektübergreifender Informationsbereich. Dort können organisationsweit Neuigkeiten veröffentlicht und Verknüpfungen zu wichtigen Kommunikations- und Austauschmedien wie Blogs, Wikis, Chats etc. erstellt werden. Zur organisationsinternen Kommunikation sollten ausschließlich Blogs oder Foren verwendet werden, sodass alle Organisationsmitarbeiter wichtige Informationen einsehen können.[825]

Kurze, unkritische Nachfragen lassen sich auch via Chat oder Telefon stellen. E-Mails sollten nur in der Kommunikation mit externen Auftragnehmern/-gebern versendet werden. Ebenfalls sollten Blogs oder Foren die Kommunikation mit den externen Einheiten begleiten. Ferner kann das Bereitstellen von geschützten Bereichen die Kommunikation zwischen internen und externen Einheiten für alle Projektbeteiligten zugänglich machen und speichern.

Projektseite

Jeder Anwender erhält über das V-Modell XT-Projekt-WMS Zugriff auf seine Projekte. Im vorliegenden Fall ist er an zwei Projekten beteiligt, die er über die Reiter aufrufen kann. Auf der Projektseite findet er alle projektrelevanten Inhalte, die dargestellten Entscheidungspunkte geben stets über den Projektfortschritt Auskunft. Abbildung 24 stellt das geschilderte Szenario anhand des Prototyps dar. Zusätzlich erhält der Anwender zentralen Zugriff auf alle Projektdokumente, an denen alle Projektmitarbeiter über das Projekt-WMS gemeinsam arbeiten. Sobald ein Dokument in Bearbeitung ist, haben die anderen Anwender nur noch lesenden Zugriff darauf. Mithin ist es nicht möglich, dass zwei Mitarbeiter gleichzeitig an einem Dokument arbeiten und unterschiedliche Versionen entstehen. Auch sieht der Anwender, welche Dokumente für ihn zur Überarbeitung freigegeben sind. Über die Schnittstelle des ganzheitlichen WMS zu externen Auftraggebern/-nehmern lassen sich ferner Projektdokumente mit den externen Einheiten teilen und gemeinsam editieren.

Im Kalender sieht der Anwender seine Termine und die seiner Kollegen ein und organisiert die Zusammenarbeit während des Projekts. Darunter stehen die Termine des Anwenders für den jeweiligen Tag.

Des Weiteren unterstützen den Anwender auch Expertensysteme. Einerseits werden gemäß der Deckungsgleichheit zu bereits abgeschlossenen oder noch laufenden Projekten Lessons Learned und Best Practices empfohlen. Auf diesem Wege erkennt er, dass Projekt j in seinen Klassifizierungen inklusive aller Projektmerkmale zu 83 % mit Projekt 1 übereinstimmt. Er hat nun die Möglichkeit, sich die Best Practices aus Projekt j durchzulesen und kann überlegen, ob dieses Vorgehen auch in seinem Projekt sinnvoll erscheint.

[825] Vgl. hierzu Huber/Schreiner.

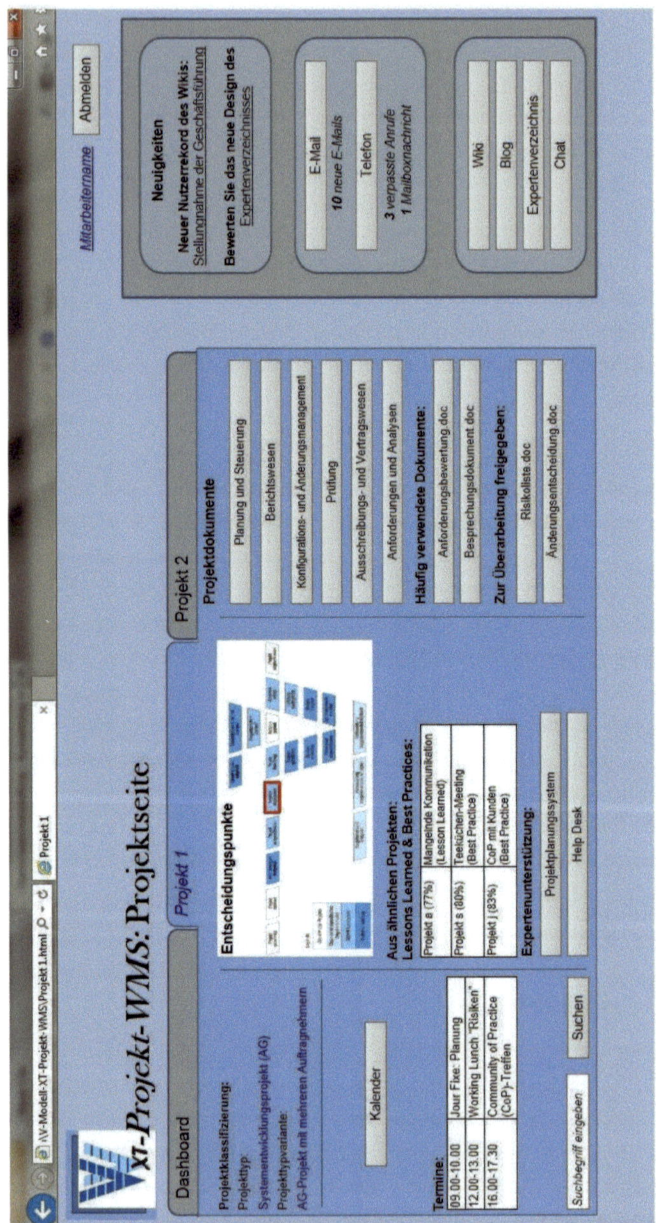

Abbildung 24: Projektseite eines V-Modell XT-Projekts[826]

[826] Eigene Darstellung.

Weiterhin kann der Mitarbeiter die Hilfe eines Planungssystems in Anspruch nehmen, es unterstützt bei der Handhabung von Planungsaufgaben und verwendet Vorhersagemethoden, welche Effekte von geplanten Schritten aufzeigen. Solche Planungssysteme können bei der Entwicklung und Konfiguration von Hard- und Software zuträglich sein.[827] Der Help Desk schließlich geht dem Anwender bei Fragen rund um die Projektarbeit zur Hand. Das Help Desk-System kann beispielsweise die Methodik „fallbasiertes Schließen" einsetzen, womit Anwenderprobleme diagnostiziert und gelöst werden. Dazu wird auf eine Fallbasis zurückgegriffen und nach ähnlichen, bereits aufgetretenen Fällen gesucht. Nach erfolgreicher Lösung eines Problems geht dieses in die Fallbasis über, was das stetige Wachstum der Basis gewährleistet.[828]

Teamzusammenstellung

Der in Kapitel 6.2.2.1 vorgestellte Prozess zur Teamzusammenstellung soll in das Projekt-WMS integriert sein. Abbildung 25 und 26 zeigen die prototypische Realisierung auf. Das zuvor gewählte Beispiel der Besetzung des Projektleiters wird hier abermals aufgegriffen. Abbildung 25 verdeutlicht zuerst den systemseitigen Prozess bei der Auswahl eines Wunsch-Projektleiters.

Der Entscheider besitzt viel Projekterfahrung und weist bereits fundiertes Wissen über das durchzuführende Projekt auf. Zur Besetzung seines Wunsch-Projektleiters gibt er seine Einschätzung bezüglich der benötigten Erfüllungsgrade für die Bereiche „Aufgaben und Befugnisse" und „Fähigkeitsprofil" ab. Nachdem er alle Punkte mit den Bewertungen von „sehr erfüllt", „erfüllt", „eher erfüllt", „weniger erfüllt" oder „unerfüllt" versehen hat, speichert er seine Einschätzung. Nun hat er die Möglichkeit weitere Rollen zu besetzen, oder er kann sich gleich die Auswertung seines Profils anzeigen lassen. Hierfür betätigt er den „Auswertungs"-Button unten rechts auf der Seite, der ihn auf die Teamauswertungs-Seite weiterleitet (s. Abb. 26).

Auf dem Rechenbeispiel aus Tabelle 19 aufbauend, sieht der Entscheider auf der Teamauswertungsseite ein Netzdiagramm, welches die Erfüllungsgrade seines Wunsch-Projektleiters und der verfügbaren Alternativen A1 und A2 abbildet. Im Hintergrund wurde die Nutzenanalyse berechnet und Alternative A1 als die geeignete Besetzung für den Projektleiter herausgestellt. Die Legende im rechten Bereich ordnet die Zahlen aus dem Diagramm ihren Kriterien zu. Rot gesetzte Kriterien signalisieren eine starke Abweichung der Alternative A1 vom generierten Wunsch-Projektleiter. Durch den Button „Detaillierte Analyse" kann sich der Entscheider eine genaue Auflistung der Kriterienvergleiche anzeigen lassen und erhält Empfehlungen, wie mit ihren Abweichungen umgegangen werden könnte. Dazu kann etwa auf den Schulungskatalog referenziert, Communities of Practice oder Webinare Bezug genommen werden.

827 Vgl. Lehner, S. 263.
828 Vgl. Lehner, S. 263.

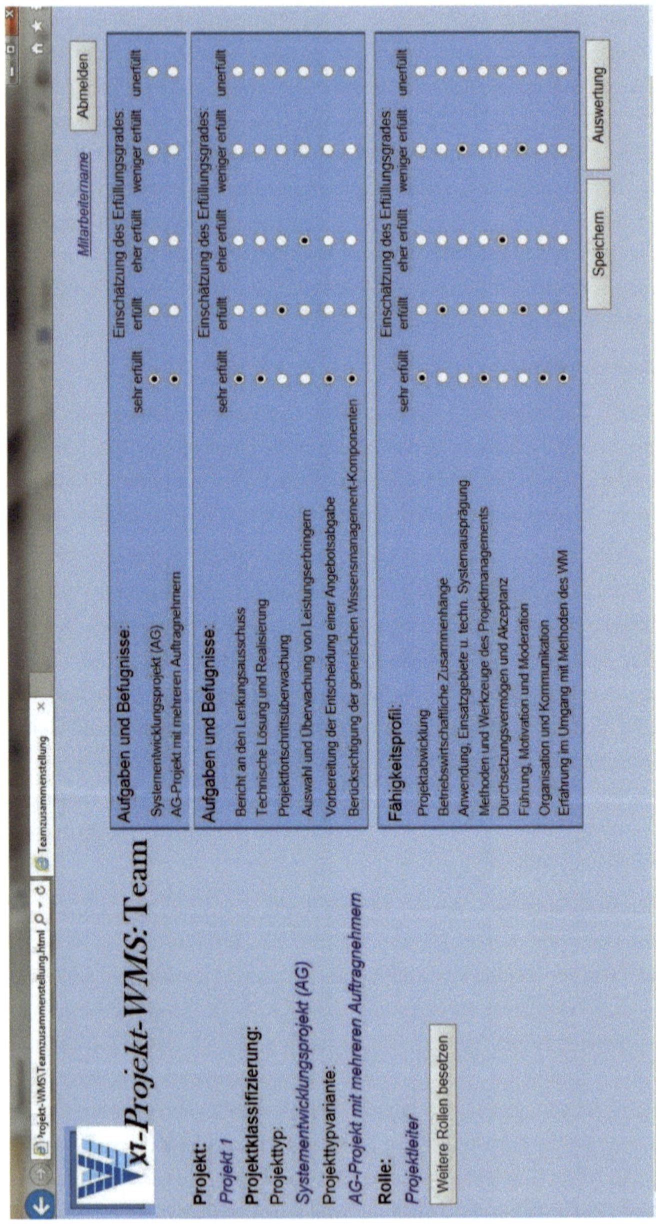

Abbildung 25: Teamzusammenstellung[829]

[829] Eigene Darstellung.

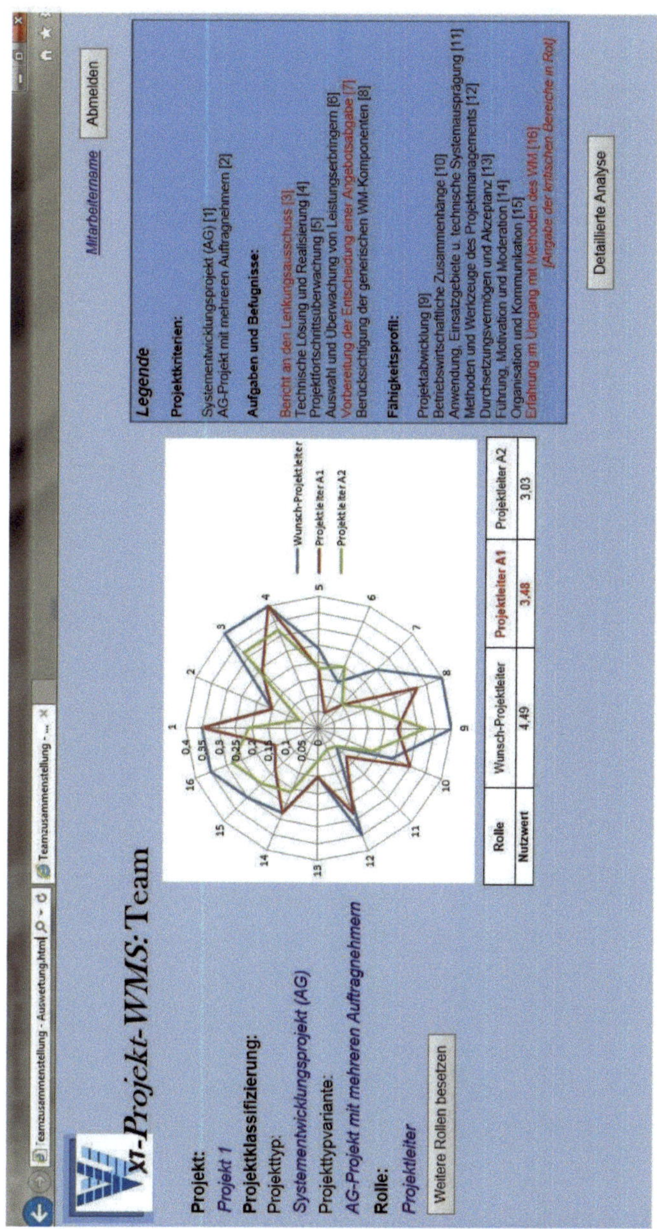

Abbildung 26: Teamzusammenstellung - Auswertung der Alternativen[830]

830 Eigene Darstellung.

Das Klicken auf Alternative A2 in der Tabelle unterhalb des Netzdiagramms führt den Entscheider zur Anzeige des Vergleichs von A2 zum Wunsch-Projektleiter. In der „Detaillierten Analyse“ findet er dann analog Auswertungen und Handlungsempfehlungen für die Alternative A2.

7 Schlussbetrachtungen

7.1 Zusammenfassung und Empfehlungen

Ziel der vorliegenden Arbeit war es, ein ganzheitliches Wissensmanagementsystem als integrativen Bestandteil des V-Modells XT zu konzeptualisieren. Dies wurde anhand der folgenden drei Forschungsfragen präzisiert:

1. Welche Methoden und Werkzeuge des Wissensmanagements werden in Wissenschaft und Praxis diskutiert?
2. Wie sind die kritischen Erfolgsfaktoren des Wissensmanagements und des IT-Projektmanagements im V-Modell XT repräsentiert?
3. Wie soll ein ganzheitliches Wissensmanagementsystem als integrierter Bestandteil des V-Modells XT aussehen?

Die erste Forschungsfrage behandelte Kapitel 4, wozu die Ergebnisse einer über drei Jahre laufenden Literaturanalyse vorgestellt wurden. Insgesamt 313 Quellen aus der Wissensmanagement-Literatur bildeten das Fundament der Untersuchung. Zielsetzung war, ein möglichst vollständiges Maßnahmen-Spektrum aufzudecken und die identifizierten Wissensmanagement-Maßnahmen hinsichtlich ihres Unterstützungspotentials den Wissensbausteinen nach Probst/Raub/Romhardt (vgl. Kapitel 4.1.3) zuzuordnen.

Die Analyse ergab eine große Vielfalt. Ein und dieselbe Maßnahme existiert oft unter diversen Bezeichnungen und besitzt oftmals zahlreiche, zum Teil sich nur minimal unterscheidende Ausprägungen. Um dieses weite Feld der WM-Aktivitäten zu strukturieren bzw. seine Vielfalt handhabbar zu machen, wurden Gruppen gebildet. Für die Wissensmanagement-Methoden wurden insgesamt 57 Gruppen identifiziert, für die Wissensmanagement-Werkzeuge in Summe 34.[831] Tabellen 21 und 22 zeigen die Methoden und Werkzeuge sortiert nach den Wissensbausteinen auf. Sie dienen der Erweiterung der Methoden- und Werkzeugreferenzen des V-Modells XT in Kapitel C.1.

Die zweite Forschungsfrage ist Gegenstand von Kapitel 5. Den Rahmen für die Klassifizierung der Erfolgsfaktoren des Wissens- und des IT-Projektmanagements geben die Dimensionen des Tübinger Modells der Wirtschaftsinformatik: Mensch, Aufgabe, Technik und organisatorischer Kontext. Aus der Literatur wurden 20 Erfolgsfaktoren für das Wissens- und 26 für das IT-Projektmanagement destilliert. Letztere sind zum großen Teil durch das V-Modell abgedeckt. Zu Erfolgsfaktoren, die darin nicht explizit zur Sprache kommen, konnten in den meisten Fällen Schnittstellen identifiziert werden.

[831] Eine genaue Darstellung des Maßnahmenspektrums findet sich im Anhang (C.1).

Methoden	
Wissensziele	
- Wissensleitbild - Kernkompetenzen-Ansatz - Fähigkeiten-/Kompetenz-Matrix	- Management by Knowledge Objectives - Erstellung von Zielkomponenten - Definition von Rollen
Wissensidentifikation	
- Internes Benchmarking - Netzwerke - Netze - Lessons Learned	- Interview - Diversity Management - Best Practices - Community of Practice
Wissenserwerb	
- Einkauf von Expertenwissen - Einkauf/Erwerb von Wissensprodukten - Kooperationen - Spezifisches Suchprofil - Befragung - Fallstudie/Case Study	- Storytelling - Debriefings - Diskussionen - Beobachtung - Konferenzen - Seminare/Trainings/Schulungen
Wissensentwicklung	
- Labore - Szenario-Technik - Innovationen - Kreativitätstechniken	- Problemlösungstechniken - Handlungsentlastungen - Hypothesen - Workshops
Wissens(ver)teilung)	
- Metapher/Analogien/Modelle - Triadengespräch - Rollenspiele - Anreizsysteme - Gruppen/Teams - Erfahrungsaustausch - Tandems	- Job-Policy - Thesaurus/Terminologie - ANKER-Methode - Meetings - Szenario - Dokumentation
Wissensnutzung	
- Arbeitsplatzgestaltung	- Collaboration Process Analysis Technique
Wissensbewahrung	
- Leitideen	
Wissensbewertung	
- Strategische Wissensbewertung - Operative Wissensbewertung - Normative Wissensbewertung - Deduktiv-summarische Ansätze	- Induktiv-analytische Ansätze - Rechnungswesenbasierte Ansätze zur Wissensmessung - Quantifizierung Humankapital

Tabelle 21: Methoden nach den Wissensbausteinen[832]

Ein anderes Bild liefert die Repräsentation der Erfolgsfaktoren des Wissensmanagements: Keiner der Faktoren wird durch das V-Modell komplett abgedeckt, aber auch hier existieren Schnittstellen, an welchen sie sich anknüpfen lassen. Nur vier Erfolgsfaktoren des Wissensmanagements sind weder im V-Modell enthalten noch über Schnittstellen anschließbar. Dabei handelt es sich um *Kommunikation der Bedeutung von WM* [WM 4], die Etablierung einer *Unternehmenskultur/Wissenskultur* [WM 10], die *Ausgestaltung*

832 Eigene Darstellung.

von Wissensmanagementprozessen [WM 15] und die *Qualität des gespeicherten Wissens* [WM 28]. Diese Erfolgsfaktoren erhielten bei der Anforderungsdefinition an das ganzheitliche Wissensmanagementsystem besonderes Gewicht.

Werkzeuge	
Wissensidentifikation	
- Gelbe Seiten - Präsenzinformation - Wissenskarten - Agenten - Wissensreferenzen - Georeferenzierung	- Suchfunktionalitäten - Soziale Netzwerkanalyse - Ontologien - Taxonomien - Textanalyse-Methodiken - Mining-Methodiken
Wissensentwicklung	
- Vorschlagswesen	- Mash-ups
Wissens(ver)teilung)	
- E-Mail-Verteiler - Weblog/Blog - Microblog - Wiki - Feeds - Audio-/Video-Technologie	- Soziale Netzwerke - Foren - Sofortnachrichtendienst/Instant Messaging/Chat - Pattern
Wissensnutzung	
- Planspiele/Simulation - Wissensplattformen und -datenbanken - Dashboard - Project Comparison Technique	- Tagging/Tags - Bewertungs-Funktion - Fallbasiertes Schließen
Wissensbewahrung	
- Annotation - Knowledge Firewall	- Softwaretechniken im Wissensmanagementumfeld

Tabelle 22: Werkzeuge nach den Wissensbausteinen[833]

Kern von Kapitel 6 ist die Beantwortung der dritten Forschungsfrage. Als elementare Herausforderung bei ihrer Bearbeitung stellte sich der Anspruch der Ganzheitlichkeit heraus. Denn das Ziel des Konzepts bestand darin, das Wissensmanagement in das IT-Projektmanagement zu integrieren. Dabei sollten die organisatorische Verankerung des Wissensmanagements und die Durchsetzung der Wissensbausteine der Realisierung eines technischen WMS zur Unterstützung der Aufgabenerledigung ebenbürtig sein.

Kapitel 6 orientiert sich am Systementwicklungsprozess des V-Modells und gliedert sich daher in zwei Bereiche. Der erste beschäftigt sich mit „Spezifikation und Zerlegung". Auf den Ergebnissen des fünften Kapitels aufbauend, wurden funktionale und nicht-funktionale Anforderungen an ein ganzheitliches Wissensmanagementsystem definiert, sowie ein Feinentwurf des ganzheitlichen Wissensmanagementsystems präsentiert. Dieser umfasst ein technisches WMS, das in einen organisatorischen Rahmen gebettet ist. Voraussetzung ist, dass der Anwender des ganzheitlichen WMS durch eine wissensfreundli-

[833] Eigene Darstellung.

che Organisationskultur geprägt und mit den Wissensbausteinen nach Probst/Raub/Romhardt vertraut ist. Dadurch wird sichergestellt, dass der Anwender im Zuge seiner Aufgabenerledigung[834] stets Unterstützung erfährt: Äußerst wichtig zeigt sich die Etablierung einer wissensfreundlichen Organisationskultur und, dass zahlreiche Methoden des Wissensmanagements zur Verfügung stehen. Diese organisatorische Verankerung formt die erste Säule des ganzheitlichen WMS.

Die zweite Säule bildet die Unterstützung des Anwenders bei der Projektarbeit in Form eines technisches WMS. Der Zugriff darauf ist einfach gehalten und beispielsweise mittels eines PCs oder Smartphones vorgesehen; das WMS lässt sich über die URL im Browser aufrufen und ist speziell auf den angemeldeten Anwender zugeschnitten. Dieser erhält Zugriff auf alle relevanten Projektdokumentationen und kann weiterhin die Zusammenarbeit mit dem Projektteam, aber auch mit externen Parteien wie Auftraggeber oder -nehmer, organisieren. Die technologische Basis des WMS stellt eine Client-Server-Architektur, die clientseitig eine schnelle Inbetriebnahme des WMS ohne Installations- oder Wartungszeiten gestattet. Um unberechtigte oder gar missbräuchliche Zugriffe auf das System zu verhindern, befasst sich Kapitel 6 des Weiteren mit den gesetzlichen Aspekten des Wissensmanagements und der Definition organisatorischer bzw. technischer Sicherheitsmaßnahmen.

„Integration und Realisierung" markieren den zweiten Bereich des Systementwicklungsprozesses. Im Zuge der „Integration" wurde das erarbeitete Konzept in das V-Modell XT eingepasst, indem ein neuer Vorgehensbaustein definiert und das bestehende Rollenkonzept um zwei Rollen ergänzt wurde. Im Vorgehensbaustein „Wissensmanagement" sind neue Produkte und Aktivitäten des Wissensmanagements enthalten, die den beiden neuen Rollen „Wissensagent" und „Wissensmanager" zugewiesen wurden. Die Ergebnisse der Literaturanalyse stehen in Kapitel C.1. Hierbei wurde dem Vorbild des V-Modells (Methodenneutralität) entsprochen und von Handlungsempfehlungen für bestimmte Methodiken abgesehen - bestand das Ziel doch darin, einen Überblick über mögliche Methoden zu verschaffen, die Entscheidung über die Anwendung einer spezifischen Maßnahme muss dann organisationsspezifisch erfolgen.

Im Fokus der „Realisierung" steht der laut V-Modell XT „wichtigste Faktor für den Erfolg eines Projektes": die Besetzung der Schlüsselrollen durch qualifiziertes Personal.[835] Um dem im ganzheitlichen Wissensmanagementsystem angemessen Rechnung zu tragen, wurde ein Verfahren vorgestellt, dem die Methodik der „Nutzwertanalyse" zugrunde liegt. Fußend auf der Projektklassifizierung, den Aufgaben und Befugnissen sowie dem Fähigkeitsprofil einer Rolle, soll dabei aus dem vorhandenen Mitarbeiterbestand die bestmöglichste Besetzung gefunden werden. Der für die Teambesetzung verantwortliche Mitarbeiter erstellt auf Basis seines Erfahrungsschatzes und der ihm vorliegenden Projekt-

[834] Im Rahmen des IT-Projektmanagements.
[835] V-Modell XT, Teil 1, S. 25.

beschreibung zunächst ein generisches Rollenprofil. Dieses wird während der Nutzwertanalyse mit den beschriebenen Mitarbeiterprofilen abgeglichen. Der Grad der Deckungsgleichheit eines Mitarbeiters mit dem generischen Rollenprofil bestimmt seine Eignung für die betreffende Rolle.

Abschließend wurde ein Demonstrationsprototyp entfaltet, der wichtige Eckpunkte eines potentiellen Wissensmanagementsystems umfasst. Dieses Kapitel verdeutlicht sowohl die graphische Realisierung des Zugangs zum V-Modell XT-Projekt-WMS als auch ein Dashboard[836]. Für die in der Integration beschriebene Teamzusammenstellung wurden je eine eigene Maske zur Bestimmung des generischen Rollenprofils und zur Darstellung der Analyseergebnisse der Nutzwertanalyse entwickelt.

Empfehlungen

Axford/Renfro [2012] schlussfolgern: „We would love to be able to present that organizational Holy Grail application that magically organizes a person's life, but the truth is that no single product will meet every organizational need of an individual: One application does not fit all.[837]" Diese Erkenntnis ist auch für die vorliegende Arbeit gültig. Die Tatsache, dass ein System die Bedürfnisse eines Individuums nur unvollständig erfüllt, lässt sich überdies auf den Kontext des ganzheitlichen Wissensmanagementsystems übertragen: Organisationen unterscheiden sich in vielen Bereichen, wie beispielsweise im Kern ihrer Wertschöpfung, in ihrer nationalen und/oder internationalen Ausrichtung und vor allem in ihren Organisationskulturen. Zu glauben, dass es einen *one fits all*-Ansatz geben kann, ist auch hier mehr als fraglich und stark zweifelhaft. Vielmehr soll das vorliegende Konzept einen allgemeinen Handlungsrahmen abstecken, der folgende Empfehlungen mit sich führt:

1. Die Realisierung des ganzheitlichen Wissensmanagementsystems hat weitreichende Auswirkungen auf eine Organisation. In vielen Fällen ist erst ein Kulturwandel zu vollziehen, der auch in den Köpfen der Mitarbeiter stattfinden muss. Vor der Implementierung des ganzheitlichen Systems müssen zunächst eine Analyse und Bewertung der Organisationskultur erfolgen, diese sind entsprechend vorzubereiten.

2. Weiterhin wird zu einer sukzessiven Implementierung des ganzheitlichen WMS geraten. Nach der Gestaltung der organisatorischen Rahmenbedingungen sollte eine erste Ausbaustufe definiert werden. Das bedeutet, mit kleinen Maßnahmen zu starten und die Mitarbeiter nicht zu überfordern. Zusätzlich sollten Wissensmanagement-Initiativen, die von den Mitarbeitern ausgehen, unterstützt werden.[838] Das vorgestellte Rahmenkonzept soll als eine Orientierungshilfe fungieren, die Umset-

[836] Eine Art Startseite, die einen ersten Überblick über die Projekte und Wissensbereiche gibt.
[837] Axford/Renfro, S. 35.
[838] Vgl. Richter/Stocker/Koch.

zung des Konzepts muss jedoch anhand einer Wirtschaftlichkeitsanalyse erfolgen. Auf die Festlegung eines ersten Interventionsbereichs sollte zusätzlich eine Make-or-Buy-Entscheidung folgen und beschlossen werden, ob ein Unterstützungssystem organisationsintern entwickelt oder Standardsoftware eingekauft werden soll.

3. Hilfestellung wird u. a. bei der Teamzusammenstellung gegeben, mit der Zielsetzung, qualifizierte Mitarbeiter auszuwählen und von eventuell eingefahrenen Teamzusammenstellungen Abstand zu nehmen, da sich der Fokus auf u. U. besser qualifizierte Mitarbeiter richtet. In diesem Zusammenhang können jedoch Datenschutzprobleme entstehen: Je nach Organisation ist die Speicherung solch detaillierter Mitarbeiterinformationen ggf. untersagt. Zusätzlich könnten Differenzen bei der Abstimmung mit dem Betriebsrat bzw. den Gewerkschaften auftreten. In jedem Fall muss durch die Vergabe von Rechten sichergestellt werden, dass nur Berechtigte (Personalverantwortliche, Gruppenleiter o. ä.) Zugriff auf diese sensiblen Informationen erhalten.

7.2 Weiterer Forschungsbedarf

Grundsätzlich machen neben den in der Einleitung umrissenen Entwicklungen am Arbeitsmarkt und in der Demographie, betriebswirtschaftliche und wettbewerbsbedingt Überlegungen die Auseinandersetzung mit der Ressource Wissen zwingend erforderlich. Das in dieser Arbeit vorgestellte Konzept soll einen Beitrag dazu leisten, Wissensmanagement systematisch in das IT-Projektmanagement zu integrieren. Diese theoretische Abhandlung muss jedoch in der Praxis überprüft und um weitere Forschungsarbeiten ergänzt werden. Im Zuge eines V-Modell XT-Projekts sollte das System validiert, mithin praxisorientiert überprüft werden, was einen wichtigen Impuls für das ganzheitliche WMS darstellt.

Zudem besteht weiterer theoretischer Forschungsbedarf. Einen Kernbereich steckt hier die Ausgestaltung der Organisationskultur ab. In der vorliegenden Arbeit wurde an zahlreichen Stellen die Wichtigkeit der Organisationskultur hervorgehoben. Was sind nun jedoch die richtigen Handlungsempfehlungen, wenn festgestellt wird, dass die eigene Organisationskultur nicht wissensfreundlich genug ist? Zentrale Aussagen, wie sie beispielsweise Erfolgsfaktor [WM/IT 3] trifft: „Unterstützung durch das Top-Management“, müssen in die Tat umgesetzt werden. Ein jährlicher Vortrag oder ein monatlicher Newsletter des Top-Managements, welche die Bedeutung des Wissensmanagements unterstreichen, werden und können nicht zielführend sein. Gerade bei großen oder sehr traditionellen Organisationen hat sich eine fest verankerte, statische Kultur entwickelt, die nicht einfach mit der Entscheidung für eine neue, wissensfreundliche Kultur aus den Angeln gehoben wird. Sie spiegelt sich vielmehr in den Köpfen der Mitarbeiter und in den Prozessabläufen wider. Forschungsarbeiten müssen angesichts dessen vor allem in die Richtung gehen, auf welche Weise sich ein fortwährender Wandel der Organisationskultur erreichen lässt.

Wie beschrieben, sollte die Einführung des ganzheitlichen WMS schrittweise erfolgen. Zunächst muss die Organisation auf ihre „Wissensmanagement-Reife" hin untersucht werden. Dabei können Reifegradmodelle unterstützen, für die North einen allgemeinen Ansatz liefert.[839] In Bezug auf die vorliegende Arbeit könnten mögliche weiterführende Forschungen sich der Übertragung von Referenzmodellen, bspw. dem von North, dem KMMM[840] oder dem CMMI, auf das erstellte ganzheitliche Wissensmanagementsystem widmen. KMMM stellt bereits eine allgemeine Anpassung des CMMI an das Wissensmanagement dar. Ein Vorschlag, wie sich das CMMI auf die Rahmenbedingungen des ganzheitlichen Wissensmanagementsystems einstellen lässt, wird nachfolgend knapp skizziert.

CMMI wird vorwiegend herangezogen, um bewährte Praktiken einzuordnen, Stärken und Schwächen objektiv zu analysieren und Verbesserungsmaßnahmen zu gewinnen und zu priorisieren. Grundsätzlich greift die IT-Governance bei IT-Entwicklungsprojekten darauf zurück[841], es findet jedoch auch im Bereich Wissensmanagement Anwendung.[842] Prinzipiell werden Kategorien, Prozessgebiete und Reifegrade untersucht. Einen möglichen Übertrag des CMMI auf den spezifischen Kontext dieser Arbeit zeigt Tabelle 23 auf. Die im Vorgehensbaustein „Wissensmanagement" aufgeführten Wissensbausteine können als Kategorie, die Produkte als Prozessgebiet dienen. Für jedes Prozessgebiet ist sodann sein Institutionalisierungsgrad zu bestimmen.[843]

Kategorie	**Prozessgebiet**	**Reifegrad**
Wissensziele	Normative Wissensziele	2
	Strategische Wissensziele	3
	Operative Wissensziele	4
Wissensidentifikation	Wissenstransparenz	2
	Visualisierung & Navigation	5
...	...	...
Wissensbewertung	Erreichen der Wissensziele	1
	Ursache-Wirkungs-Zusammenhang	3

Tabelle 23: CMMI für das Wissensmanagement[844]

In der vorliegenden Arbeit wurde ein Konzept zur Teamzusammenstellung vorgeschlagen, das auf abstrakter Ebene verschiedene Projektmitarbeiter mittels der Nutzwertanalyse vergleicht. Künftige Forschungsarbeit wird in diesem Zusammenhang in der Datenerhebung für solch eine Analyse und in einer sinnvollen Implementierung der Datenschutzrichtli-

839 Vgl. North, S. 40 ff.
840 Vgl. Langen.
841 Vgl. Broy/Kuhrmann, S. 348 und Hansen/Neumann, S. 248.
842 Vgl. Berztiss.
843 Sie lauten *ad hoc* (1), *wiederholbar* (2), *definiert* (3), *verwaltet* (4) und *optimiert* (5). Vgl. Hansen/ Neumann, S. 248.
844 Eigene Darstellung.

nien gesehen. Auf der einen Seite muss eine profunde Auseinandersetzung mit der hier nur exemplarisch vorgenommenen Auswahl der einfließenden Parameter erfolgen. Auf der anderen Seite ist ein Konzept für den Umgang mit sensiblen Daten zu erstellen. Wie erwähnt, könnten Probleme mit dem Betriebsrat oder den Gewerkschaften entstehen. Die Frage muss daher lauten, wie ein Bewertungssystem gestaltet werden könnte, das datenschutzrechtlich unbedenklich bzw. zumindest für Betriebsrat und Gewerkschaften akzeptabel ist.

In zusätzliche Forschungsrichtungen weist zudem der Vergleich von Projekten. Der entwickelte Demonstrationsprototyp empfiehlt auf der „Projektseite" (vgl. Abb. 24) Lessons Learned und Best Practices von thematisch ähnlichen Projekten. Somit gehen die Projekterfahrungen (sowohl positiver als auch negativer Art) nicht verloren, sondern kommen neuen Projekten zugute. Dies betrifft auch bereits vorhandene Produkte. Entwickelte Systemelemente eines Projekts können dadurch auch in anderen Projekten Anwendung finden und Doppelarbeiten vermeiden helfen.[845] Vorgehen ließe sich dabei ähnlich wie bei der Teamzusammenstellung. Ferner legt die Identifikation einschlägiger Projektparameter Forschungspotential frei. Für eine erste Strukturierung können abermals die Projektklassifizierungen des V-Modells XT verwendet werden. Darauf aufbauend sind weitere Parameter zu definieren, die den genauen Rahmen eines Projekts festsetzen und in einer Checkliste zu sammeln sind. Jeweils zu Beginn und zum Ende eines Projekts hat die Projektleitung diese Checkliste zu validieren. Die Bewertungsergebnisse sollten in einer Datenbank gespeichert werden und dem Abgleich mit der Checkliste bei der Initialisierung eines neuen Projekts dienen. Das ist allerdings nur eine mögliche Vorgehensweise, um die inhaltliche Ähnlichkeit von Projekten aufzudecken. Ebenso lassen sich Algorithmen entwickeln, die Projektdokumente analysieren und vergleichen sowie semantische Ähnlichkeiten an den Tag bringen können.

Weiterer Forschungsbedarf besteht in Hinblick auf die zu verstärkende Verbindung der Wissenschaftsbereiche E-Learning und Wissensmanagement. Wissen und Lernen sind eng verwandte Bereiche.[846] Der Fokus dieser Arbeit liegt auf dem Wissensmanagement, er sollte jedoch in Zukunft auch auf den Bereich des Lernens im Allgemeinen und des E-Learning im Speziellen ausgedehnt werden. Gerade zur Aneignung neuer Fähigkeiten und zur Weiterbildung der Mitarbeiter könnten E-Learning-Verfahren einen signifikanten Beitrag leisten.

Schließlich liegt eine Übernahme des WM-Konzepts durch andere Vorgehensmodelle der Softwareentwicklung nahe; von Belang ist eine zweiteilige Fragestellung. Erstens: Wie wird die Ressource Wissen in anderen Vorgehensmodellen adressiert und welche Wissensmanagement-Aktivitäten werden vorgeschlagen? Zweitens: Vermag das vorgestellte Konzept auch diese Modelle, etwa RUP oder agile Methoden, zu bereichern?

---

[845] Vgl. hierzu Motahari-Nezhad/Bartolini.

[846] Vgl. Hofmann/Jarosch; Reinmann/Mandl und Schäfer.

Anhang

A Projektmanagement

A.1 Phasenmodelle

Wie bereits erwähnt, umfassten die ersten Modelle der Softwareentwicklung den Lebenszyklus einer Software.[847] Es gab sie in verschiedenen Varianten, die sich im Grunde an den bereits eingeführten Softwareentwicklungsphasen orientieren. Das wohl bekannteste und bis heute einflussgebende Phasenmodell ist das *Wasserfallmodell*, welches erstmals Royce 1970 entwickelte. In seiner ursprünglichen Form werden die Entwicklungsschritte jeweils durch eine Phase repräsentiert. Die Phasen sind in dem Modell als Kästchen dargestellt, die Pfeile miteinander verbinden. Die Pfeilrichtung gibt nach dem Vorbild des Wasserfalls die Flussrichtung der Arbeitspakete vor. Erst nach Abschluss einer Phase kann mit der nächsten begonnen werden, das Zurückgehen in vorherige Phasen ist nicht erlaubt. Das Royce-Modell unterlag zahlreichen Verfeinerungen, die wohl bekannteste Version legte Boehm [1986] vor. Wesentliche Neuerung ist die Einführung von Rückkopplungsschleifen: Jeder Phase wird eine Evaluationsphase angeschlossen, die es ermöglicht, auch in der vorherigen Phase noch Anpassungen vorzunehmen.[848]

Eine grundlegende Annahme, zugleich zentraler Kritikpunkt, besteht darin, Fehler im Softwareentwicklungsprozess als Indikatoren eines suboptimalen Projektverlaufs zu betrachten.[849] Dies impliziert, dass alle Anforderungen an ein Projekt von Beginn an feststehen müssen und im Projektverlauf stabil zu bleiben haben. Auch die Erweiterung von Boehm sieht vor, dass nur in eine unmittelbar antezedierende Phase zurückgegangen werden darf. In der Praxis präsentiert sich der Softwareentwicklungsprozess jedoch weitaus dynamischer und erfordert zahlreiche Anpassungen der Anforderungen.[850] Die kategorische Trennung einzelner Entwicklungsschritte, wie z. B. Spezifikation und Implementierung, ist in zweierlei Hinsicht kritisch: Einmal können bei der Spezifikation Informationen über Implementierungsvorgänge hilfreich sein und weiterhin eventuell unrealistische Spezifikationen erst bei der Implementierung aufgedeckt werden.[851] Hinzu kommen die starke Konzentration auf softwaretechnische Aspekte, die Ausklammerung von Lernprozessen und der fehlende Einbezug der späteren Anwender des Systems in den Systement-

[847] Vgl. Hesse/Merbeth/Frölich, S. 30; Janßen/Bundschuh, S. 21 und Schwarzer/Krcmar, S. 138.
[848] Vgl. Janßen/Bundschuh, S. 21; Hesse/Merbeth/Frölich, S. 33 f.; Rechenberg/Pomberger, S. 827 f. und Boehm, S. 31.
[849] Vgl. Rechenberg/Pomberger, S. 828.
[850] Vgl. Fink/Schneidereit/Voß, S. 186 und Janßen/Bundschuh, S. 22.
[851] Vgl. Budde, S. 28 f.

wurf.[852] Letztendlich resultierten diese Unzulänglichkeiten in der Entwicklung flexiblerer Modelle.

A.2 Prototyping

Eines der größten Probleme der Phasenmodelle ist die große Diskrepanz zwischen Anfertigung und Auslieferung der Software an den Benutzer. Dadurch werden Fehlentwicklungen und notwendige Anforderungsanpassungen zu spät festgestellt, mit der Konsequenz eines erhöhten Kosten- und Zeitaufwands.[853]

Das Prototyping indes versucht, möglichst schnell ein rudimentäres, jedoch lauffähiges Probesystem (Prototyp) zu erstellen. Auf diese Weise soll der Entwicklungsprozess verkürzt und die Qualität der Ergebnisse erhöht werden. Es lassen sich verschiedene Arten des Prototypings unterscheiden: exploratives, experimentelles und evolutionäres Prototyping.[854] Zur Erstellung der Prototypen werden unterstützende Softwarewerkzeuge, bspw. Case-Tools und Programmiersprachen der vierten Generation, eingesetzt. Ein Prototyp sollte Elemente wie eine ausreichende Benutzeroberfläche und wichtige Funktionen enthalten und somit als Diskussionsgrundlage für Entwickler und Anwender dienen. Die Auseinandersetzung der späteren Anwender mit dem System integriert diese stärker in den Entwicklungsprozess und bietet ihnen die Möglichkeit, wichtige Entwicklungsrichtungen mitzubestimmen. Dadurch verbessert sich die Akzeptanz des Systems durch den Nutzer, und der so entstehende Prototyp dient später als Basis für den eigentlichen Systementwurf.[855]

Wesentlicher Vorteil des Prototypings ist der starke Einbezug der späteren Systemanwender. Das ist besonders wertvoll bei Projekten, in denen es Unsicherheiten bezüglich der Anforderungen oder des Entwurfs gibt. Jedoch ist kritisch hinzuzufügen, dass in der Pra-

---

[852] Vgl. Rechenberg/Pomberger, S. 828. Die Wichtigkeit des Einbezugs von Anwendern kann je nach Projekt variieren. Vor allem bei Anwendungssystemen ist die Integration des Benutzers jedoch essentiell.

[853] Vgl. Schwarzer/Krcmar, S. 142 und Fink/Schneidereit/Voß, S. 187.

[854] Das *explorative* Prototyping wird herangezogen, wenn Systemanforderungen zu Beginn eines Projekts noch sehr unklar sind. Auf *experimentelles* Prototyping wird meist zu Forschungszwecken zurückgegriffen, wenn Unklarheiten über die Umsetzungsmöglichkeiten oder die Machbarkeit von Systemen bestehen. Oftmals wird darunter auch das „Rapid Prototyping“ oder „Wegwerf-Prototyping“ rubriziert. Beim *evolutionären* Prototyping wird der Prototyp gemeinsam mit dem System weiterentwickelt und verfeinert. Zusätzlich lassen sich *vertikales* und *horizontales* Prototyping differenzieren: Vertikal wird ein Funktionsbereich in die Tiefe abgebildet, das horizontale Prototyping erstreckt sich auf das ganze System. Vgl. Budde, S. 38 f. und Grechenig et al., S. 541 f.

[855] Vgl. Fink/Schneidereit/Voß, S. 188; Schwarzer/Krcmar, S. 142 und Laudon/Laudon/Schoder, S. 936. Es können noch weitere Formen von Prototypen unterschieden werden: Der *Demonstrationsprototyp* wird im Rahmen der Projektinitialisierung vorgelegt, um einen ersten Eindruck zu vermitteln. Der *Prototyp im engeren Sinne* dient der Planung und Anforderungsanalyse für die Kommunikation mit den späteren Anwendern. Ein *Labormuster* gelangt meist innerhalb eines Projekts zur Demonstration der technischen Umsetzbarkeit zum Einsatz. Schließlich das *Pilotsystem*, es beinhaltet alle grundlegenden Systemfunktionalitäten und kann in die Systemumgebung integriert werden. Vgl. hierzu Fink/Schneidereit/Voß, S. 188.

xis oft rudimentäre Prototypen weiterentwickelt und implementiert werden.[856] Die Argumentation, trotz der Anwesenheit eines rudimentären aber funktionierenden Prototyps ein völlig neues System zu entwickeln, ist unter Kosten- und Zeitdruck schwer zu verteidigen. Da die Prototypentwicklung im Allgemeinen eher schnell und nicht stabil, effizient und kompatibel vorangetrieben wird, ist von der Übernahme solcher Prototypen abzusehen. Probleme hinsichtlich der Leistungsfähigkeit und Fehlerfreiheit sind dabei vorherzusehen. Reine Wegwerfprototypen sind in der Praxis nicht sehr üblich, daher muss mehr Gewicht auf die Planung, Entwurf und Tests gelegt werden. Das Prototyping stellt kein vollständiges Vorgehensmodell dar und ist eher als komplementärer Ansatz zu verstehen und zu empfehlen.

A.3 Nichtlineare, inkrementelle und iterative Vorgehensmodelle

Das *Spiralmodell* entwickelte Boehm. Es baut zwar noch auf den einzelnen Phasen des Softwareentwicklungsprozesses auf, zerlegt jedoch die Entwicklungsschritte in vier Quadranten, die zyklisch durchlaufen werden. Jeder Zyklus enthält eine Planungs-, Definitions-, Entwurfs- und Implementierungsphase, letztere inklusive der Evaluierungsphase. Pro Zyklus werden folgende Quadranten durchlaufen: In einem ersten Schritt werden Ziele, Alternativen und Begrenzungen eines Projekts festgelegt. Danach erfolgen eine Bewertung der Alternativen sowie die Identifizierung und Beseitigung der Risiken, sodann die Erstellung von Prototypen. Ein dritter Schritt fokussiert die Entwicklung und den Test des Produkts. Im letzten Schritt wird der nächste Zyklus geplant.[857] Die Anzahl der Zyklen ist nicht vorgegeben und korreliert mit der Größe des Projekts. Die Abnahme- und Einführungsphase sowie die Wartungs- und Pflegephase knüpfen an den letzten Zyklus an. Wegen seiner iterativen Vorgehensweise eignet sich das Spiralmodell besonders bei Softwareentwicklungsprojekten mit dynamischen Anforderungsentwicklungen und einer unsicheren Planung.[858] Es vereint die Vorteile des Prototypings mit denen der Phasenmodelle und versucht, die bekannten Nachteile zu vermeiden. Prototypen werden schon relativ früh entwickelt ebenso wie kontinuierliche Planungs- und Bewertungsmaßnahmen zur Anwendung kommen. Die Vorgehensweise beim Spiralmodell ist sehr anpassungsfähig.[859]

Grady Booch, Ivar Jacobson und James Rumbaugh[860], drei Programmierer der Firma Rational, entwarfen die Unified Modeling Language (UML), eine objektorientierte, graphische Notationssprache für die Modellierung von Softwaresystemen. Gestützt auf die UML, wurde der *Unified Process (UP)* entwickelt, welcher ein Metamodell darstellt. Ei-

[856] Vgl. i.F. Fink/Schneidereit/Voß, S. 187 f.; Laudon/Laudon/Schoder, S. 940 und Hesse/Merbeth/Frölich, S. 67.

[857] Vgl. Schwarzer/Krcmar, S. 146 f. und Lehner/Wildner/Scholz, S. 143.

[858] Vgl. Lehner/Wildner/Scholz, S. 143.

[859] Vgl. Schwarzer/Krcmar, S. 147 und Hesse/Merbeth/Frölich, S. 72.

[860] Auch unter dem Namen *die drei Amigos* bekannt.

ne spezialisierte Form bildet der *Rational Unified Process (RUP)* der Firma Rational[861], nämlich eine differenzierte und werkzeuggestützte Version des UP.

Beide Modelle teilen den Softwareentwicklungsprozess in Zyklen und Iterationen auf, bei deren Durchlauf der Lebenszyklus eines Softwaresystems festgelegt wird und zusätzlich Versionen des Systems bereitgestellt werden. Jeder Zyklus gliedert sich in verschiedene Abschnitte: Initiierung, Ausarbeitung, Konstruktion und Übergang.[862] Diese Abschnitte werden wiederum in Iterationen aufgeteilt, von denen jede mit einem Inkrement, einer sinnvollen und lauffähigen Systemerweiterung, endet. Die Entwicklungsaktivitäten werden abhängig vom Projektschwerpunkt durchgeführt, dabei werden folgende Stufen absolviert: Anforderungsermittlung, Systemanalyse und -design, Implementierung und Test.

UP resp. RUP sind arbeitsintensive Modelle, da viele Teilmodelle angeboten werden und ein hoher Dokumentationsaufwand besteht. Der Unified Process ist genereller angelegt als der Rational Unified Process und gestattet es, unterschiedliche Entwicklungsmethoden anzuwenden, beispielsweise agile Methoden.Positiv vorzubringen ist, dass UP/RUP von vielen Werkzeugen unterstützt werden und in der Praxis anerkannt ist.[863]

Mit Ausnahme des Prototyping handelt es sich bei den bisher wiedergegebenen Phasen- und Vorgehensmodellen um eher komplexe und aufwändige Konstrukte. Im kommenden Abschnitt wird auf „leichtere“[864] Konstrukte fokussiert und zunächst die Prinzipien der agilen Softwareentwicklung vorgestellt, um dann auf bekannte Methoden und Modelle einzugehen.

A.4 Agile Softwareentwicklung

Im Jahre 2001 haben sich zahlreiche Wissenschaftler zusammengeschlossen und das „Agile Manifest“ verabschiedet. Es beruht auf der verstärkten Gewichtung folgender Werte: menschliche Interaktionen gegenüber technischen Funktionen wie Prozessen und Werkzeugen; funktionstüchtige Software im Vergleich zu einer ausführlichen Dokumentation. Zudem präferiert das Manifest eine enge Zusammenarbeit mit den Kunden vor Vertragsverhandlungen und die Reaktion auf Veränderungen vor dem Einhalten eines Plans. Zwar werden alle Werte als generell wichtig angesehen, die jeweils erstgenannten werden jedoch höher eingestuft. Auf den Werten setzen die 12 Prinzipien der agilen Softwareentwicklung auf, die als Richtlinien verstanden werden können.[865]

Der Softwareentwicklungsprozess ist stark durch den Anwender geprägt. Bei vorgegebener Zeit- und Kostenplanung einigen sich Anwender und Entwickler über Inhalte und

[861] Inzwischen IBM.
[862] Inception, Elaboration, Construction und Transition.
[863] Vgl. Rechenberg/Pomberger, S. 830 f.
[864] Die Literatur unterscheidet prinzipiell schwergewichtige und leichtgewichtige Modelle. Vgl. Hanser, S. 3 und Schienmann, S. 20.
[865] Vgl. Beck Agile Manifesto und Beck Agile Manifesto.

Schwerpunkte. In iterativen Schritten wird dann möglichst schnell Software produziert, wofür sich die agile Softwareentwicklung einer Reihe von agilen Methoden bedient, exemplarisch etwa sogenannter *Storycards*, sie legen Systemmerkmale für Inkremente durch das Schreiben kleiner Texte fest. *Test first*-Verfahren verlangen für jede Funktion und jeden Baustein einen Unit-Test, wenn möglich noch vor dessen Implementierung. Ein möglichst einfaches Design (*simple design*) soll einen schnellen Programmierbeginn zu Wege bringen. Beim *Pair Programming* erstellen zwei Entwickler gemeinsam an einem Rechner Programmcode. Einer übernimmt die Programmierung, der andere kommentiert, hinterfragt und korrigiert den Code. Diese Rollen werden im Zeitablauf häufig gewechselt.[866]

Die wohl bekanntesten Vertreter agiler Prozesse sind *eXtreme Programming* (XP), auch Extremprogrammierung genannt, *Scrum* und *Crystal*.[867]

Extreme Programming gründet sich auf den Prinzipien der Lean Production, der schlanken Produktion, auf. Extreme Programming entspringt den oben bereits vorgestellten agilen Methoden und sind vor allem durch extremen Einsatz gekennzeichnet. Dabei wird nicht mehr auf etablierte Vorgehensmodelle rekurriert, sondern auf Best Practices der Softwareentwicklung. Wesentliche Ziele sind die „extreme" Orientierung an der Qualitätssicherung[868], den Kunden[869] und an der Verschlankung des Entwicklungsprozesses[870]. Die Methodik passt vor allem zu Projekten, bei denen die Anforderungen zu Beginn unklar sind.[871]

Eine ursprünglich von Nonaka und Takeuchi für die Produktentwicklung konzipierte Methodik übertrugen Jeff Sutherland und Ken Schwaber auf die Softwareentwicklung: Scrum[872]. Sie fußt auf agilen Werten und vermag komplexe Projekte in kleine handhabbare Teilprojekte zu zerlegen und diese in Iterationen fertig zu stellen. Es umfasst ein Prozessmodell, welches den zeitlichen Rahmen des Projekts und die zu besetzenden Rollen festlegt. Insgesamt sind sechs verschiedene Rollen vorgesehen, die auf das Projektteam, den Auftraggeber und die Anwender verteilt sind. Weiterhin ist das Prozessmodell in sechs Arten von Meetings und neun Artefakte aufgefächert. Die Meetings umfassen u.a. fünfzehnminütige Daily-Scrums, die zur täglichen Kommunikation sowie zum Status- und Problemreport abgehalten werden. Die inhaltliche Organisation der Projektarbeit ist nicht restriktiv und wird den Teammitgliedern selbst überlassen.[873]

866 Vgl. Rechenberg/Pomberger, S. 831 ff.
867 Vgl. Padberg/Tichy, S. 163.
868 Bspw. durch Paarprogrammierung und ständiges Testen.
869 Über deren starke Einbeziehung, inkrementelle Produktauslieferung und Akzeptanztests.
870 Qua Verzicht auf Entwurf und Dokumentation.
871 Vgl. Padberg/Tichy, S. 162, 164 ff. Weiterhin setzt XP eine Arbeitswoche von 40 h an, was einer Überarbeitung der Mitarbeiter vorbeugen soll.
872 Aus dem Englischen für „Gedränge".
873 Vgl. Gloger, S. 7 ff.

Hinter dem Namen Crystal, auch als Crystal Family bekannt, verbergen sich verschiedene Softwareentwicklungsmethoden. Je nach Projekt kann die geeignete Version herangezogen werden. Beispielhaft genannte Versionen sind Crystal Clear oder Crystal Orange[874], sie unterscheiden sich hinsichtlich der Anzahl der Projektmitglieder.[875]

Ein wesentliches Problem der agilen Softwareentwicklungsmethoden markiert ihre Einsetzbarkeit bei großen Projekten. Es wird davon ausgegangen, dass sie sich ab einer Projektteamgröße von zehn Mitarbeitern nicht mehr eignen. Zwar beabsichtigte das agile Manifest Voraussetzungen zu schaffen, um agile Methoden auf große Projekte anwenden zu können, was jedoch bis heute noch nicht erfolgreich verwirklicht ist. Dies liegt an folgenden Gründen.

Die vorgeschriebenen Releasezyklen sind in großen Projekten schwerer durchzusetzen als in kleineren, in der Regel fällt auch der Bürokratieaufwand sehr hoch aus. Die Durchsetzung von kurzen Auslieferungszyklen gestaltet sich dabei zusätzlich schwierig, da die Fertigstellung einzelner Funktionalitäten innerhalb einer Iteration oftmals nicht zu vollbringen ist. Problematisch gestaltet sich ferner die bei großen Projekten notwendige Zwischenschaltung einer Instanz zwischen Kunden und Entwicklern, sodass die Kundengespräche und die Anforderungsanalyse oftmals von Beratern durchgeführt werden, welche die gesammelten Informationen an die Entwickler weitergeben. Bei dieser Vorgehensweise läuft man Gefahr, genaue Angaben über Kundenwünsche und deren Rückmeldungen nicht präzise zu kommunizieren, womit genau die Kommunikation als ein anderer weiterer kritischer Faktor in großen Projekten angesprochen ist: Vorgeschriebene Gesprächseinheiten und das Austauschen von Informationen verlangen die physische Nähe aller Projektbeteiligten; bei umfangreichen Projektteams sind sie einerseits oftmals verteilt, andererseits ist der Informationsaustausch zwischen allen Projektbeteiligten schlichtweg unmöglich. Weitere Probleme sind mit organisatorischen Strukturen verbunden: Große Projekte werden häufig von großen Unternehmen betrieben, die häufig ein vorgeschriebenes Vorgehensmodell einsetzen und wenig Spielraum für Anpassungen erlauben. Dies steht in vielen Fällen den flexiblen Vorgaben der agilen Methoden diametral entgegen.[876]

[874] Crystal Clear ist für Teamgrößen von zwei bis sieben Mitgliedern gedacht, Crystal Orange für 10-60 Mitglieder.

[875] Vgl. Cockburn.

[876] Vgl. Helmke/Höppner/Isernhagen, S. 190 ff.

B Wissensmanagement

B.1 Von Zeichen zu Wissen

Spezielle Charakteristika von Daten und Informationen:[877]

- Keine Abnutzung: Daten nutzen sich nicht ab und können öfters zur Produktion von Information beitragen. Sie können jedoch hinfällig, d. h. unbrauchbar werden.
- Reproduzierbarkeit: Es können beliebig oft Kopien angefertigt werden.
- Vervielfältigung und Transport: Beides ist durch die einfache Reproduzierbarkeit und Übertragung gegeben.
- Wert: Er ist kontext- und zeitabhängig wie auch leicht veränderbar, z. B. durch Bearbeitung oder Weiterleitung.
- Kosten: Sie fallen an, u. a. mit Blick auf Beschaffung, Bearbeitung und Speicherung.
- Missbrauch: Daten lassen sich zur unangemessenen Informationsproduktion verwenden.[878]
- Lebenszyklus: Von der Entstehung und Speicherung über die Verarbeitung und Verteilung bis hin zur Löschung von Daten.
- Qualitätsniveau: Es ist variabel und hängt etwa von der Genauigkeit, Vollständigkeit, Zuverlässigkeit und Sicherheit ab.
- Handelbarkeit: Daten sind handelbar, jedoch ist die Besitzübergabe nicht genau überprüfbar, d. h. es herrscht Ungewissheit, ob das Original übergeben wurde oder ein Duplikat.

B.2 Der Ansatz von Nonaka/Takeuchi

Mit diesem Ansatz, auch SECI-Modell[879] genannt, widmen sich die Autoren dem Prozess der Wissensschaffung und differenzieren zwischen Wissensdimensionen: der ontologischen und der epistemologischen Dimension. Die Wissenskreation wird hierbei als ein

---

[877] Vgl. Heinrich/Heinzl/Riedl, S. 154 f. Weitere Charakteristika wurden von Krcmar, Rehäuser [1995] übernommen. Sie beschreiben die Eigenschaften von Information; und da diese aus Daten generiert wird, sind derer viele auf den Kontext von Daten übertrag- bzw. rückführbar. Vgl. Krcmar/Rehäuser, S. 14 und Heinrich/Heinzl/Riedl, S. 154 f.

[878] Stichwort Datenschutz und Datensicherheit. Dieser Aspekt wird in Kapitel 6 behandelt.

[879] Aus dem Englischen: **S**ocialization, **E**xternalization, **C**ombination, **I**nternalization.

Vorgang angesehen, der das Individuum als ontologischen Ausgangspunkt der Wissensgenerierung auffasst. Darauf aufbauend, lässt sich Wissen intensivieren und im Wissensbestand einer Unternehmung manifestieren und festigen.[880] Die zweite epistemologische Dimension rekurriert auf die bereits angesprochene Unterteilung des Wissensbegriffs in implizites und explizites Wissen nach Polanyi.[881]

Kern des Ansatzes ist, dass sich implizites und explizites Wissen ergänzen und nur durch ein Zusammenspiel von Individuen eine Wissensumwandlung erfolgt.[882] Nonaka und Takeuchi postulieren vier Formen der Wissensumwandlung, die jeweils in verschiedene Wissensinhalte münden:[883]

- *Sozialisation:* Implizit zu implizit
  Implizites Wissen lässt sich durch Zusehen, Beobachten und Imitieren weitergeben. Mittelpunkt ist der Austausch von Erfahrungen, dies kann auch ohne Verwendung von Sprache erfolgen.

- *Externalisierung:* Implizit zu explizit
  Die Beschreibung von implizitem Wissen anhand expliziter Konzepte wird Externalisierung genannt, sie stützt sich auf die Verwendung von Metaphern, Analogien, Modellen und Hypothesen.

- *Kombination:* Explizit zu explizit
  Durch die Kombination verschiedener expliziter Wissensbestandteile kann neues Wissen generiert werden. Da explizites Wissen speicherbar ist, sind dabei der Austausch und die Verknüpfung von Wissen essentiell. Dies kann z. B. in Form von Dokumenten und Besprechungen geschehen.

- *Internalisierung:* Explizit zu implizit
  Hier handelt es sich um den Prozess der Überführung von explizitem Wissen in implizites. Das Speichern von explizitem Wissen in Dokumenten, Handbüchern oder Erfolgsgeschichten in mündlicher oder schriftlicher Form kann das Übermitteln des Inhalts an weitere Personenkreise vereinfachen. Das Verinnerlichen des Wissens erfolgt durch „learning by doing".

An die Erläuterung epistemologischen Dimension schließt sich die Verknüpfung mit der ontologischen an: Die erzeugten Wissensinhalte sind, wie erörtert, an Individuen gebunden. Durch die beschriebenen Umwandlungsformen wird das Wissen intensiviert und

[880] Vgl. Nonaka/Takeuchi Die Organisation des Wissens: wie japanische Unternehmen eine brachliegende Ressource nutzbar machen, S. 71.

[881] Vgl. hierzu Nonaka/Takeuchi Die Organisation des Wissens: wie japanische Unternehmen eine brachliegende Ressource nutzbar machen, S. 72; Kapitel 4.1.1; Tabelle 2 sowie Polanyi.

[882] Vgl. Nonaka/Takeuchi Die Organisation des Wissens: wie japanische Unternehmen eine brachliegende Ressource nutzbar machen, S. 73.

[883] Vgl. Nonaka/Takeuchi Die Organisation des Wissens: wie japanische Unternehmen eine brachliegende Ressource nutzbar machen, S. 74 ff.; das Folgende hält sich nahe am Original.

dringt somit immer tiefer in die ontologischen Ebenen ein. Abbildung 27 demonstriert, dass sich die ontologischen Ebenen vom Individuum, der Gruppe und dem Unternehmen bis über die Unternehmensgrenzen hinweg erstrecken. Der Prozess des Durchlaufens dieser Ebenen wird als Wissensspirale bezeichnet. Das Zusammenspiel von implizitem und explizitem Wissen verstärkt sich immer mehr, je tiefer es in in die ontologischen Ebenen wandert.[884]

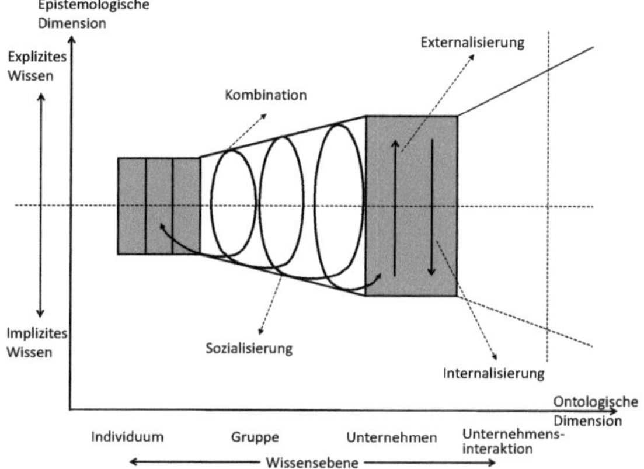

Abbildung 27: Die Wissensspirale nach Nonaka und Takeuchi [885]

[884] Vgl. Nonaka/Takeuchi Die Organisation des Wissens: wie japanische Unternehmen eine brachliegende Ressource nutzbar machen, S. 86 f.

[885] Nonaka/Takeuchi [1997], S. 87.

C Ganzheitliches Wissensmanagementsystem

C.1 Methoden- und Werkzeugreferenzen

Der Anhang des V-Modells XT hält Verzeichnisse und Nachschlagewerke vor, darunter Methoden- und Werkzeugreferenzen, Glossar, Abkürzungsverzeichnis und Literaturangaben. Die Ergebnisse der Literaturanalyse aus Kapitel 4.3.2 werden nun herangezogen, um diese Methoden- und Werkzeugreferenzen hinsichtlich des Wissensmanagements zu ergänzen. Tabellen 5 und 6 liefern einen Überblick über die hinzugefügten Methoden und Werkzeuge. Im Folgenden werden die Methoden resp. Werkzeuge jeweils unter dem Wissensbaustein aufgeführt, unter dem sie laut Tabelle zum ersten Mal als potentielle Unterstützungsmaßnahme ausgewiesen sind.

Nachfolgend sind nach jeder Maßnahme die Quellen aufgeführt, welche die betreffende Maßnahme beschreiben.[886] Oft verwiesen bzw. zitieren diese Quellen weiteren Quellen. Aus Gründen der Darstellbarkeit wird hier stets nur die Primärquelle genannt. Es sei jedoch besonders darauf hingewiesen, dass diese sich auf weiterführende Quellen beziehen können. Ebenfalls aus Darstellungsgründen ist die maximal aufgeführte Menge an Quellen im Anhang auf 25 begrenzt.

C.1.1 Methodenreferenzen

WISSENSZIELE

Wissensleitbild:

Erstellen von Visionen und Idealen über den gemeinsamen Umgang mit Wissen.[887]

- Wissensleitbild: Probst/Raub/Romhardt, S. 43, 45; Katenkamp, S. 125 und Schiersmann, S. 369.

Kernkompetenz-Ansatz:

Gezieltes Entwickeln von Geschäftsfeldern/Produkten aufbauend auf den Kernkompetenzen einer Organisation.[888]

- Kernkompetenz-Ansatz: Probst/Raub/Romhardt, S. 50 f.

---

[886] Weiterhin sei darauf hingewiesen, dass bei einigen Literaturquellen nur der Text, jedoch nicht der direkte Auszug aus dem Journal/Zeitschrift zugänglich war. Hier konnten dann keine spezifischen Seitenangaben bereitgestellt werden. Dieser Sachverhalte kam besonders häufig bei der Zeitschrift *Wissensmanagement* vor.

[887] Vgl. Probst/Raub/Romhardt, S. 43, 45.

[888] Vgl. Probst/Raub/Romhardt, S. 50 f.

Fähigkeiten-/Kompetenz-Matrix:

Analyse organisationsweiter Kompetenzen in Form einer Matrix. Dadurch können Schwachstellen identifiziert, aber auch ein Wissensvorsprung und die Wissensnutzung analysiert werden.[889]

- Fähigkeiten-Matrix: Probst/Raub/Romhardt, S. 52.
- Kompetenz-Matrix: Wuscher/Voigt/Fischer, S. 23 ff.
- Kompetenzliste:[890] Krenz/Wulfsberg/Bruhns, S. 349.
- Kompetenzprofil: Kallenborn/Kraemer, S. 47; Wiesner/Seifert/Thoben, S. 33; Boedeker, S. 85; Sporket, S. 205, 265; Münster, S. 352; Schmid/Kern, S. 25 und Probst/Raub/Romhardt, S. 159.
- Personal-Organigramm: Kallenborn/Kraemer, S. 47.

Management by Knowledge Objectives (MBKO):

Vereinbarung von Zielen. Festlegung von Wissens- bzw. Qualifizierungszielen sowie deren Messung und Anpassung.[891]

- MBKO: Probst/Raub/Romhardt, S. 57.

Erstellung von Zielkomponenten:

Definition verschiedener Komponenten bei der Beschreibung und Systematisierung der Ziele.[892]

- Erstellung von Zielkomponenten: Probst/Raub/Romhardt, S. 57.

Definition von Rollen:

Festlegung verschiedener Rollen, die sich mit dem Umgang von Wissen befassen.

- Director Intellectual Capital, Director Knowledge: Probst/Raub/Romhardt, S. 5, 83.
- Wissensbroker[893]: Probst/Raub/Romhardt, S. 5, 83; Katenkamp, S. 332; Fournier, S. 9; Molina-Morales/Martínez-Cháfer, S. 157 und Wanhoff, S. 208.

[889] Vgl. Wuscher/Voigt/Fischer, S. 23 ff. und Probst/Raub/Romhardt, S. 52.

[890] Zu Kompetenz-Dokumentierung siehe Omerzel/Biloslavo/Trnavcevic, S. 125.

[891] Vgl. Probst/Raub/Romhardt, S. 57.

[892] Vgl. Probst/Raub/Romhardt, S. 59.

[893] Wissensbroker besitzen spezielles Know-how und unterstützen beispielsweise bei der Findung von Kooperationspartnern oder der Patentrecherche. Sie können bei Bedarf zur Aufdeckung von Wissensbereichen dienen. Vgl. Probst/Raub/Romhardt, S. 83.

- Broker: Thiel, S. 81 und Ingstrup, S. 136.
- Weiterbildungsbeauftragte: Seßler, S. 31.
- Projektcoach: Mantel, S. 46.
- Expertise Concierge: Spence/Reddy, S. 286 und Ackerman et al., S. 556.
- Experience Broker: Meyer et al., S. 235.

WISSENSIDENTIFIKATION

Internes Benchmarking:

Organisationsinterne Prozessvergleiche und Auswertung hinsichtlich ihrer Effizienz. Durch den Vergleich können besonders gute Prozessabläufe identifiziert und als *Best Practices* kommuniziert werden.[894]

- Internes Benchmarking: Probst/Raub/Romhardt, S. 66 und Schiersmann, S. 377.

Netzwerke:

In der Literatur finden sich nahezu unzählige Ausprägungen. Netzwerke zielen vor allem auf die Verbindung von Kommunikationspartnern ab. Eine für das WM besonders wichtige Netzwerkform sind Wissens- und soziale Netzwerke. Wissensnetzwerke bilden sich durch zwischenmenschliche Kommunikation, mit dem Ziel ein gemeinsamen Interessenbereich zu besprechen. Die Kommunikationspartner zeichnen sich dabei durch unterschiedliche Arbeits- oder Organisationsbereiche, Standorte bzw. Fachgebiete aus.[895] Netzwerke und im speziellen soziale Netzwerke werden oft systemtechnisch unterstützt (siehe Kapitel C.1.2).

- Netzwerke: Brey, S. 66; Hauptmann/Steger, S. 33; Michalik/Schickhoff, S. 65; Hammer, S. 54 ff.; Krohn, S. 404; Schiersmann, S. 372; Fromm Wissensmanagement, Bd. 8, 2012, S. 32; Schrammel, S. 118; Richter/Stocker/Koch, S. 101; Krenz/Wulfsberg/Bruhns, S. 349; Biruhs, S. 23; Thiel, S. 78; Pesch Personalwirtschaft, Bd. Sonderheft, 2012, S. 15; Nolden Erfahrungen von Generationen nutzen, S. 17; Rühl, S. 27; Holtgrewe, S. 394; Fournier, S. 4; Ribeiro, S. 385; Morone/Taylor, S. 20; Streng, S. 40; Meier/Weller, S. 126; Stadermann, S. 59; Boedeker, S. 43; Siemann, S. 656 und Käfer/Blanke, S. 110.
- Informelle Netzwerke: Probst/Raub/Romhardt, S. 68; Cressey/Totterdill/Exton, S. 226; Omerzel/Biloslavo/Trnavcevic, S. 122; Leick, S. 80; Katenkamp, S. 312; Adams et al., S. 330; Letter/Letter, S. 38 f.; Schrammel, S. 116; Käfer/Blanke, S.

[894] Vgl. Probst/Raub/Romhardt, S. 66.
[895] Vgl. Käfer/Blanke, S. 102.

101; Jansen et al., S. 2; Omerzel/Biloslavo/Trnavcevic, S. 122; Schröder, S. 3; Pfeiffer/Schütt/Wühr, S. 307 und Liebsch, S. 113.

- Formelle Netzwerke: Letter/Letter, S. 38 f.
- Networking: Zum Teil auch *Knowledge Networking.* Seßler, S. 31; Gul/Shah, S. 48; Fasse, S. 10; Seßler, S. 31; Hauptmann/Steger, S. 30; Leick, S. 86; Schrammel, S. 127; Byrne, S. 17; Wanhoff, S. 192; Habermann, S. 102; Liebhart, S. 137; Dimai, S. 223; Schmid/Kern, S. 28; Katenkamp, S. 330; Ingstrup, S. 143; Letter/Letter, S. 39 und Pfeiffer/Schütt/Wühr, S. 315.
- Externe Netzwerke: Probst/Raub/Romhardt, S. 84; Voigt/Wunderlich, S. 23; Heinzow/Vanini, S. 80 und Liebsch, S. 103.
- Professionelles Netzwerk: Letter/Letter, S. 38 f.
- Interne Netzwerke: Voigt/Wunderlich, S. 23; Liebsch, S. 113; Probst/Raub/Romhardt, S. 66 und Siemann, S. 658.
- Reginales Netzwerk: Sultanow/Sonnenborn, S. 80; Wanhoff, S. 218 und Rapp et al., S. 53.
- Fallstudien-Netzwerk: Richter/Stocker/Koch, S. 100.
- Know how-Netzwerk: Schweiger, S. 36.
- Peer-to-Peer-Netzwerk: Pfeiffer/Schütt/Wühr, S. 351.
- Experten-Netzwerke: Probst/Raub/Romhardt, S. 85; Schiersmann, S. 369 und Thiel, S. 84.
- Szene-Netzwerke: Probst/Raub/Romhardt, S. 85.
- Virtuelle Netzwerke: Cressey/Totterdill/Exton, S. 223 und Katenkamp, S. 213.
- Private Netzwerke: Habermann, S. 96; Pesch Personalwirtschaft, Bd. Sonderheft, 2012, S. 63 und Huber/Schreiner, S. 75.
- Online-Netzwerke: Heinrich, S. 9; Katenkamp, S. 339 und Wanhoff, S. 178.
- Offline-Netzwerke: Hartmann, S. 14.
- Globale Netzwerke: Sinkovics/Roath/Cavusgil, S. 123 und Kühn/Koschel, S. 283.
- Cluster-Netzwerk: Molina-Morales/Martínez-Cháfer, S. 145.
- Satelliten-Netzwerk: Biruhs, S. 30.
- Beziehungs-Netzwerk: Krohn, S. 410.

- Anwalts-Netzwerk: Neumayr, S. 36 f.
- Biomasse-Netzwerk, Recycling-Netzwerk: Rapp et al., S. 51, 53.
- Erfahrungs-Netzwerk: Slamanig/Winkler, S. 897.
- Unternehmens-Netzwerke: Pesch Personalwirtschaft, Bd. 7, 2013, S. 63; Metzger et al., S. 429; Huber/Schreiner, S. 75; Hartmann, S. 14; Langton/Geiger, S. 901; Liebsch, S. 102; Bahrs/Vladova/Gronau, S. 370; Leick, S. 77; Krohn, S. 410[896] und Hertlein/Smolnik, S. 29[897].
- Wissens-Netzwerke: Käfer/Blanke, S. 102; Biruhs, S. 22; Sebestyén/Varga, S. 157; Memon et al., S. 4; Molina-Morales/Martínez-Cháfer, S. 144; Lin, S. 153; Arazy/Gellatly, S. 89; González-Aranda/Rodríguez-Clemente/Lozano, S. 191; Fromhold-Eisebith/Werker, S. 4; Shahmoradi/Akhgar, S. 387; Peris et al., S. 29; Geiger, S. 301; Katenkamp, S. 114; Schiersmann, S. 376; Nasiri/Sepehri/Khobreh, S. 433; Wanhoff, S. 208 und Probst/Raub/Romhardt, S. 155.
- Innovations-Netzwerk: Thiel, S. 84; Metzger et al., S. 438; Ingstrup, S. 142; Horváth Wissensmanagement, Bd. 2, 2012, S. 36; Fromhold-Eisebith/Werker, S. 14; Jansen et al., S. 10 und Morone/Taylor, S. 26.
- Partner-Netzwerke: Schönefeld, S. 19; Käfer/Blanke, S. 110; Körner, S. 44 f. und Morone/Taylor, S. 20.
- Soziales Unterstützungs-Netzwerk: Thiel, S. 84.
- Lernnetzwerke: Idrobo/Berkes, S. 413; Lippmann, S. 81 und Katenkamp, S. 329.
- Interorganisationale Netzwerke: Ackerman et al., S. 533; Katenkamp, S. 81; González-Aranda/Rodríguez-Clemente/Lozano, S. 170 und Liebsch, S. 104.
- Interregionale Netzwerke, Co-patenting Network, binary and weighted patent Networks, scale-free Network: Sebestyén/Varga, S. 157, 174.
- Dense and strong-tie Network, local Network: Molina-Morales/Martínez-Cháfer, S. 147.
- Collaboration Network: Sebestyén/Varga, S. 182; Memon et al., S. 2; Horváth Wissensmanagement, Bd. 2, 2012, S. 37; Fromhold-Eisebith/Werker, S. 12 und González-Aranda/Rodríguez-Clemente/Lozano, S. 192.
- Hierarchical, supervised Networks: Montanelli et al., S. 168.

[896] Genauer Organisations-Netzwerk

[897] Die Autoren unterscheiden interne und externe Unternehmens-Netzwerke.

- Multi-functional Networks: Cressey/Totterdill/Exton, S. 222.
- Wertschöpfungs-Netzwerk: Bahrs/Vladova/Gronau, S. 368 und Krenz/Wulfsberg/Bruhns, S. 349.
- Persönlich-professionelle Netzwerke: Ribeiro, S. 355.
- Persönliche Netzwerke: Vianello/Ahmed, S. 127; Schrammel, S. 128; Lin, S. 152; Leick, S. 87; Brey, S. 66; Ackerman et al., S. 550 und Jansen et al., S. 7.
- Bekanntschafts-Netzwerke: Morone/Taylor, S. 23.
- Wissensteilungs-Netzwerke: Lin, S. 151 und Jansen et al., S. 1.
- Semantische Netzwerke: Garla/Brandt, S. 1; Cabitza/Simone, S. 236; Batet et al., S. 123; Montanelli et al., S. 193; Torisawa et al., S. 217 und Garla/Brandt, S. 1.
- Strategische Netzwerke: Liebsch, S. 110; Leick, S. 79 und Metzger et al., S. 434.
- Koordinierte Netzwerke, Lobby-Netzwerke, Zuliefer-Netzwerke, Zulieferer-Kunden-Netzwerke, Netzwerke ohne Identität: Metzger et al., S. 430 ff.
- Projekt-Netzwerke: Liebsch, S. 102; Kodama, S. 74 und Metzger et al., S. 430.
- Kompetenz-Netzwerke: Metzger et al., S. 434; Liebsch, S. 102; Krohn, S. 407 und Fromm Wissensmanagement, Bd. 8, 2012, S. 32.
- Produktions-Netzwerke: Schmid/Kern, S. 18; Metzger et al., S. 434; Schmidt, S. 202 und Krenz/Wulfsberg/Bruhns, S. 351.
- Ego-Netzwerk: Fromhold-Eisebith/Werker, S. 17; Sebestyén/Varga, S. 159; Ackerman et al., S. 556 und Thiel, S. 82.
- Explorative Netzwerke, ausbeutende Netzwerke: Kodama, S. 65.
- Small World-Netzwerke: Memon et al., S. 4 und Kodama, S. 65.
- Real World-Netzwerke: Sebestyén/Varga, S. 163.
- Ontologie-Netwerk: Adamou/Presutti/Gangemi, S. 484.
- Forschungs-Netzwerk: Gurria, S. 3; Schiefner, S. 307[898]; Sebestyén/Varga, S. 178 und Renken/Bullinger/Möslein, S. 73.
- Entwicklungs-Netzwerke: Gurria, S. 3.
- Akteur-Netzwerk: Dimai, S. 212.

[898] Weiterhin auch Dokroranden-Netzwerk. Vgl. Schiefner, S. 314.

- Kunden-Netzwerke: Hrelja/Antonson, S. 118.
- Gemeinschaftliche Netzwerke: Kodama, S. 86.
- Globale Netzwerke: Kühn/Koschel, S. 283.
- Kooperations-Netzwerke: Schiersmann, S. 366; Noszkay/Balogh, S. 134 und Metzger et al., S. 366[899].

Netze:

Zur Aufdeckung informeller Netzwerke können Netze dienlich sein. Dabei werden Mitarbeiter befragt, wer ihnen bei der Aufgabenerledigung hilfreich ist, wem sie besonders vertrauen usw. Netze dienen der Veranschaulichung von Beziehungsqualitäten.[900]

- Beratungs- und Vertrauensnetze: Probst/Raub/Romhardt, S. 79.
- Kommunikationsnetze: Probst/Raub/Romhardt, S. 79; Sultanow/Sonnenborn, S. 76; Pesch Personalwirtschaft, Bd. Sonderheft, 2012, S. 12; Ricken/Seidl, S. 568 und Winkler/Mandl, S. 91.
- Wissensnetze: Kamps, S. 16; Katenkamp, S. 28 und Katenkamp, S. 198.
- Weiterhin auch Semantische Netze: Käppeli/Minonne, S. 23 und Katenkamp, S. 215.

Lessons Learned:

Darunter wird das gewonnene Wissen verstanden, das aufgrund von positiven wie auch negativen Erfahrungen gesammelt wurde.[901] Durch die Diskussion der Erfahrungen, z. B. am Ende eines Projekts, soll dieses Wissen aufgedeckt und festgehalten werden.[902]

- Lessons Learned: Noszkay/Balogh, S. 132; Dombrowski/Mielke/Schulze, S. 74; Richter/Stocker/Koch, S. 100; Wuscher/Voigt/Fischer, S. 23 ff.; Großer, S. 28 f.; Barth/Portmann, S. 82; Gärtner/Kind/Langenberg, S. 845; Mantel, S. 47; Hertlein/Smolnik, S. 29; Pallaschke/Mugellesi Dow, S. 14; Stocker/Müller Wissensmanagement, Bd. 7, 2010, S. 12; Baumann et al., S. 461; Dick/Jacob, S. 68; Schiersmann, S. 363; Käppeli/Minonne, S. 22; von Schneyder, S. 45; Stocker/Müller HMD - Praxis der Wirtschaftsinformatik, Bd. 277, 2011, S. 46; Tu/Fu, S. 508; Täubner Der verborgene Schatz, S. 58; Slamanig/Winkler, S. 899; Makoto Su/Wilensky/Redmiles, S. 125; Pfeiffer/Schütt/Wühr, S. 353; Schmid/Kern, S. 19; Probst/Raub/Romhardt, S. 76 und Schmidt, S. 207.

[899] Die Autoren unterscheiden Netzwerke allgemein in vertikale und horizontale Kooperationen, strategische Allianzen, dyadische Beziehungen.
[900] Vgl. Probst/Raub/Romhardt, S. 77, 79.
[901] Vgl. Schiersmann, S. 92.
[902] Vgl. Probst/Raub/Romhardt, S. 76.

- Lessons-Learned-Workshops: Hertlein/Smolnik, S. 29; Slamanig/Winkler, S. 899 und Pallaschke/Mugellesi Dow, S. 15.
- Past Experiences: Omerzel/Biloslavo/Trnavcevic, S. 127; Montagna, S. 78; Geiger, S. 293; Cabitza/Simone, S. 235 und Ackerman et al., S. 542.
- Lessons Learned-Repository: Krishnaveni/Senthil Raja, S. 42.
- Learning History: Katenkamp, S. 265.
- Selbstreflexion als Lessons Learned innerhalb eines Teams: Probst/Raub/Romhardt, S. 135; Katenkamp, S. 192; König, S. 292; Edelkraut/Graf, S. 40; Krohn, S. 405; Stadermann, S. 328 und Pfeiffer/Schütt/Wühr, S. 335.

Interview:

Eine für das Wissensmanagement besondere Form des Interviews stellt das Experteninterview dar.

- Interview: Omerzel/Biloslavo/Trnavcevic, S. 120; Pallaschke/Mugellesi Dow, S. 14; Hrelja/Antonson, S. 117; Schmid/Kern, S. 23; Fournier, S. 6; Idrobo/Berkes, S. 407; Hadar/Soffer/Kenzi, S. 1; Katenkamp, S. 34; Sporket, S. 211; Nahavandi/Jia/Bhatti, S. 10; Schiersmann, S. 368; Geiger, S. 292; Thier/Erlach, S. 7; Jursch/Jalocha, S. 50; Bahrs/Vladova/Gronau, S. 371; Dick/Jacob, S. 70; Hoberg/Gohlke, S. 71; Haghirian, S. 43; Haggerty, S. 1; Lohmann-Hütte/Mertins/Wang, S. 25; Stocker/Müller HMD - Praxis der Wirtschaftsinformatik, Bd. 277, 2011, S. 38; Migon/Borges/Machado Campos, S. 63; Cabitza/Simone, S. 232; Kaur/Wasan, S. 224 und Boedeker, S. 151.
- Experteninterview: Hammer, S. 54ff.; Dick et al., S. 377; Hertlein/Smolnik, S. 17; Reinhart/Pause/Krziwon, S. 441; Boedeker, S. 160; Probst/Raub/Romhardt, S. 125; Katenkamp, S. 232; Enoch Dimensionen der Wissensvermittlung in Beratungsprozessen: Gesprächsanalysen der beruflichen Beratung, S. 67; Wuscher/Voigt/Fischer, S. 23 ff.; Pfeiffer/Schütt/Wühr, S. 57; Rathswohl/Franz, S. 12; Kühn/Koschel, S. 256; Ash et al., S. 4; Juzek/Berger, S. 401 und Burger, S. 127[903].
- Fokusgruppeninterview: Renken/Bullinger/Möslein, S. 74 und Hrelja/Antonson, S. 118.
- Episodisches Interview: Boedeker, S. 151; Burger, S. 127 und Juzek/Berger, S. 401.
- Partnerinterview: Lippmann, S. 82 und Boedeker, S. 327.

[903] Die Autorin führt als Auswertungsmethode die qualitative Inhaltsanalyse an.

- Fokussiertes Interview: Boedeker, S. 151; Burger, S. 127; Katenkamp, S. 201; Hrelja/Antonson, S. 118 und Juzek/Berger, S. 401.
- Strukturiertes, wenig und halb- oder teilstrukturiertes Interview: Juzek/Berger, S. 401; Renken/Bullinger/Möslein, S. 79; Wuscher/Voigt/Fischer, S. 23 ff.; Boedeker, S. 151 f.; Geiger, S. 297; Hauptmann/Steger, S. 34; Makoto Su/Wilensky/Redmiles, S. 117; Ingstrup, S. 139; Simperl/Bürger/Hofer, S. 164; Hrelja/Antonson, S. 117; Fournier, S. 1; Idrobo/Berkes, S. 407; Ackerman et al., S. 553; Jansen et al., S. 3; Katenkamp, S. 199; Sporket, S. 230 und Probst/Raub/Romhardt, S. 274.
- Themenzentriertes Interview: Dick/Wasian, S. 56 und Ingstrup, S. 139.
- Pre-Test-Interview: Metzger et al., S. 451.
- On-Site-Interview: Ash et al., S. 1.
- Intensivinterview: Juzek/Berger, S. 401 und Katenkamp, S. 201.
- Telephoninterview: Edelkraut/Graf, S. 39; Liebhart, S. 132; Wanhoff, S. 186 und Ahmad/Wynn/Clarkson, S. 231.
- Videointerview: Thier/Erlach, S. 36.
- Nutzer-/Intensivnutzerinterviews: Stocker/Müller HMD - Praxis der Wirtschaftsinformatik, Bd. 277, 2011, S. 38, 40, 48.
- Recherche-Interview: Wagener, S. 53 und Burger, S. 137.
- Bewertungsinterview: Bahrs/Vladova, S. 48.
- Triaden- und Dyadeninterview: Dick/Jacob, S. 72 f.
- Qualitives Interview: Gulati/Khera, S. 54; Burger, S. 29; Kühn/Koschel, S. 299; Katenkamp, S. 77 und Boedeker, S. 155.
- Face-to-face-Interview: Hauptmann/Steger, S. 34.
- Event Recall und Computer Assisted Telephone Interview: Juzek/Berger, S. 401.
- Ethnographisches Interview: Kühn/Koschel, S. 289 und Katenkamp, S. 199.
- Rezeptives, diskursives, halb-standardisiertes Interview: Katenkamp, S. 201, 277.
- Tiefeninterview: Thier/Erlach, S. 36; Bahrs/Vladova/Gronau, S. 369; Golikova/Karhunen/Kosonen, S. 9; Kretschmer, S. 23 und Katenkamp, S. 201.
- Problemzentriertes Interview: Burger, S. 127; Boedeker, S. 154; Thier/Erlach, S. 36; Pfeiffer/Schütt/Wühr, S. 57; Kühn/Koschel, S. 273 und Katenkamp, S. 201.

- Narratives Interview: Burger, S. 127; Boedeker, S. 151; Sporket, S. 230; Dick/Jacob, S. 72; Juzek/Berger, S. 401 und Katenkamp, S. 201.
- Buddy-Interview, Paar-Interview: Kühn/Koschel, S. 279.
- Episodisches Interview, Konstruktinterview: Boedeker, S. 151, 153, 155.
- Leitfadeninterview: Boedeker, S. 153; Liebhart, S. 132; Katenkamp, S. 235 und Burger, S. 136.
- Informelles Interview: Spence/Reddy, S. 291 und Ahmad/Wynn/Clarkson, S. 231.
- Einzelinterview: von Schneyder, S. 45; Thier/Erlach, S. 36; Lohmann-Hütte/Mertins/Wang, S. 25; Ricken/Seidl, S. 571; Kühn/Koschel, S. 280; Ley et al., S. 168; Pfeiffer/Schütt/Wühr, S. 51; Boedeker, S. 157 und Kühn/Koschel, S. 287.
- Gruppeninterview: Boedeker, S. 157; Sporket, S. 230; Fournier, S. 4 und Stadermann, S. 275.
- Selbstanalyse: Geers et al., S. 12; Gronau et al., S. 79; Rathswohl/Franz, S. 13 und Bahrs/Vladova, S. 48.
- Befragungstechniken:
  - Deliberative Polls: Juzek/Berger, S. 401.
  - Repertory Grid-Technik: Katenkamp, S. 198 und Adomßent, S. 24.
  - Contextual Inquiry Technique: Montagna, 10.
  - Rekonstruktive Gesprächsanalyse: Enoch Organisationsberatung Supervision Coaching, Nr. 4, Bd. 18, 2011, S. 370.
  - Self-Q-Technik: Katenkamp, S. 219.[904]

Diversity Management:

- Diversifikation[905]: Sporket, S. 207.
- Diversity Recruiting: Probst/Raub/Romhardt, S. 100.

[904] Self-Question-Technik. Variationen: Causal Mapping. Vgl. Katenkamp, S. 233. Die Self-Q-Technik ist eine Interviewtechnik, bei der sich die zu interviewende Person selbst befragt, dadurch wird mehr Offenheit bei der Beantwortung erwartet. Hierdurch sollen *Schemata* aufgedeckt werden. Schemata sind stark verallgemeinerte Wissensstrukturen des menschlichen Gedächtnisses. Vgl. dazu ausführlicher Katenkamp, S. 198 ff. In diesem Zusammenhang geht der Autor auch auf kognitive sowie kollektive Skripte, kognitive Maps und kryptische Labels ein. Vgl. Katenkamp, S. 216 ff. Zu koginitiven Maps siehe auch Schiersmann, S. 345. Katenkamp bezieht sich selbst auf weiterführende Literatur, diese ist an dieser Stelle und auch nachfolgend seiner Arbeit zu entnehmen.

[905] Diversifikation der Belegschaft durch geschlechter-, alters- und kulturgemischte Teams.

Best Practices:

Beispiele „guter Praxis“[906].

- Best Practice: Haggerty, S. 1; Kallenborn/Kraemer, S. 48; Pardo et al., S. 371; Malachowski, S. 281; Dürr/Kotik, S. 653; Yang/Wei, S. 1034; Habeck/Schmidt/Thomas, S. 53; Michalik/Schickhoff, S. 63 ff.; Dunkes/Behrens, S. 29; Goffart, S. 19; Hertlein/Smolnik, S. 30; Kühn/Koschel, S. 302; Ingstrup, S. 138; Siemann, S. 656; Ingstrup, S. 138; Rathswohl/Franz, S. 13; Lin/Fan, S. 148; Arora/Owens/Khazanchi, S. 61; Yang/Wei, S. 1034; Geers et al., S. 10; Kamps, S. 17; Ribeiro, S. 342; Bain/Swan, S. 681; Jansen et al., S. 6 und Großer, S. 28, 29.
- Interne Best Practices, Work out: Probst/Raub/Romhardt, S. 67.
- Best Practice-Transfer: Kohl/Orth, S. 53; Schmidt, S. 203 und Probst/Raub/Romhardt, S. 66 f., 131.
- Best Practice-Workshops: Probst/Raub/Romhardt, S. 260 und Burger, S. 236.
- Best Practices-Repository: Krishnaveni/Senthil Raja, S. 42 und Katenkamp, S. 244.
- Erfolgsgeschichten: Käfer/Blanke, S. 115; Stocker/Müller HMD - Praxis der Wirtschaftsinformatik, Bd. 277, 2011, S. 45; Käfer/Blanke, S. 125; Renken/Bullinger/Möslein, S. 84; Meier/Weller, S. 115; Sultanow/Sonnenborn, S. 78; Völker/Thome/Schaaf, S. 27; Richter/Stocker/Koch, S. 103; Schabel, S. 38; Käfer/Blanke, S. 115; Fromhold-Eisebith/Werker, S. 7; Burger, S. 236 und Wuscher/Voigt/Fischer, S. 23 ff. Katenkamp, S. 272 und Fromhold-Eisebith/Werker, S. 7: Misserfolgsgeschichten.
- How to Practice: Pfeiffer/Schütt/Wühr, S. 353.
- Good Practice: Schön/Güntner/Markus, S. 7; Hauptmann/Steger, S. 42; Geers et al., S. 10; Cabitza/Simone, S. 254; González-Aranda/Rodríguez-Clemente/Lozano, S. 174; Muntanyola-Saura, S. 80; González-Aranda/Rodríguez-Clemente/Lozano, S. 173; Stadermann, S. 364; Batet et al., S. 125 und Blasko et al., S. 222.
- Worst Practice/Critical Incident: Haghirian, S. 43 und Dimai, S. 226.

Community of Practice (CoP):

Informelle Mitarbeitergruppen, die sich über ein gemeinsames Wissensgebiet austauschen.[907]

[906] Katenkamp, S. 114.

[907] Vgl. Probst/Raub/Romhardt, S. 174. Form der Communities: *Cluster* vgl. Leick, S. 77; Ingstrup, S. 134; Schrammel, S. 115 und Molina-Morales/Martínez-Cháfer, S. 146. Dazu auch Clustering (handwerkbezogenes Cluster) vgl. Ballod, S. 38. *Business Group* als Überbegriff eines Clusters vgl. Schrammel,

- CoP: Krishnaveni/Senthil Raja, S. 42; Yang/Wei, S. 1033; Sollberger, S. 12; Hadar/Soffer/Kenzi, S. 313; Meier/Weller, S. 115; Heisig, S. 29; Pallaschke/Mugellesi Dow, S. 14; Käppeli/Minonne, S. 22; von Schneyder, S. 45; Täubner Der verborgene Schatz, S. 57; Thiel, S. 83; Stocker/Müller Wissensmanagement, Bd. 7, 2010, S. 12; Cabitza/Simone, S. 230; Ramayah/Yeap/Ignatius, S. 133; Makoto Su/Wilensky/Redmiles, S. 111; Probst/Raub/Romhardt, S. 174; Ackerman et al., S. 541; González-Aranda/Rodríguez-Clemente/Lozano, S. 167; Meyer et al., S. 235; Stadermann, S. 363; König, S. 291; Geiger, S. 313; Arazy/Gellatly, S. 97; Wanhoff, S. 208 und Lippmann, S. 83.
- Communities of Purpose: Krishnaveni/Senthil Raja, S. 42.
- Virtuelle Communities: Cressey/Totterdill/Exton, S. 223; Appelt, S. 393; Lippmann, S. 80; Probst/Raub/Romhardt, S. 252; Geiger, S. 291; Shahmoradi/Akhgar, S. 387; Makoto Su/Wilensky/Redmiles, S. 113; Katenkamp, S. 332; Reiß/Steffens/Ehrenmann, S. 75 und Burger, S. 216.
- Virtuelle CoP: González-Aranda/Rodríguez-Clemente/Lozano, S. 197.
- Communities: Schäfer, S. 44; Gul/Shah, S. 46; Montagna, S. 63; Lin/Fan, S. 152; Habermann, S. 96; Teichmann, S. 532; Stocker/Müller Computerwelt 2010, S. 13 f.; Stocker/Müller Wissensmanagement, Bd. 7, 2010, S. 10; Michelson, S. 16; d'Aquin et al., S. 337; Memon et al., S. 2; Molina-Morales/Martínez-Cháfer, S. 147; Serdukov, S. 426; Fung/Hung, S. 521; Luzzi/Baldi, S. 630; Jansen et al., S. 3; Carneiro de Novaes/Brunstein, S. 253; Murage et al., S. 67; Schmidt, S. 200; Fromhold-Eisebith/Werker, S. 4; Nasiri/Sepehri/Khobreh, S. 429; Karagiannis/Woitsch, S. 464; Tralau, S. 16; Othman/Beydoun, S. 25 und Simperl/Bürger/Hofer, S. 164.
- Online Community: Huber/Schreiner, S. 75; Katenkamp, S. 336; Hartmann, S. 14; Arazy/Gellatly, S. 111; Cheng/Shen, S. 14; Michelson, S. 16; Cheng/Shen, S. 14; Lin/Fan, S. 152; Schiefner, S. 314; Haarmann, S. 1169; Wanhoff, S. 179; Dimai, S. 193; Geiger, S. 293; Schön/Güntner/Markus, S. 6; Ackerman et al., S. 533; Kühn/Koschel, S. 283; Lippmann, S. 83 und Hartmann, S. 14.
- Experten-Communities: Rosenthal, S. 17 und Ribeiro, S. 373.
- Business Intelligence Communities: Gluchowski/Schieder/Böhringer, S. 24.
- Branchenstammtische: Hartmann, S. 14.
- Change Communities: Reiß/Steffens/Ehrenmann, S. 72.

S. 128. *Industrial Districts* als ähnliche Formation wie Cluster vgl. Leick, S. 77, 79 und *Districts* vgl. Ingstrup, S. 135. Schön/Güntner/Markus, S. 6 f. führen den Begriff der *Crowd* an. Darunter werden alle an einer Initiative/Anwendung beteiligten Personen bezeichnet, die sich gegenseitig nicht gezwungener Maßen kennen oder austauschen.

- Communities of Interest: Voigt/Wunderlich, S. 25; Makoto Su/Wilensky/Redmiles, S. 147; Katenkamp, S. 335 und Ackerman et al., S. 534.
- Network of Practice: Makoto Su/Wilensky/Redmiles, S. 147; Ackerman et al., S. 547; Katenkamp, S. 339 und González-Aranda/Rodríguez-Clemente/Lozano, S. 169.
- Community of Learning: Idrobo/Berkes, S. 405; Hofmann/Jarosch, S. 13; Hoberg/Piele/Veit, S. 84; Lin/Fan, S. 152; Stadermann, S. 65 und Bain/Swan, S. 679.
- Questions & Answers Communities: Ackerman et al., S. 557.
- Foto- und Video-Communities: Katenkamp, S. 345.
- Soziale Communities: Schiefner, S. 307; Karagiannis/Woitsch, S. 464 und Leick, S. 81.
- Semantische Communities: Montanelli et al., S. 170; Blumauer/Pellegrini/Paschke, S. 109 und Haarmann, S. 1169.
- In diesem Zusammenhang:
  - Community Management: Käfer/Blanke, S. 106 und Schön/Güntner/Markus, S. 14.
  - Community Linking: Voigt/Wunderlich, S. 24.
  - Boundary-Spanning: Probst/Raub/Romhardt, S. 177; Ackerman et al., S. 543 und Katenkamp, S. 194.

WISSENSERWERB

Einkauf von Expertenwissen:

Gezielter Einkauf fehlender oder unterstützender Wissensbereiche.

- Rekrutierung: Probst/Raub/Romhardt, S. 31; Kühn/Koschel, S. 263; Katenkamp, S. 124; Holtgrewe, S. 392; Hedderich, S. 30 f.; Michalik/Schickhoff, S. 63 ff.; Heinzow/Vanini, S. 79; Sporket, S. 167; Fasse, S. 10; Gulati/Khera, S. 53; Habermann, S. 100; Lund/Manyika/Ramaswamy, S. 2; Käfer/Blanke, S. 129; Calvo/Bastida/Feás, S. 262; Lam et al., S. 64; Goffart, S. 18; Pesch Personalwirtschaft, Bd. 7, 2013, S. 64; Münster, S. 352 und Pesch Personalwirtschaft, Bd. Sonderheft, 2012, S. 12.
- Externe Berater/Consultants: Reiß/Steffens/Ehrenmann, S. 73; Burger, S. 41; Brey, S. 68; Boedeker, S. 91; Schiersmann, S. 360; Wuscher/Voigt/Fischer, S. 23 ff.; Probst/Raub/Romhardt, S. 102; Kretschmer, S. 26; Jreisat, S. 836; Makoto Su/Wilensky/Redmiles, S. 146; Ingstrup, S. 142; Ribeiro, S. 376; Hadar/Soffer/Kenzi, S. 16; Calvo/Bastida/Feás, S. 263 f. und Grasso et al., S. 437.

- Abwerbung/Headhunting: Probst/Raub/Romhardt, S. 100.
- Befristete Anstellung von Experten: Probst/Raub/Romhardt, S. 101 und Adams et al., S. 333.
- Rückruf von Pensionären: Adams et al., S. 333 und Michalik/Schickhoff, S. 64.
- Teilzeitkräfte mit Tandempartner: Adams et al., S. 333.
- Graue Beraterstäbe: Wuscher/Voigt/Fischer, S. 23 ff.; Probst/Raub/Romhardt, S. 210 und Thiel, S. 81.
- Talent-Pools/Nachfolgepool[908]: Kallenborn/Kraemer, S. 47; Franz, S. 45 und Völker/Thome/Schaaf, S. 28.

Einkauf/Erwerb von Wissensprodukten:

Gezielter Einkauf fehlender oder unterstützender Wissensbereiche. Beispiele:

- Wissenskonserven, Erwerb immateriell-rechtlicher Güter, Substituierung durch Software[909], legales Kopieren, Erwerb technischer Speichermedien[910]: Probst/Raub/Romhardt, S. 108 ff.
- Blaupausen[911]: Cabitza/Simone, S. 239; Makoto Su/Wilensky/Redmiles, S. 130; Ribeiro, S. 382; Probst/Raub/Romhardt, S. 109 und Schmidt, S. 167.
- Akquisitionen: Burger, S. 16; Probst/Raub/Romhardt, S. 99, 101 f.; Katenkamp, S. 42 und Thiel, S. 79.
- Reverse Engineering[912]: Probst/Raub/Romhardt, S. 110; Bahrs/Vladova/Gronau, S. 369; Ribeiro, S. 363 und Holcombe, S. 261.
- Imitation: Holcombe, S. 261; Liebsch, S. 62; Boedeker, S. 89; Probst/Raub/Romhardt, S. 89; Leick, S. 83; Burger, S. 69; Fahrenwald, S. 183; Katenkamp, S. 188; Holtgrewe, S. 125 und Schmidt, S. 183.

Kooperationen:

- Kooperation: Probst/Raub/Romhardt, S. 102; Thiel, S. 82; González-Aranda/Rodríguez-Clemente/Lozano, S. 168; Seidel, S. 15; Slamanig/Winkler,

908 Weiterhin auch Bereithalten von Mitarbeitern zur Nachfolge von ausscheidenden Mitarbeitern.
909 Arbeit von Mitarbeitern wird nun durch Software erledigt.
910 Für die quantitative und nicht qualitative Schließung von Wissenslücken durch CD-ROMs, Bücher, Datenbanken oder Videos.
911 Wissenspakete in Codeform, die direkt weiterverarbeitet werden können.
912 Freilegung gefrorenen Wissens.

S. 898; Montagna, S. 66; Omerzel/Biloslavo/Trnavcevic, S. 124; Migon/Borges/Machado Campos, S. 63; Cabitza/Simone, S. 231; González-Aranda/Rodríguez-Clemente/Lozano, S. 167; Meyer et al., S. 236; Kodama, S. 71; Ramayah/Yeap/Ignatius, S. 137; Shahmoradi/Akhgar, S. 384; Boedeker, S. 65; Schrammel, S. 119; Liebsch, S. 104; Dick et al., S. 378 und Metzger et al., S. 439.

- Forschungs-Kooperationen: Kühn/Koschel, S. 297; Metzger et al., S. 433; Probst/Raub/Romhardt, S. 116 und González-Aranda/Rodríguez-Clemente/Lozano, S. 168.
- Product Links: Probst/Raub/Romhardt, S. 104.
- Knowledge Links [913]:
  Molina-Morales/Martínez-Cháfer, S. 159 und Probst/Raub/Romhardt, S. 104.
- Entwicklungs-Kooperation: Bahrs/Vladova/Gronau, S. 371.
- Strategische Kooperation: Kodama, S. 72.
- Technische Kooperation: González-Aranda/Rodríguez-Clemente/Lozano, S. 177.
- Internationale Kooperation: González-Aranda/Rodríguez-Clemente/Lozano, S. 167 und Kühn/Koschel, S. 295.
- Korrektive Kooperation, expansive Kooperation: Dick/Jacob, S. 69
- Experten-Kooperation: Vgl. Holtgrewe, S. 387.

Spezifisches Suchprofil:

Transformierung der Wissensziele in ein möglichst genaues Profil, zwecks einer zielgenaueren systematisierten Expertensuche.[914]

- Spezifisches Suchprofil: Probst/Raub/Romhardt, S. 100.

Befragung:

- Fragebogen: Hadar/Soffer/Kenzi, S. 2; Thiel, S. 81; Thier/Erlach, S. 36; Bahrs/Vladova/Gronau, S. 372; Nolden Erfahrungen von Generationen nutzen, S. 16; Schönefeld, S. 18; Edelkraut/Graf, S. 39; Rathswohl/Franz, S. 13; Stadermann, S. 103; Heinzow/Vanini, S. 82; Edelkraut/Graf, S. 39; Boedeker, S. 41; Omerzel/Biloslavo/Trnavcevic, S. 121; Tsai/Tseng/Weng, S. 498; Ramayah/Yeap/Ignatius, S. 140; Maestre et al., S. 674; Chen/Chang, S. 5;

[913] Beispielsweise ein gemeinschaftliches Forschungsvorhaben mit der Konkurrenz oder Auftragsforschungen mit Universitäten. Zur Forschung allgemein: Holcombe, S. 261.

[914] Vgl. Probst/Raub/Romhardt, S. 100.

Seeber/Maier/Weber, S. 916; Liebhart, S. 128; Gulati/Khera, S. 43; Molina-Morales/Martínez-Cháfer, S. 149; Deken et al., S. 206; Montanelli et al., S. 193; Fromhold-Eisebith/Werker, S. 11 und Lin, S. 155.

- Onlinebefragung/Online-Fragebogen: Reiß/Steffens/Ehrenmann, S. 76; Thier/Erlach, S. 36; Heinzow/Vanini, S. 82; Pfeiffer/Schütt/Wühr, S. 171; Ricken/Seidl, S. 571; Reiß/Steffens/Ehrenmann, S. 75; Richter/Stocker/Koch, S. 100; Metzger et al., S. 77; Sultanow/Sonnenborn, S. 77; Lin/Fan, S. 164; Fournier, S. 4 und Ackerman et al., S. 553.

- Umfrage: Juzek/Berger, S. 401; Schmid/Kern, S. 14; Käppeli/Minonne, S. 22; Stocker/Müller Wissensmanagement, Bd. 7, 2010, S. 12; Hoberg/Gohlke, S. 67; Brecher et al., S. 84; Kallenborn/Kraemer, S. 47; Stocker/Müller HMD - Praxis der Wirtschaftsinformatik, Bd. 277, 2011, S. 47; Renken/Bullinger/Möslein, S. 82; Rathswohl/Franz, S. 12; Siemann, S. 656; Huber/Schreiner, S. 74; Pfeiffer/Schütt/Wühr, S. 331; Kühn/Koschel, S. 258; Barth/Portmann, S. 82; Habermann, S. 96; Leinhos, S. 12; Probst/Raub/Romhardt, S. 146; Lin/Fan, S. 148; Yang/Wei, S. 1034; Omerzel/Biloslavo/Trnavcevic, S. 135; Calvo/Bastida/Feás, S. 264; Dasiopoulou et al., S. 198; Spence/Reddy, S. 300 und Schrammel, S. 121.

Fallstudie/Case Study:

Anhand einer Fallstudie sollen Mitarbeiter realisitische Situationen nachvollziehen und sich dadurch Wissen aneignen können.

- Case Study: Haghirian, S. 42; Holcombe, S. 265; Dick et al., S. 380; Liebsch, S. 97; Peris et al., S. 33; Haghirian, S. 42; Stocker/Müller HMD - Praxis der Wirtschaftsinformatik, Bd. 277, 2011, S. 40; Käfer/Blanke, S. 108; Renken/Bullinger/Möslein, S. 73; Richter/Stocker/Koch, S. 101; Katenkamp, S. 327; Dimai, S. 195; Stadermann, S. 158; Gronau/Heinze, S. 12; Ricken/Seidl, S. 567; Probst/Raub/Romhardt, S. 136; Lieber/Erohin/Deuse, S. 391; Schiersmann, S. 372; Geiger, S. 292; Golikova/Karhunen/Kosonen, S. 14; Migon/Borges/Machado Campos, S. 63; Cabitza/Simone, S. 248; Stancu, S. 284; Leick, S. 78 und Ahmad/Wynn/Clarkson, S. 227.

Storytelling: Erzählmethode zur Übermittlung von implizitem und explizitem Wissen. Der Zuhörer wird oftmals durch Metapher direkt in die Geschichte eingebunden.[915]

- Storytelling: Krishnaveni/Senthil Raja, S. 42; Dombrowski/Mielke/Schulze, S. 74; Hadar/Soffer/Kenzi, S. 292; Servatius, S. 12; Judt/Klausegger, S. 46; Haghirian,

[915] Vgl. Judt/Klausegger, S. 46.

S. 42; Kretschmer, S. 26; Thier/Erlach, S. 36; Käppeli/Minonne, S. 22; Makoto Su/Wilensky/Redmiles, S. 115; Tsai/Tseng/Weng, S. 497; Santos et al., S. 36; Katenkamp, S. 194; Burger, S. 162; González-Aranda/Rodríguez-Clemente/Lozano, S. 171; Fahrenwald, S. 176; Dimai, S. 194; Schiersmann, S. 366; Geiger, S. 310; Judt/Klausegger, S. 46; Migon/Borges/Machado Campos, S. 52 und Pfeiffer/Schütt/Wühr, S. 327.

- Gruppen-Storytelling: Migon/Borges/Machado Campos, S. 49.
- Interactive Storytelling Approach: Tsai/Tseng/Weng, S. 498.
- Emergent Storytelling, Digitales Storytelling[916]: Santos et al., S. 35, 37, 40.
- Experience Sharing: Katenkamp, S. 321, 326, 364 f.[917] und Lin, S. 165.
- Kurzgeschichten: Wuscher/Voigt/Fischer, S. 23 ff.
- Autobiographische Geschichten: Haghirian, S. 42.
- Five Minutes Stories: Thier/Erlach, S. 36.
- Narratives: Dick et al., S. 375; Geiger, S. 294; Migon/Borges/Machado Campos, S. 55; Idrobo/Berkes, S. 405; Cabitza/Simone, S. 229; Wickramasinghe/Guttmann/Schaffer, S. 156; Hynes/Coghlan/McCarron, S. 163; Santos et al., S. 36; Muntanyola-Saura, S. 86; Serdukov, S. 429; Katenkamp, S. 263; Jansen et al., S. 3 und Ackerman et al., S. 534.
- Argumentative Methoden[918]: Geiger, S. 294.

Debriefings:

Abschlussbesprechung zur Wissensgewinnung und -verteilung, oft im Zusammenhang mit Workshops.[919]

- Debriefing: Hertlein/Smolnik, S. 29.
- Projekt-Debriefing: Wuscher/Voigt/Fischer, S. 23 ff. und Katenkamp, S. 441.
- Team-Debriefing: Pfister, S. 83.
- Experten-Debriefing: Pallaschke/Mugellesi Dow, S. 14.

916 Mithilfe 3D.

917 Formen davon: Case Writing, Unternehmenstheater, Springboard Story, Anti-Story, Story-Construction, Learning Histories oder die Tell-It-Methode. Katenkamp zitiert weiterhin Cristal Room, Detektivstories, Warstories, Storylistening, Mikroartikel, Antenarrationen.

918 Ergänzung zu narrativen Methoden.

919 Vgl. Hertlein/Smolnik, S. 29 und Wuscher/Voigt/Fischer, S. 23 ff.

Diskussionen:

- Diskussionen: Omerzel/Biloslavo/Trnavcevic, S. 126; Hrelja/Antonson, S. 118; Deken et al., S. 204; Hadar/Soffer/Kenzi, S. 6; Thiel, S. 79; von Schneyder, S. 45; Gronau et al., S. 79; Michelson, S. 15; Motahari-Nezhad/Bartolini, S. 52; Liebsch, S. 125; Yang/Wei, S. 1036; Dror/Makany/Kemp, S. 39; Hauptmann/Steger, S. 27; Spence/Reddy, S. 302; Murage et al., S. 53; Schrammel, S. 121; Deken et al., S. 210; Carneiro de Novaes/Brunstein, S. 256; Geiger, S. 292; Tralau, S. 15; Pallaschke/Mugellesi Dow, S. 16; Idrobo/Berkes, S. 408; Liebhart, S. 145; Nolden Enterprise Wikis - schnell & kostengünstig zum Wissensmanagement 2.0, S. 13 und Stocker/Müller HMD - Praxis der Wirtschaftsinformatik, Bd. 277, 2011, S. 46.

- Gruppendiskussionen: Gulati/Khera, S. 50; Ahmad/Wynn/Clarkson, S. 231; Fournier, S. 6; Ribeiro, S. 379; Singh/M./Sharma, S. 45; Boedeker, S. 150; Sporket, S. 219; Stadermann, S. 167; Probst/Raub/Romhardt, S. 213; Probst/Raub/Romhardt, S. 192; Thier/Erlach, S. 36; Juzek/Berger, S. 401; Katenkamp, S. 195; Fournier, S. 6; Kühn/Koschel, S. 253 und Carneiro de Novaes/Brunstein, S. 252.[920]

  - Fokusgruppen als Teil der Gruppendiskussion: Juzek/Berger, S. 401; Kühn/Koschel, S. 255; Thier/Erlach, S. 36; Renken/Bullinger/Möslein, S. 78; Boedeker, S. 373; Maestre et al., S. 674; Makoto Su/Wilensky/Redmiles, S. 127 und Idrobo/Berkes, S. 407. [921]

- Diskussionspanel: Kühn/Koschel, S. 287.

- Reflexiver Dialog: Carneiro de Novaes/Brunstein, S. 252.

- World Café: Sollberger, S. 12; Reiß/Steffens/Ehrenmann, S. 76 und Krohn, S. 403.

- Knowledge Café: Katenkamp, S. 195.

- Erzähl-Café: Enoch Dimensionen der Wissensvermittlung in Beratungsprozessen: Gesprächsanalysen der beruflichen Beratung, S. 57.

Beobachtung:

- Observation: González-Aranda/Rodríguez-Clemente/Lozano, S. 172; Arora/Owens/Khazanchi, S. 64; Geiger, S. 294; Teichmann, S. 530; Omerzel/Biloslavo/Trnavcevic, S. 120; Hauptmann/Steger, S. 34; Cabitza/Simone, S. 227; Kaur/Wasan, S. 222; Hadar/Soffer/Kenzi, S. 5[922]; Maestre et al., S. 669; Spence/Reddy, S. 292; Arazy/Gellatly, S. 94; Makoto Su/Wilensky/Redmiles,

[920] Online Gruppendiskussion vgl. Kühn/Koschel, S. 283.

[921] Tele-Fokusgruppen und Webcam Fokusgruppen vgl. Kühn/Koschel, S. 283, 287.

[922] Auch Job-Observation: Hadar/Soffer/Kenzi, S. 6.

S. 117; Ballan et al., S. 289; Muntanyola-Saura, S. 75; Holcombe, S. 264; Simperl/Bürger/Hofer, S. 173; Serdukov, S. 436; Echeverry/Richards, S. 350; Schmid/Kern, S. 19; Ribeiro, S. 375; Idrobo/Berkes, S. 407; Ash et al., S. 1; Gulati/Khera, S. 54 und Memon et al., S. 2.

- Kollegiale Visitation: Dick/Wasian, S. 53.
- Kollegiale Beratung: Dick/Jacob, S. 76; Pfeiffer/Schütt/Wühr, S. 192; Sollberger, S. 10 ff.; Lippmann, S. 81 und Boedeker, S. 317.

Konferenzen:

- Konferenz: Probst/Raub/Romhardt, S. 260; Stocker/Müller Wissensmanagement, Bd. 7, 2010, S. 12; Dick/Jacob, S. 76; Völker/Thome/Schaaf, S. 27; Meier/Weller, S. 128; Stadermann, S. 96; Katenkamp, S. 15; Pfeiffer/Schütt/Wühr, S. 241; Letter/Letter, S. 38; Holtgrewe, S. 392; Ley et al., S. 168; Schiefner, S. 307; Makoto Su/Wilensky/Redmiles, S. 117; Ash et al., S. 14; Fromhold-Eisebith/Werker, S. 10 und Jansen et al., S. 5.
- Online-Konferenz/Web-Konferenz: Hoberg/Piele/Veit, S. 83; Louis, S. 28 f.; Käfer/Blanke, S. 113; Horváth Wissensmanagement, Bd. 7, 2010, S. 49; Pesch Personalwirtschaft, Bd. 7, 2013, S. 63; Hofmann/Jarosch, S. 14; Winter, S. 45 und Fournier, S. 6.

Seminare/Trainings/Schulungen:

- Seminar: Winter, S. 45; Münster, S. 351; Liebsch, S. 127; Tralau, S. 17; Sudahl; Reiß/Steffens/Ehrenmann, S. 78; Abel/Schmitz/Wenzel, S. 722; Renken/Bullinger/Möslein, S. 84; Seßler, S. 30; Meier/Weller, S. 128; Boedeker, S. 94; Burger, S. 210; Haghirian, S. 43; Makoto Su/Wilensky/Redmiles, S. 117; Pfeiffer/Schütt/Wühr, S. 281; Sporket, S. 196; Ingstrup, S. 142; Serdukov, S. 434; Katenkamp, S. 288; Dimai, S. 218; Murage et al., S. 55; König, S. 292; Schäfer, S. 44; Schiersmann, S. 366 und Probst/Raub/Romhardt, S. 155.
  - Training Seminar: González-Aranda/Rodríguez-Clemente/Lozano, S. 171.
  - Webinar[923]: Noszkay/Balogh, S. 135; Winter, S. 46; Kraus/Westermann, S. 5 und Reiß/Steffens/Ehrenmann, S. 76.
  - Weiterbildungskurse: Sporket, S. 207; Hoberg/Gohlke, S. 72 und Probst/Raub/Romhardt, S. 148.

[923] Webbasiertes Seminar.

- Trainings: Probst/Raub/Romhardt, S. 218; Murage et al., S. 53; Reppesgaard/Leendertse, S. 66; Sudahl, S. 16; Wiesner/Seifert/Thoben, S. 33; Fournier, S. 4; Ribeiro, S. 368; Boedeker, S. 306; Ash et al., S. 14; Ribeiro, S. 342; Golikova/Karhunen/Kosonen, S. 21; Deken et al., S. 204; Vianello/Ahmed, S. 127; Jansen et al., S. 9; Nahavandi/Jia/Bhatti, S. 5; Gul/Shah, S. 49; Lin/Fan, S. 163; Arora/Owens/Khazanchi, S. 64; Seidel, S. 15; Dick et al., S. 382; Teichmann, S. 530; Golikova/Karhunen/Kosonen, S. 21; Peris et al., S. 29; Steven, S. 46 und König, S. 287.
  - Praxistrainings: Hoberg/Piele/Veit, S. 83.
  - Intervalltraining: Seßler, S. 30.
  - Virtuelle Trainings: Sudahl, S. 16; Henning/Burger/Maier, S. 97; Schäfer, S. 44; Hofmann/Jarosch, S. 8; Seidel, S. 14 und Nahavandi/Jia/Bhatti, S. 8.
  - Fortbildung: Franz, S. 24; Dick/Jacob, S. 68; Hoberg/Gohlke, S. 65; Boedeker, S. 214; Burger, S. 189; Stadermann, S. 62; Sporket, S. 186; Katenkamp, S. 93; Dick/Wasian, S. 52; König, S. 287; Schäfer, S. 44; Brey, S. 67; Schiersmann, S. 372 und Dick/Wasian, S. 49.
  - Hands on-Verfahren: Ribeiro, S. 374, 376, 379[924].
  - Hands on-Erfahrung: González-Aranda/Rodríguez-Clemente/Lozano, S. 172; Makoto Su/Wilensky/Redmiles, S. 135; Ribeiro, S. 372; Murage et al., S. 53; Jansen et al., S. 7 und Cressey/Totterdill/Exton, S. 233.
  - Arbeit in Doppelbesetzung: Sporket, S. 209.
  - On the job training: Probst/Raub/Romhardt, S. 188; Schrammel, S. 126; Santos et al., S. 36; Sporket, S. 182; Dombrowski/Mielke/Schulze, S. 74; Denkena/Charlin/Merwart, S. 709; Ribeiro, S. 357, 372; González-Aranda/Rodríguez-Clemente/Lozano, S. 172 und Katenkamp, S. 244.
  - Begleitende Einarbeitung: Wottawa, S. 46.
  - Action learning: Probst/Raub/Romhardt, S. 188; Katenkamp, S. 415 und Schiersmann, S. 376.
  - Learning by doing: Boedeker, S. 90; Burger, S. 51; Stadermann, S. 78; Krypczyk, S. 388 und Katenkamp, S. 244.
  - In diesem Zusammenhang *Linguistic Socialisation*: Ribeiro, S. 373. Diese ist zum Beispiel beim Lernen einer technischen Sprache o. Ä. von Nöten. Sie schließt gleichsam linguistische als soziale Parameter ein. Die soziale Komponente kann z. B. in Form von Zusammenarbeit begünstigt werden.[925]

[924] Der Autor unterscheidet weiterhin *Physical Contiguity, Witnessing Plant Assembly, Technical Visits, Physical immersion, Trial-and-error within Daily Practice*.

[925] Methoden, welche die linguistische Sozialisation begünstigen sind: *Informal face-to-face Meetings/Encounters, Technical Discussions* und *Classroom Training*. Vgl. Ribeiro, S. 379.

- Schulungen: Probst/Raub/Romhardt, S. 154; Dunkes/Behrens, S. 32; Täubner Der verborgene Schatz, S. 56; Dick et al., S. 380; Dick/Jacob, S. 75; Slamanig/Winkler, S. 894; Liebsch, S. 32; Schönefeld, S. 20; Wiskirchen, S. 11; Rühl, S. 27; Fromm Wissensmanagement, Bd. 7, 2012, S. 50; Willms/Albrecht, S. 62; Baumann et al., S. 459; Wagener, S. 52; Sudahl, S. 16; Franz, S. 45; Abel/Schmitz/Wenzel, S. 721; Elbek/Zieger, S. 42 f.; Münster, S. 351; Willms/Albrecht, S. 62; Heinzow/Vanini, S. 83; Richter/Stocker/Koch, S. 105; Pfeiffer/Schütt/Wühr, S. 353; Sporket, S. 174 und Kühn/Koschel, S. 285.
  - Externe Schulung: Sultanow/Sonnenborn, S. 78.

Wissensentwicklung

Labore:

Im Zusammenhang mit Kooperationen werden nachfolgend verschiedene Laboratorien und weitere Institutionen vorgestellt, die die Entwicklung von Wissen zum Ziel haben.

- Change Laboratorium: Katenkamp, S. 242.
- Concept Lab: Kühn/Koschel, S. 290.
- Knowledge Practices Laboratory: Katenkamp, S. 359.
- Zukunfts-Labor, Lernlabor, Lernarena, Produktklinik: Probst/Raub/Romhardt, S. 132 f., 138 f..
- Think Tanks: Probst/Raub/Romhardt, S. 132; Hammer, S. 54 und Pfeiffer/Schütt/Wühr, S. 353.
- Arena: Cressey/Totterdill/Exton, S. 223.
- Experience Factory: Meyer et al., S. 235; Kaur/Wasan, S. 14 und Schmid/Kern, S. 19.
- In diesem Zusammenhang
  - Kompetenzzentrum[926]: Sporket, S. 250 und Probst/Raub/Romhardt, S. 133.
  - Infocenter[927]: Probst/Raub/Romhardt, S. 187.
  - Prosuming[928]: Schön/Güntner/Markus, S. 7.

[926] Speziell für die Weiterentwicklung und Bündelung von Fähigkeiten.
[927] Zur Steigerung der Kommunikation zwischen Mitarbeitern.
[928] Das Einbeziehen des Kunden in die Produktentwicklung.

- Crowdsourcing: Sultanow/Sonnenborn, S. 78; Voigt/Wunderlich, S. 24; Servatius, S. 9; Gluchowski/Schieder/Böhringer, S. 20; Martin, S. 46; Völker/Thome/Schaaf, S. 25; Heinrich, S. 9; Pfeiffer/Schütt/Wühr, S. 348; Kühn/Koschel, S. 283; Katenkamp, S. 168; Schön/Güntner/Markus, S. 7 und Ackerman et al., S. 559.

Szenario-Technik:

Im Rahmen eines Workshops wird das Wissen der Teilnehmer, von Experten und Moderatoren zu einem zukunftsbezogenem Szenario entwickelt. Durch den Vergleich des Szenarios mit dem aktuell vorhandenen Wissen wird möglicher Veränderungsbedarf erkannt.[929]

- Szenario-Technik: Probst/Raub/Romhardt, S. 137 ff.

Innovationen:

- Produktinnovation: Will/Wuscher, S. 56; Montagna, S. 66; Morone/Taylor, S. 25; Baumann et al., S. 459; Kallenborn/Kraemer, S. 46; Pfeiffer/Schütt/Wühr, S. 24; Katenkamp, S. 424; Metzger et al., S. 428 ff. und Probst/Raub/Romhardt, S. 17.

- Prozessinnovation: Katenkamp, S. 38; Pfeiffer/Schütt/Wühr, S. 19; Boedeker, S. 375; Morone/Taylor, S. 42; Cressey/Totterdill/Exton, S. 234; Metzger et al., S. 428 ff. und Probst/Raub/Romhardt, S. 117.

- Sozialinnovation: Probst/Raub/Romhardt, S. 117 und Cressey/Totterdill/Exton, S. 231.

- Open Innovation: Voigt/Wunderlich, S. 24; Servatius, S. 9; Pechmann/Schoof/Tampe-Mai, S. 35; Nolden Erfahrungen von Generationen nutzen, S. 17; Baumann et al., S. 459; Schön/Güntner/Markus, S. 280; Haggerty, S. 2; Käfer/Blanke, S. 108; Horváth Wissensmanagement, Bd. 7, 2010, S. 36; Völker/Thome/Schaaf, S. 25; Byrne, S. 16; Pfeiffer/Schütt/Wühr, S. 25; Katenkamp, S. 332 und Holtgrewe, S. 389.

Kreativitätstechniken:

Zur Entwicklung von Wissen kann sich zahlreicher Kreativitätstechniken bedient werden.[930]

- Brainstorming.[931]

929 Vgl. Probst/Raub/Romhardt, S. 137 ff.
930 Vgl. Katenkamp, S. 194.
931 Vgl. Problemlösungstechinken.

- Synektikübungen, Such- und Screening Verfahren, Relevanzbaum-Methode: Probst/Raub/Romhardt, S. 122 f.
- Morphologische Methoden: Probst/Raub/Romhardt, S. 122; Kühn/Koschel, S. 268 und Montagna, 23.
- Delphi Befragung: Probst/Raub/Romhardt, S. 123 und Juzek/Berger, S. 401.
- Jam Events: Reiß/Steffens/Ehrenmann, S. 76.
- Kreativzirkel: Voigt/Wunderlich, S. 24.
- Cyberstorming: Hoberg/Gohlke, S. 67.
- Projektive Technik: Kühn/Koschel, S. 281.
- Freie Assoziation: Katenkamp, S. 298 und Kühn/Koschel, S. 281.
- Collagen: Lippmann, S. 82; Carneiro de Novaes/Brunstein, S. 252; Schmidt, S. 165 und Kühn/Koschel, S. 281.
- Metapher/Analogien: vgl. Abschnitt Metapher/Analogien weiter unten.
- Wissensstaffete, Strukturlegetechnik, 6 Hüte, Wissenszirkel: Katenkamp, S. 194 f., 198, 201, 225.
- Visual Thinking: Servatius, S. 12.
- Lautes Denken: Stadermann, S. 372.
- Mind Map: Axford/Renfro, S. 36; Louis, S. 28 f.; González-Aranda/Rodríguez-Clemente/Lozano, S. 193; Habeck/Schmidt/Thomas, S. 53; Krypczyk, S. 390; Wuscher/Voigt/Fischer, S. 23 ff.; Ballod, S. 37 f.; Großer, S. 28 f.; Steiss, S. 38; Katenkamp, S. 244; Strobel, S. 44; Dick et al., S. 375; Lippmann, S. 84; von Schneyder, S. 45; Täubner Der verborgene Schatz, S. 58; Täubner Das ausgelagerte Gehirn, S. 88, 90; Lee/Jang/Kim, S. 379; Kühn/Koschel, S. 281; Blasko et al., S. 229 und Winkler/Mandl, S. 87.

Problemlösungstechniken:

- Brainstorming: Singh/M./Sharma, S. 45; Louis, S. 28 f.; Steiss, S. 38; Boedeker, S. 162; Burger, S. 69; Haglich et al., S. 100; Täubner Das ausgelagerte Gehirn, S. 90; Probst/Raub/Romhardt, S. 125; Gulati/Khera, S. 50; Montagna, 22; Rathswohl/Franz, S. 13; Ballod, S. 37 f.; Pfister, S. 82; Singh/M./Sharma, S. 45; Stadermann, S. 314; Omerzel/Biloslavo/Trnavcevic, S. 115; Spence/Reddy, S. 301; Seeber/Maier/Weber, S. 932; Schiefner, S. 30; Ackerman et al., S. 536 und Kühn/Koschel, S. 281.

- Brainstorming Camp: Burger, S.69 und Katenkamp, S. 244.
- Interviews: siehe obige Ausführungen zu Interviews.
- Problemlösungsmethode nach Gomez/Probst: Probst/Raub/Romhardt, S. 125.
- I method: Hrelja/Antonson, S. 116.
- PIFURRA, TRIZ Market Pull Innovation: Pechmann/Schoof/Tampe-Mai, S. 33.

Handlungsentlastungen:

- Sabbaticals: Makoto Su/Wilensky/Redmiles, S. 119; Sporket, S. 243 und Probst/Raub/Romhardt, S. 21.
- Spinnerecken, Kreativzonen:
  Probst/Raub/Romhardt, S. 121.

Hypothesen:

- Hypothesenagglutination: Wottawa, S. 46.
- Hypothesen-Kreation: González-Aranda/Rodríguez-Clemente/Lozano [2010], S. 172.

Workshops:

- Workshop: Probst/Raub/Romhardt, S. 154; Hammer, S. 54 ff.; Yang/Wei, S. 1034; Dornberg/Cremer, S. 54; Will/Wuscher, S. 57; Geiger, S. 300; Dunkes/Behrens, S. 32; Reppesgaard/Leendertse, S. 66; Ingstrup, S. 142; Juzek/Berger, S. 403; Liebhart, S. 128; Servatius, S. 12; Steven, S. 47; Willms/Albrecht, S. 64; Pallaschke/Mugellesi Dow, S. 14; Reiß/Steffens/Ehrenmann, S. 76; Lohmann-Hütte/Mertins/Wang, S. 23; Abel/Schmitz/Wenzel, S. 722; Renken/Bullinger/Möslein, S. 79; Dick/Jacob, S. 76; Ricken/Seidl, S. 568; Dombrowski/Mielke/Schulze, S. 76; Omerzel/Biloslavo/Trnavcevic, S. 126; Denkena/Charlin/Merwart, S. 711 und Fromm Wissensmanagement, Bd. 8, 2012, S. 50 f.
- Ideenworkshop: Thiel, S. 82 und Servatius, S. 12.
- Strategie-Workshop: Fromm Wissensmanagement, Bd. 8, 2012, S. 50, 51.
- Innovationsworkshop: Sporket, S. 253; Kühn/Koschel, S. 282 und Horváth Wissensmanagement, Bd. 7, 2010, S. 49.

- Verbereitungsworkshop, Ergebnisworkshop, Metaphernworkshop, Kommunikationsworkshop: Katenkamp, S. 279 f., 304, 388.
- Zielworkshop, Prozessworkshop: Dunkes/Behrens, S. 31 f.
- Gruppenworkshop: Yang/Wei, S. 1034; Ahmad/Wynn/Clarkson, S. 236 und Krohn, S. 408.
- Führungsworkshop: Krohn, S. 409.
- Einführungsworkshop: Dornberg/Cremer, S. 54; Sporket, S. 199 und Pfeiffer/Schütt/Wühr, S. 355.
- Entwicklungsworkshop: Sporket, S. 232.
- Team-Workshop: Boedeker, S. 294.
- Cluster-Workshop: Fromm Wissensmanagement, Bd. 8, 2012, S. 32.
- Teilnehmer-Workshop: Hertlein/Smolnik, S. 29.
- Wissenstransfer-Workshop: Kretschmer, S. 27.
- Kreativitätsworkshops: Kühn/Koschel, S. 253 und Horváth Wissensmanagement, Bd. 7, 2010, S. 48.
- Virtuelle Kreativitätsworkshops: Horváth Wissensmanagement, Bd. 7, 2010, S. 49.
- Schnittstellenworkshop, Erfahrungssicherungs-Workshops: Schmid/Kern, S. 16 f.
- Programmier-Workshops: Holtgrewe, S. 392.
- Auswertungsworkshops: Schiersmann, S. 367.
- Post-Workshop: Ribeiro, S. 354.

WISSENS(VER)TEILUNG

Metapher/Analogien/Modelle:

- Analogien: Kühn/Koschel, S. 281; Langton/Geiger, S. 903; Burger, S. 66; Fahrenwald, S. 181; Ribeiro, S. 383; Deken et al., S. 205; Schmidt, S. 199; Probst/Raub/Romhardt, S. 41; Katenkamp, S. 194 und Lippmann, S. 82.[932]

[932] Lippmann, S. 84 konzentriert sich auf Kreativitätsmethoden. Diese werden nachfolgend erwähnt, jedoch nicht näher auf sie eingegangen:

Blitzlicht, Stummer Dialog, Fotolangage, Stimmungsbarometer, Problemlösungszyklus, Konfliktbearbeitungsmodell, „4-Wandblätte"-Methode, „Stop-and-Go"-Methode, Coaching mit Beobachtung, Ima-

- Metapher: Cabitza/Simone, S. 233; Katenkamp, S. 194; Lippmann, S. 84 und Kühn/Koschel, S. 281.
- Modelle: Probst/Raub/Romhardt, S. 126; Blumauer/Pellegrini/Paschke, S. 108; Burger, S. 191; Othman/Beydoun, S. 12; Fdez-Olivares et al., S. 49; Fahrenwald, S. 179 und Katenkamp, S. 244.

Triadengespräch:

Ein in Raum und Zeit festgelegtes Gespräch, an welchem drei Personen unterschiedliche Rollen einnehmen mit dem Ziel Erfahrungswissen zu teilen.[933]

- Triade: Wuscher/Voigt/Fischer, S. 23 ff.; Dick/Jacob, S. 70; Krohn, S. 409; König, S. 287; Kühn/Koschel, S. 279; Katenkamp, S. 195; Lippmann, S. 85; Boedeker, S. 322 und Dick et al., S. 375.
- Dyade: Dick/Jacob, S. 70; Cabitza/Simone, S. 241; Krohn, S. 409; Metzger et al., S. 430; Liebhart, S. 133; Kühn/Koschel, S. 279 und Katenkamp, S. 194.

Rollenspiele:

- Rollenspiel: Gulati/Khera, S. 50; Mantel, S. 47; Schmid/Kern, S. 15; Wiskirchen, S. 11; Reiß/Steffens/Ehrenmann, S. 72; Boedeker, S. 88; Sollberger, S. 10 ff.; Reppesgaard/Leendertse, S. 66; König, S. 289; Lippmann, S. 85; Prohaska, S. 35; Kretschmer, S. 26 und Kühn/Koschel, S. 281.
- Online Rollenspiel: Cheng/Shen, S. 1.
- Rollenübernahme/Supervision: Sporket, S. 209; Hoberg/Gohlke, S. 71; Stadermann, S. 54; Lippmann, S. 83; Voigt/Wunderlich, S. 23; Hauptmann/Steger, S. 23; Fournier, S. 5; Dick/Wasian, S. 55; Petasis et al., S. 153; Ribeiro, S. 352; Batet et al., S. 95; Golikova/Karhunen/Kosonen, S. 23; Boedeker, S. 108; Katenkamp, S. 194; Enoch Organisationsberatung Supervision Coaching, Nr. 4, Bd. 18, 2011, S. 370; König, S. 287 und Krohn, S. 402.

---

gination, Malen, Zeichnen, Mindmapping, Fischgratdiagramme, Problem-Baum, System-Analyse, Beziehungslandkarte bzw. System-Struktur-Zeichnung, System darstellen mit Holzfiguren oder anderen symbolischen Mitteln, Problem, Sichtweise, Experte, Hofnarr, Orientierungsschema/Kernfragen für Konfliktsituationen, Thomann-Schema, Ziel-, lösungs- und ressourcenorientierte Fragen Fragen nach Unterschieden, Zirkuläre Fragen und hypothetische Fragen, Paradoxe, „verrückte“ Fragen, innerer Film, die fünf „Warums“, Fall-Porträt, Multiple Identifikation, Methoden der Transaktionsanalyse, Sukzessive Integration von Lösungen, Plädoyer für eine Lösung, Freak-Beratung, Potential-Transformation, Geschichten erzählen, Fokussierendes Reflecting, Skulpturen, Aufstellungen, Inneres Team, Tetralemma, Kraftfeldanalyse, Ressourcen aktivieren, Ziel vergegenwärtigen, SOFT-Analyse, Feedback-Variationen: sign-on-the-back/unter 4 Augen/Kreis Heißer Stuhl/Drei Bitten/Briefe/Analogien/Personality Poker.

[933] Vgl. Wuscher/Voigt/Fischer, S. 23 ff. und Dick et al., S. 376 f.

- Drama/Psychodrama: Santos et al., S. 39; Carneiro de Novaes/Brunstein, S. 252; König, S. 287 und Kühn/Koschel, S. 288[934].

Anreizsysteme:

- Anreizsystem/Incentive-Maßnahmen: Täubner Der verborgene Schatz, S. 56; Gronau et al., S. 77; Michelson, S. 17; Liebsch, S. 90; Schön/Güntner/Markus, S. 13; Meier/Weller, S. 123; Boedeker, S. 54; Stadermann, S. 46; Pfeiffer/Schütt/Wühr, S. 141; Adams et al., S. 332; Katenkamp, S. 369; Holtgrewe, S. 394; Schiefner, S. 314; Winkler/Mandl, S. 93; Schiersmann, S. 366; Jansen et al., S. 9; Pöggeler Wissensmanagement, Bd. 4, 2013, S. 26, 27; Gul/Shah, S. 49; Probst/Raub/Romhardt, S. 157; Ricken/Seidl, S. 569; Stocker/Müller HMD - Praxis der Wirtschaftsinformatik, Bd. 277, 2011, S. 43; Yang/Wei, S. 1044; von Schneyder, S. 45; Omerzel/Biloslavo/Trnavcevic, S. 130 und Käfer/Blanke, S. 105.
- Bewertungsfunktion: Stocker/Müller HMD - Praxis der Wirtschaftsinformatik, Bd. 277, 2011, S. 43; Barth/Portmann, S. 287 und Täubner Der verborgene Schatz, S. 55.

Gruppen/Teams:

- Gruppen:
  - Projektgruppen: Burger, S. 241; Thier/Erlach, S. 37; Jursch/Jalocha, S. 51; Michelson, S. 18; Liebsch, S. 111; Käfer/Blanke, S. 117; Boedeker, S. 17; Sporket, S. 239; Katenkamp, S. 243; Stadermann, S. 296; Louis, S. 28 f.; Probst/Raub/Romhardt, S. 76; Winkler/Mandl, S. 86; Schiersmann, S. 358; Arazy/Gellatly, S. 97 und Cressey/Totterdill/Exton, S. 220.
  - Seminargruppen: Tralau, S. 17 und Schiefner, S. 310.
  - Wissensgruppen: Hertling/Jung, S. 17.
  - Supervisionsgruppen/Intervisionsgruppen: Lippmann, S. 83, 86.
  - Arbeitsgruppen: Winter, S. 45; Tralau, S. 15; Seidel, S. 15; Dick/Jacob, S. 75; Slamanig/Winkler, S. 898; Reinhart/Pause/Krziwon, S. 439; Renken/Bullinger/Möslein, S. 81; Wiesner/Seifert/Thoben, S. 33; Boedeker, S. 16; Siemann, S. 657; Burger, S. 77; Stadermann, S. 54; Pfeiffer/Schütt/Wühr, S. 242; Sporket, S. 170; Kühn/Koschel, S. 286; Fahrenwald, S. 189; Katenkamp, S. 173; Dimai, S. 215; Stadermann, S. 267; Schiefner, S. 307; Krenz/Wulfsberg/Bruhns, S. 353; Louis, S. 28 f.; Probst/Raub/Romhardt, S. 212; Krypczyk, S. 388 und Schiersmann, S. 341.

[934] Methoden des Psychodramas: Aufstellungen, Analogien und Vorstellungsübungen.

- Mini-Gruppe: Kühn/Koschel, S. 277, 321.
- Erfahrungsgruppen: Probst/Raub/Romhardt, S. 138.
- Kleingruppenmodell: Sporket, S. 216.
- Expertengruppen: Haggerty, S. 2; Renken/Bullinger/Möslein, S. 78; Stadermann, S. 71; Probst/Raub/Romhardt, S. 134; Lin/Fan, S. 159 und Blasko et al., S. 221.
    - Co-operative Inquiry-Gruppe[935]: Hynes/Coghlan/McCarron, S. 165.

• Gruppenverfahren: Katenkamp, S. 206; Montagna, S. 78; Boedeker, S. 158; Schiersmann, S. 342 und König, S. 287[936].
  - Multi-Gruppen-Verfahren: Kühn/Koschel, S. 287.
  - Großgruppenverfahren: Kühn/Koschel, S. 287; Schiersmann, S. 342 und Thier/Erlach, S. 37.
  - Kleingruppenverfahren: Katenkamp, S. 376.
  - Diary Group-Methode: Katenkamp, S. 207.

• Teams:
  - Teamwork: Cressey/Totterdill/Exton, S. 218[937]; Dombrowski/Mielke/Schulze, S. 74; Omerzel/Biloslavo/Trnavcevic, S. 118; Stadermann, S. 45; Arazy/Gellatly, S. 95; Muntanyola-Saura, S. 83; Katenkamp, S. 415; Kühn/Koschel, S. 277, 321; Holtgrewe, S. 392; Noszkay/Balogh, S. 132; Dimai, S. 215; Singh/M./Sharma, S. 42; Gulati/Khera, S. 43 und Denkena/Charlin/Merwart, S. 709.
  - Altersgemischte Teams: Brey, S. 67; Hertling/Jung, S. 17; Boedeker, S. 92; Pfeiffer/Schütt/Wühr, S. 306; Katenkamp, S. 320 und Sporket, S. 207.
  - Gemischte Teams: Mantel, S. 46; Hadar/Soffer/Kenzi, S. 13; Thiel, S. 82 und Schabel, S. 41.
  - Reflektierende Teams: Boedeker, S. 325; Lippmann, S. 84 und Katenkamp, S. 364.
  - Re-Teaming: Katenkamp, S. 381.
  - Virtuelle Teams[938]: Paepcke, S. 20; Mantel, S. 46; Goffart, S. 19; Katenkamp, S. 112; Winkler/Mandl, S. 91; Boedeker, S. 83 und Probst/Raub/Romhardt, S. 147.

935 Quasi Expertengruppe.
936 Der Autor untergliedert diese in Gruppendynamik, Gruppenanalyse und Psychodrama.
937 Auch Partnership.
938 Entwicklungsspezialisten in mehreren Ländern stellen dabei ihre speziellen Fähigkeiten zur Verfügung, im Extremfall wird von virtuellen Unternehmen gesprochen.

- In diesem Zusammenhang: Gruppenmoderation: Katenkamp, S. 206.

Erfahrungsaustausch:

- Poster Präsentation: Jursch/Jalocha, S. 50.
- Marktplatz der Möglichkeiten, Projektvernissage: von Schneyder, S. 45.
- Erfahrungsbericht: Boedeker, S. 307; Hofmann/Jarosch, S. 9; Seßler, S. 31; Sollberger, S. 10; Probst/Raub/Romhardt, S. 76 und Muntanyola-Saura, S. 76.
- Schwarzes Brett[939]: Ackerman et al., S. 556; Kühn/Koschel, S. 283; Winkler/Mandl, S. 91; Rapp et al., S. 50; Täubner Der verborgene Schatz, S. 91; Schiersmann, S. 365 und Madison et al., S. 5.
- Speed-Dating: Jursch/Jalocha, S. 50.

Tandems:

Unter „Tandems“ werden diverse Formen der Zusammenarbeit zusammengefasst. Obergruppen bilden das Tandem an sich, Coaching, Tutoring und Mentorenprogramme.

- Tandem: Thiel, S. 82; Hertling/Jung, S. 17; Edelkraut/Graf, S. 41; Stadermann, S. 39; Winter, S. 6; Adams et al., S. 333; Torisawa et al., S. 231; Katenkamp, S. 44; Liebhart, S. 126 und Burmeister, S. 30 ff.
  - Wissenstandem: Bittner, S. 206.
  - Same-gender/Cross-gender-Tandems: Liebhart, S. 135, 141.
  - Projekttandems, Master-Student: Pallaschke/Mugellesi Dow, S. 14.
  - Know-how-Tandem: Täubner Der verborgene Schatz, S. 55 und Katenkamp, S. 241.
  - Intergenerative Know-how-Tandems: Katenkamp, S. 321.
  - Junior-Senior-Partnerschaften: Schiersmann, S. 352.
  - Sempai Kohai: Probst/Raub/Romhardt, S. 211.
  - Partnerschaften: Cressey/Totterdill/Exton, S. 214 und Sporket, S. 214.
  - Lernpartnerschaften: Brey, S. 67; Katenkamp, S. 384 und Burmeister, S. 30 ff.

[939] Virtuelles schwarzes Brett vgl. Ackerman et al., S. 552. und elektronische Pinnwand vgl. Singh/M./Sharma, S. 42; Kraus, S. 4

- Coaching: Winter, S. 45; Körner, S. 44 f.; Sporket, S. 199; Muntanyola-Saura, S. 81; Liebhart, S. 129; König, S. 289; Pfister, S. 81; Wuscher/Voigt/Fischer, S. 23 ff.; Sudahl, S. 15; Mantel, S. 46; Strobel, S. 44; Hofmann/Jarosch, S. 10; Seßler, S. 30; Calvo/Bastida/Feás, S. 266; Byrne, S. 17; Stadermann, S. 26; Hoberg/Gohlke, S. 67; Steven, S. 46; Lippmann, S. 81; Hartmann, S. 14; Omerzel/Biloslavo/Trnavcevic, S. 126; Wiskirchen, S. 11; Boedeker, S. 315; Burger, S. 236 und Katenkamp, S. 328.
- Tutoring: Krishnaveni/Senthil Raja, S. 42 und Stadermann, S. 47.
- Mentorenprogramme/Mentoring: Gulati/Khera, S. 50; Burger, S. 241; Probst/Raub/Romhardt, S. 240; Bittner, S. 206; Winter, S. 45; Dombrowski/Mielke/Schulze, S. 74; Brey, S. 67; Wuscher/Voigt/Fischer, S. 23 ff.; Omerzel/Biloslavo/Trnavcevic, S. 126; Edelkraut/Graf, S. 41; Pallaschke/Mugellesi Dow, S. 14; Meier/Weller, S. 117; Schröder, S. 139; Holcombe, S. 265; Boedeker, S. 310; Katenkamp, S. 34; Burger, S. 236; Adams et al., S. 333; Liebhart, S. 150; Gulati/Khera, S. 45; Brey, S. 67; González-Aranda/Rodríguez-Clemente/Lozano, S. 172; Sporket, S. 216 und Katenkamp, S. 194, 206.
  - Apprenticeship: Holcombe, S. 265; Stadermann, S. 32; Makoto Su/Wilensky/Redmiles, S. 130; Muntanyola-Saura, S. 81; Dimai, S. 203; Ackerman et al., S. 547; Deken et al., S. 214 und Katenkamp, S. 244.
  - Informelles Mentoring: Katenkamp, S. 309 f.; Gulati/Khera, S. 54; Liebhart, S. 126 und Edelkraut/Graf, S. 39.
  - Formelles Mentoring, Gruppen-Mentoring, Peer-Mentoring: Katenkamp, S. 310, 317 f. und Liebhart, S. 126, 130.
  - Step-Ahead-Mentoring, e-Mentoring, unternehmensübergreifendes Mentoring, Cross-Gender-Mentoring, Cross Gender-/Same Gender-Mentoring: Liebhart, S. 126, 130, 150.
  - Reverse-Mentoring: Edelkraut/Graf, S. 39 und Liebhart, S. 130.
  - Cross-Mentoring: Edelkraut/Graf, S. 39; Liebhart, S. 128 und Katenkamp, S. 309.
  - Buddyprogramm: Boedeker, S. 291 und Ricken/Seidl, S. 570.

Job-Policy:

- Job-Rotation: Probst/Raub/Romhardt, S. 158; Sporket, S. 182; Käppeli/Minonne, S. 22; Gulati/Khera, S. 44; Winter, S. 45; Käppeli/Minonne, S. 22; Wiesner/Seifert/Thoben, S. 33; Burger, S. 241; Katenkamp, S. 244 und Schiersmann, S. 352.

- Job-Enrichment: Schiersmann, S. 366 und Cressey/Totterdill/Exton, S. 219.
- Austrittsgespräche: Probst/Raub/Romhardt, S. 211; Meier/Weller, S. 117 und Schiersmann, S. 365.
- Job-Übergabe: Winter, S. 45 und Wottawa, S. 46 f..
- Transferplan: Wuscher/Voigt/Fischer, S. 23 ff. und Sporket, S. 207.
- Job-X, x%Job: Katenkamp, S. 241, 321.
- Bewusste Überlappung von Arbeitsbereichen und Erweiterung dieser: Probst/Raub/Romhardt, S. 294; Katenkamp, S. 128 und Schiersmann, S. 366.

Thesaurus/Terminologie:

Ein Thesaurus ist ein kontrolliertes Vokabular, das Verbindungen zwischen Worten aufzeigt.[940]

- Thesaurus: Blumauer/Pellegrini/Paschke, S. 108; Velasco, S. 402; Dasiopoulou et al., S. 200; Grasso et al., S. 447; Käppeli/Minonne, S. 23; Biruhs, S. 23; Sojic/Kutz, S. 6; Torisawa et al., S. 219; Garla/Brandt, S. 3; Probst/Raub/Romhardt, S. 166; Montanelli et al., S. 180; Zeng/Wang, S. 103; Cabitza/Simone, S. 234; Hwang et al., S. 13; Katenkamp, S. 283; Sojic/Kutz, S. 6; Ramaprasad et al., S. 25; Petasis et al., S. 138 und Torisawa et al., S. 219.
  - Semantische Annotation mittels Thesaurus: Blumauer/Pellegrini/Paschke, S. 108.
  - Metathesaurus: Sojic/Kutz, S. 6 und Petric et al., S. 315.
  - Semantische Annotation: Luzzi/Baldi, S. 633; Henning/Burger/Maier, S. 88; Amato et al., S. 106; Omrane et al., S. 180; Deokar/El-Gayar, S. 96; Montanelli et al., S. 173; Madison et al., S. 1; Weiand et al., S. 213; Dasiopoulou et al., S. 197; Shahmoradi/Akhgar, S. 389; Ballan et al., S. 279 und Zeng/Wang, S. 103 f.[941].
  - Lexikon als Thesaurus: Dasiopoulou et al., S. 200.
  - Kontrolliertes Vokabular: Probst/Raub/Romhardt, S. 216; Dasiopoulou et al., S. 200; Simperl/Bürger/Hofer, S. 176; Omrane et al., S. 180; Zeng/Wang, S. 104 und Garla/Brandt, S. 3.
  - Standard Vokabular: Ash et al., S. 15.

[940] Zeng/Wang, S. 104.
[941] Zeng/Wang weisen auf *thesaurus automatic construction* hin.

- Terminologie: Elbek/Zieger, S. 42 f.; Probst/Raub/Romhardt, S. 116; Michelson, S. 16; Teichmann, S. 528; Dror/Makany/Kemp, S. 41; Omerzel/Biloslavo/Trnavcevic, S. 126; Paepcke, S. 21; Jannaschk/Polomski, S. 571; Hwang et al., S. 682; Cabitza/Simone, S. 238; Shahmoradi/Akhgar, S. 389; Maestre et al., S. 669; Spence/Reddy, S. 296; Stancu, S. 283; Petric et al., S. 315; Ramaprasad et al., S. 25; Haglich et al., S. 102; Pfeiffer/Schütt/Wühr, S. 217; Othman/Beydoun, S. 12; Hrelja/Antonson, S. 121; Hwang et al., S. 4; Luzzi/Baldi, S. 629; Wasielewski, S. 3; Madison et al., S. 8 und Karagiannis/Woitsch, S. 477.
  - Frame-basierte Terminologie, prozessorientierte Terminologie: Velasco, S. 401 f.
  - Terminologie-Management: Teichmann, S. 528.
- In diesem Zusammenhang auch:
  - Glossar: Teichmann, S. 528; Michelson, S. 16; Ramaprasad et al., S. 25; Hoberg/Gohlke, S. 70; Paepcke, S: 21; Judt/Klausegger, s. 46; Peris et al., S. 30; Adamou/Presutti/Gangemi, S. 489; Karagiannis/Woitsch, S. 477; Ribeiro, S. 373; Petasis et al., S. 147; Probst/Raub/Romhardt, S. 282; Leinhos, S. 11 ff. und Schiefner, S. 309.
  - Lexikon: Teichmann, S. 536; Velasco, S. 401; Dasiopoulou et al., S. 200; Madison et al., S. 8; Kellerhoff, S. 15; Täubner Der verborgene Schatz, S. 99; Wanhoff, S. 203; Karagiannis/Woitsch, S. 473; Omrane et al., S. 180 und Petasis et al., S. 152.
  - Wortverzeichnis, Wörterbuch: Paepcke, S. 21; Peris et al., S. 30; Pechmann/Schoof/Tampe-Mai, S. 35 und Hoberg/Gohlke, S. 70.
  - Zettelkasten: Täubner Das ausgelagerte Gehirn, S. 88.

ANKER-Methode:

Methode der Wissensvermittlung. Dabei sollen stets die wichtigsten Inhalten den Anfang und das Ende bilden. Negationen sollen vermieden und die Inhalte kurz und knapp vermittelt werden. Zusätzlich unterstützen die Verwendung von Bildern und der Bezug zu bereits vorhandenem Wissen die Wissensvermittlung.[942]

- ANKER-Methode: Prohaska, S. 34.

[942] Vgl. Prohaska, S. 34.

Meetings:

- Meetings: Ramayah/Yeap/Ignatius, S. 133; Hrelja/Antonson, S. 118; Deken et al., S. 204; Hauptmann/Steger, S. 29; Cabitza/Simone, S. 229; Boedeker, S. 74; Tu/Fu, S. 512; Harrison-Broninski, S. 455; Louis, S. 28 f.; Steven, S. 47; Dror/Makany/Kemp, S. 41; Pfister, S. 46; Ballod, S. 37 f.; Schönefeld, S. 19; Makoto Su/Wilensky/Redmiles, S. 117; Wiskirchen, S. 10; Siemann, S. 656; Ley et al., S. 170; Ahmad/Wynn/Clarkson, S. 223; Burger, S. 182; Arazy/Gellatly, S. 89; Haglich et al., S. 108; Meyer et al., S. 239; Dunkes/Behrens, S. 33 und Hrelja/Antonson, S. 118.
- Face-to-Face-Meetings: Yang/Wei, S. 1043; Burger, S. 216; Ribeiro, S. 379; González-Aranda/Rodríguez-Clemente/Lozano, S. 197; Slamanig/Winkler, S. 896; Boedeker, S. 84 und Winkler/Mandl, S. 90.
- Pree-Meeting; Town-Meeting; Post-Meeting: Probst/Raub/Romhardt, S. 132.
- Gate-Meetings: Pfeiffer/Schütt/Wühr, S. 101.
- Formelle/informelle Meetings: Jansen et al., S. 2, 4; González-Aranda/Rodríguez-Clemente/Lozano, S. 174; Ribeiro, S. 379; Vianello/Ahmed, S. 130 und Cressey/Totterdill/Exton, S. 223.
- Review-Meetings: Servatius, S. 8 und Wuscher/Voigt/Fischer, S. 23 ff.
- Team-Meetings: Hynes/Coghlan/McCarron, S. 170 und Cressey/Totterdill/Exton, S. 223.
- Exchange-Meetings: Makoto Su/Wilensky/Redmiles, S. 124.
- Service-Meeting; Implementierungs-Meeting; Software-Meetings: Spence/Reddy, S. 292.
- Kick-Off-Meeting: Mantel, S. 46; Kühn/Koschel, S. 291; Boedeker, S. 91; Jansen et al., S. 4; Voigt/Wunderlich, S. 72 und Probst/Raub/Romhardt, S. 49.
- Präsenz-Meeting: Mantel, S. 46.
- Projekt-Meeting: Mantel, S. 46; González-Aranda/Rodríguez-Clemente/Lozano, S. 168 und Meyer et al., S. 239.
- Vor Ort Meetings, Lunch and Learns: Ash et al., S. 13.
- Brown Bag Sessions[943]: Katenkamp, S. 194 f.

[943] Eher informell: Informal Clinic, Dark Rooms, Hall talks.

- Webmeeting: Hoberg/Gohlke, S. 67.
- Virtuelle Orte für Meetings:
  - Virtuelle Seminarräume: Hedderich, S. 30.
  - Virtuelle Teamräume: Burmeister, S. 30 ff. und Hofmann/Jarosch, S. 14.
  - Virtuelle Projekträume: Paepcke, S. 20.
  - Virtuelle Räume: Voigt/Wunderlich, S. 24.
  - Virtuelles Klassenzimmer: Hoberg/Gohlke, S. 68.
  - Virtuelle Kollaborationsräume: Martin, S. 46.
  - Virtuelle Konferenzräume: Schmid/Kern, S. 24.

Szenario:

Um Wissen in einen handlungsbezogenen Kontext zu bringen.[944]

- Szenario: Kaelber/Märtin, S. 263; Caspritz/Heinzelmann, S. 28 ff.; Seidel, S. 15; Jeong et al., S. 7; Dror/Makany/Kemp, S. 41; Fiannaca et al., S. 1; Migon/Borges/Machado Campos, S. 49; Tsai/Tseng/Weng, S. 497; Spence/Reddy, S. 301; Hoberg/Gohlke, S. 69; Peris et al., S. 33; Schönefeld, S. 19; Wiskirchen, S. 11; Baumann et al., S. 459; Strobel, S. 45; Heisig, S. 28; Käfer/Blanke, S. 118; Probst/Raub/Romhardt, S. 188; Katenkamp, S. 137; Luzzi/Baldi, S. 653; d'Aquin et al., S. 337; Hästbacka/Kuikka, S. 6; Denkena/Charlin/Merwart, S. 710; Pesch Personalwirtschaft, Bd. Sonderheft, 2012, S. 14 und Montanelli et al., S. 170.

Dokumentation:[945]

- FAQ: Winter, S. 45; Gärtner/Kind/Langenberg, S. 845; Hertling/Jung, S. 17; Baumann et al., S. 461; Käfer/Blanke, S. 119; Katenkamp, S. 332; Pfeiffer/Schütt/Wühr, S. 353; Schäfer, S. 46; Noszkay/Balogh, S. 135 und Heisig, S. 29.

---

[944] Vgl. Probst/Raub/Romhardt, S. 188.

[945] Es gibt zahlreiche Dokumentationsformen, die im Bereich des WM diskutiert werden. Nachfolgend werden verschiedene Dokumentationsarten vorgestellt, die in der vorliegenden Arbeit jedoch nicht als Kernmethoden des WM behandelt werden.

Beispielsweise seien erwähnt: Unternehmenshandbücher: Kellerhoff, S. 15. Workpapers: Hoberg/Gohlke, S. 69. Wissenschaftliche Artikel: Ramayah/Yeap/Ignatius, S. 133. Verfahrensanweisungen: Meier/Weller, S. 119. Handbücher: Makoto Su/Wilensky/Redmiles, S. 125. Leitfaden: Makoto Su/Wilensky/Redmiles, S. 125. Schulungsmaterial: Pfeiffer/Schütt/Wühr, S. 353. Tutorial: Rathswohl/Franz, S. 13. Protokolle: Probst/Raub/Romhardt, S. 213. Notizen: lineare und nicht lineare Methode: Dror/Makany/Kemp, S. 39. Charts: Probst/Raub/Romhardt, S. 78. Abschlussbericht: Mantel, S. 47. Erfahrungsbericht: Seßler, S. 31. Mikroartikel: Schiersmann, S. 372. After Action Reports: Gulati/Khera, S. 51. In diesem Zusammenhang auch *elektronisches Publishing:* Nasiri/Sepehri/Khobreh, S. 436.

- Questions & Answers: Ackerman et al., S. 557; Byrne, S. 16; Hirner/Langecker, S. 40; Chen/Yang, S. 8; Araki/Funakura, S. 148 und Pfeiffer/Schütt/Wühr, S. 353.
- Checkliste[946]: Seßler, S. 30; Ahmad/Wynn/Clarkson, S. 234; Makoto Su/Wilensky/Redmiles, S.127; Hertling/Jung, S. 17; Katenkamp, S. 388; Bahrs/Vladova, S. 371; Meier/Weller, S. 127; Boedeker, S. 332 und Ash et al., S. 14.
- Fragenpool: Peris et al., S. 30.

WISSENSNUTZUNG

Arbeitsplatzgestaltung:

- Space Management: Probst/Raub/Romhardt, S. 193; Sporket, S. 251 und Karagiannis/Woitsch, S. 464.
- Co-Working Spaces[947]: Hammer, S. 54 ff.
- Kaffeeecken: Nolden Erfahrungen von Generationen nutzen, S. 17; Fahrenwald, S. 192; Cressey/Totterdill/Exton, S. 223; Katenkamp, S. 265; Dimai, S. 225 und Probst/Raub/Romhardt, S. 121.
- Meeting Point: Nolden Enterprise Wikis - schnell & kostengünstig zum Wissensmanagement 2.0, S. 12.
- Bürodesign: Ricken/Seidl, S. 569.

COllaboration PRocess Analysis technique (COPRA):

Prozess zur Bestimmung der Zusammenarbeit durch die Analyse von Teaminteraktionen.[948]

- COPRA: Seeber/Maier/Weber, S. 915, 920.

WISSENSBEWAHRUNG

Leitideen:

- Führungsgrundsätze, Leitbilder: Probst/Raub/Romhardt, S. 207; Schiersmann, S. 355 und Liebsch, S. 82.
- Geschichten zur Übermittlung von Leitideen: Probst/Raub/Romhardt, S. 207 und Liebsch, S. 82.

[946] Zum Abfragen/Festhalten von Wissensinhalten.
[947] Für Freelancer zur besseren Verbindung.
[948] Vgl. Seeber/Maier/Weber, S. 915, 920.

WISSENSBEWERTUNG

Strategische Wissensbewertung: Probst/Raub/Romhardt, S. 238.

- Wissensbilanz: Habeck/Schmidt/Thomas, S. 53; Burger, S. 245; Heinzow/Vanini, S. 81; Will/Wuscher, S. 56; Probst/Raub/Romhardt, S. 204; Kohl/Orth, S. 52; Liebsch, S. 125; Franz, S. 45; Lohmann-Hütte/Mertins/Wang, S. 22; Ouyeder/Arnold/Straube, S. 68; Schiersmann, S. 380; Krypczyk, S. 389; Katenkamp, S. 216; Schmid/Kern, S. 16 und Meier/Weller, S. 126.

- Wissensbilanz made in Germany: Heinzow/Vanini, S. 80; Krypczyk, S. 389; Kohl/Orth, S. 52; Heinzow/Vanini, S. 81; Lohmann-Hütte/Mertins/Wang, S. 23 und Will/Wuscher, S. 56.

- Österreichische Forschungsbilanz, Danish Guideline for Intellectual Capital Statements, European Intellectual Capital Statements, Mehrstufiges Indikatorenmodell: Heinzow/Vanini, S. 80.

- Wissensbilanz-Audit: Lohmann-Hütte/Mertins/Wang, S. 22.

- Wissensbilanz-Toolbox: Will/Wuscher, S. 57; Krypczyk, S. 389 und Probst/Raub/Romhardt, S. 4.

- Indikatorenklassen-Bewertungsmodell, Analyse des Kompetenzportfolios, Controlling der bedeutendsten „Wissensprojekte": Probst/Raub/Romhardt, S. 233, 237.

- Balanced Scorecard: Probst/Raub/Romhardt, S. 237; Winter, S. 46; Goffart, S. 18; Schiersmann, S. 380 und Meier/Weller, S. 126.

- Balanced Knowledge Transfer Scorecard:
  Wiesner/Seifert/Thoben, S. 33.

- Balanced Scorecard nach Kaplan/Norton:
  Probst/Raub/Romhardt, S. 229 f.

- strategisches Benchmarking: Probst/Raub/Romhardt, S. 239.

- Reifegradmodell zur Messung wissensintensiver Geschäftsprozesse: Gronau et al., S. 79; Katenkamp, S. 436; Schmid/Kern, S. 27 und Gronau/Heinze, S. 14.

- Reifegradmodell QMwiGP: Geers et al., S. 11.

- Evolutionsmodell des Wissens: Probst/Raub/Romhardt, S. 236.

Operative Wissensbewertung: Probst/Raub/Romhardt, S. 239 f.

- Coaching und Mentoring (Überprüfung der festgelegten Ziele) sowie MBKO mit Coaching und Mentoring, Ausbildungscontrolling mit klaren Lerntransferzielen, Messung der Systemnutzung (z. B. Intranet), Open Line: Probst/Raub/Romhardt, S. 237 f., 240.
  - Erstellung von Fähigkeitsprofilen und Messung: Sporket, S. 225; Münster, S. 351 und Probst/Raub/Romhardt, S. 237.
  - Feedbackbogen: Schiersmann, S. 367.

Normative Wissensbewertung: Probst/Raub/Romhardt, S. 237.

- Kulturanalysen, Beobachtung des Top-Management-Verhaltens (z. B. Agenda-Analysen), Glaubwürdigkeitsanalysen (Lücke zwischen Ideal und IST): Probst/Raub/Romhardt, S. 237.

Deduktiv-summarische Ansätze: Bestimmung von Wertansätzen immaterieller Vermögenswerte auf Basis der Analyse von Markt- und Buchwerten: Heinzow/Vanini, S. 81 und Reinhart/Pause/Krziwon, S. 439.

- Markt-Buchwert-Differenz, Markt-Buchwert-Relation: Heinzow/Vanini, S. 80.
- Tobin‘s q: Heinzow/Vanini, S. 80 und Meier/Weller, S. 126.
- Calculated Intangible Value: Heinzow/Vanini, S. 80 und Meier/Weller, S. 126.
- Value Added Intellectual Coefficient: Heinzow/Vanini, S. 80.
- Economic Value Added: Meier/Weller, S. 126.

Induktiv-analytische Ansätze: Reinhart/Pause/Krziwon, S. 439 und Heinzow/Vanini, S. 81.

- Bewertung des intellektuellen Kapitals anhand von Indikatoren und Kennzahlen: Heinzow/Vanini, S. 81.
- Intangible Asset Monitor: Probst/Raub/Romhardt, S. 301; Heinzow/Vanini, S. 80 und Meier/Weller, S. 126.
- Intellecutal Capital Navigator: Meier/Weller, S. 126 und Heinzow/Vanini, S. 80.
- Intellecutal Capital Rating: Heinzow/Vanini, S. 80.

- Skandia-Navigator: Heinzow/Vanini, S. 80; Meier/Weller, S. 126 und Probst/Raub/Romhardt, S. 231.
- Intangible Capital Index: Meier/Weller, S. 126.
- Key Performance Indicator zur Erfolgsmessung: Rode, S. 33; Habeck/Schmidt/Thomas, S. 54; González-Aranda/Rodríguez-Clemente/Lozano, S. 190; Ricken/Seidl, S. 573; Körner, S. 44 f.; Pohlmann/Hasse, S. 21 und Kallenborn/Kraemer, S. 48.

Rechnungswesenbasierte Ansätze zur Wissensmessung: Zur Bestimmung von bilanzierbaren immateriellen Vermögenswerten: Heinzow/Vanini, S. 82.

- Kostenorientierte Ansätze, Marktpreisorientierte Ansätze, Einkommensorientierte Ansätze: Heinzow/Vanini, S. 80.

Quantifizierung Humankapital:

- Saarbrücker Formel, Human Potential Index: Meier/Weller, S. 126.

C.1.2 Werkzeugreferenzen

Im Bereich des Wissensmanagement sind die Begriffe **Web 2.0**[949] und **Social Software**[950] von besonderer Bedeutung. Beide Begriffe vereinen technische Werkzeuge des Wissensmanagements, welche nachfolgend vorgestellt werden.

WISSENSIDENTIFIKATION

Gelbe Seiten:

Hierunter sind Expertenverzeichnisse zu verstehen.[951]

[949] Vgl. z. B. Ackerman et al.; Adams et al.; Alby; Axford/Renfro; Barth/Portmann; Burmeister; Cabitza/Simone; Denkena/Charlin/Merwart; Dunkel; Fung/Hung; Gluchowski/Schieder/Böhringer; Harrison-Broninski; Hauptmann/Steger; Heinrich; Hoberg/Gohlke; Holtgrewe; Huber/Schreiner; Käfer/Blanke; Kraus; Kühn/Koschel; Loyek et al.; Pesch Personalwirtschaft, Bd. Sonderheft, 2012; Pesch Personalwirtschaft, Bd. 7, 2013; Pfeiffer/Schütt/Wühr; Reiß/Steffens/Ehrenmann; Simperl/Bürger/Hofer; Stocker/Müller Wissensmanagement, Bd. 7, 2010; Voigt und Wanhoff. Weitere Begriffe rund um das Web 2.0 sind *Soziales Web* (vgl. Dimai, S. 206; Schönefeld, S. 18; Pfeiffer/Schütt/Wühr, S. 349; Katenkamp, S. 284 und Wanhoff, s: 186.) und die Weiterentwicklung des Web 2.0 zum *Web 3.0/semantisches Web* (vgl. Probst/Raub/Romhardt, S. 253; Blumauer/Pellegrini/Paschke, S. 105; Gluchowski/Schieder/Böhringer, S. 19; Henning/Burger/Maier, S. 86 f.; Madison et al., S. 1; Sojic/Kutz, S. 9; Dasiopoulou et al., S. 197; Shahmoradi/Akhgar, S. 383; Stancu, S. 283; Araki/Funakura, S. 144; Adamou/Presutti/Gangemi, S. 483; Karagiannis/Woitsch, S. 364; Petasis et al., S. 134; Dritsou et al., S. 77; Deokar/El-Gayar, S. 93 und Hästbacka/Kuikka, S. 1.).

[950] Vgl. Adams et al.; Habeck/Schmidt/Thomas; Habermann; Heinrich; Hertlein/Smolnik; Katenkamp; Richter/Stocker/Koch; Rode und Schiefner. Im Bereich der Social Software werden Methodiken wie *Social Media Monitoring* (vgl. Byrne, S. 16) und *Social Media Policy* (vgl. Schönefeld, S. 20) genannt.

[951] Vgl. Ouyeder/Arnold/Straube, S. 67 und Probst/Raub/Romhardt, S. 69.

- Gelbe Seiten: Geiger, S. 298; Probst/Raub/Romhardt, S. 69; Krypczyk, S. 392; Meier/Weller, S. 126; Heisig, S. 29; Käfer/Blanke, S. 110; Ouyeder/Arnold/Straube, S. 68; Habeck/Schmidt/Thomas, S. 54; Schröder, S. 139; Liebsch, S. 109; Käppeli/Minonne, S. 22; Ackerman et al., S. 552; Katenkamp, S. 215 und Schiersmann, S. 370.
- Profilseiten: Käfer/Blanke, S. 111; Täubner Der verborgene Schatz, S. 58; Dörfler, S. 58; Adams et al., S. 334 und Voigt/Wunderlich, S. 73.
- Expertenfinder: Täubner Der verborgene Schatz, S. 58.
- Wissensquellenkatalog: Nasiri/Sepehri/Khobreh, S. 433.
- Profilseiten: Adams et al., S. 334 und Stancu, S. 286.
- Profil Board: Kaelber/Märtin, S. 266.

Präsenzinformation:

Z. B. bei E-Mails, zur sofortigen Klärung der Anwesenheit von Experten.[952]

- Präsenzinformation: Schönefeld, S. 20.

Wissenskarten: Zur Erhöhung der Transparenz über Wissensbereiche in Unternehmen.[953]

- Wissenskarte/Wissenslandkarte: Probst/Raub/Romhardt, S. 69, 73; Käppeli/Minonne, S. 22; Winkler/Mandl, S. 89; Schmid/Kern, S. 19; Katenkamp, S. 124; Großer, S. 28 f.; Schiersmann, S. 340; Krenz/Wulfsberg/Bruhns, S. 349; Dick et al., S. 375; Nasiri/Sepehri/Khobreh, S. 433; González-Aranda/Rodríguez-Clemente/Lozano, S. 175; Täubner Der verborgene Schatz, S. 90; Dimai, S. 192; Biruhs, S. 22; Voigt/Wunderlich, S. 24 und Hofmann/Jarosch, S. 9.
- Wissensträgerkarten:
  - Wissenstopographien: Probst/Raub/Romhardt, S. 70 und Winkler/Mandl, S. 90.
  - Kompetenzkarten, Pointer-Systeme: Probst/Raub/Romhardt, S. 70.
  - Wissensquellenkarten: Probst/Raub/Romhardt, S. 70.
- Wissensbestandskarten: Katenkamp, S. 215 und Probst/Raub/Romhardt, S. 70.

[952] Vgl. Schönefeld, S. 20.

[953] Vgl. Probst/Raub/Romhardt, S. 69. Die Autoren zitieren Eppler [1997], auf die Quelle bestand jedoch kein Zugriff.

- Knowledge Flow Maps: Probst/Raub/Romhardt, S. 70.
- Wissensstrukturkarten
  - Probst/Raub/Romhardt, S. 70 unterscheiden weitere Unterformen wie *Concept Mapping*, *Clustering*, *Schematizing* und das *Relational Mapping*.
- Argumentationskarten: Katenkamp, S. 215 und Probst/Raub/Romhardt, S. 70.
- Abbildung lokaler Theorien, Tube Map: Probst/Raub/Romhardt, S. 70, 189.
- Wissensmatrix: Katenkamp, S. 409 und Probst/Raub/Romhardt, S. 72.
- Aufgabenlandkarte: Wuscher/Voigt/Fischer, S. 23 ff. und Lam et al., S. 62.
- Zukunftslandkarte: Strobel, S. 44.
- Erfahrungslandkarte: Dick et al., S. 375.
- Beziehungslandkarte: Thiel, S. 82 und Lippmann, S. 82.
- Ontologie Map, Topic Map: Voigt/Wunderlich, S. 24.
- Heiko Big Map: Täubner Das ausgelagerte Gehirn, S. 88, 91.
- Konzeptkarten: Täubner Das ausgelagerte Gehirn, S. 88; Haglich et al., S. 100; Lee, S. 11; Karagiannis/Woitsch, S. 470; Winkler/Mandl, S. 87; Katenkamp, S. 384 und Bain/Swan, S. 677.
- Begriffslandkarte: Hoberg/Gohlke, S. 66.
- Lernkarten: Hofmann/Jarosch, S. 9.
- Strategy Maps: Lee/Jang/Kim, S. 380.
- Kognitive Karten: Liebsch, S. 120 und Katenkamp, S. 214.
- Organisationskarten: Katenkamp, S. 231 und Liebsch, S. 72.
- Integrationskarten: Winkler/Mandl, S. 88.
- Organigramm: Kallenborn/Kraemer, S. 47; Thiel, S. 79; Bahrs/Vladova/Gronau, S. 371; Adams et al., S. 334; Ricken/Seidl, S. 562; Probst/Raub/Romhardt, S.68 und Harrison-Broninski, S. 453.

Agenten:

Comupterprogramme die Aktivitäten von Anwendern nach der Vorgabe von Kriterien automatisch ausführen.[954]

[954] Vgl. Probst/Raub/Romhardt, S. 86.

- Intelligente Agenten: Burger, S. 91; Santos et al., S. 42; Henning/Burger/Maier, S. 88; Juzek/Berger, S. 402; Nasiri/Sepehri/Khobreh, S. 436 und Probst/Raub/Romhardt, S. 86.
- Expertise Awareness Agent: Spence/Reddy, S. 286.
- I-net Agent: Wickramasinghe/Guttmann/Schaffer, S. 156.

Wissensreferenzen:

Strukturierte Informationsobjekte die aus verschiedenen Feldern (Text, Zahlen und Metadaten) bestehen und mehrdimensionale Suchabfragen erlauben.[955]

- Wissensreferenz: Adams et al., S. 334; Stocker/Müller Wissensmanagement, Bd. 7, 2010, S. 10 und Stocker/Müller HMD - Praxis der Wirtschaftsinformatik, Bd. 277, 2011, S. 43.

Georeferenzierung:

Anreichern von Mitarbeiterinformationen um Geodaten.[956]

- Georeferenzierung: Blumauer/Pellegrini/Paschke, S. 110 und Henning/Burger/Maier, S. 91.

Suchfunktionalitäten:

- Enterprise Search: Blumauer/Pellegrini/Paschke, S. 108; Byrne, S. 16; Matzkeit, S. 35 f. und Kamps, S. 16.
- Suchindizes: Mang, S. 52 f.
- Suchalgorithmen: Pfeiffer/Schütt/Wühr, S. 352; Langton/Geiger, S. 904; Chen/Yang, S. 883; Cheng/Shen, S. 16; Sudha/Balasubramaniam, S. 182 und Pechmann/Schoof/Tampe-Mai, S. 34.
- Semantische Suche: Matzkeit, S. 36; Dasiopoulou et al., S. 210; Hirner/Langecker, S. 39; Araki/Funakura, S. 145; Deokar/El-Gayar, S. 111; Torisawa et al., S. 219; Montanelli et al., S. 168; Caspritz/Heinzelmann, S. 28 ff.; Blumauer/Pellegrini/Paschke, S. 109; von Schneyder, S. 45; Gneiting, S. 43 und Schmid/Kern, S. 20.
  - Semantische Nähe/Ähnlichkeit: Garla/Brandt, S. 1; Petric et al., S. 319; Zhao et al., S. 239; Petasis et al., S. 141 und Torisawa et al., S. 223.

[955] Vgl. Stocker/Müller HMD - Praxis der Wirtschaftsinformatik, Bd. 277, 2011, S. 43.
[956] Vgl. Blumauer/Pellegrini/Paschke, S. 110.

- Semantisches Matching: Renken/Bullinger/Möslein, S. 82.

Soziale Netzwerkanalyse:

Zur Analyse von Netzwerkbeziehungen in Bezug auf Qualität und Häufigkeit.[957]

- Soziale Netzwerkanalyse (SNA): Hunt/Whipple/McGowan, S. 49; Seeber/Maier/Weber, S. 938; Lee/Jang/Kim, S. 378; Molina-Morales/Martínez-Cháfer, S. 145; Hunt/Whipple/McGowan, S. 49; Fromhold-Eisebith/Werker, S. 4; Ricken/Seidl, S. 563; Wanhoff, S. 208; Thiel, S. 78; Schmid/Kern, S. 16; Fromhold-Eisebith/Werker, S. 1 und Ackerman et al., S. 550.
- Organisations-Netzwerkanalyse (ONA): Thiel, S. 79.
- Social Media-Netzwerkanalyse: Martin, S. 46.
- Netzwerkanalyse: Sebestyén/Varga, S. 156; Morone/Taylor, S. 37 und Molina-Morales/Martínez-Cháfer, S. 145.
- In diesem Zusammenhang:
  - Ego-Netzwerk-Qualität: Sebestyén/Varga, S. 183.
  - Netnographie: Schön/Güntner/Markus, S. 11.

Ontologien:

Ordnungsstrukturen von Begriffen oder eines standardisierten Vokabulars zur Informationsmodellierung. Ontologien bilden hierarchische Strukturen zusätzlich aber auch Beziehungenstrukturen ab.[958] Ontologien sind inhaltlich stark verwandt mit den Themenbereichen Typologien, Konzepthierarchien[959], sowie Templates [960].

- Ontologien: Choinski/Senik, S. 65; Weyrich et al., S. 40; Juzek/Berger, S. 402; Rapp et al., S. 53; Krüger-Brand, S. 34; Haarmann, S. 1169; Blumauer/Pellegrini/Paschke, S. 108; Peemöller et al., S. 39; Choinski/Senik, S. 66; Peris et al., S. 29; Krüger-Brand, S. 34; d'Aquin et al., S. 338; Käppeli/Minonne, S. 23; Henning/Burger/Maier, S. 88; Omrane et al., S. 180; Velasco, S. 405; Shabtai/Shahar/Elovici, S. 255; Fiannaca et al., S. 3; Maestre et al., S. 665; Spence/Reddy, S. 287; González-Aranda/Rodríguez-Clemente/Lozano, S. 185; Voigt/Wunderlich, S. 25; Petric et al., S. 313; Lee, S. 17 und Schmid/Kern, S. 20.

[957] Vgl. Thiel, S. 78.
[958] Vgl. Ley et al., S. 167 und Haarmann, S. 1169.
[959] Vgl. Ramaprasad et al., S. 25.
[960] Vgl. Haarmann, S. 1169.

- Domänenspezifische Ontologien: Henning/Burger/Maier, S. 89; Dasiopoulou et al., S. 197; Petasis et al., S. 147; Haarmann, S. 1169; Rapp et al., S. 47; Cabitza/Simone, S. 229; Shabtai/Shahar/Elovici, S. 272; Lam et al., S. 54; Batet et al., S. 124; Zeng/Wang, S. 105; Peemöller et al., S. 39; Deokar/El-Gayar, S. 97; Sojic/Kutz, S. 6; Hästbacka/Kuikka, S. 3; González-Aranda/Rodríguez-Clemente/Lozano, S. 179; Karagiannis/Woitsch, S. 472 und Omrane et al., S. 180.
- Didaktische Ontologien: Henning/Burger/Maier, S. 88.
- Phenotypic Quality Ontology, General Formal Ontology, Human Disease Ontology, Gene Ontology, Dolce ontology, Phenotype Ontology, Cell Cycle Ontology, Biomedical Ontology: Sojic/Kutz, S. 6 f.
- Semantic Web Ontology: Blasko et al., S. 221 und Omrane et al., S. 180.
- Problem Domain Ontology: Lee, S. 6.
- Lexical Ontology: Amato et al., S. 106.
- Yago Ontology: Torisawa et al., S. 231.
- SNOMED Ontology: Garla/Brandt, S. 1 und Sojic/Kutz, S. 18.
- Service Ontology: Montanelli et al., S. 173 und Karagiannis/Woitsch, S. 479.
- Software Engineering Ontology: Kim/Choi/Hwang, S. 439.
- Tourism Ontoloy: Grasso et al., S. 445.
- Multimedia Ontology: Dasiopoulou et al., S. 197 und Ballan et al., S. 293.
- Peer-Ontologie: Montanelli et al., S. 173.
- Ontologie-Repository: Amato et al., S. 105; Sojic/Kutz, S. 26 und Omrane et al., S. 180.
- Ontology Learning: Petasis et al., S. 134.

Taxonomien:

Anordnung kognitiver Konstrukten in einer Hierarchie.[961]

- Taxonomien: Gul/Shah, S. 51; Montagna, S. 66; Reiß/Steffens/Ehrenmann, S. 73; Shahmoradi/Akhgar, S. 383; Mang, S. 52 f.; Käppeli/Minonne, S. 22; Voigt/Wunderlich, S. 24; Stocker/Müller Wissensmanagement, Bd. 7, 2010, S. 11; Cabitza/Simone, S. 229; Meyer et al., S. 236; Simperl/Bürger/Hofer, S. 176;

[961] Vgl. Katenkamp, S. 214.

Schmid/Kern, S. 27; Adamou/Presutti/Gangemi, S. 487; Weiand et al., S. 215; Ceri et al., S. 9; Petasis et al., S. 137; Torisawa et al., S. 223; Hästbacka/Kuikka, S. 5; Makoto Su/Wilensky/Redmiles, S. 126; Lee, S. 3; Madison et al., S. 3; Sojic/Kutz, S. 13; Garla/Brandt, S. 1; Dasiopoulou et al., S. 200 und Lam et al., S. 67.

Textanalyse-Methodiken:

- Web-Harvesting: Madison et al., S. 1.
- LSA: Zhao et al., S. 239 und Petasis et al., S. 139.
- TF-IDF: Hwang et al., S. 687; Hwang et al., S. 9 und Zeng/Wang, S. 104.
- KL-Divergence: Zhao et al., S. 241.
- Predictive Analysis[962]: Gluchowski/Schieder/Böhringer, S. 18; Tu/Fu, S. 511; Eckert; Madison et al., S. 1; Ceri et al., S. 1 und Deokar/El-Gayar, S. 96.
- KBTA, DKBTA: Shabtai/Shahar/Elovici, S. 249.
- Temporal Abstraction, Statistical Temporal Abstraction, Distributed query–driven KBTA, Distributed data-driven KBTA, Distributed Real Time Monitoring: Shabtai/Shahar/Elovici, S. 249, 252.
- Semantic Querying: Omrane et al., S. 188.
- Co-Wort Analyse, Jaccardindex: Biruhs, S. 23 f.
- Bibliometrische Analysen: Hunt/Whipple/McGowan, S. 49; Fromhold-Eisebith/Werker, S. 14 und Biruhs, S. 22.
- Similarity Search/Ähnlichkeitsüberprüfung: Hirner/Langecker, S. 38.

Mining-Methodiken:

- Data Mining: Singh/M./Sharma, S. 42; Tidemann/Bjornson/Aamodt, S. 106; Weyrich et al., S. 40; Chen/Chang, S. 1[963]; Lee/Jang/Kim, S. 383; Krypczyk, S. 392; Jannaschk/Polomski, S. 571; Memon et al., S. 4; Juzek/Berger, S. 402; Lieber/Erohin/Deuse, S. 388; Krüger-Brand, S. 34; Petric et al., S. 316; Jeong et al., S. 1; Lee, S. 20; Holtgrewe, S. 391; Tu/Fu, S. 509; Knollmann/Meyer/Windt, S. 52; Othman/Beydoun, S. 17; Ackerman et al., S. 20; Langton/Geiger, S. 908; Slamanig/Winkler, S. 897; Peris et al., S. 29; Loyek et al., S. 259; Cabitza/Simone, S. 228 und Wickramasinghe/Guttmann/Schaffer, S. 157.

[962] Im Zusammenhang mit *Big Data.*

[963] Die Autoren unterscheiden als Methoden des Data Mining weiterhin: *association rule discovery, decision tree* und *self organizing map neural network.* Vgl. Chen/Chang, S. 2.

- Distributed Data Mining: Shabtai/Shahar/Elovici, S. 252 und Jeong et al., S. 2.
- Data Mining of Temporal Abstractions: Shabtai/Shahar/Elovici, S. 252.
- Literatur-Mining: Petric et al., S. 315.
- (Association) Rule Mining: Shabtai/Shahar/Elovici, S. 254; Kaur/Wasan, S. 222; Chen/Chang, S. 4; Petasis et al., S. 141; Memon et al., S. 1; Nasiri/Sepehri/Khobreh, S. 434 und Petric et al., S. 315.
- Text-Mining: Shahmoradi/Akhgar, S. 391; Hwang et al., S. 2; Zeng/Wang, S. 106; Slamanig/Winkler, S. 898; Petric et al., S. 316; Nasiri/Sepehri/Khobreh, S. 434; Haarmann, S. 1169; Jeong et al., S. 2; Touzi/Thabet/Sassi, S.192 und Zhao et al., S. 239.
- Discovery and Data Mining: Jannaschk/Polomski, S. 571 und Singh/M./Sharma, S. 44.
- Hauptkomponentenanalyse: Knollmann/Meyer/Windt, S. 52; Katenkamp, S. 210 und Metzger et al., S. 443.
- Clusteranalyse: Weyrich et al., S. 40; Biruhs, S. 31; Langton/Geiger, S. 904; Knollmann/Meyer/Windt, S. 52; Jannaschk/Polomski, S. 573; Deokar/El-Gayar, S. 99; Kaur/Wasan, S. 222; Katenkamp, S. 210 und Metzger et al., S. 429.
- Content-Mining, Opinion-Mining: Haarmann, S. 1169.
- Grid-basiertes Data Mining: Jeong et al., S. 2.
- Social Network Data Mining, statisches und dynamisches Struktur-Mining: Memon et al., S. 1 f.
- Expert Mining: Kaur/Wasan, S. 223.
- Web-Mining: Touzi/Thabet/Sassi, S.192; Karagiannis/Woitsch, S. 475 und Memon et al., S. 1.
- Media Content Mining: Cheng/Shen, S. 14.
- Dokumenten-Mining: Omrane et al., S. 188.
- Prozess-Mining: Motahari-Nezhad/Bartolini, S. 59.
- Allgemein:
  - Data Mining-Werkzeuge: Lieber/Erohin/Deuse, S. 392; Krypczyk, S. 390; Petric et al., S. 316; Tu/Fu, S. 509 und Kaur/Wasan, S. 221.

  - Knowledge Discovery-Werkzeuge: Krishnaveni/Senthil Raja, S. 42 und Chen/Chang, S. 5.

Wissensentwicklung

Vorschlagswesen:

Sammlung von Ideen von Mitarbeitern.[964]

- Vorschlagswesen: Probst/Raub/Romhardt, S. 123 und Schiersmann, S. 347.
- Online-Vorschlagswesen für Best Practices: Meier/Weller, S. 124.

Mash-ups:

Kombination von Inhalten des Internets und Web 2.0-Tools.[965]

- Mash-ups: Blumauer/Pellegrini/Paschke, S. 110; Lee/Jang/Kim, S. 379; Gluchowski/Schieder/Böhringer, S. 16; Schiefner, S. 309; Reiß/Steffens/Ehrenmann, S. 72 und Henning/Burger/Maier, S. 88.
- Cross-Domain Mash-ups, Multi-Sited Mashups: Pfeiffer/Schütt/Wühr, S. 350.
- Educational Mash-ups: Heinrich, S. 9.

Wissens(ver)teilung

E-Mail Verteiler:

- Newsletter: Krypczyk, S. 392; Stocker/Müller Wissensmanagement, Bd. 7, 2010, S. 11; Reiß/Steffens/Ehrenmann, S. 74; Stocker/Müller HMD - Praxis der Wirtschaftsinformatik, Bd. 277, 2011, S. 42; Letter/Letter, S. 38 f.; Bittner, S. 206; Katenkamp, S. 258; Habermann, S. 95; Wanhoff, S. 198; Elbek/Zieger, S. 42 f.; Jansen et al., S. 4 und Schiersmann, S. 366.
- Mailinglisten: Krypczyk, S. 392; Ley et al., S. 170; Probst/Raub/Romhardt, S. 249; Holtgrewe, S. 384 und Winkler/Mandl, S. 91.
- Urgent Request/Urgent Request E-Mail-Verteiler: Käfer/Blanke, S. 111; Geiger, S. 296; Siemann, S. 657; Hadar/Soffer/Kenzi, S. 296; Stocker/Müller HMD - Praxis der Wirtschaftsinformatik, Bd. 277, 2011, S. 43; Heisig, S. 29 und Stocker/Müller Wissensmanagement, Bd. 7, 2010, S. 10.

---

[964] Vgl. Probst/Raub/Romhardt, S. 123 und Meier/Weller, S. 123.
[965] Vgl. Heinrich, S. 9 und Blumauer/Pellegrini/Paschke, S. 110.

- E-Mail Alerts, Newsflash: Stocker/Müller HMD - Praxis der Wirtschaftsinformatik, Bd. 277, 2011, S. 38, 44 und Stocker/Müller Wissensmanagement, Bd. 7, 2010, S. 11.

Weblog/Blog:

Internetbasierte Sammlung von Dokumenten (Texten, Bildern, Videos etc.) mit statischer Form der Erarbeitung.[966]

- Weblog/Blog: Arazy/Gellatly, S. 88; Axford/Renfro, S. 34; Haggerty, S. 2; Krishnaveni/Senthil Raja, S. 42; Voigt, S. 71; Carneiro de Novaes/Brunstein, S. 252; Adams et al., S. 334; Schäfer, S. 44; Siemann, S. 656; Münster, S. 353; Reppesgaard/Leendertse, S. 66; Habermann, S. 100; Rode, S. 33; Körner, S. 44 f.; Haggerty, S. 2; Richter/Stocker/Koch, S. 101; Hoberg/Piele/Veit, S. 86; Torisawa et al., S. 222; Carneiro de Novaes/Brunstein, S. 252; Barth/Portmann, S. 77; Burmeister, S. 30 ff.; Schabel, S. 39; Käfer/Blanke, S. 106; Dörfler, S. 58 und Fasse, S. 10.
- Expertenblog: Lippmann, S. 80.
- Referenzkundenblog: Fasse, S. 10.
- Corporate Weblog: Probst/Raub/Romhardt, S. 250 und Reiß/Steffens/Ehrenmann, S. 76.
- Einzelweblog: Reiß/Steffens/Ehrenmann, S. 76.
- Gruppenweblog: Dörfler, S. 58 und Reiß/Steffens/Ehrenmann, S. 76.
- Seminarblog, Blogfarm: Appelt, S. 390, 393.
- Knowledge Blog (Klog): Katenkamp, S. 339.
- In diesem Zusammenhang: Trackback und Pingbacks[967]: Appelt, S. 390.

Microblog:

Form des Weblogs mit begrenztem Zeichenvorrat.

- Microblog: Hauptmann/Steger, S. 34; Siemann, S. 656; Richter/Stocker/Koch, S. 101; Burmeister, S. 30 ff.; Käfer/Blanke, S. 111; Stocker/Müller HMD - Praxis der Wirtschaftsinformatik, Bd. 277, 2011, S. 38; Gluchowski/Schieder/Böhringer, S. 21; Schiefner, S. 312; Stocker/Müller Computerwelt 2010, S. 13 f.; Gluchowski/Schieder/Böhringer, S. 21; Reiß/Steffens/Ehrenmann, S. 73; Voigt/Wunderlich,

[966] Vgl. Barth/Portmann, S. 77, 79 und Michelson, S. 15.

[967] Diskussionen können über mehrere Blogs hinweg abgehalten werden. Dabei können eigene Gedanken über die Inhalte fremder Blogs geäußert werden, ohne diese in diesem zu speichern. Vgl. Appelt, S. 390.

S. 24; Schönefeld, S. 19; Renken/Bullinger/Möslein, S. 74; Hofmann/Jarosch, S. 14; Stocker/Müller Wissensmanagement, Bd. 7, 2010, S. 10; Pfeiffer/Schütt/Wühr, S. 353; Madison et al., S. 9; Ackerman et al., S. 559; Pfeiffer/Schütt/Wühr, S. 353 und Schiefner, S. 307.

Wiki:

Plattform für die Bereitstellung von Information und Wissen. Inhalte werden von verschiedenen Personenkreisen an bearbeitet und diese sequentiell fortgeschrieben.[968]

- Wiki: Byrne, S. 16; Arazy/Gellatly, S. 88; Streng, S. 40; Dörfler, S. 58; Blumauer/Pellegrini/Paschke, S. 105; Gurria, S. 3; Noszkay/Balogh, S. 135; Axford/Renfro, S. 34; Haggerty, S. 2; Gul/Shah, S. 50; Hauptmann/Steger, S. 30; Hertling/Jung, S. 17; Servatius, S. 10; Habeck/Schmidt/Thomas, S. 53; Bittner, S. 206; Krypczyk, S. 392; Dunkes/Behrens, S. 30; Voigt, S. 71; Nolden Enterprise Wikis - schnell & kostengünstig zum Wissensmanagement 2.0, S. 12; Ouyeder/Arnold/Straube, S. 68; Adams et al., S. 334; Siemann, S. 656; Arora/Owens/Khazanchi, S. 71; Probst/Raub/Romhardt, S. 249 und Leinhos, S. 11.
- Firmenwiki: Krenz/Wulfsberg/Bruhns, S. 349; Schönefeld, S. 19; Nolden Enterprise Wikis - schnell & kostengünstig zum Wissensmanagement 2.0, S. 12; Voigt, S. 72; Fromm Wissensmanagement, Bd. 7, 2012, S. 50 f.; Arazy/Gellatly, S. 87; Michelson, S. 16; Dunkes/Behrens, S. 30; Wuscher/Voigt/Fischer, S. 23 ff. und Blumauer/Pellegrini/Paschke, S. 108.
- Firmenenzyklopädie: Probst/Raub/Romhardt, S. 249.
- Semantisches Wiki: Simperl/Bürger/Hofer, S. 166; Madison et al., S. 8; Blumauer/Pellegrini/Paschke, S. 109 und Weiand et al., S. 213.
- Strukturierte Wikis: Voigt, S. 70.
- In diesem Zusammenhang: *Content Augmentation*[969]: Blumauer/Pellegrini/Paschke, S. 109.

Feeds:

RSS-Feeds sind Anwendungen die einem Nutzer automatisiert und auf ihn zugeschnittene Informationen ereignisorientiert übermitteln.[970]

- RSS Feeds: Haggerty, S. 2; Stocker/Müller Wissensmanagement, Bd. 7, 2010, S. 10; Reiß/Steffens/Ehrenmann, S. 72; Stocker/Müller HMD - Praxis der Wirtschaftsinformatik, Bd. 277, 2011, S. 42; Stancu, S. 288; Lee/Jang/Kim, S. 379; Pesch

[968] Vgl. Michelson, S. 15.
[969] Anreichern von Beiträgen (z. B. Mitarbeiterbeiträge in Firmenwikis) um weitere Inhalte.
[970] Vgl. Pfeiffer/Schütt/Wühr, S. 353.

Personalwirtschaft, Bd. Sonderheft, 2012, S. 63; González-Aranda/Rodríguez-Clemente/Lozano, S. 182; Pfeiffer/Schütt/Wühr, S. 353; Madison et al., S. 7; Großer, S. 28 f.; Probst/Raub/Romhardt, S. 192; Ley et al., S. 175; Gul/Shah, S. 50; Pfeiffer/Schütt/Wühr, S. 353; Siemann, S. 656; Sultanow/Sonnenborn, S. 78; Heinrich, S. 9 und Hoberg/Piele/Veit, S. 86.

- Social Media Feeds: Großer, S. 28 f.
- Feeds: Pesch Personalwirtschaft, Bd. Sonderheft, 2012, S. 14; Bittner, S. 206; Gluchowski/Schieder/Böhringer, S. 16 und Pesch Personalwirtschaft, Bd. Sonderheft, 2012, S. 63.
- Newsgroups: Probst/Raub/Romhardt, S. 192; Krypczyk, S. 392; Winkler/Mandl, S. 91; Schiersmann, S. 377; Winter, S. 44 und Liebsch, S. 109.

Audio-/Video-Technologie:

- Audio-/Video-Konferenzen: Singh/M./Sharma, S. 42; Voigt/Wunderlich, S. 24; Hofmann/Jarosch, S. 14; Katenkamp, S. 78; Mantel, S. 47; Krishnaveni/Senthil Raja, S. 42; Hoberg/Piele/Veit, S. 86; Wuscher/Voigt/Fischer, S. 23 ff.; Caspritz/Heinzelmann, S. 28 ff.; Probst/Raub/Romhardt, S. 131; Burmeister, S. 30 ff.; Dasiopoulou et al., S. 232; Schönefeld, S. 20; Winkler/Mandl, S. 91; Steven, S. 46; Boedeker, S. 318 und González-Aranda/Rodríguez-Clemente/Lozano, S. 180.
- Web-Konferenz: Louis, S. 28 f.; Horváth Wissensmanagement, Bd. 7, 2010, S. 49; Hofmann/Jarosch, S. 14 und Pesch Personalwirtschaft, Bd. 7, 2013, S. 63.
- Video: Michalik/Schickhoff, S. 64; Ballan et al., S. 279; Yang/Wei, S. 1035; Peris et al., S. 30; Dror/Makany/Kemp, S. 41; Wagener, S. 52; Sudahl, S. 16; Schön/Güntner/Markus, S. 9; Haghirian, S. 43; Haggerty, S. 2; Abel/Schmitz/Wenzel, S. 723; Käfer/Blanke, S. 110; Dasiopoulou et al., S. 199; Boedeker, S. 307; Appelt, S. 382; Byrne, S. 16; Gärtner/Kind/Langenberg, S. 845; Stadermann, S. 38; Barth/Portmann, S. 78; Petasis et al., S. 150; Gronau/Heinze, S. 14; Kodama, S. 79; Körner, S. 44 f.; Hoberg/Piele/Veit, S. 84 und Caspritz/Heinzelmann, S. 28 ff.
- Utility Filme: Wagener, S. 52 f.
- Sprachmitteilungen: Liebsch, S. 109 und Burger, S. 168.
- Meetingtools: Hoberg/Gohlke, S. 68.
- Kollaborative Videofallarbeit: Hoberg/Gohlke, S. 70.
- Video Diaries: Kühn/Koschel, S. 283.

- Audio- und Video-Indexing: Axford/Renfro, S. 36 und Ballan et al., S. 279.
- Podcast: Arazy/Gellatly, S. 88; Haggerty, S. 2; Täubner Der verborgene Schatz, S. 58; Hoberg/Piele/Veit, S. 86; Gul/Shah, S. 50; Pesch Personalwirtschaft, Bd. Sonderheft, 2012, S. 12; Reiß/Steffens/Ehrenmann, S. 76; Steven, S. 46; Hofmann/Jarosch, S. 14; Lee/Jang/Kim, S. 379; Wanhoff, S. 214; Katenkamp, S. 345 und Schiefner, S. 310.
- Videocast: Reiß/Steffens/Ehrenmann, S. 76.

Soziale Netzwerke:

- Soziale Netzwerke: Haggerty, S. 2; Gul/Shah, S. 50; Ricken/Seidl, S. 563; Körner, S. 44 f.; Heinrich, S. 8; Habermann, S. 97; Rosenthal, S. 17; Caspritz/Heinzelmann, S. 28 ff.; Wanhoff, S. 190; Huber/Schreiner, S. 74; Gluchowski/Schieder/Böhringer, S. 21; Schönefeld, S. 18; Tralau, S. 16; Henning/Burger/Maier, S. 96; Fung/Hung, S. 521; Murage et al., S. 53; Thiel, S. 79; Voigt/Wunderlich, S. 24; Pohlmann/Hasse, S. 22; Holtgrewe, S. 390; Hoberg/Piele/Veit, S. 86; Barth/Portmann, S. 78; Reiß/Steffens/Ehrenmann, S. 75; Stocker/Müller HMD - Praxis der Wirtschaftsinformatik, Bd. 277, 2011, S. 38 und Fasse, S. 10.
- Social Networking: Schönefeld, S. 18; Voigt/Wunderlich, S. 25; Reiß/Steffens/Ehrenmann, S. 72; Heisig, S. 28; Stocker/Müller HMD - Praxis der Wirtschaftsinformatik, Bd. 277, 2011, S. 38; Körner, S. 44 f.; Heinrich, S. 8 ff.; González-Aranda/Rodríguez-Clemente/Lozano, S. 177; Hunt/Whipple/McGowan, S. 48; Leinhos, S. 11 ff.; Richter/Stocker/Koch, S. 101; Madison et al., S. 1; Lee/Jang/Kim, S. 378; Ackerman et al., S. 554; Memon et al., S. 1; Spence/Reddy, S. 309; Gluchowski/Schieder/Böhringer, S. 21; Probst/Raub/Romhardt, S. 159; Stocker/Müller Wissensmanagement, Bd. 7, 2010, S. 10; Gul/Shah, S. 50; Pfeiffer/Schütt/Wühr, S. 350 und Voigt, S. 71.
- Soziales Netzwerk-Plattform: Heisig, S. 28; Schönefeld, S. 18; Reiß/Steffens/Ehrenmann, S. 72; Loyek et al., S. 262; Stocker/Müller HMD - Praxis der Wirtschaftsinformatik, Bd. 277, 2011, S. 38 und Voigt/Wunderlich, S. 24.
- Social Network/-ing Site: Renken/Bullinger/Möslein, S. 74; Ackerman et al., S. 554; Madison et al., S. 1; Wanhoff, S. 178; Memon et al., S. 1; Gul/Shah, S. 50 und Cheng/Shen, S. 19.
- Social Research Network Site: Renken/Bullinger/Möslein, S. 75.

- In diesem Zusammenhang:
  - FOAF: Dasiopoulou et al., S. 217 und Araki/Funakura, S. 145.
  - Social Network/-ing Service: Renken/Bullinger/Möslein, S. 75; Stocker/Müller HMD - Praxis der Wirtschaftsinformatik, Bd. 277, 2011, S. 38; Heisig, S. 28; Richter/Stocker/Koch, S. 101 und Lee/Jang/Kim, S. 379.

Foren:

- Forum: Sharma/Mahajan, S. 19; Gurria, S. 3; Rode, S. 33; Axford/Renfro, S. 34; Hauptmann/Steger, S. 35; Ouyeder/Arnold/Straube, S. 67; Siemann, S. 656; Cressey/Totterdill/Exton, S. 223; Madison et al., S. 7; Geiger, S. 311; Käppeli/Minonne, S. 22; Michelson, S. 19; Adams et al., S. 334; Schäfer, S. 44; Winter, S. 45; Münster, S. 353; Mang, S. 52 f.; Rode, S. 33; Stadermann, S. 66; Heisig, S. 29; Hoberg/Piele/Veit, S. 86; Schiefner, S. 313; Matzkeit, S. 35 f.; Pesch Personalwirtschaft, Bd. 7, 2013, S. 63 und Käfer/Blanke, S. 106.
- (Online-)Diskussionsforum: Probst/Raub/Romhardt, S. 215; Kraus, S. 4; Wanhoff, S. 204; Ouyeder/Arnold/Straube, S. 68; Voigt, S. 70; Steven, S. 46; Paepcke, S. 21; Voigt/Wunderlich, S. 24; Byrne, S. 16; Arazy/Gellatly, S. 88; Reppesgaard/Leendertse, S. 66; Stadermann, S. 373; Probst/Raub/Romhardt, S. 217; Kühn/Koschel, S. 290; Sharma/Mahajan, S. 19; Madison et al., S. 7; Stocker/Müller HMD - Praxis der Wirtschaftsinformatik, Bd. 277, 2011, S. 43; Stocker/Müller Wissensmanagement, Bd. 7, 2010, S. 10; Nasiri/Sepehri/Khobreh, S. 436; Karagiannis/Woitsch, S. 482 und Siemann, S. 656.
- Kommunikationsforum: Burger, S. 215 und Probst/Raub/Romhardt, S. 131.
- Industrieforum: Probst/Raub/Romhardt, S. 277.
- Expertenforum: Winter, S. 46 und Meier/Weller, S. 126.
- Kundeninnovationsforum: Katenkamp, S. 332.
- Lernforum: Hofmann/Jarosch, S. 15.
- Partnership, problemlösende Forum: Cressey/Totterdill/Exton, S. 220, 228.
- Inter/intra Unternehmens-Diskussionsforum: Krishnaveni/Senthil Raja, S. 42.
- Fachforen: Hedderich, S. 30 f. und Hartmann, S. 14.

Sofortnachrichtendienst/Instant Messaging/Chat:

- Sofortnachrichtendienst/Instant Messaging/Chat: Arazy/Gellatly, S. 88; Krishnaveni/Senthil Raja, S. 42; Hauptmann/Steger, S. 33; Schäfer, S. 44; Ricken/Seidl, S. 569; Hoberg/Piele/Veit, S. 86; Hedderich, S. 30; Burmeister, S. 30 ff.; Caspritz/Heinzelmann, S. 28 ff.; Huber/Schreiner, S. 74; Paepcke, S. 21; Kühn/Koschel, S. 283; Reiß/Steffens/Ehrenmann, S. 77; Sudahl, S. 15; Schönefeld, S. 20; Leinhos, S. 11 ff.; Hofmann/Jarosch, S. 10; Tralau, S. 17; Stocker/Müller HMD - Praxis der Wirtschaftsinformatik, Bd. 277, 2011, S. 42; Wiskirchen, S. 11; Steven, S. 47; Hoberg/Gohlke, S. 70; Harrison-Broninski, S. 448; Winkler/Mandl, S. 91 und Holtgrewe, S. 390.
- Videochat: Caspritz/Heinzelmann, S. 28 ff.
- Gruppenchat: Hoberg/Gohlke, S. 70.
- Micromessaging: Wanhoff, S. 191 und Winkler/Mandl, S. 91.
- Kurznachrichtendienst: Habermann, S. 100.
- SNS Messaging: Lee/Jang/Kim, S. 382.

Pattern:

Beschreibung eines wiederkehrendes Problem und Handlungsempfehlung, wie dieses gelöst werden kann.[971]

- Pattern: Lee/Jang/Kim, S. 380; Shabtai/Shahar/Elovici, S. 256; Chen/Yang, S. 891; Cabitza/Simone, S. 228; Kaur/Wasan, S. 222; Spence/Reddy, S. 292; Jreisat, S. 834; Harrison-Broninski, S. 451; Meyer et al., S. 242; Chen/Chang, S. 3; Pfister, S. 82; Kaelber/Märtin, S. 258 und Serdukov, S. 424.
- Pattern-Ablage/Speicher: Arora/Owens/Khazanchi, S. 66.
- Design Pattern: Dasiopoulou et al., S. 202; Arora/Owens/Khazanchi, S. 64; Ramaprasad et al., S. 31; Kaelber/Märtin, S. 262; Jeong et al., S. 5; Seeber/Maier/Weber, S. 918; d'Aquin et al., S. 338 und Hästbacka/Kuikka, S. 13.

WISSENSNUTZUNG

Planspiele/Simulation:

- Planspiele: Wiskirchen, S. 10; Boedeker, S. 308 und Probst/Raub/Romhardt, S. 188.

[971] Aus Arora/Owens/Khazanchi, S. 64. Die Autoren beziehen sich auf Alexander/Ishikawa/Silverstein.

- Simulation: Weyrich et al., S. 41; Hirner/Langecker, S. 38; Thiel, S. 83; Abel/Schmitz/Wenzel, S. 721; Wiskirchen, S. 10; Reiß/Steffens/Ehrenmann, S. 72; Lam et al., S. 67; Karagiannis/Woitsch, S. 475; Kallenborn/Kraemer, S. 47; Denkena/Charlin/Merwart, S. 707; Calvo/Bastida/Feás, S. 269, 272; Fung/Hung, S. 522; Ribeiro, S. 379; Boedeker, S. 328; Kaur/Wasan, S. 221; Santos et al., S. 40; Probst/Raub/Romhardt, S. 188; Winkler/Mandl, S. 92; Deokar/El-Gayar, S. 95; Dombrowski/Mielke/Schulze, S. 77; Velasco, S. 400; Muntanyola-Saura, S. 80; Hadar/Soffer/Kenzi, S. 5; Vianello/Ahmed, S. 135 und Schiefner, S. 312.

Wissensplattformen und -datenbanken:

Zur Speicherung und Nutzung von Wissen.

- Knowledge Repository: Gul/Shah, S. 46; Lin/Fan, S. 149; Shahmoradi/Akhgar, S. 384; Makoto Su/Wilensky/Redmiles, S. 126; Ackerman et al., S. 534; Kaelber/Märtin, S. 263; Singh/M./Sharma, S. 42; Idrobo/Berkes, S. 410; Pechmann/Schoof/Tampe-Mai, S. 32; Rosenthal, S. 16, 17; Holcombe, S. 260 und Nasiri/Sepehri/Khobreh, S. 435.
- Knowledge Store: Nasiri/Sepehri/Khobreh, S. 436.
- Knowledge Sharing Platform: Othman/Beydoun, S. 26.
- Knowledge Management Platform: Meyer et al., S. 233; Haggerty, S. 2 und Kaelber/Märtin, S. 259.
- Knowledge Server: Kaelber/Märtin, S. 264.
- Wissensarchiv: Omerzel/Biloslavo/Trnavcevic, S. 125.
- Knowledge Directories[972]: Adams et al., S. 334 und Lin/Fan, S. 149.
- (Virtuelle) Austauschplattform: Lippmann, S. 80; Singh/M./Sharma, S. 42 und Burmeister, S. 30 ff.
- Wissens-Portal: Ribeiro, S. 342; Blumauer/Pellegrini/Paschke, S. 107; Kellerhoff, S. 15; Pöggeler Wissensmanagement, Bd. 4, 2013, S. 26 f.; Katenkamp, S. 342; Schmid/Kern, S. 13; Probst/Raub/Romhardt, S. 159; Habeck/Schmidt/Thomas, S. 53 und Gul/Shah, S. 43.
- Datenbanken mit Wissensmanagement-Bezug:
  - Wissensplattformen und -datenbanken: Reppesgaard/Leendertse, S. 66; Seidel, S. 14; Gneiting, S. 43; Reiß/Steffens/Ehrenmann, S. 78; Dunkes/Behrens,

[972] Als Verzeichnis.

S. 30; Münster, S. 353; Schmid/Kern, S. 13, 17; Täubner Der verborgene Schatz, S. 56; Wiesner/Seifert/Thoben, S. 34; Krüger-Brand, S. 34; Michelson, S. 15; Kraus, S. 3; Willms/Albrecht, S. 62; Haarmann, S. 1169; Dörfler, S. 58; Meier/Weller, S. 123; Gärtner/Kind/Langenberg, S. 845; Schweiger, S. 36; Pfeiffer/Schütt/Wühr, S. 353; Bittner, S. 206; Krüger-Brand, S. 34; Schabel, S. 40; Probst/Raub/Romhardt, S. 87, 205; Krypczyk, S. 387 und Habeck/Schmidt/Thomas, S. 53.

- Diskussionsdatenbank, Intranet Community Homespace: Probst/Raub/Romhardt, S. 205.
- Power Pack: Lin/Fan, S. 149 und Probst/Raub/Romhardt, S. 205.
- enzyklopädische Wissensdatenbank: Pfeiffer/Schütt/Wühr, S. 353.
- Expertendatenbank: Ricken/Seidl, S. 569 und Probst/Raub/Romhardt, S. 73.
- Kompetenzdatenbank, Jobprofildatenbank: Kallenborn/Kraemer, S. 47 f.
- Skill Inventory: Käppeli/Minonne, S. 22.
- Erfahrungsdatenbank: Brecher et al., S. 87.
- Know-how-Datenbank: Täubner Der verborgene Schatz, S. 55.

Dashboard:

Eine auf die Wissensbedürfnisse eines Benutzers anpassbare Seite in einem Wissensmanagementsystem[973] oder einem Projektmanagementsystem.[974]

- Dashboard: Käfer/Blanke, S. 112; Arora/Owens/Khazanchi, S. 67; Paepcke, S. 22; Sharma/Mahajan, S. 22; Byrne, S. 16; Ramaprasad et al., S. 30; Adamou/Presutti/Gangemi, S. 484; Barth/Portmann, S. 80; Ash et al., S. 10; Voigt, S. 73 und Nasiri/Sepehri/Khobreh, S. 436.
- In diesem Zusammenhang *Semantischer Desktop*: Blumauer/Pellegrini/Paschke, S. 105 und Adamou/Presutti/Gangemi, S. 485.

Project Comparison Technique:

Methode um Bereiche wie Langzeittrends, Benchmarking und Prognosen von ähnlichen Projekten aufzudecken.[975]

- Project Comparison Technique: Wasielewski, S. 3.

[973] Vgl. Käfer/Blanke, S. 112.
[974] Vgl. Arora/Owens/Khazanchi, S. 67 und Paepcke, S. 22.
[975] Vgl. Wasielewski, S. 3.

Tagging/Tags:

Buttom-up Strukturierung von Inhalten mithilfe von Schlagworten.[976]

- Tagging/Tags: Blumauer/Pellegrini/Paschke, S. 108; Velasco, S. 406; Araki/Funakura, S. 147; Batet et al., S. 123; Cabitza/Simone, S. 229; Dasiopoulou et al., S. 215; Hwang et al., S. 684; Choinski/Senik, S. 71; Zhao et al., S. 238; Sasai/Kitagata/Kinoshita, S. 590; Pfeiffer/Schütt/Wühr, S. 352[977]; Appelt, S. 390; Stocker/Müller HMD - Praxis der Wirtschaftsinformatik, Bd. 277, 2011, S. 44; Hirner/Langecker, S. 38; Louis, S. 28 f.; Velasco, S. 406; Stocker/Müller Wissensmanagement, Bd. 7, 2010, S. 11; Gluchowski/Schieder/Böhringer, S. 19; Reiß/Steffens/Ehrenmann, S. 72; Cabitza/Simone, S. 229; Spence/Reddy, S. 287; Probst/Raub/Romhardt, S. 192; Omrane et al., S. 186; Ley et al., S. 174 und Motahari-Nezhad/Bartolini, S. 51.
- User Tagging: Blumauer/Pellegrini/Paschke, S. 108.
- User Content Tagging: Haggerty, S. 2.
- Collaborative Tagging Recommendation Service: Fung/Hung, S. 522.
- Automatische Verschlagwortung: Probst/Raub/Romhardt, S. 216; Simperl/Bürger/Hofer, S. 176 und Katenkamp, S. 115.
- Schlagwortwolken/Tag Cloud: Käppeli/Minonne, S. 23; Käfer/Blanke, S. 112; Ley et al., S. 173 und Probst/Raub/Romhardt, S. 192.
- Word Cloud: Matzkeit, S. 35 f.
- Video-Tags: Fung/Hung, S. 522.
- Konzept-Tags: Petasis et al., S. 157 und Velasco, S. 406.
- Ad hoc Tags, Tags für visuelle Komponenten: Velasco, S. 406 f.
- XML-Tags: Henning/Burger/Maier, S. 87.
- Social Tagging: Spence/Reddy, S. 287; Ley et al., S. 166; Schiefner, S. 311 f.; Nolden Enterprise Wikis - schnell & kostengünstig zum Wissensmanagement 2.0, S. 13 und Ackerman et al., S. 554.
- Semantisches Tagging: Araki/Funakura, S. 147.
- Ontologie-Tagging: Petasis et al., S. 139.

[976] Vgl. Gluchowski/Schieder/Böhringer, S. 19.

[977] Die Autoren verweisen auf *Extensions* als Erweiterung von Tags hin. Vgl. Pfeiffer/Schütt/Wühr, S. 352.

- Tag-Recommendation: Blumauer/Pellegrini/Paschke, S. 110 und Simperl/Bürger/Hofer, S. 176.
- Latent-semantische Profilwolken: Ley et al., S. 167.
- Social Bookmarks: Pfeiffer/Schütt/Wühr, S. 349 und Nolden Enterprise Wikis - schnell & kostengünstig zum Wissensmanagement 2.0, S. 13.
- Folksonomie[978]: Simperl/Bürger/Hofer, S. 163; Stocker/Müller Wissensmanagement, Bd. 7, 2010, S. 10; Reiß/Steffens/Ehrenmann, S. 73; Gluchowski/Schieder/Böhringer, S. 16 und Ley et al., S. 167.

Bewertungs-Funktion:

- Dankeschön Funktion: Heisig, S. 29.
- Kommentar-Funktion: Paepcke, S. 21; Kraus, S. 2; Appelt, S. 394; Körner, S. 44 f. und Ash et al., S. 13.
- Feedback Tool: Bain/Swan, S. 676.

Fallbasiertes Schließen:

Diagnosemethodik zur Lösung von Anwenderproblemen. Hierfür wird auf eine Falldatenbank zurückgegriffen und Erfahrungswissen aus bereits eingepflegten Problemstellungen aufgezeigt.[979]

- Fallbasiertes Schließen[980]: Probst/Raub/Romhardt, S. 216; Juzek/Berger, S. 402; Denkena/Charlin/Merwart, S. 707; Langton/Geiger, S. 903; Brecher et al., S. 87; Nasiri/Sepehri/Khobreh, S. 436; Wickramasinghe/Guttmann/Schaffer, S. 156; Katenkamp, S. 244 und Tidemann/Bjornson/Aamodt, S. 104.

WISSENSBEWAHRUNG

Annotation:

Semantische Anreicherung von Informationen mit Metadaten.[981]

- Annotation: Madison et al., S. 8; Haarmann, S. 1169; Aoto/Shimizu/Yoshikawa, S. 589; Ley et al., S. 173; Petasis et al., S. 135; Henning/Burger/Maier, S. 87; Maestre et al., S. 676; Stancu, S. 285; Adamou/Presutti/Gangemi, S. 489; Karagiannis/Woitsch, S. 473; Cheng/Shen, S. 15; Ceri et al., S. 8 und Sojic/Kutz, S. 13.

[978] Sammlung von Tags.
[979] Vgl. Juzek/Berger, S. 403 und Kapitel 6.2.2.2.
[980] Engl. *case based reasoning*.
[981] Vgl. Henning/Burger/Maier, S. 87.

- Annotation Service: Hästbacka/Kuikka, S. 11.
- Corpus Annotation: Velasco, S. 406.
- Concept Annotation: Garla/Brandt, S. 11 und Velasco, S. 407.
- Video Annotation: Dasiopoulou et al., S. 198.
- Semantic Annotation: Shahmoradi/Akhgar, S. 389; Omrane et al., S. 180; Montanelli et al., S. 173; Deokar/El-Gayar, S. 96; Blumauer/Pellegrini/Paschke, S. 108; Loyek et al., S. 258; Henning/Burger/Maier, S. 8; Ballan et al., S. 293; Madison et al., S. 1; Amato et al., S. 106; Luzzi/Baldi, S. 630; Weiand et al., S. 213 und Dasiopoulou et al., S. 197.
- Semantic Image Annotation: Loyek et al., S. 262 und Dasiopoulou et al., S. 202.
- Semantic Video Annotation: Ballan et al., S. 280 und Dasiopoulou et al., S. 218.

Knowledge Firewall:

Zum Schutz von Wissen und Information.[982]

- Knowledge Firewall: Bahrs/Vladova, S. 48; Bahrs/Vladova/Gronau, S. 373 und Schmid/Kern, S. 25.
- In diesem Zusammenhang *Risikoportfolio der Informations- und Wissensschnittstellen*: Hierbei wird der Schutzbedarf des Wissens und der Informationen ermittelt: Bahrs/Vladova, S. 48 f.[983]

Softwaretechniken im Wissensmanagementumfeld:

- Wissensbeschreibungssprachen:
  - KDD: Lieber/Erohin/Deuse, S. 388; Kaur/Wasan, S. 221; Knollmann/Meyer/Windt, S. 51; Touzi/Thabet/Sassi, S.191 und Jannaschk/Polomski, S. 571[984].
  - KMDL: Gronau/Heinze, S. 13; Sultanow/Sonnenborn, S. 82; Gronau et al., S. 77; Bahrs/Vladova/Gronau, S. 370; Geers et al., S. 10; Bahrs/Vladova, S. 48; Reinhart/Pause/Krziwon, S. 439 und Schmid/Kern, S. 14.
  - KMDL-SE: Schmid/Kern, S. 14.
  - KMDL v2.0: Schmid/Kern, S. 15.

---

[982] Vgl. Bahrs/Vladova, S. 48 und Schmid/Kern, S. 25.

[983] Die Autoren stellen einen *Knowledge Firewall Designer* vor.

[984] Die Autoren fassen den Begriff weiter: *Knowledge Discovery and Data mining.*

  - K-Modeler: Bahrs/Vladova/Gronau, S. 370; Sultanow/Sonnenborn, S. 82 und Schmid/Kern, S. 14.
  - Knowledge Based Designer: Karagiannis/Woitsch, S. 477.
  - KCoDE: Chen/Yang, S. 883.

- SKOS: Omrane et al., S. 180 und Blumauer/Pellegrini/Paschke, S. 109.
- SMML, SA-SMML: Deokar/El-Gayar, S. 94.
- SOKU: Karagiannis/Woitsch, S. 464.
- Ripple Down Rule: Yang/Wei, S. 1034 und Karahoca/Karahoca/Yavuz, S. 5.
- Rule Based Personalization: Nasiri/Sepehri/Khobreh, S. 436.
- Meta-Modelling: Othman/Beydoun, S. 12 und Karagiannis/Woitsch, S. 470.
- Mega-Modelling: Ceri et al., S. 2.
- KRVC: Velasco, S. 415.
- EKMN: Fdez-Olivares et al., S. 41.
- Answer Set Programming: Grasso et al., S. 432.
- Collaborative Filtering Algorithm: Fung/Hung, S. 522 und Cheng/Shen, S. 15.
- Multi-Collaborative Filtering Trust Network Algorithm: Fung/Hung, S. 522.
- Context Awareness Technology: Lee/Jang/Kim, S. 383 und Cabitza/Simone, S. 241.
- Metadaten Darstellungsformat *Multimedia Content Description Interface* (MPEG-7): Dasiopoulou et al., S. 197 und Ballan et al., S. 293.
- Methoden wissensbasierter Systeme:[985]

  - Axiomatic Design, Aktionen und Planen, Abduktion/Deduktion/Induktion: Juzek/Berger, S. 402.

- Social Business Intelligence und Ontology-based Business Intelligence: Gluchowski/Schieder/Böhringer, S. 21 f.
- Term Normalization Methoden: *NTS* und *VTS*: Hwang et al., S. 683.
- CRISP-DM: Jannaschk/Polomski, S. 571 und Lieber/Erohin/Deuse, S. 389.

[985] Juzek/Berger, S. 402: führen auch weitere Methoden an, die der Informatik entstammen und daher nicht näher betrachtet werden. Die sind z. B. Default Logiken, Fuzzy Logiken, Maschinelles Lernen, Neuronale Netze und Datenbankverfahren an.

- Semantic Web Service: Simperl/Bürger/Hofer, S. 166; Deokar/El-Gayar, S. 93; d'Aquin et al., S. 342 und Karagiannis/Woitsch, S. 467.
    - In diesem Zusammenhang auch URI: Dasiopoulou et al., S. 206; Blumauer/Pellegrini/Paschke, S. 106; González-Aranda/Rodríguez-Clemente/Lozano, S. 185; Jeong et al., S. 6; Araki/Funakura, S. 146; Amato et al., S. 104; Luzzi/Baldi, S. 631; Adamou/Presutti/Gangemi, S, 489; Weiand et al., S. 221 und Deokar/El-Gayar, S. 109.
- Ontologische Beschreibungs- und Abfragesprachen:
    - DOL: Sojic/Kutz, S. 1.
    - OWL: Blumauer/Pellegrini/Paschke, S. 107; Ceri et al., S. 8; Blasko et al., S. 225; Adamou/Presutti/Gangemi, S. 484; Araki/Funakura, S. 146; Ballan et al., S. 292; Lam et al., S. 55; Dasiopoulou et al., S. 202; Deokar/El-Gayar, S. 100; González-Aranda/Rodríguez-Clemente/Lozano, S. 196; Dritsou et al., S. 77; Grasso et al., S. 439; Haglich et al., S. 98; Hästbacka/Kuikka, S. 1; Karagiannis/Woitsch, S. 471; Kim/Choi/Hwang, S. 439; Montanelli et al., S. 173; Omrane et al., S. 180; Shahmoradi/Akhgar, S. 385; Montanelli et al., S. 173; Sojic/Kutz, S. 2 und Weiand et al., S. 213.
    - OWL-DL: Sojic/Kutz, S. 19; Lam et al., S. 55; Batet et al., S. 101; Deokar/El-Gayar, S. 113; Omrane et al., S. 183 und Hästbacka/Kuikka, S. 5.
    - OWL 2: Haglich et al., S. 98; Blasko et al., S. 222 und Hästbacka/Kuikka, S. 3.
    - OWL-S: Karagiannis/Woitsch, S. 467 und d'Aquin et al., S. 350.
    - OWLDEF: Sojic/Kutz, S. 6.
    - Freeclass OWL: Blasko et al., S. 223.
    - OWL FULL: Hästbacka/Kuikka, S. 13.
    - OBO: Sojic/Kutz, S. 11.
    - FOL: Ballan et al., S. 292; Weiand et al., S. 215 und Sojic/Kutz, S. 20.
    - Common Logic, HER2: Sojic/Kutz, S. 20, 26.
    - COMM, DAML, DAML-ONT, VAO, VDO, Ontolog Schema Ontology: Dasiopoulou et al., S. 202, 206, 208, 233.
    - RDF: Blumauer/Pellegrini/Paschke, S. 110; Haglich et al., S. 103; Adamou/Presutti/Gangemi, S. 485; Amato et al., S. 106; Araki/Funakura, S. 145; Ballan et al., S. 292; González-Aranda/Rodríguez-Clemente/Lozano, S. 185;

Sojic/Kutz, S. 15; Deokar/El-Gayar, S. 105; Hästbacka/Kuikka, S. 6; Shahmoradi/Akhgar, S. 385; Dritsou et al., S. 77; González-Aranda/Rodríguez-Clemente/Lozano, S. 185; Weiand et al., S. 213; Ceri et al., S. 8; Dasiopoulou et al., S. 206; Stancu, S. 287 und Lam et al., S. 56.

- RDFS: Shahmoradi/Akhgar, S. 386; Dasiopoulou et al., S. 202; Sojic/Kutz, S. 17; Dritsou et al., S. 77; Blumauer/Pellegrini/Paschke, S. 107; Deokar/El-Gayar, S. 104 und Lam et al., S. 56.
- RQL: Ballan et al., S. 292 und Dritsou et al., S. 90.
- RDQL, RDF3X: Dritsou et al., S. 89 f.
- RDFa: Shahmoradi/Akhgar, S. 391; Araki/Funakura, S. 145 und Blumauer/Pellegrini/Paschke, S. 105.
- SWRL: Lam et al., S. 56; Karagiannis/Woitsch, S. 471; Ballan et al., S. 292 und Hästbacka/Kuikka, S. 3.
- SPARQL: Lam et al., S. 56; Hästbacka/Kuikka, S. 6; Blumauer/Pellegrini/Paschke, S. 107; Weiand et al., S. 213; Dritsou et al., S. 90; Ballan et al., S. 292; Haglich et al., S. 108; Araki/Funakura, S. 146; Luzzi/Baldi, S. 631 und Ceri et al., S. 11.
- SmartProducts Network of Ontologies: d'Aquin et al., S. 340.
- KWQL: Weiand et al., S. 214.
- CSTL, DoEx: Haglich et al., S. 97, 99.
- OAI-PMH, OAI-ORE: Luzzi/Baldi, S. 630.
- WSMO: Karagiannis/Woitsch, S. 467.
- Service Ontology: Karagiannis/Woitsch, S. 479 und Montanelli et al., S. 174.
- SMO, SFO: Montanelli et al., S. 174.
- SHOIN(D)[986]: Lam et al., S. 55.
- Ontology Based Queries: Dritsou et al., S. 77.
- RIF: Deokar/El-Gayar, S. 104.

[986] Beschreibungslogik für Ontologien.

Literaturverzeichnis

Abel, Dennis; **Schmitz, Markus** und **Wenzel, Sigrid:** *Nutzung von Virtual Reality zur Personalqualifizierung in der Produktions- und Logistikplanung*. Zeitschrift für wirtschaftlichen Fabrikbetrieb, 10 2011, S. 721–725, Teil der Literaturanalyse (zitiert: Abel/Schmitz/Wenzel).

Ackerman, Mark et al.: *Sharing Knowledge and Expertise: The CSCW View of Knowledge Management*. Computer Supported Cooperative Work, 22 2013, S. 531–573, Teil der Literaturanalyse (zitiert: Ackerman et al.).

Adamou, Alessandro; **Presutti, Valentina** und **Gangemi, Aldo:** *Kali-ma: A Semantic Guide to Browsing and Accessing Functionalities in Plugin-Based Tools*. In **Cimiano, Philipp** und **Pinto, H. Sofia (Hrsg.):** Knowledge Engineering and Management by the Masses. Band 6317, Springer, 2010, S. 483–492, Teil der Literaturanalyse (zitiert: Adamou/Presutti/Gangemi).

Adams, Sabine et al.: *Entwicklungslinien zukünftiger organisatorischer Strukturen und Prozesse*. ZFO - Zeitschrift Führung und Organisation, 5 2012, S. 329–335, Teil der Literaturanalyse (zitiert: Adams et al.).

Adomßent, Maik: *Wissenskommunikation als Möglichkeitsraum umweltpolitischer Verständigung: Ein Blick auf die individuelle Handlungsebene*. Umweltpsychologie, 15 (2) 2011, S. 13–36 (zitiert: Adomßent).

Ahmad, Naveed; **Wynn, David C.** und **Clarkson, P. John:** *Change impact on a product and its redesign process: a tool for knowledge capture and reuse*. In **Reich, Yoram (Hrsg.):** Research in Engineering Design. Band 24, Springer, 2012, S. 219–244, Teil der Literaturanalyse (zitiert: Ahmad/Wynn/Clarkson).

Alavi, Maryam und **Leidner, Dorothy E:** *Review: Knowledge Management and Knowledge Management Systems: Conceptual Foundations and Research Issues*. MIS Quarterly, 25 2001 Nr. 1, S. 107–136 (zitiert: Alavi/Leidner).

Albers, Felicitas und **Rüschenbaum, Ferdinand:** Wirtschaftsinformatik: Informationssysteme im Unternehmen. Stuttgart: Kohlhammer, 2002 (zitiert: Albers/Rüschenbaum).

Albrecht, Frank: Strategisches Management der Unternehmensressource Wissen: inhaltliche Ansatzpunkte und Überlegungen zu einem konzeptionellen Gestaltungsrahmen. Dissertation, Frankfurt am Main, 1993, Zugl.:TU Berlin (zitiert: Albrecht).

Alby, Tom: Das mobile Web: [3G, 3GP, 4G, Android, Edge, GSM, HSPA, IPhone, LBS, PTT, UMTS, WAP, WCDMA, Wimax, WML, Wurfl]. München: Hanser, 2008 (zitiert: Alby).

Alexander, Christopher; **Ishikawa, Sara** und **Silverstein, Murray:** A Pattern Language: Towns, Buildings, Construction. Oxford University Press, 1977 (zitiert: Alexander/Ishikawa/Silverstein).

Allweyer, Thomas: *Modellbasiertes Wissensmanagement.* IM Information Management & Consulting, 13 1998, S. 37–45. (zitiert: Allweyer).

Amato, F. et al.: *Information Extraction from Multimedia Documents for e-Government Applications.* In **D'Atri, Alessandro** und **Saccà, Domenico (Hrsg.):** Information Systems: People, Organizations, Institutions, and Technologies. Band Part I, Berlin, Heidelberg: Springer, 2010, S. 101–108, Teil der Literaturanalyse (zitiert: Amato et al.).

Anonymous und **Rowe, Jonathan E. (Hrsg.):** Hackers guide: Sicherheit im Internet und im lokalen Netz. 2. Auflage. Haar bei München: Markt und Technik, 2003, New technology (zitiert: Anonymous/Rowe).

Aoto, Ryo; **Shimizu, Toshiyuki** und **Yoshikawa, Masatoshi:** *Propagation of Multi-granularity Annotations.* Lecture Notes in Computer Science Volume, 6861 2011, S. 589–603, Teil der Literaturanalyse (zitiert: Aoto/Shimizu/Yoshikawa).

Appelt, Ralf: *Blogfarm an der Fakultät EPB.* In **Meyer, Torsten et al. (Hrsg.):** Medien & Bildung, Institutionelle Kontexte und kultureller Wandel. Band 5, S. 388-394, Wiesbaden: VS Verlag für Sozialwissenschaften, 2011, Teil der Literaturanalyse (zitiert: Appelt).

Araki, Masahiro und **Funakura, Yu:** *Impact of Semantic Web on the Development of Spoken Dialogue Systems.* In **Lee, Gary Geunbae et al. (Hrsg.):** Spoken Dialogue Systems for Ambient Environments. Band 6392, Berlin, Heidelberg, New York: Springer, 2010, S. 144–149, Teil der Literaturanalyse (zitiert: Araki/Funakura).

Arazy, Ofer und **Gellatly, Ian:** *Corporate Wikis: The Effects of Owners' Motivation and Behavior on Group Members' Engagement.* Journal of Management Information Systems. Vol. 29 Issue 3 2012, S. 87–116, Teil der Literaturanalyse (zitiert: Arazy/Gellatly).

Arora, Pujak; **Owens, Dawn** und **Khazanchi, Deepak:** *A Pattern-Based Tool for Knowledge Management in Virtual Projects.* IUP Journal of Knowledge Management, 8 2010, S. 60–80, Teil der Literaturanalyse (zitiert: Arora/Owens/Khazanchi).

Ash, Joan et al.: *Recommended practices for computerized clinical decision support and knowledge management in community settings: a qualitative study.* BMC Medical Informatics and Decision Making, 12 (6) 2012, S. 1–19, Teil der Literaturanalyse (zitiert: Ash et al.).

Axford, Mary und **Renfro, Crystal:** *Noteworthy Productivity Tools for Personal Knowledge Management*. Onlinemag, Vol. 36 Issue 3 2012, S. 33–36, Teil der Literaturanalyse (zitiert: Axford/Renfro).

Backes-Gellner, Uschi; **Lazear, Edward P.** und **Wolff, Birgitta; Lazear, Edward (Hrsg.):** Personalökonomik: fortgeschrittene Anwendungen für das Management. Stuttgart: Schäffer-Poeschel, 2001 (zitiert: Backes-Gellner/Lazear/Wolff).

Bahrs, Julian und **Vladova, Gergana:** *Gefahr Wissensweitergabe - eine Knowledge Firewall schützt*. Wissensmanagement, 8 2010, S. 48–49, Teil der Literaturanalyse (zitiert: Bahrs/Vladova).

Bahrs, Julian; **Vladova, Gergana** und **Gronau, Norbert:** *Mit Wissensflussmanagement Produktpiraterie unterbinden*. Zeitschrift Führung + Organisation, 06 2010, S. 368–374, Teil der Literaturanalyse (zitiert: Bahrs/Vladova/Gronau).

Bain, Alan und **Swan, Gerry:** *Technology enhanced feedback tools as a knowledge management mechanism for supporting professional growth and school reform*. Educational Technology Research & Development, 59 2011 Nr. 5, S. 673–685, Teil der Literaturanalyse (zitiert: Bain/Swan).

Ballan, Lamberto et al.: *Event detection and recognition for semantic annotation of video*. In **Furht, Borko (Hrsg.):** Multimedia Tools and Applications. Band 51, Springer, 2011, S. 279–302, Teil der Literaturanalyse (zitiert: Ballan et al.).

Ballod, Matthias: *Know-how retten, bergen, filtern und teilen*. Wissensmanagement, 4 2013, S. 37, 38, Teil der Literaturanalyse (zitiert: Ballod).

Balzert, Helmut: Lehrbuch der Softwaretechnik. Heidelberg: Spektrum, Akad. Verlag, 1996 (zitiert: Balzert Lehrbuch der Softwaretechnik).

Balzert, Helmut: Lehrbuch Grundlagen der Informatik: Konzepte und Notationen in UML 2, Java 5, C++ und C, Algorithmik und Software-Technik, Anwendungen. 2. Auflage. Heidelberg: Elsevier, Spektrum, Akad. Verlag, 2005 (zitiert: Balzert Lehrbuch Grundlagen der Informatik: Konzepte und Notationen in UML 2, Java 5, C++ und C, Algorithmik und Software-Technik, Anwendungen).

Balzert, Helmut (Hrsg.): Lehrbuch der Softwaretechnik. Band 1: Basiskonzepte und Requirements-Engineering, Lehrbücher der Informatik. 3. Auflage. Heidelberg: Spektrum Akad. Verl., 2009 (zitiert: Balzert Lehrbuch der Softwaretechnik).

Barth, Elena und **Portmann, Edy:** *Nutzungspotenziale interner Weblogs bei Robin-Book.ch*. HMD - Praxis der Wirtschaftsinformatik, 287 2012, S. 78–83, Teil der Literaturanalyse (zitiert: Barth/Portmann).

Bartol, K M und **Martin, D C:** *Managing information systems personnel: A review of the literature and managerial implications*. MIS Quarterly, 6 1982 Nr. 4, S. 49–70 (zitiert: Bartol/Martin).

Batet, Montserrat et al.: *Knowledge-driven delivery of home care services*. Journal of Intelligent Information Systems, 38 2012, S. 95–130, Teil der Literaturanalyse (zitiert: Batet et al.).

Baumann, Richard et al.: *Integration von Innovationsmanagement in den Produktlebenszyklus*. Zeitschrift für wirtschaftlichen Fabrikbetrieb, 06 2011, S. 458–461, Teil der Literaturanalyse (zitiert: Baumann et al.).

Böcker, Martin und **Schneider, Matthias:** Markterfolg durch benutzergerechte Gestaltung: Erfolgsfaktor Usability für Konsum- und Investitionsgüter. 1. Auflage. Berlin: Beuth, 2013, Beuth Praxis : Kommunikation (zitiert: Böcker/Schneider).

Bücker, Rüdiger: Statistik für Wirtschaftswissenschaftler. 5. Auflage. München: Oldenbourg, 2003 (zitiert: Bücker).

BDSG: Bundesdatenschutzgesetz: BDSG; Kommentar. München, 2012 ⟨URL: http://beck-online.beck.de/?vpath=bibdata/komm/GolaSchomerusKoBDSG_11/cont/GolaSchomerusKoBDSG.htm⟩ (zitiert: BDSG).

Bea, Franz Xaver und **Haas, Jürgen:** Strategisches Management. 6. Auflage. Konstanz: UVK-Verl.-Ges., 2013 (zitiert: Bea/Haas).

Bea, Franz Xaver; **Scheurer, Steffen** und **Hesselmann, Sabine:** Projektmanagement. Stuttgart: Lucius & Lucius, 2008 (zitiert: Bea/Scheurer/Hesselmann Projektmanagement).

Bea, Franz Xaver; **Scheurer, Steffen** und **Hesselmann, Sabine:** Projektmanagement. 2. Auflage. Konstanz: UVK-Verlag, 2011 (zitiert: Bea/Scheurer/Hesselmann Projektmanagement).

Bea, Franz Xaver und **Schweitzer, Marcell (Hrsg.):** Allgemeine Betriebswirtschaftslehre. Band 1: Grundfragen, 10. Auflage. Stuttgart: Lucius & Lucius, 2009 (zitiert: Bea/Schweitzer).

Beauclair, Wilfried de: Rechnen mit Maschinen: eine Bildgeschichte der Rechentechnik. Braunschweig: Vieweg, 1968 (zitiert: de Beauclair).

Bechmann, Arnim: Nutzwertanalyse, Bewertungstheorie und Planung. Dissertation, Bern, 1978, Zugl.: Hannover (zitiert: Bechmann).

Beck, Kent et al.: Agile Manifesto. Internet, 2001 ⟨URL: http://agilemanifesto.org/iso/de/⟩, Zugriff am 23.05.2011 (zitiert: Beck Agile Manifesto).

Beck, Kent et al.: Agile Manifesto. Internet, 2001 ⟨URL: http://agilemanifesto.org/iso/de/principles.html⟩, Zugriff am 23.05.2011 (zitiert: Beck Agile Manifesto).

Beck, Thomas: Die Projektorganisation und ihre Gestaltung. Dissertation, Berlin, 1996, Zugl.: Tübingen (zitiert: Beck).

Becker, Gary Stanley: Human capital: a theoretical and empirical analysis with special reference to education. 3. Auflage. Chicago: Univ. of Chicago Pr., 1995 (zitiert: Becker).

Bergmann, Rainer und **Garrecht, Martin:** Organisation und Projektmanagement. Heidelberg: Physica-Verlag, 2008, BA Kompakt (zitiert: Bergmann/Garrecht).

Berztiss, Alfs T.: *Capability Maturity for Knowledge Management.* 2002, S. 162–166 (zitiert: Berztiss).

Biethahn, Jörg; **Mucksch, Harry** und **Ruf, Walter; Almstedt, Matthias**; **Aschenbach, Frank** und **Boer, Edda de (Hrsg.):** Ganzheitliches Informationsmanagement. 4. Auflage. München: Oldenbourg, 2007 (zitiert: Biethahn/Mucksch/Ruf).

Binner, Hartmut: Pragmatisches Wissensmanagement. Systematisches Vorgehensmodell zur Steigerung des intellektuellen Kapitals. München: Carl Hanser Verlag, 2007 (zitiert: Binner).

Biruhs, Thomas: *Die Analyse von Personalanzeigen mittels bibliometrischer Analysesoftware am Beispiel BibTechMon.* transfer Werbeforschung & Praxis, 3 2010, S. 21–33, Teil der Literaturanalyse (zitiert: Biruhs).

BIT: Bundesstelle für Informationstechnik (BIT): Praxisbeispiel V-Modell XT. 2013 ⟨URL: http://www.bva.bund.de/SharedDocs/Downloads/DE/BIT/Standards_Methoden/VMXT-Praxisbeispiel.pdf?__blob=publicationFile&v=2⟩, Zugriff am 10.03.2014 (zitiert: BIT Bundesstelle für Informationstechnik (BIT): Praxisbeispiel V-Modell XT).

BIT: Bundesstelle für Informationstechnik (BIT): V-Modell XT. 2013 ⟨URL: http://www.bva.bund.de/DE/Organisation/Abteilungen/Abteilung_BIT/Leistungen/IT_Standards/VModellXT/node.html⟩, Zugriff am 17.04.2014 (zitiert: BIT Bundesstelle für Informationstechnik (BIT): V-Modell XT).

BIT: Die Beauftragte der Bundesregierung für Informationstechnik. 2014, Häufig gestellte Fragen zum V-Modell XT ⟨URL: http://www.cio.bund.de/DE_old/Architekturen-und-Standards/V-Modell-XT/Haeufig-gestellte-Fragen/haeufig_gestellte_fragen_node.html#doc2157266bodyText6⟩, Zugriff am 17.04.2014 (zitiert: BIT Die Beauftragte der Bundesregierung für Informationstechnik).

Bittner, Thomas: *Folgen des demografischen Wandels für die Kreditwirtschaft - Wissen der Stelleninhaber verwertbar konservieren.* Betriebswirtschaftliche Blätter, 04 2012, S. 206, Teil der Literaturanalyse (zitiert: Bittner).

Blasko, Miroslav et al.: *Monument Damage Ontology.* In **Ioannides, Marinos et al. (Hrsg.):** Progress in Cultural Heritage Preservation. Band 7616, Springer, 2012, S. 221–230, Teil der Literaturanalyse (zitiert: Blasko et al.).

Blumauer, Andreas; Pellegrini, Tassilo und **Paschke, Adrian:** *Corporate Semantic Web der Einsatz von Semantic-Web-Technologien im Unternehmen.* HMD - Praxis der Wirtschaftsinformatik, 275 2010, S. 105–114, Teil der Literaturanalyse (zitiert: Blumauer/Pellegrini/Paschke).

Boddenberg, Ulrich B.: Windows Server 2008. 2. Auflage. Bonn: Galileo Press, 2009, Galileo Computing (zitiert: Boddenberg).

Boedeker, Sandra: Arbeit in interkulturellen Teams: Erfolgsfaktoren mexikanischdeutscher Konstellationen. Dissertation, Wiesbaden, 2012, Zugl.: Paderborn, Teil der Literaturanalyse (Kapitel 8) (zitiert: Boedeker).

Boehm, Barry W.: Wirtschaftliche Software-Produktion. Wiesbaden: Forkel, 1986, Schriftenreihe Integrierte Datenverarbeitung in der Praxis; 37 (zitiert: Boehm).

Borner, Rolf: Prozessmodell für projekt- und erfolgsorientiertes Wissensmanagement zur kontinuierlichen Verbesserung in Bauunternehmen. Dissertation, Zürich, 2005, Zugl.: Zürich (zitiert: Borner).

Bäppler, Ellen: Nutzung des Wissensmanagements im Strategischen Management: Zur interdisziplinären Verknüpfung durch den Einsatz von IKT. Wiesbaden: Gabler Verlag, GWV Fachverlage GmbH, 2009 (zitiert: Bäppler).

Braun, Gerrit: Wissensnetzwerke in Unternehmen: Effizienzaussagen und Strukturanalysen in betrieblichen Organisationsformen. Dissertation, Wiesbaden, 2004, Zugl.: Lüneburg (zitiert: Braun).

Brause, Rüdiger W.: Kompendium der Informationstechnologie: Hardware, Software, Client-Server-Systeme, Netzwerke, Datenbanken. Berlin: Springer, 2005, Xpert.press (zitiert: Brause).

Brecher, Christian et al.: *Howtool Verfahrensübergreifende Technologieplanung Nutzung betriebsmittel- und aufgabenbezogenen Wissens bei der NC-Planung.* Zeitschrift für wirtschaftlichen Fabrikbetrieb, 01-02 2011, S. 83–88, Teil der Literaturanalyse (zitiert: Brecher et al.).

Brey, Hans-Michael: *Wissensverlust durch Mitarbeiterverrentung - mögliche Antworten der Branche.* DW - Die Wohnungswirtschaft, 3 2013, S. 66–68, Teil der Literaturanalyse (zitiert: Brey).

Broy, Manfred und **Kuhrmann, Marco:** Projektorganisation und Management im Software Engineering. Berlin: Springer Vieweg, 2013, Xpert.press (zitiert: Broy/Kuhrmann).

Börse: Frankfurter Börse: Devisenkurs Euro, USDollar. Februar 2013 ⟨URL: http://www.boerse-frankfurt.de/de/waehrungen/eur+usd+cur+EU0009652759⟩, Zugriff am 26.02.2013 (zitiert: Börse).

Brugger, Ralph: IT-Projekte strukturiert realisieren: Situationen analysieren, Lösungen konzipieren; Vorgehen systematisieren, Sachverhalte visualisieren; UML und EPKs nutzen. 2. Auflage. Wiesbaden: Vieweg, 2005 (zitiert: Brugger).

BSI: Bundesamt für Sicherheit in der Informationstechnik. 2014 ⟨URL: https://www.bsi.bund.de/DE/Presse/Pressemitteilungen/Presse2014/Heartbleed_Bug_16042014.html⟩, Zugriff am 18.04.2014 (zitiert: BSI).

Budde, Reinhard (Hrsg.): Prototyping: an approach to evolutionary system development. Berlin: Springer Verlag, 1992 (zitiert: Budde).

Bullinger, Hans-Jörg; **Wörner, Kai** und **Prieto, Juan:** Wissensmanagement heute: Daten, Fakten, Trends; Ergebnisse einer Unternehmensstudie des Fraunhofer-Instituts für Arbeitswirtschaft und Organisation in Zsarb. mit dem Manager Magazin. Stuttgart: Fraunhofer-Institut für Arbeitswirtschaft und Organisation, 1997 (zitiert: Bullinger/Wörner/Prieto).

Bunse, Christian und **Knethen, Antje von:** Vorgehensmodelle kompakt. 2. Auflage. Heidelberg: Spektrum Akad. Verl., 2008, Kompakt-Reihe (zitiert: Bunse/Knethen).

Burger, Doris: Computergestützter organisationaler Wissenstransfer und Wissensgenerierung. Dissertation, 2011, Zugl.: Wien, Teil der Literaturanalyse (zitiert: Burger).

Burghardt, Manfred: Einführung in Projektmanagement: Definition, Planung, Kontrolle, Abschluß. 2. Auflage. Erlangen: Publicis-MCD-Verlag, 1999 (zitiert: Burghardt).

Burmeister, Thomas: *Mitarbeiterführung im Umbruch: Twitter & Co. nutzen.* Wissensmanagement, 4 2012, S. 30–32, Teil der Literaturanalyse (zitiert: Burmeister).

Byrne, Tony: *Choosing the right KM toois.* KM World, 2013, S. 15–17, Teil der Literaturanalyse (zitiert: Byrne).

Cabitza, Federico und **Simone, Carla:** *Affording Mechanisms: An Integrated View of Coordination and Knowledge Management.* In **Schmidt, Kjeld (Hrsg.):** Computer Supported Cooperative Work. Band 21, Springer, 2012, S. 227–260, Teil der Literaturanalyse (zitiert: Cabitza/Simone).

Calvo, Nuria; **Bastida, María** und **Feás, Jacobo:** *A simulation tool for talent management in knowledge-intense firms: an opportunity for HR managers?* In Global business perspectives. Band 1 (3), New York: Springer, 2013, Teil der Literaturanalyse (zitiert: Calvo/Bastida/Feás).

Camphausen, Bernd und **Vollmer, Theo (Hrsg.):** Grundlagen der Betriebswirtschaftslehre. 2. Auflage. München: Oldenbourg, 2011 (zitiert: Camphausen/Vollmer).

Caspritz, Christoph und **Heinzelmann, Jörg:** *Technologien der Zukunft: Datenbrillen & virtuelle Assistenten.* Wissensmanagement, 2 2013, S. 28–30, Teil der Literaturanalyse (zitiert: Caspritz/Heinzelmann).

Ceri, Stefano et al.: *Mega-modeling for Big Data Analytics.* In **Atzeni, Paolo**; **Cheung, David** und **Ram, Sudha (Hrsg.):** Conceptual Modeling. Band 7532, Berlin, Heidelberg: Springer, 2012, S. 1–15, Teil der Literaturanalyse (zitiert: Ceri et al.).

Chantelau, Klaus und **Brothuhn, René:** Multimediale Client-Server-Systeme. Heidelberg: Springer, 2010 (zitiert: Chantelau/Brothuhn).

Chen, Cheng-Hung und **Yang, Sheng-Yen:** *A knowledge-based cooperative differential evolution for neural fuzzy inference systems.* In **Di Nola, Antonio (Hrsg.):** Soft Computing. Band 17, Sprin, 2013, S. 883–895, Teil der Literaturanalyse (zitiert: Chen/Yang).

Chen, Long-Sheng und **Chang, Pao-Chung:** *Extracting knowledge of customers' preferences in massively multiplayer online role playing games.* In **MacIntyre, John** und **Panchev, Christo (Hrsg.):** Neural Computing and Applications. Band 21, Springer, 2012, S. 1–13, Teil der Literaturanalyse (zitiert: Chen/Chang).

Cheng, Zhiyong und **Shen, Jialie:** *Large Scale Rich Media Information Search: Challenges and Opportunities.* In **Qiu, Guoping et al. (Hrsg.):** Advances in Multimedia Information Processing - PCM 2010. Band 6298, Springer, 2010, S. 13–21, Teil der Literaturanalyse (zitiert: Cheng/Shen).

Chiasson, Mike; **Germonprez, Matt** und **Mathiassen, Lars:** *Pluralist action research: a review of the information systems literature.* Information Systems Journal, 19 2003 Nr. 1, S. 31–54 ⟨URL: http://doi.wiley.com/10.1111/j.1365-2575.2008.00297.x⟩, Zugriff am 12.03.2013 (zitiert: Chiasson/Germonprez/Mathiassen).

Choinski, Dariusz und **Senik, Michal:** *Ontology Based Knowledge Management and Learning in Multi-Agent System.* In **Jezic, Gordan et al. (Hrsg.):** Agent and Multi-Agent Systems. Technologies and Applications. Band 7372, Springer, 2012, S. 65–74, Teil der Literaturanalyse (zitiert: Choinski/Senik).

Claus, Volker (Hrsg.): Duden Informatik A - Z: Fachlexikon für Studium, Ausbildung und Beruf. 4. Auflage. Mannheim: Dudenverlag, 2006 (zitiert: Claus).

Cockburn, Alistair: Agile software development: the cooperative game. 2. Auflage. Upper Saddle River, NJ: Addison-Wesley, 2007, Agile software development series ⟨URL: http://www.gbv.de/dms/ilmenau/toc/515846090.PDF⟩, Zugriff am 12.08.2014 (zitiert: Cockburn).

Corsten, Hans; **Corsten, Hilde** und **Gössinger, Ralf:** Projektmanagement: Einführung. 2. Auflage. München: Oldenbourg, 2008, Lehr- und Handbücher der Betriebswirtschaftslehre (zitiert: Corsten/Corsten/Gössinger).

Corsten, Hans und **Reiß, Michael:** Betriebswirtschaftslehre. Band 1, Lehr- und Handbücher der Betriebswirtschaftslehre. 4. Auflage. München: Oldenbourg, 2008 (zitiert: Corsten/Reiß).

Cressey, Peter; **Totterdill, Peter** und **Exton, Rosemary:** *Workplace Social Dialogue as a Form of Productive Reflection.* International Journal of Action Research, 9 (2) 2013, S. 209–245, Teil der Literaturanalyse (zitiert: Cressey/Totterdill/Exton).

d'Aquin, Mathieu et al.: *Realizing Networks of Proactive Smart Products.* Lecture Notes in Computer Science, 7603 2012, S. 337–352, Teil der Literaturanalyse (zitiert: d'Aquin et al.).

Dasiopoulou, Stamatia et al.: *A Survey of Semantic Image and Video Annotation Tools.* In Lecture Notes in Computer Science. Band 6050, Springer, 2011, S. 196–239, Teil der Literaturanalyse (zitiert: Dasiopoulou et al.).

Davenport, T. H.; **De Long, D. W.** und **Beers, M. C.:** *Successful Knowledge Management Projects.* Sloan Management Review, 39 1998 Nr. 2, S. 43–57 ⟨URL: http://research.ecstu.com/km/efile/ckm/successful_km_project.pdf⟩ (zitiert: Davenport/De Long/Beers).

Davenport, Thomas H. und **Prusak, Laurence:** Working knowledge: how organizations manage what they know. Boston: Harvard Business School, 1998 (zitiert: Davenport/Prusak).

David, Robert J und **Han, Shin-Kap:** *A systematic assessment of the empirical support for transaction cost economics.* Strategic Management Journal, 25 2004 Nr. 1,

S. 39–58 ⟨URL: http://doi.wiley.com/10.1002/smj.359⟩, Zugriff am 12.03.2013 (zitiert: David/Han).

Deken, Fleur et al.: *Tapping into past design experiences: knowledge sharing and creation during novice-expert design consultations.* Research in Engineering Design, 23 2012, S. 203–218, Teil der Literaturanalyse (zitiert: Deken et al.).

Denkena, Berend; **Charlin, Friedrich** und **Merwart, Michael:** *Konzept einer kompetenzorientierten Fertigungsplanung für die Werkstattfertigung.* Zeitschrift für wirtschaftlichen Fabrikbetrieb, 10 2012, S. 707–711, Teil der Literaturanalyse (zitiert: Denkena/Charlin/Merwart).

Deokar, Amit V und **El-Gayar, Omar F:** *On semantic annotation of decision models.* Information Systems and eBusiness Management, 11 2012, S. 93–117, Teil der Literaturanalyse (zitiert: Deokar/El-Gayar).

Dick, Michael et al.: *Wissenstransfer per Triadengespräch.* ZFO - Zeitschrift Führung und Organisation, 6 2010, S. 375–383, Teil der Literaturanalyse (zitiert: Dick et al.).

Dick, Michael und **Jacob, Mike:** *Vom Misserfolg jenseits des Fehlers: Das entdeckende Potenzial des Triadengesprächs.* Wirtschaftspsychologie, 4 2010, S. 67–77, Teil der Literaturanalyse (zitiert: Dick/Jacob).

Dick, Michael und **Wasian, Franziska:** *Kollegiale Visitationen als Methode Reflexiver Professioneller Entwicklung.* In **Schreyögg, Astrid** und **Buer, Ferdinand (Hrsg.):** Organisationsberatung, Supervision, Coaching. Band 18, Springer, 2011, S. 49–65, Teil der Literaturanalyse (zitiert: Dick/Wasian).

Diethelm, Gerd und **Bernhard, Thomas (Hrsg.):** Projektmanagement. Band 1: Grundlagen : Kennzeichen erfolgreicher Projektabwicklung ; Aufbau und Ablauf des Projektmanagements ; Planung, Überwachung und Steuerung von Projekten, Herne: Verlag Neue Wirtschafts-Briefe, 2000 (zitiert: Diethelm/Bernhard).

Dijkstra, Edsger W.: *The humble programmer.* Commun. ACM 15 (1972), 10 1972, S. 859–866 (zitiert: Dijkstra).

Dimai, Bettina: Innovation macht Schule: eine Analyse aus der Perspektive der Akteur-Netzwerk Theorie. Dissertation, Wiesbaden, 2012, Zugl.: Innsbruck, Teil der Literaturanalyse (zitiert: Dimai).

Dippold, Rolf; Fedtke, Stephen (Hrsg.): Unternehmensweites Datenmanagement : Von der Datenbankadministration bis zum Informationsmanagement. 4. Auflage. Braunschweig: Vieweg, 2005 (zitiert: Dippold).

Dombrowski, Uwe; **Mielke, Tim** und **Schulze, Sven:** *Vom Objekt zum Subjekt.* Organisations Entwicklung, 4 2012, S. 71–79, Teil der Literaturanalyse (zitiert: Dombrowski/Mielke/Schulze).

Dornberg, Jan Henrik und **Cremer, Ruth:** *Integration eines Prozessorientierten Wissensmanagements Wir waren zuerst da!* QZ Qualität und Zuverlässigkeit, 03 2012, S. 54–55, Teil der Literaturanalyse (zitiert: Dornberg/Cremer).

Dörfler, Michael: *Wissen ist Macht.* Markt und Mittelstand, 12/2011-01/2012 2011, S. 58, Teil der Literaturanalyse (zitiert: Dörfler).

Dritsou, Vicky et al.: *Optimizing Query Shortcuts in RDF Databases.* In **Antoniou, Grigoris et al. (Hrsg.):** The Semanic Web: Research and Applications. Band 6644, Springer, 2011, S. 77–92, Teil der Literaturanalyse (zitiert: Dritsou et al.).

Dror, Itiel E.; **Makany, Tamas** und **Kemp, Jonathan:** *Overcoming Learning Barriers Through Knowledge Management.* Dyslexia, Februar, 17 (1) 2011, S. 38–47, Teil der Literaturanalyse (zitiert: Dror/Makany/Kemp).

Dürr, Holger und **Kotik, Florian:** *Prozessstandards als Grundlage der digitalen Technologieplanung.* Zeitschrift für wirtschaftlichen Fabrikbetrieb, 09 2011, S. 653–657, Teil der Literaturanalyse (zitiert: Dürr/Kotik).

Dunkel, Jürgen (Hrsg.): Systemarchitekturen für verteilte Anwendungen: Client-Server, Multi-Tier, SOA, event driven architectures, P2P, Grid, Web 2.0. München: Hanser, 2008 (zitiert: Dunkel).

Dunkes, Alfons und **Behrens, Carsten:** *Gelebtes Prozess- und Wissensmanagement mit Enterprise Wiki.* QZ Qualität und Zuverlässigkeit, 01 2013, S. 29–33, Teil der Literaturanalyse (zitiert: Dunkes/Behrens).

EBSCOhost, o.V.: Überblick über Datenbanken. 2013 ⟨URL: http://web.ebscohost.com/ehost/search/selectdb?sid=dea975f5-c4d0-429c-91ae-bbe7956aa525%40session mgr10&vid=9&hid=1⟩, Zugriff am 05.03.2013 (zitiert: EBSCOhost).

Echeverry, Ana Ximena Halabi und **Richards, Deborah und Bilgin, Ayse:** *Identifying Characteristics of Seaports for Environmental Benchmarks Based on Metalearning.* In **Richards, Deborah** und **Kang, Byeong Ho (Hrsg.):** Knowledge Management and Acquisition for Intelligent Systems. Band 7457, Berlin, Heidelberg: Springer, 2012, S. 350–363, Teil der Literaturanalyse (zitiert: Echeverry/Richards).

Eckert, Claudia: IT-Sicherheit: Konzepte - Verfahren - Protokolle. 4. Auflage. München: Oldenbourg, 2006 (zitiert: Eckert).

Eckert, Klaus-Peter: *Big Data in der öffentlichen Verwaltung*. Behörden Spiegel, 10 2013, Teil der Literaturanalyse (zitiert: Eckert).

Edelkraut, Frank und **Graf, Nele:** *Doppelter Nutzen*. Personalwirtschaft, 10 2011, S. 39–41, Teil der Literaturanalyse (zitiert: Edelkraut/Graf).

Elbek, Emel und **Zieger, Christiane:** *Wissensmanagement optimal nutzen: Terminologie als Werkzeug*. Wissensmanagement, 8 2012, S. 42–43, Teil der Literaturanalyse (zitiert: Elbek/Zieger).

Enoch, Clinton: Dimensionen der Wissensvermittlung in Beratungsprozessen: Gesprächsanalysen der beruflichen Beratung. Wiesbaden: VS Verlag für Sozialwissenschaften, 2011, Teil der Literaturanalyse (Kapitel 3) (zitiert: Enoch Dimensionen der Wissensvermittlung in Beratungsprozessen: Gesprächsanalysen der beruflichen Beratung).

Enoch, Clinton: *Wissensvermittlung in Beratungsprozessen*. Organisationsberatung Supervision Coaching, 18 2011 Nr. 4, S. 369–381, Teil der Literaturanalyse (zitiert: Enoch Organisationsberatung Supervision Coaching, Nr. 4, Bd. 18, 2011).

Eren, Evren Bahadir und **Detken, Kai-Oliver:** Mobile Security: Risiken mobiler Kommunikation und Lösungen zur mobilen Sicherheit. München: Hanser, 2006 (zitiert: Eren/Detken).

Ernst, Hartmut: Grundkurs Informatik: Grundlagen und Konzepte für die erfolgreiche IT-Praxis - eine umfassende, praxisorientierte Einführung. 4. Auflage. Wiesbaden: Vieweg+Teubner, 2008, Studium (zitiert: Ernst).

Eschweiler, Jörg und **Atencio Psille, Daniel E.:** Securitywork: pragmatische Konzeption und Implementierung von IT-Sicherheit mit Lösungsbeispielen auf Open-Source-Basis. Berlin: Springer, 2006, X.systems.press (zitiert: Eschweiler/Atencio Psille).

Ettisberger, Renato: IT-security & Hacking: fortgeschrittene Angriffstechniken demonstriert an Beispielen für Windows, Linux und Mac OS X. Norderstedt: Books on Demand GmbH, 2006 (zitiert: Ettisberger).

Etzel, Hans-Joachim (Hrsg.): IT-Projektmanagement - Fallstricke und Erfolgsfaktoren: Erfahrungsberichte aus der Praxis. 1. Auflage. Heidelberg: dpunkt-Verl., 2000 (zitiert: Etzel).

Faßbender, Ralf-Rüdiger und **Thanhoffer, Michael:** Kreatives Projektmanagement: mit Projektinszenierung innovative Ergebnisse fördern. 1. Auflage. Wiesbaden: Gabler, 2011 (zitiert: Faßbender/Thanhoffer).

Fachbereichsbibliothek, o.V.: Datenbanken des Fachbereichs Wirtschaftswissenschaft. 2013 ⟨URL: http://www.wiwi.uni-tuebingen.de/fachbereich/einrichtungen-und-service/bibliothek/elektronische-medien/datenbanken.html⟩, Zugriff am 05.03.2013 (zitiert: Fachbereichsbibliothek).

Fahrenwald, Claudia: Erzählen im Kontext neuer Lernkulturen. Band Erzählen im organisationalen Wissensmanagement, Wiesbaden: VS Verlag für Sozialwissenschaften, 2012, S. 166–196, Teil der Literaturanalyse (Kapitel 8) (zitiert: Fahrenwald).

Fasse, Simone: *Soziale Netzwerke ebnen den Weg zum Unternehmen 2.0.* VDI Nachrichten, 21 2011, 10, Teil der Literaturanalyse (zitiert: Fasse).

Fdez-Olivares, Juan et al.: *Task Network Based Modeling, Dynamic Generation and Adaptive Execution of Patient-Tailored Treatment Plans Based on Smart Process Management Technologies.* In **Riaño, David**; **Teije, Annette ten** und **Miksch, Silvia (Hrsg.):** Lecture Notes in Computer Science. Band 6924, New York: Springer, 2012, S. 37–50, Teil der Literaturanalyse (zitiert: Fdez-Olivares et al.).

Ferstl, Otto K. und **Sinz, Elmar J.:** Grundlagen der Wirtschaftsinformatik. 7. Auflage. München: Oldenbourg, 2013 (zitiert: Ferstl/Sinz).

Fiannaca, Antonino et al.: *A knowledge-based decision support system in bioinformatics: an application to protein complex extraction.* In BMC Bioinformatics. Band 13, BioMed Central, 2013, Teil der Literaturanalyse (zitiert: Fiannaca et al.).

Fink, Andreas; **Schneidereit, Gabriele** und **Voß, Stefan:** Grundlagen der Wirtschaftsinformatik. 2. Auflage. Heidelberg: Physica-Verlag, 2005 (zitiert: Fink/Schneidereit/Voß).

Fournier, Monique F: *Knowledge mobilization in the context of health technology assessment: an exploratory case study.* Health Research Policy and Systems, 10 (10) 2012, S. 1–13, Teil der Literaturanalyse (zitiert: Fournier).

Franz, Mirco: *Fachkräftemangel: Den eigenen Talentpool entdecken.* Wissensmanagement, 7 2011, S. 44–45, Teil der Literaturanalyse (zitiert: Franz).

Fromhold-Eisebith, Martina und **Werker, Claudia:** *Universities' functions in knowledge transfer: a geographical perspective.* The Annals of Regional Science, 2013, S. 1–23, Teil der Literaturanalyse (zitiert: Fromhold-Eisebith/Werker).

Fromm, Leonhard: *Mit eigenen Ideen erfolgreich sein.* Wissensmanagement, 7 2012, S. 50–51, Teil der Literaturanalyse (zitiert: Fromm Wissensmanagement, Bd. 7, 2012).

Fromm, Leonhard: *Viele Vorteile im Verbund.* Wissensmanagement, 8 2012, S. 32–33, Teil der Literaturanalyse (zitiert: Fromm Wissensmanagement, Bd. 8, 2012).

Fung, Casey und **Hung, Patrick:** *Information and knowledge management in online rich presence services.* In **Ramesh, Ram ans Rao, H. Raghav (Hrsg.):** Information Systems Frontiers. Band 15, Springer, 2013, S. 521–523, Teil der Literaturanalyse (zitiert: Fung/Hung).

Garla, Vijay und **Brandt, Cynthia:** *Semantic similarity in the biomedical domain: an evaluation across knowledge sources.* BMC Bioinformatics, 13: 261 2012, S. 1–13, Teil der Literaturanalyse (zitiert: Garla/Brandt).

Geers, Dennis et al.: *Qualität in wissensintensiven Geschäftsprozesse.* Industrie Management, 4 2010, S. 9–12, Teil der Literaturanalyse (zitiert: Geers et al.).

Gehle, Michael und **Mülder, Wilhelm:** Wissensmanagement in der Praxis. Frechen: Datakontext-Fachverl., [2001] (zitiert: Gehle/Mülder).

Geiger, Daniel: *The Role of Argument and Narration in Knowledge Sharing: Coping with Context, Validity, and Coherence.* Schmalenbach Business Review, 62 2010, S. 291–316, Teil der Literaturanalyse (zitiert: Geiger).

Geiger, Ingrid Katharina et al.: Projektmanagement - Zertifizierung nach IPMA(3.0) - Ebene D und C. Band Aufl. 2, Zürich: Compendio Bildungsmedien, 2009 (zitiert: Geiger et al.).

Gernert, Christiane: Agiles Projektmanagement: risikogesteuerte Softwareentwicklung. München, Wien: Carl Hanser Verlag, 2003 (zitiert: Gernert).

Gesellschaft für Informatik: Vorgehensmodelle. 2010 ⟨URL: http://www.wi-vm.gi-ev.de/fileadmin/gliederungen/fgwi-vm/TBand/Inhalt/3-8265-5939-8_INH.PDF⟩, Zugriff am 18.10.10 (zitiert: Gesellschaft für Informatik).

Gloger, Boris: Scrum Produkte zuverlässig und schnell entwickeln. München, Wien: Carl Hanser Verlag, 2013 (zitiert: Gloger).

Gluchowski, Peter; **Schieder, Christian** und **Böhringer, Martin:** *Web-2.0-inspirierte Business-Intelligence-Lösungen für die Anwender der Zukunft.* HMD - Praxis der Wirtschaftsinformatik, 282 2011, S. 16–25, Teil der Literaturanalyse (zitiert: Gluchowski/Schieder/Böhringer).

Gneiting, Stefan: *Cebit 2011: Die Wolke ändert alles.* SteuerConsultant, 4 2011, S. 42–44, Teil der Literaturanalyse (zitiert: Gneiting).

Goffart, Andrea: *Der richtige Mitarbeiter am richtigen Platz.* Personalwirtschaft, Sonderheft 2012, S. 17–19, Teil der Literaturanalyse (zitiert: Goffart).

Golikova, Victoria; **Karhunen, Päivi** und **Kosonen, Riitta:** *Subsidiary evolution in a transition economy: Kemira GrowHow in the Russian fertilizer market*. Journal for East European Management Studies, 16 (1) 2011, S. 9–30, Teil der Literaturanalyse (zitiert: Golikova/Karhunen/Kosonen).

González-Aranda, Juan Miguel; **Rodríguez-Clemente, Rafael** und **Lozano, Sebastián:** *e-Research in International Cooperation Networks in Science and Technology Research*. In **Anandarajan, Murugan** und **Anandarajan, Asokan (Hrsg.):** e-Research Collaboration. Heidelberg: Springer, 2010, S. 167–199, Teil der Literaturanalyse (zitiert: González-Aranda/Rodríguez-Clemente/Lozano).

Graf, Klaus-Dieter: Informatik: eine Einführung in Grundlagen und Methoden. Freiburg: Herder, 1981, Studienbücher Mathematik (zitiert: Graf).

Grasso, Giovanni et al.: *ASP at Work: Spin-off and Applications of the DLV System*. In **Balduccini, Marcello** und **Son, Tran Cao (Hrsg.):** Lecture Notes in Computer Science. Band 6565, New York: Springer, 2011, S. 432–451, Teil der Literaturanalyse (zitiert: Grasso et al.).

Grechenig, Thomas et al.: Softwaretechnik: Mit Fallbeispielen aus realen Entwicklungsprojekten. München: Pearson Studium, 2010 (zitiert: Grechenig et al.).

Großer, Annette: *Mit visuellen Landkarten Wissen aufbereiten, aktualisieren und teilen*. Wissensmanagement, 4 2013, S. 28–29, Teil der Literaturanalyse (zitiert: Großer).

Gronau, Norbert (Hrsg.): Anwendungen und Systeme für das Wissensmanagement: ein aktueller Überblick. 3. Auflage. Berlin: Gito-Verlag, 2009, Reihe Wirtschaftsinformatik: technische und organisatorische Gestaltungsoptionen (zitiert: Gronau Anwendungen und Systeme für das Wissensmanagement: ein aktueller Überblick).

Gronau, Norbert: Wissen prozessorientiert managen: Methode und Werkzeuge für die Nutzung des Wettbewerbfaktors Wissen in Unternehmen. München: Oldenbourg-Verlag, 2009 (zitiert: Gronau Wissen prozessorientiert managen: Methode und Werkzeuge für die Nutzung des Wettbewerbfaktors Wissen in Unternehmen).

Gronau, Norbert und **Heinze, Priscilla:** *Qualitätsorientierte Wissens- arbeit in der Produktentwicklung*. Industie Management, 3 2012, S. 12–16, Teil der Literaturanalyse (zitiert: Gronau/Heinze).

Gronau, Norbert et al.: *Reifegradmessung als Ansatz zur Verbesserung von wissensintensiven Geschäftsprozessen*. IM Information Management &Consulting, 25 (4) 2010, S. 75–80, Teil der Literaturanalyse (zitiert: Gronau et al.).

Gärtner, Hendrik; **Kind, Christian** und **Langenberg, Dirk:** *Cloud Computing im betrieblichen Einsatz Erfahrungen aus der Entwicklung eines Wissensmanagementdienstes.* Zeitschrift für wirtschaftlichen Fabrikbetrieb, 11 2012, S. 845–848, Teil der Literaturanalyse (zitiert: Gärtner/Kind/Langenberg).

Gul, Sumeer und **Shah, Tariq A.:** *Managing Knowledge Repository in Kashmir: Leap towards a Knowledge Based Society.* Trends in Information Management, 7 (1) 2011, 41–55, Teil der Literaturanalyse (zitiert: Gul/Shah).

Gulati, Karishma und **Khera, Shikha:** *Role of HR Practices and KM Tools in Knowledge-Sharing Behavior of Internal Customers at Commercial Banks in Delhi.* IUP Journal of Bank Management, Vol. 12 Issue 2 2013, S. 43–61, Teil der Literaturanalyse (zitiert: Gulati/Khera).

Gumm, Heinz-Peter und **Sommer, Manfred:** Einführung in die Informatik. 7. Auflage. München: Oldenbourg, 2006 (zitiert: Gumm/Sommer).

Gurria, Angel: *From the information revolution to a knowledge-based world.* OECD Observer, Issue 293 2012, S. 3, Teil der Literaturanalyse (zitiert: Gurria).

Gust von Loh, Sonja: Evidenzbasiertes Wissensmanagement. Dissertation, Wiesbaden, 2009, Zugl.: Düsseldorf (zitiert: Gust von Loh).

Gutenberg, Erich (Hrsg.): Grundlagen der Betriebswirtschaftslehre. Band 1: Die Produktion, 24. Auflage. Berlin: Springer Verlag, 1983 (zitiert: Gutenberg).

Haarmann, Bastian: *IT: Keine Extraktion von Wissen aus verschiedenen Datenwelten.* Versicherungswirtschaft, 66 2011, 1169, Teil der Literaturanalyse (zitiert: Haarmann).

Haas, Nicolas: Die Erfolgsfaktoren des Wissensmanagements. Dissertation, Aachen, 2011, Zugl.: Passau (zitiert: Haas).

Habeck, Heiner; **Schmidt, Andreas** und **Thomas, Oliver:** *Wissenstransfer in ERP-Projekten.* ERP Management, 1 2013, S. 52–54, Teil der Literaturanalyse (zitiert: Habeck/Schmidt/Thomas).

Habermann, Frank: *Social Media in Unternehmen was Freizeitnutzer denken.* HMD - Praxis der Wirtschaftsinformatik, 288 2012, S. 94–103, Teil der Literaturanalyse (zitiert: Habermann).

Hadar, Irit; **Soffer, Pnina** und **Kenzi, Keren:** *The role of domain knowledge in requirements elicitation via interviews: an exploratory study.* Requirements Engeneering, 2012, S. 1–17, Teil der Literaturanalyse (zitiert: Hadar/Soffer/Kenzi).

Haggerty, Nicole: *What we can learn from high value Indian outsourcers.* Ivey Business Journal, September, Oktober 2011, 1–3, Teil der Literaturanalyse (zitiert: Haggerty).

Haghirian, Parissa: *Stories & Co. - Lernen mit Geschichte(n).* Wissensmanagement, 7 2011, S. 42–43, Teil der Literaturanalyse (zitiert: Haghirian).

Haglich, Peter et al.: *Cyber Scientific Test Language.* In **Aroyo, Lora et al. (Hrsg.):** Lecture Notes in Computer Science. Band 7032, New York: Springer, 2011, S. 97–111, Teil der Literaturanalyse (zitiert: Haglich et al.).

Hamilton, Patrick: Dynaxity: Management von Dynamik und Komplexität im Softwarebau. Berlin: Springer Verlag, 2007 (zitiert: Hamilton).

Hammer, Peter: *Ein Baukasten für 2020.* werben & verkaufen, 49 2012, S. 54 – 56, Teil der Literaturanalyse (zitiert: Hammer).

Hansen, Hans Robert und **Neumann, Gustaf (Hrsg.):** Wirtschaftsinformatik. Band 1: Grundlagen und Anwendungen, 10. Auflage. Stuttgart: Lucius & Lucius, 2009 (zitiert: Hansen/Neumann).

Hanser, Eckhart: Agile Prozesse: Von XP über Scrum bis MAP. Berlin: Springer, 2010, eXamen.press (zitiert: Hanser).

Harrison-Broninski, Keith: *Dealing with Human-Driven Processes.* In **Brocke, Jan vom** und **Rosemann, Michael (Hrsg.):** International Handbooks on Information Systems. Berlin: Springer, 2010, Handbook on Business Process Management 2, Part 3, S. 443–461, Teil der Literaturanalyse (zitiert: Harrison-Broninski).

Hartmann, Wolfgang: *Exklusives Wissenssharing - wenn Unternehmer - vertrauliches Know-how teilen.* Wissensmanagement, 3 2011, S. 14–15, Teil der Literaturanalyse (zitiert: Hartmann).

Hasler Roumois, Ursula: Studienbuch Wissensmanagement: Grundlagen der Wissensarbeit in Wirtschafts-, Non-Profit- und Public-Organisationen. 2. Auflage. Zürich: Orell Füssli, 2010 (zitiert: Hasler Roumois).

Hauptmann, Stefan und **Steger, Thomas:** *A brave new (digital) world? Effects of Inhouse Social Media on HRM.* Zeitschrift für Personalforschung, 1 2013, S. 26–46, Teil der Literaturanalyse (zitiert: Hauptmann/Steger).

Heche, Dirk: Praxis des Projektmanagements. Berlin: Springer Verlag, 2004 (zitiert: Heche).

Hedderich, Volker: *Mit Weiterbildung gegen den Fachkräftemangel.* Wissensmanagement, 4 2013, S. 30–31, Teil der Literaturanalyse (zitiert: Hedderich).

Heilmann, Heidi; Etzel, Hans-Joachim; Richter, Reinhard (Hrsg.): IT-Projektmanagement - Fallstricke und Erfolgsfaktoren: Erfahrungsberichte aus der Praxis. 2. Auflage. Heidelberg: dpunkt, 2003, Teil A, Erfolgsfaktoren des IT–Projektmanagements (zitiert: Heilmann).

Heimerl, Peter (Hrsg.): Strategie, Organisation, Personal, Führung. Wien: facultas.wuv, 2012 (zitiert: Heimerl).

Heinrich, Lutz J.; **Heinzl, Armin** und **Riedl, René:** Wirtschaftsinformatik: Einführung und Grundlegung. 4. Auflage. Berlin: Springer Verlag, 2011 (zitiert: Heinrich/Heinzl/Riedl).

Heinrich, Lutz J. und **Stelzer, Dirk:** Informationsmanagement: Grundlagen, Aufgaben, Methoden. 10. Auflage. München: Oldenbourg, 2011 (zitiert: Heinrich/Stelzer).

Heinrich, Lutz Jürgen: Management von Informatik-Projekten. München: Oldenbourg, 1997 (zitiert: Heinrich).

Heinrich, Lutz Jürgen; **Heinzl, Armin** und **Roithmayr, Friedrich:** Wirtschaftsinformatik: Einführung und Grundlegung. 3. Auflage. München: Oldenbourg, 2007 (zitiert: Heinrich/Heinzl/Roithmayr).

Heinrich, Lutz Jürgen und **Lehner, Franz:** Informationsmanagement: Planung, Überwachung und Steuerung der Informationsinfrastruktur. 8. Auflage. München: Oldenbourg, 2005 (zitiert: Heinrich/Lehner).

Heinrich, Lutz Jürgen; **Roithmayr, Friedrich** und **Heinzl, Armin:** Wirtschaftsinformatik-Lexikon. 7. Auflage. München: Oldenbourg, 2004 (zitiert: Heinrich/Roithmayr/Heinzl).

Heinrich, Stefan: *Digitales Wissen - 'native' oder 'immigrant'?* Wissensm, 1 2013, S. 8–10, Teil der Literaturanalyse (zitiert: Heinrich).

Heinze, Thomas: Qualitative Sozialforschung: Einführung, Methodologie und Forschungspraxis. München: Oldenbourg, 2001 (zitiert: Heinze).

Heinzow, Gunnar und **Vanini, Ute:** *Bewertung des Intellektuellen Kapitals (IK) in KMU und Kreditinstituten.* Controller Magazin, 6 2012, S. 79–85, Teil der Literaturanalyse (zitiert: Heinzow/Vanini).

Heisig, Peter: *Fuji Xerox & NTT Data - Wissensgenerierung in japanischen Unternehmen.* Wissensmanagement, 6 2011, S. 28–29, Teil der Literaturanalyse (zitiert: Heisig).

Heisig, Peter und **Orth, Ronald:** Wissensmanagement Frameworks aus Forschung und Praxis: eine inhaltliche Analyse. Berlin: Eureki, 2005 (zitiert: Heisig/Orth).

Helmke, H.; **Höppner, F.** und **Isernhagen, R.**: Einführung in die Software-Entwicklung- Vom Programmieren zur erfolgreichen Software-Projektarbeit. Band 2007, München, Wien: Carl Hanser Verlag, 2007 (zitiert: Helmke/Höppner/Isernhagen).

Henning, Peter A.; **Burger, Stefan** und **Maier, Sebastian:** *Konzepte eines kommunalen Wissensmanagementsystems.* HMD - Praxis der Wirtschaftsinformatik, 277 2011, S. 86–97, Teil der Literaturanalyse (zitiert: Henning/Burger/Maier).

Hermes, Heinz-Josef und **Schwarz, Gerd (Hrsg.):** Outsourcing. München: Rudolf Haufe Verlag, 2005, Chancen und Risiken, Erfolgsfaktoren, rechtssichere Umsetzung ⟨URL: http://www.wiso-net.de/r_ebook/webcgi?START=A60&DOKV_DB=HAUF&DOKV_NO=9783448065602409&DOKV_HS=0&PP=1⟩, Zugriff am 22.11.2012 (zitiert: Hermes/Schwarz).

Hertlein, Michael und **Smolnik, Stefan:** *Erfahrungen aus fünf Jahren Benchmarking.* Wissensmanagement, 6 2012, S. 28–30, Teil der Literaturanalyse (zitiert: Hertlein/Smolnik).

Hertling, Sascha und **Jung, Dirk:** *Wissenstransfer mit Tools aus dem Personal- und Changemanagement realisieren.* Wissensmanagement, 03 2011, S. 16, 17, Teil der Literaturanalyse (zitiert: Hertling/Jung).

Herzog, Bernhard Otto: Technik der Projektarbeit: Handbuch für Projektleiter und Consultants. München: Oldenbourg, 2008 ⟨URL: http://www.gbv.de/dms/zbw/556753798.pdf⟩, Zugriff am 03.07.2011 (zitiert: Herzog).

Hesse, Wolfgang; **Merbeth, Günter** und **Frölich, Rainer:** Handbuch der Informatik. Band 5, München: Oldenbourg, 1992 (zitiert: Hesse/Merbeth/Frölich).

Hesseler, Michael: Projektmanagement: Wissensbausteine für die erfolgreiche Projektarbeit. München: Vahlen, 2007 (zitiert: Hesseler).

Höhn, Reinhard und **Höppner, Stephan:** Das V-Modell XT: Anwendungen, Werkzeuge, Standards. Berlin: Springer, 2008 (zitiert: Höhn/Höppner Das V-Modell XT: Anwendungen, Werkzeuge, Standards).

Höhn, Reinhard und **Höppner, Stephan:** Das V-Modell XT: Grundlagen, Methodik und Anwendungen. Berlin, Heidelberg: Springer Verlag, 2008 (zitiert: Höhn/Höppner Das V-Modell XT: Grundlagen, Methodik und Anwendungen).

Hirner, Maximilian und **Langecker, Günter:** *A Knowledge Management System for Injection Molds.* Kunststoffe international, 7 2012, S. 38–40, Teil der Literaturanalyse (zitiert: Hirner/Langecker).

Hoberg, Anna und **Gohlke, Petra:** *Selbstorganisiertes Lernen 2.0 Ein neues Lernkonzept für die berufliche Weiterbildung*. HMD - Praxis der Wirtschaftsinformatik, 277 2011, S. 63–72, Teil der Literaturanalyse (zitiert: Hoberg/Gohlke).

Hoberg, Anna; **Piele, Christian** und **Veit, Jörg:** *Mobiles Lernen für Smart Home/Smart Grid*. HMD - Praxis der Wirtschaftsinformatik, 291 2013, S. 80–94, Teil der Literaturanalyse (zitiert: Hoberg/Piele/Veit).

Hofmann, Josephine und **Jarosch, Jürgen:** *IT-gestütztes Lernen und Wissensmanagement Verbreitung, Nutzer, Trends*. HMD - Praxis der Wirtschaftsinformatik, 277 2011, S. 6–17, Teil der Literaturanalyse (zitiert: Hofmann/Jarosch).

Hofstede, Geert und **Hofstede, Gert Jan; Mayer, Petra [Übers.]** und **Lee, Anthony (Hrsg.):** Lokales Denken, globales Handeln: interkulturelle Zusammenarbeit und globales Management. 4. Auflage. München: Dt. Taschenbuch-Verl., 2009 (zitiert: Hofstede/Hofstede).

Hofstede, Geert; **Hofstede, Gert Jan** und **Minkov, Michael:** Cultures and organizations: software of the mind; intercultural cooperation and its importance for survival. 3. Auflage. New York, NY: McGraw-Hill, 2010 (zitiert: Hofstede/Hofstede/Minkov).

Holcombe, Randall: *Firms as knowledge repositories*. In **Boettke, Peter** und **Coyne, Christopher (Hrsg.):** The Review of Austrian Economics. Band 26, Springer, 2013, S. 259–275, Teil der Literaturanalyse (zitiert: Holcombe).

Holtgrewe, Ursula: *Internetorganisationen*. In **Apelt, Maja** und **Tacke, Veronika (Hrsg.):** Handbuch Organisationstypen. Springer, 2012, S. 381–400, Teil der Literaturanalyse (zitiert: Holtgrewe).

Horváth, Annette: *Virtuelle Kreativitätsworkshops: Wie Wissen beweglich wird*. Wissensmanagement, 7 2010, S. 48–49, Teil der Literaturanalyse (zitiert: Horváth Wissensmanagement, Bd. 7, 2010).

Horváth, Annette: *Wenn Kunden ihre Produkte selbst kreieren*. Wissensmanagement, 2 2012, S. 36–37, Teil der Literaturanalyse (zitiert: Horváth Wissensmanagement, Bd. 2, 2012).

Hrelja, Robert und **Antonson, Hans:** *Handling user needs: methods for knowledge creation in Swedish transport planning*. In **May, Anthony (Hrsg.):** European Transport Research Review. Springer, 2012, S. 115–23, Teil der Literaturanalyse (zitiert: Hrelja/Antonson).

Hästbacka, David und **Kuikka, Seppo:** *Semantics enhanced engineering and model reasoning for control application development.* Multimedia Tools and Applications, 2012, S. 1–16, Teil der Literaturanalyse (zitiert: Hästbacka/Kuikka).

Huber, Doreen und **Schreiner, Joachim:** *E-Mail? Nein, danke!* Personalwirtschaft, 4 2012, S. 74–75, Teil der Literaturanalyse (zitiert: Huber/Schreiner).

Hunt, Joe D.; **Whipple, Elizabeth C.** und **McGowan, Julie J.:** *Use of social network analysis tools to validate a resources infrastructure for interinstitutional translational research: a case study.* Journal of the Medical Library Association: JMLA, 100 (1) 2012, S. 48–54 ⟨URL: http://dx.doi.org/10.3163/1536-5050.100.1.009⟩, Zugriff am 02.11.2012, Teil der Literaturanalyse (zitiert: Hunt/Whipple/McGowan).

Hwang, Myunggwon et al.: *A term normalization method for efficient knowledge acquisition through text processing.* In **Rutkowski, Leszek et al. (Hrsg.):** Artificial Intelligence and Soft Computing. Band 7267, 2012, S. 682–690, Teil der Literaturanalyse (zitiert: Hwang et al.).

Hynes, Geralyn; **Coghlan, David** und **McCarron, Mary:** *Developing Practice in Healthcare: The Contribution of Bildung to Negotiating the Tensions among Practical, Professional and Organisational Knowing.* International Journal of Action Research, 8 (2) 2012, S. 159–184, Teil der Literaturanalyse (zitiert: Hynes/Coghlan/McCarron).

IAB, Institut für Arbeitsmarkt-und Berufsforschung: Beschäftigungsdynamik im internationalen Vergleich: Ist Europa auf dem Weg zum Turbo-Arbeitsmarkt? 2010 ⟨URL: http://doku.iab.de/kurzber/2010/kb1910.pdf⟩, Zugriff am 2014.01.10 (zitiert: IAB).

IABG: Glossar des V-Modell XT. 2014 ⟨URL: http://v-modell.iabg.de/v-modell-xt-html/44e3fbda665f67.html⟩, Zugriff am 18.04.2014 (zitiert: IABG).

IAGB: Das V-Modell®. 2013 ⟨URL: http://www.v-modell.iabg.de/⟩, Zugriff am 22.05.2013 (zitiert: IAGB).

Idrobo, Carlos Julián und **Berkes, Fikret:** *Pangnirtung Inuit and the Greenland Shark: Co-producing Knowledge of a Little Discussed Species.* Human Ecology, 40 2012, S. 405–414, Teil der Literaturanalyse (zitiert: Idrobo/Berkes).

Ingstrup, Mads Bruun: *Facilitating Different Types of Clusters.* management revue, 24 (2) 2013, S. 133–150, Teil der Literaturanalyse (zitiert: Ingstrup).

International Organization for Standardization: Bewerten von Softwareprodukten: Qualitätsmerkmale und Leitfaden zu ihrer Verwendung; identisch mit ISO IEC

9126: 1991. Stand: Oktober 1994 Auflage. Berlin: Beuth, 1994, Deutsche Normen; 66272 (zitiert: International Organization for Standardization Bewerten von Softwareprodukten: Qualitätsmerkmale und Leitfaden zu ihrer Verwendung; identisch mit ISO IEC 9126: 1991).

International Organization for Standardization: Software engineering - software product quality requirements and evaluation (SQuaRE) - Guide to SQuaRE. Ingénierie du logiciel - exigences de qualité du produit logiciel et évaluation (SQuaRE) - Guide de SQuaRE. 1. Auflage. Geneva: ISO, 2005, International standard; ISO/IEC 25000 (zitiert: International Organization for Standardization Software engineering - software product quality requirements and evaluation (SQuaRE) - Guide to SQuaRE. Ingénierie du logiciel - exigences de qualité du produit logiciel et évaluation (SQuaRE) - Guide de SQuaRE).

Jahnke, Bernd: *Führungsinformationssysteme.* In **Stickel, Eberhard (Hrsg.):** Gabler-Wirtschaftsinformatik-Lexikon. Wiesbaden: Gabler, 1997, S. 280–284 (zitiert: Jahnke).

Jahnke, Bernd und **Bawidamann, Horst:** *Wissen und Lernen im Kontext des Post-Merger-Integrations-Problems.* In **Jahnke, Bernd (Hrsg.):** IT-gestützte betriebswirtschaftliche Entscheidungsprozesse: Dieter Preßmar zum 65. Geburtstag. 1. Auflage. Wiesbaden: Gabler, 2001, S. 465–480 (zitiert: Jahnke/Bawidamann).

Jahnke, Isa: Dynamik sozialer Rollen beim Wissensmanagement: Soziotechnische Anforderungen an Communities und Organisationen. Dissertation, 2005, Zugl.: Dortmund (zitiert: Jahnke).

Jakoby, Walter: Projektmanagement für Ingenieure - Gestaltung technischer Innovationen als systemische Problemlösung in strukturierten Projekten. Vieweg+Teubner Verlag, 2010 (zitiert: Jakoby).

Janßen, Heike und **Bundschuh, Manfred:** Objektorientierte Software-Entwicklung. München: Oldenbourg, 1993 (zitiert: Janßen/Bundschuh).

Jannaschk, Kai und **Polomski, Tsvetelin:** *A Data Mining Design Framework - A Preview.* In **Catania, Barbara**; **Ivanovic, Mirjana** und **Thalheim, Bernhard (Hrsg.):** Lecture Notes in Computer Science. Band 6295, New York: Springer, 2011, S. 571–574, Teil der Literaturanalyse (zitiert: Jannaschk/Polomski).

Jansen, Maria et al.: *Working at the nexus between public health policy, practice and research. Dynamics of knowledge sharing in the Netherlands.* Health Research Policy and Systems, 10(33) 2012, S. 1–12, Teil der Literaturanalyse (zitiert: Jansen et al.).

Jeong, Chang-Hoo et al.: *Grid-based framework for high-performance processing of scientific knowledge.* In **Borko, Furht (Hrsg.):** Multimedia Tools and Applications. Springer, 2013, S. 1–16, Teil der Literaturanalyse (zitiert: Jeong et al.).

Jreisat, Jamil E.: *Commentary - Comparative Public Administration: A Global Perspective.* Public Administration Review, November, Dezember 2011, S. 834–838, Teil der Literaturanalyse (zitiert: Jreisat).

Judt, Ewald und **Klausegger, Claudia:** *Storytelling.* Bank und Markt, 1 2012, S. 46, Teil der Literaturanalyse (zitiert: Judt/Klausegger).

Jung, Hans (Hrsg.): Allgemeine Betriebswirtschaftslehre. 12. Auflage. München: Oldenbourg, 2010 (zitiert: Jung).

Jursch, Sebastian und **Jalocha, Sylwia:** *Interdisziplinäre Produktentwicklung durch gezielten Erfahrungsaustausch.* Wissensmanagement, 8 2010, S. 50–51, Teil der Literaturanalyse (zitiert: Jursch/Jalocha).

Juzek, Christian und **Berger, Ulrich:** *Nutzung von Erfahrungswissen im Fahrzeuganlaufmanagement Bewertung und Auswahl geeigneter Methoden.* Zeitschrift für wirtschaftlichen Fabrikbetrieb, 6 2013, S. 399–404, Teil der Literaturanalyse (zitiert: Juzek/Berger).

Kaelber, Claus und **Märtin, Christian:** *From Structural Analysis to Scenarios and Patterns for Knowledge Sharing Applications.* In **Jacko, Julie A. (Hrsg.):** Human-Computer Interaction. Design and Development Approaches. Band 6761, Springer, 2011, S. 258–267, Teil der Literaturanalyse (zitiert: Kaelber/Märtin).

Kallenborn, Martin und **Kraemer, Wolfgang:** *IT-Unterstützung der Planungs- und Entwicklungsprozesse in einem integrierten Talent Management System.* IM Information Management & Consulting, 3 2011, S. 45–49, Teil der Literaturanalyse (zitiert: Kallenborn/Kraemer).

Kamps, Thomas: *Wissensnetze machen Änderungsprozesse transparent.* Wissensmanagement, 6 2012, S. 16–17, Teil der Literaturanalyse (zitiert: Kamps).

Karagiannis, Dimitris und **Woitsch, Robert:** *Knowledge Engineering in Business Process Management.* In **Brocke, Jan vom** und **Rosemann, Michael (Hrsg.):** Handbook on Business Process Management 2. Berlin, Heidelberg: Springer, 2010, International Handbooks on Information Systems, S. 463–485, Teil der Literaturanalyse (zitiert: Karagiannis/Woitsch).

Karahoca, Dilek; **Karahoca, Adem** und **Yavuz, Özerk:** *An early warning system approach for the identification of currency crises with data mining techniques.* Neural

Computing and Applications, 2012 Nr. Schreyög, Astrid and Belardi, Nando and Petzold, Hilarion and Rechtien, Wolfgang and Schmidt-Lellek, Christoph J., S. 1–9, Teil der Literaturanalyse (zitiert: Karahoca/Karahoca/Yavuz).

Katenkamp, Olaf: Implizites Wissen in Organisationen. Dissertation, 2011, Zugl.: Dortmund, Teil der Literaturanalyse (zitiert: Katenkamp).

Kaur, Harleen und **Wasan, Siri K.:** *An Integrated Approach in Medical Decision-Making for Eliciting Knowledge.* In **Lazakidou, Athina (Hrsg.):** Annals of Information Systems. Band 7, New York: Springer, 2010, S. 215–227, Teil der Literaturanalyse (zitiert: Kaur/Wasan).

Kellerhoff, Peter: *Neue Wiki-Generation ist auf dem Weg in die Unternehmen.* VDI Nachrichten, 20 2011, S. 15, Teil der Literaturanalyse (zitiert: Kellerhoff).

Kemper, Alfons und **Eickler, André:** Datenbanksysteme: eine Einführung. 6. Auflage. München: Oldenbourg, 2006 (zitiert: Kemper/Eickler).

Kersken, Sascha: Apache 2: das umfassende Handbuch. 2. Auflage. Bonn: Galileo Press, 2006, Galileo Computing (zitiert: Kersken).

Kersten, Heinrich und **Klett, Gerhard:** Der IT-Security-Manager: Expertenwissen für jeden IT-Security-Manager. 2. Auflage. Wiesbaden: Vieweg + Teubner, 2008, Edition Praxis (zitiert: Kersten/Klett).

Kessler, Heinrich und **Winkelhofer, Georg A.:** Projektmanagement: Leitfaden zur Steuerung und Führung von Projekten; mit 42 Tabellen. 3. Auflage. Berlin: Springer Verlag, 2002 (zitiert: Kessler/Winkelhofer).

Käfer, Gerhard und **Blanke, Marvin; Grahl, Andreas (Hrsg.):** Kundennutzen durch Wissensvernetzung in Web 2.0 und soziale Netzwerke Risiko oder strategische Chance? Bank-Verlag Medien, 2011, S. 99–127, Teil der Literaturanalyse (zitiert: Käfer/Blanke).

Kühn, Thomas und **Koschel, Kay-Volker:** Gruppendiskussionen. Band Erweiterung: Formenvielfalt und Spielräume von Gruppendiskussionen, Wiesbaden: VS Verlag für Sozialwissenschaften, 2011, S. 253–302, Teil der Literaturanalyse (zitiert: Kühn/Koschel).

Kim, Jeong A.; **Choi, Seung-Yong** und **Hwang, Sun-Myung:** *Architecture of Software Engineering Guideline Execution.* In **Lee, Geuk**; **Howard, Daniel** und **Slezak, Dominik (Hrsg.):** Lecture Notes in Computer Science. Band 6935, New York: Springer, 2011, S. 437–444, Teil der Literaturanalyse (zitiert: Kim/Choi/Hwang).

Klose, Burkhard: Projektabwicklung: Arbeitshilfen, Fallbeispiele und Checklisten im Projektmanagement. München, 2009 ⟨URL: http://www.wiso-net.de/webcgi ?START=A60&DOKV_DB=MIWI,AMIW&DOKV_NO=9783868800364262& DOKV_HS=0&PP=1⟩, Zugriff am 18.04.2011 (zitiert: Klose).

König, Oliver: *Vom allmählichen Verschwinden der Gruppenverfahren.* In **Cierpka, M. et al. (Hrsg.):** Psychotherapeut. Band 56, Springer, 2011, S. 287–296, Teil der Literaturanalyse (zitiert: König).

Knollmann, Mathias; **Meyer, Mirja** und **Windt, Katja:** *Data Mining-Methoden in der Produktionslogistik Wissensgenerierung beim Umgang mit komplexen Daten.* Industie Management, 28 2012, S. 51–55, Teil der Literaturanalyse (zitiert: Knollmann/Meyer/Windt).

Kodama, Mitsuru: Boundary Management: Developing Business Architectures for Innovation. Band Developing New Broadband Services by Dynamic Collaboration Through Strategic Boundary Networks: A Case Study of NTT DoCoMo, Berlin, Heidelberg: Springer, 2010, S. 63–91, Teil der Literaturanalyse (zitiert: Kodama).

Kohl, Ina und **Orth, Ronald:** *Fit für den Wissenswettbewerb - Wissensmanagement im Mittelstand.* Wissensmanagement, 8 2010, S. 52–53, Teil der Literaturanalyse (zitiert: Kohl/Orth).

Kompendium, Elektoronik: Datenübertragung im Mobilfunk. September 2013 ⟨URL: http://www.elektronik-kompendium.de/sites/kom/0910141.htm⟩, Zugriff am 12.09.2013 (zitiert: Kompendium).

Koppel, Oliver und **Plünnecke, Axel:** Wachstums- und Fiskaleffekte von Maßnahmen gegen Fachkräftemangel in Deutschland - Bildungsökonomische Analyse und politische Handlungsempfehlungen insbesondere im MINT-Bereich. Institut der deutschen Wirtschaft Köln, 2008 ⟨URL: www.iwkoeln.de⟩, Zugriff am 14.11.2010 (zitiert: Koppel/Plünnecke).

Käppeli, Yolanda und **Minonne, Clemente:** *Bibliothekarische Wissensarbeit: Informationen nicht nur bereitstellen, sondern interpretieren.* Wissensmanagement, 8 2010, S. 22–23, Teil der Literaturanalyse (zitiert: Käppeli/Minonne).

Kraus, Georg und **Westermann, Reinhold:** Projektmanagement mit System: Organisation, Methoden, Steuerung. 4. Auflage. Wiesbaden: Gabler, 2010 (zitiert: Kraus/Westermann).

Kraus, Stefanie: *Intranet muss zu den Geschäftszielen passen.* Bankmagazin, 11 2010, S. II–IV, Teil der Literaturanalyse (zitiert: Kraus).

Krcmar, Helmut: Informationsmanagement. 5. Auflage. Heidelberg: Springer Verlag, 2010 (zitiert: Krcmar Informationsmanagement).

Krcmar, Helmut: Information. September 2012 ⟨URL: http://www.enzyklopaedie-der-wirtschaftsinformatik.de/wi-enzyklopaedie/lexikon/daten-wissen/Informationsmanagement/Information-⟩, Zugriff am 22.11.2012 (zitiert: Krcmar Information).

Krcmar, Helmut und **Rehäuser, Jakob:** Weiterbildung Wissensmanagement. Studienbrief: Die Ressource Wissen im Betrieb. Tübingen: Dt. Inst. für Fernstudienforschung an d. Univ. Tübingen, 1995 (zitiert: Krcmar/Rehäuser).

Kreitel, Willhild Angelika (Hrsg.): Ressource Wissen: Wissensbasiertes Projektmanagement erfolgreich im Unternehmen einführen und nutzen. Wiesbaden: Gabler / GWV Fachverlage GmbH, 2008 (zitiert: Kreitel).

Krenz, Pascal; **Wulfsberg, Jens P.** und **Bruhns, Franz-L.:** *Unfold Collective Intelligence! Der Wertschöpfungsprozess im Zentrum einer systemischen Organisation und Regelung*. Zeitschrift für wirtschaftlichen Fabrikbetrieb, 5 2012, S. 349–354, Teil der Literaturanalyse (zitiert: Krenz/Wulfsberg/Bruhns).

Kretschmer, Christian: *Storytelling & Rollenspiele - Wissen erleben*. Wissensmanagement, 1 2011, S. 26–27, Teil der Literaturanalyse (zitiert: Kretschmer).

Krüger-Brand, Heike: *Personalisierte Medizin: Informationstechnologie als Schlüssel*. Deutsches Ärzteblatt, 39/109 2012, S. 34, Teil der Literaturanalyse (zitiert: Krüger-Brand).

Krishnaveni, R. und **Senthil Raja, C. S.:** *Knowledge Management and Supporting Tools in IT Organizations*. BVIMR Management Edge Journal, 4 2010, 40–49, Teil der Literaturanalyse (zitiert: Krishnaveni/Senthil Raja).

Körner, Ivo: *Die Chefs von morgen*. Wissensmanagement, 1 2013, S. 44–45, Teil der Literaturanalyse (zitiert: Körner).

Krohn, Michael: *Dialogische Führung und Coaching in Netzwerkorganisationen*. In Organisationsberatung, Supervision, Coaching. Band 18, Springer, 2011, S. 399–412, Teil der Literaturanalyse (zitiert: Krohn).

Krypczyk, Veikko: *Wissensmanagement - Grundlagen und Konzepte*. das Krankenhaus Heft, 4 2013, S. 386 – 393, Teil der Literaturanalyse (zitiert: Krypczyk).

Lackes, Richard und **Siepermann, Markus:** Metawissen. Gabler Wirtschaftslexikon, 2013 ⟨URL: http://wirtschaftslexikon.gabler.de/Archiv/78592/metawissen-v6.html⟩, Zugriff am 04.03.2013 (zitiert: Lackes/Siepermann).

Lam, Joey et al.: *Building Multi-Agent Systems for Workflow Enactment and Exception Handling.* In **Padget, Julian et al. (Hrsg.):** Lecture Notes in Computer Science. Band 6069, New York: Springer, 2010, S. 53–69, Teil der Literaturanalyse (zitiert: Lam et al.).

Lang, Carsten: Organisation der Software-Entwicklung: Probleme, Konzepte, Lösungen. Dissertation, Wiesbaden, 2004, Zugl.: Köln (zitiert: Lang).

Langen, Manfred: Knowledge Management Maturity Model - KMMM. 2009 ⟨URL: http://www.kmmm.org/objects/KMMM_Produktblatt.pdf⟩, Zugriff am 07.04.2014 (zitiert: Langen).

Langton, Sebastian und **Geiger, Martin J.:** *Wissensbasierte Entscheidungsunterstützung im operativen Fehlmengenmanagement Ein adaptierter Ansatz des Case-Based Reasoning als Entscheidungsunterstützungssystem bei drohenden Fehlmengenereignissen.* Zeitschrift für wirtschaftlichen Fabrikbetrieb, 10 2010, S. 901–908, Teil der Literaturanalyse (zitiert: Langton/Geiger).

Laudon, Kenneth C.; **Laudon, Jane Price** und **Schoder, Detlef:** Wirtschaftsinformatik: eine Einführung. 2. Auflage. München: Pearson Studium, 2010, Wirtschaft (zitiert: Laudon/Laudon/Schoder).

Lee, JaeHoon; **Jang, JinYoung** und **Kim, Jeong Ah:** *ProcessCodi: A Case Study on Social BPM through Integration of SNS, Mind Map, and BPMS.* In **Kim, Taihoon et al. (Hrsg.):** Lecture Notes in Computer Science. Band 7105, Berlin: Springer, 2011, S. 378–383, Teil der Literaturanalyse (zitiert: Lee/Jang/Kim).

Lee, Seok-Won: *Evidence-driven decision support in critical infrastructure management through enhanced domain knowledge modeling.* 2013, S. 1–22, Teil der Literaturanalyse (zitiert: Lee).

Lehner, Franz: Wissensmanagement: Grundlagen, Methoden und technische Unterstützung. 4. Auflage. München: Carl Hanser Verlag, 2012 (zitiert: Lehner).

Lehner, Franz; **Wildner, Stephan** und **Scholz, Michael:** Wirtschaftsinformatik: eine Einführung. München: Carl Hanser Verlag, 2007 (zitiert: Lehner/Wildner/Scholz).

Lehner, Johannes M. (Hrsg.): Praxisorientiertes Projektmanagement: Grundlagenwissen an Fallbeispielen illustriert. 1. Auflage. Wiesbaden: Gabler, 2001 (zitiert: Lehner).

Leick, Birgit: *Balancing Firm and Network-based Resources to Gain Competitive Advantage: A Case Study of an Artisanal Musical Instruments Cluster in Germany.* Management Revue, 24 (2) 2013, S. 77–95, Teil der Literaturanalyse (zitiert: Leick).

Leinhos, Sebastian: *Wiki-Service bei der Bundeswehr.* Wissensmanagement, 8 2012, S. 11–13, Teil der Literaturanalyse (zitiert: Leinhos).

Letter, Karin und **Letter, Michael:** *Erst geben, dann nehmen.* Wissensmanagement, 8 2012, S. 38–39, Teil der Literaturanalyse (zitiert: Letter/Letter).

Ley, Benedikt et al.: *Mixed-Media-Interaktion in der kooperativen Wissenschaftspraxis.* Informatik Spektrum, 34 2011 Nr. 2, S. 165–177, Teil der Literaturanalyse (zitiert: Ley et al.).

Li, Zhiwu und **Zhou, Meng Chu:** Deadlock Resolution in Automated Manufacturing Systems: A Novel Petri Net Approach. London, 2009 (zitiert: Li/Zhou).

Lieber, Daniel; **Erohin, Olga** und **Deuse, Jochen:** *Wissensentdeckung im industriellen Kontext: Herausforderungen und Anwendungsbeispiele.* Zeitschrift für wirtschaftlichen Fabrikbetrieb, 6 2013, S. 388–393, Teil der Literaturanalyse (zitiert: Lieber/Erohin/Deuse).

Liebhart, Ursula: *Productive Energy Cycles in Mentoring Relationships. A Qualitative Investigation.* Zeitschrift für Personalforschung, 27(2) 2012, S. 125–153, Teil der Literaturanalyse (zitiert: Liebhart).

Liebsch, Beate: Phänomen Organisationales Lernen. Rainer Hampp Verlag, 2011, Teil der Literaturanalyse (zitiert: Liebsch).

Lin, Hui und **Fan, Weiguo:** *Leveraging Organizational Knowledge through Electronic Knowledge Repositories in Public Accounting Firms: An Empirical Investigation.* Behavioral Research in Accounting, 23 (2) 2011, S. 147–167, Teil der Literaturanalyse (zitiert: Lin/Fan).

Lin, Wen-Bao: *Research on knowledge sharing and interpersonal relationships: empirical study of family firms and non-family firms.* Quality and Quantity, 47 2013, S. 151–166, Teil der Literaturanalyse (zitiert: Lin).

Linde, Frank: *Barrieren und Erfolgsfaktoren des Wissensmanagements.* Kölner Arbeitspapiere zur Bibliotheks und Informationswissenschaft, 2005 ⟨URL: http://d-nb.info/974414379/34⟩ (zitiert: Linde).

Lippmann, Eric: *Werkzeugkiste.* OrganisationsEntwicklung, 2 2011, S. 80–86, Teil der Literaturanalyse (zitiert: Lippmann).

Litke, Hans-Dieter: Projektmanagement: Methoden, Techniken, Verhaltensweisen. 2. Auflage. München: Carl Hanser Verlag, 1993 (zitiert: Litke).

Lohmann-Hütte, Gunnar; **Mertins, Kai** und **Wang, Wen-Huan:** *Wissensmanagement mit Bilanz, Audit und Zertifikat Weiche Faktoren fest im Griff.* QZ Qualität und Zuverlässigkeit, 12 2011, S. 22–25, Teil der Literaturanalyse (zitiert: Lohmann-Hütte/Mertins/Wang).

Loos, Peter und **Fettke, Peter:** Aspekte des Wissensmanagements in der Software-Entwicklung am Beispiel von V-Modell und Extreme Programming. Arbeitsbericht, 2001 (zitiert: Loos/Fettke).

Louis, Michael: *Virtuelle Gruppenarbeit: Geteilte Dokumente, geteiltes Wissen.* Wissensmanagement, 4 2012, S. 28–29, Teil der Literaturanalyse (zitiert: Louis).

Loyek, Christian et al.: *A Web 2.0 Strategy for the Collaborative Analysis of Complex Bioimages.* In **Gama, João**; **Bradley, Elizabeth** und **Hollmén, Jaakko (Hrsg.):** Lecture Notes in Computer Science. Band 7014, New York: Springer, 2011, S. 258–269, Teil der Literaturanalyse (zitiert: Loyek et al.).

Ludewig, Jochen und **Lichter, Horst:** Software-Engineering: Grundlagen, Menschen, Prozesse, Techniken. 1. Auflage. Heidelberg: dpunkt-Verlag, 2007 (zitiert: Ludewig/Lichter).

Lund, Susan; **Manyika, James** und **Ramaswamy, Sree:** *Preparing for a new era of work.* McKinsey Quarterly, 2012, S. 1–5, Teil der Literaturanalyse (zitiert: Lund/Manyika/Ramaswamy).

Lux, Thomas: Intranet Engineering: Einsatzpotenziale und phasenorientierte Gestaltung eines sicheren Intranet in der Unternehmung. Dissertation, Wiesbaden, 2005, Zugl.: Bochum (zitiert: Lux).

Luzzi, Damiana und **Baldi, Marialuisa:** *Interaction for a Shared Knowledge with Reperio: The Cardano Case.* In **Ioannides, Marinos et al. (Hrsg.):** Progress in Cultural Heritage Preservation. Band 7616, Springer, 2012, S. 628–635, Teil der Literaturanalyse (zitiert: Luzzi/Baldi).

Madauss, Bernd: Handbuch Projektmanagement: mit Handlungsanleitungen für Industriebetriebe, Unternehmensberater und Behörden. 6. Auflage. Stuttgart: Schäffer-Poeschel, 2000 (zitiert: Madauss).

Madison, Michael et al.: *Knowledge encapsulation framework for technosocial predictive modeling.* Security Informatics, 1 (10) 2012, S. 1–18, Teil der Literaturanalyse (zitiert: Madison et al.).

Maestre, Cristina et al.: *Assessing the Usability of a Science Gateway for Medical Knowledge Bases with TRENCADIS.* In **Foster, Ian** und **Kacsuk, Péter (Hrsg.):**

Journal of Grid Computing. Band 4, Springer, 2012, S. 665–688, Teil der Literaturanalyse (zitiert: Maestre et al.).

Maier, Ronald: Knowledge management systems: information and communication technologies for knowledge management. 2. Auflage. Berlin: Springer, 2004 (zitiert: Maier Knowledge management systems: information and communication technologies for knowledge management).

Maier, Ronald: Knowledge management systems: information and communication technologies for knowledge management. 3. Auflage. Berlin: Springer, 2007 (zitiert: Maier Knowledge management systems: information and communication technologies for knowledge management).

Makoto Su, Norman; **Wilensky, Hiroko** und **Redmiles, David:** *Doing Business with Theory: Communities of Practice in Knowledge Management.* In **Schmidt, Kjeld (Hrsg.):** Computer Supported Cooperative Work. Band 21, Springer, 2012, S. 111–162, Teil der Literaturanalyse (zitiert: Makoto Su/Wilensky/Redmiles).

Malachowski, Bartlomiej: *Competence-Based Management of Knowledge Workers in Project-Oriented Organizations.* In **Xiong, Hui** und **Lee, W. B. (Hrsg.):** Lecture Notes in Computer Science. Band 7091, New York: Springer, 2011, S. 281–292, Teil der Literaturanalyse (zitiert: Malachowski).

Mandl, Heinz und **Reinmann-Rothmeier, Gabi (Hrsg.):** Wissensmanagement: Informationszuwachs - Wissensschwund? München: Oldenbourg, 2000 (zitiert: Mandl/ Reinmann-Rothmeier).

Mang, Andreas: *Technische Hürden meistern.* Wissensmanagement, 3 2013, S. 52–53, Teil der Literaturanalyse (zitiert: Mang).

Mantel, Martin: *Der Projektcoach - die rechte Hand des Projektmanagers.* Wissensmanagement, 8 2011, S. 46–47, Teil der Literaturanalyse (zitiert: Mantel).

Martin, Wolfgang: *Rückschlag: Community-Gedanke als Voraussetzung.* IS Report, 5 2011, S. 46, Teil der Literaturanalyse (zitiert: Martin).

Matzkeit, Bianca: *Mit effizienter Wissensarbeit zu höherer (Wissens-)Produktivität.* Wissensmanagement, 4 2013, S. 35–36, Teil der Literaturanalyse (zitiert: Matzkeit).

Mayr, Herwig: Projekt Engineering - Ingeneursmäßige Softwareentwicklung in Projektgruppe. München, Wien: Carl Hanser Verlag, 2005, 2. Auflage (zitiert: Mayr).

McClure, Stuart; **Scambray, Joel** und **Kurtz, George:** Das Anti-Hacker-Buch. 5. Auflage. Heidelberg: bhv, 2006 (zitiert: McClure/Scambray/Kurtz).

Meier, Matthias und **Weller, Ingo:** *Hat Wissensmanagement eine Zukunft? Stand der Dinge und Ausblick.* Schmalenbachs Zeitschrift für betriebswirtschaftliche Forschung, 01 2012, S. 114–135, Teil der Literaturanalyse (zitiert: Meier/Weller).

Memon, Nasrullah et al.: *Social Network Data Mining: Research Questions, Techniques, and Applications.* In Annals of Information Systems. Band 12, New York: Springer, 2010, S. 1–7, Teil der Literaturanalyse (zitiert: Memon et al.).

Mertens, Peter (Hrsg.): Grundzüge der Wirtschaftsinformatik. 10. Auflage. Berlin: Springer, 2010 (zitiert: Mertens Grundzüge der Wirtschaftsinformatik).

Mertens, Peter (Hrsg.): Grundzüge der Wirtschaftsinformatik. 11. Auflage. Berlin: Springer Gabler, 2012 (zitiert: Mertens Grundzüge der Wirtschaftsinformatik).

Mertins, Kai (Hrsg.): Wissensmanagement im Mittelstand: Grundlagen - Lösungen - Praxisbeispiele. 1. Auflage. Berlin: Springer, 2009 (zitiert: Mertins).

Metzger, Frederik et al.: *Koordinationsmechanismen und Innovativität von Netzwerken: eine empirische Analyse.* Schmalenbachs Zeitschrift für betriebswirtschaftliche Forschung, 4 2012, S. 428–455, Teil der Literaturanalyse (zitiert: Metzger et al.).

Meyer, Sebastian et al.: *Experiences from Establishing Knowledge Management in a Joint Research Project.* In **Dieste, Oscar**; **Jedlitschka, Andreas** und **Juristo, Natalia (Hrsg.):** Product-Focused Software Process Improvement. Band 7343, Berlin, Heidelberg: Springer, 2012, S. 233–247, Teil der Literaturanalyse (zitiert: Meyer et al.).

Michalik, Regina und **Schickhoff, Katrin:** *Dem demografischen Wandel begegnen.* Industie Management, 3 2012, S. 63–35, Teil der Literaturanalyse (zitiert: Michalik/Schickhoff).

Michelson, Martin: *Wikis im organisationalen Wissensmanagement: Anforderungen und Gestaltungsoptionen.* IM Information Management & Consulting, 4 2010, S. 14–20, Teil der Literaturanalyse (zitiert: Michelson).

Migon, Lilian Bitton; **Borges, Marcos R. S.** und **Machado Campos, Maria Luiza:** *A Method for Identification and Representation of Business Process Deviations.* In **Kolfschoten, Gwendolyn**; **Herrmann, Thomas** und **Lukosch, Stephan (Hrsg.):** Lecture Notes in Computer Science. Band 6257, New York: Springer, 2010, S. 49–64, Teil der Literaturanalyse (zitiert: Migon/Borges/Machado Campos).

Müller, Barbara: Wissen managen in formal organisierten Sozialsystemen: Der Einfluss von Erwartungsstrukturen auf die Wissensretention aus systemtheoretischer Perspektive. Wiesbaden, 2009 ⟨URL: http://dx.doi.org/10.1007/978-3-8349-8362-6⟩, Zugriff am 13.12.2012 (zitiert: Müller).

Müller, Julia: Projektteamübergreifender Wissensaustausch: Fehlervermeidung und organisationales Lernen durch interaktive Elemente einer Wissenskultur. Wiesbaden, 2009 ⟨URL: http://dx.doi.org/10.1007/978-3-8349-8341-1⟩, Zugriff am 13.12.2012 (zitiert: Müller).

Münster, Bernhard: *HR Trend Report 2013 - Talentmanagement immer wichtiger*. Arbeit und Arbeitsrecht, 6 2013, S. 351–353, Teil der Literaturanalyse (zitiert: Münster).

Mohan, Kunal und **Ahlemann, Frederik:** *Understanding Acceptance of Information System Development and Management Methodologies by actual Users: A Review and Assessment of Existing Literature*. Wirtschaftsinformatik Proceedings 2011, 2011 Nr. February, S. 734–744 (zitiert: Mohan/Ahlemann).

Molina-Morales, F. Xavier und **Martínez-Cháfer, Luis:** *Structure patterns in cluster knowledge networks: the case of the Spanish ceramic tile cluster*. Global business perspectives, 1 2013, S. 144–163, Teil der Literaturanalyse (zitiert: Molina-Morales/Martínez-Cháfer).

Montagna, Francesca: *Decision-aiding tools in innovative product development contexts*. Research in Engineering Design, 22 2011, S. 63–86, Teil der Literaturanalyse (zitiert: Montagna).

Montanelli, Stefano et al.: *The ESTEEM platform: enabling P2P semantic collaboration through emerging collective knowledge*. Journal of Intelligent Information Systems, 36 2011, S. 167–195, Teil der Literaturanalyse (zitiert: Montanelli et al.).

Morone, Piergiuseppe und **Taylor, Richard:** *Proximity, knowledge integration and innovation: an agenda for agent-based studies*. Journal of Evolutionary Economics, 22 2012, S. 19–47, Teil der Literaturanalyse (zitiert: Morone/Taylor).

Morris, Charles W.: Grundlagen der Zeichentheorie: Ästhetik und Zeichentheorie. München: Hanser, 1972 (zitiert: Morris).

Motahari-Nezhad, Hamid Reza und **Bartolini, Claudio:** *Next Best Step and Expert Recommendation for Collaborative Processes in IT Service Management*. In **Rinderle-Ma, Stefanie**; **Toumani, Farouk** und **Wolf, Karsten (Hrsg.):** Business Process Management. Band 6896, S. 50-61, Berlin, Heidelberg: Springer, 2011, Teil der Literaturanalyse (zitiert: Motahari-Nezhad/Bartolini).

Muntanyola-Saura, Dafne: *Expert knowledge and video-aided ethnography a methodological account*. In Revue de Synthese. Band 133, Springer, 2012, S. 75–100, Teil der Literaturanalyse (zitiert: Muntanyola-Saura).

Murage, A. et al.: *The Effectiveness of Dissemination Pathways on Adoption of Push-Pull Technology in Western Kenya.* Quarterly Journal of International Agriculture, 1 2012, S. 51–71, Teil der Literaturanalyse (zitiert: Murage et al.).

Nahavandi, Saeid; **Jia, Dawei** und **Bhatti, Asim:** *Knowledge Visualization for Engineered Systems.* In **Setchi, Rossitza et al. (Hrsg.):** Knowledge-Based and Intelligent Information and Engineering Systems. Band 6276, Springer, 2010, S. 5–13, Teil der Literaturanalyse (zitiert: Nahavandi/Jia/Bhatti).

Nasiri, Sara; **Sepehri, Mohammad Mehdi** und **Khobreh, Marjan:** *Utilizing Acquired Healthcare Knowledge, Based on Using Electronic Health Records.* In **Holzinger, Andreas** und **Simonic, Klaus-Martin (Hrsg.):** Lecture Notes in Computer Science. Band 7058, New York: Springer, 2011, S. 429–439, Teil der Literaturanalyse (zitiert: Nasiri/Sepehri/Khobreh).

NATO: *Software Engineering.* NATO SCIENCE COMMITTEE Januar 1968, 136 (zitiert: NATO).

Neumayr, Michael: *Tippverhaltens-Biometrie - Tippen gegen den Datenklau.* Wissensmanagement, 6 2010, S. 36–37 (zitiert: Neumayr).

Nolden, Matthias: *Enterprise Wikis - schnell & kostengünstig zum Wissensmanagement 2.0.* In Wissensmanagement. Band 8, 2010, S. 12–13, Teil der Literaturanalyse (zitiert: Nolden Enterprise Wikis - schnell & kostengünstig zum Wissensmanagement 2.0).

Nolden, Matthias: *Erfahrungen von Generationen nutzen.* In Kunststoffe, Werkstoffe, Verarbeitung, Anwendung. Band 3, 2011, S. 14–17, Teil der Literaturanalyse (zitiert: Nolden Erfahrungen von Generationen nutzen).

Nonaka, Ikujiro und **Takeuchi, Hirotaka:** The Knowledge-creating company: how Japanese companies create the dynamics of innovation. New York: Oxford University Press, 1995 (zitiert: Nonaka/Takeuchi The Knowledge-creating company: how Japanese companies create the dynamics of innovation).

Nonaka, Ikujiro und **Takeuchi, Hirotaka:** Die Organisation des Wissens: wie japanische Unternehmen eine brachliegende Ressource nutzbar machen. Frankfurt: Campus-Verl., 1997 (zitiert: Nonaka/Takeuchi Die Organisation des Wissens: wie japanische Unternehmen eine brachliegende Ressource nutzbar machen).

North, Klaus: Wissensorientierte Unternehmensführung: Wertschöpfung durch Wissen. 5. Auflage. Wiesbaden: Gabler, 2011 (zitiert: North).

Noszkay, Habil und **Balogh, Aniko:** *Knowledge Management - a new role of universities.* International Journal of Management Cases, Vol. 14 Issue 2 2012, S. 131–136, Teil der Literaturanalyse (zitiert: Noszkay/Balogh).

Novaes, Marcos Bidart Carneiro de und **Brunstein, Janette:** *The Development of Managerial Competencies: A Collaborative Inquiry into the Practice of Sustainability.* International Journal of Action Research, 9 (2) 2013, S. 246–269, Teil der Literaturanalyse (zitiert: Carneiro de Novaes/Brunstein).

Nüttgens, Markus: Ablösung von Altsystemen. Oktober 2012 ⟨URL: http://www.enzyklopaedie-der-wirtschaftsinformatik.de/wi-enzyklopaedie/lexikon/is-management/Integration-und-Migration-von-IT-Systemen/Ablosung-von-Altsystemen/index.html/?searchterm=legacy%20system⟩, Zugriff am 25.07.2014 (zitiert: Nüttgens).

Oechsler, Walter A.: Personal und Arbeit: Grundlagen des Human Resource Management und der Arbeitgeber-Arbeitnehmer-Beziehungen. 9. Auflage. München: Oldenbourg, 2011 (zitiert: Oechsler).

Omerzel, Doris G.; **Biloslavo, Roberto** und **Trnavcevic, Anita:** *Knowledge management and organisational culture in higher education institutions.* Journal for East European Management Studies, 16 (2) 2011, S. 111–139, Teil der Literaturanalyse (zitiert: Omerzel/Biloslavo/Trnavcevic).

Omrane, Nouha et al.: *Lexicalized Ontology for a Business Rules Management Platform: An Automotive Use Case.* In **Olken, Frank**; **Palmirani, Monica** und **Sottara, Davide (Hrsg.):** Rule-Based Modeling and Computing on the Semantic Web. Band 7018, S. 179-192, Berlin, Heidelberg: Springer, 2011, Teil der Literaturanalyse (zitiert: Omrane et al.).

Othman, Siti Hajar und **Beydoun, Ghassan:** *Evaluating Disaster Management Knowledge Model by Using a Frequency-Based Selection Technique.* In Knowledge Management and Acquisition for Intelligent Systems. Band 7457, Springer, 2012, S. 12–27, Teil der Literaturanalyse (zitiert: Othman/Beydoun).

Ouyeder, Ouelid; **Arnold, Judith** und **Straube, Frank:** *Wissensmanagement in kleinen und mittleren Kontraktlogistik-Unternehmen.* Industrie Management, 3 2013, S. 66–68, Teil der Literaturanalyse (zitiert: Ouyeder/Arnold/Straube).

Padberg, Frank und **Tichy, Walter:** *Schlanke Produktionsweisen in der modernen Softwareentwicklung.* Wirtschaftsinformatik, 3 2007 Nr. 49, 162–170 (zitiert: Padberg/Tichy).

Paepcke, Henrike: *Virtuelle Projektarbeit - agil, kreativ, kollaborativ.* Wissensmanagement, 5 2011, S. 20–22, Teil der Literaturanalyse (zitiert: Paepcke).

Pallaschke, Siegmar und **Mugellesi Dow, Roberta:** *Expert Debriefing beim Europäischen Satellitenkontrollzentrum.* Wissensmanagement, 5 2011, S. 14–16, Teil der Literaturanalyse (zitiert: Pallaschke/Mugellesi Dow).

Pardo, César et al.: *HProcessTOOL: A Support Tool in the Harmonization of Multiple Reference Models.* In **Murgante, Beniamino et al. (Hrsg.):** Computational Science and Its Applications - ICCSA 2011. Band 6786, Berlin, Heidelberg: Springer, 2011, S. 370–382, Teil der Literaturanalyse (zitiert: Pardo et al.).

Patzak, Gerold und **Rattay, Günter:** Projektmanagement: Leitfaden zum Management von Projekten, Projektportfolios und projektorientierten Unternehmen. 4. Auflage. Wien: Linde, 2004, Fachbuch Wirtschaft (zitiert: Patzak/Rattay).

Pawlowsky, Peter: Wissensmanagement: Erfahrungen und Perspektiven. Wiesbaden: Gabler, 1998 (zitiert: Pawlowsky).

Pechmann, Agnes; **Schoof, Matthias** und **Tampe-Mai, Karolin:** *Innovationsprozess: Wissen disziplinoffen darstellen & verwertbar machen.* Wissensmanagement, 2 2011, S. 32–35, Teil der Literaturanalyse (zitiert: Pechmann/Schoof/Tampe-Mai).

Peemöller, Christian et al.: *Assistent zur verlässlichen Konfiguration von Roboteranlagen.* Industrie Management, 5 2011, S. 37–40, Teil der Literaturanalyse (zitiert: Peemöller et al.).

Peris, Martina et al.: *IT-Werkzeuge zur Vermittlung von Kenntnissen betriebswirtschaftlicher Anwendungssoftware.* HMD - Praxis der Wirtschaftsinformatik, 277 2011, S. 28–37, Teil der Literaturanalyse (zitiert: Peris et al.).

Pesch, Ulli: *Maximale Komplexität.* Personalwirtschaft, Sonderheft 2012, S. 12–16, Teil der Literaturanalyse (zitiert: Pesch Personalwirtschaft, Bd. Sonderheft, 2012).

Pesch, Ulli: *Die Pferde zur Tränke führen.* Personalwirtschaft, 7 2013, S. 62–64, Teil der Literaturanalyse (zitiert: Pesch Personalwirtschaft, Bd. 7, 2013).

Petasis, George et al.: *Ontology Population and Enrichment: State of the Art.* In Knowledge-Driven Multimedia Information Extraction and Ontology Evolution. Band 6050, Springer-Verlag, 2011, S. 134–166, Teil der Literaturanalyse (zitiert: Petasis et al.).

Petric, Ingrid et al.: *Bisociative Knowledge Discovery by Literature Outlier Detection.* In **Berthold, Michael (Hrsg.):** Bisociative Knowledge Discovery. Springer, 2012, S. 313–324, Teil der Literaturanalyse (zitiert: Petric et al.).

Pfau, Wolfgang: Betriebliches Informationsmanagement: Flexibilisierung der Informationsinfrastruktur. Dissertation, Wiesbaden, 1997, Zugl.: Freiburg i. Br. (zitiert: Pfau).

Pfeiffer, Sabine; **Schütt, Petra** und **Wühr, Daniela:** *Enterprise 2.0 und Engineering 2.0.* In **Pfeiffer, Sabine**; **Schütt, Petra** und **Wühr, Daniela (Hrsg.):** Smarte Innovation. Wiesbaden: VS Verlag für Sozialwissenschaften, 2012, S. 347–369, Teil der Literaturanalyse (zitiert: Pfeiffer/Schütt/Wühr).

Pfister, Roland: *Kreative Kartensets für Teams.* Organisations Entwicklung, 2012 Nr. 2, S. 81–83, Teil der Literaturanalyse (zitiert: Pfister).

Pöggeler, Barbara: *Wissen sichern.* Wissensmanagement, 4 2013, S. 26, 27, Teil der Literaturanalyse (zitiert: Pöggeler Wissensmanagement, Bd. 4, 2013).

Pöggeler, Barbara: *Wissen sichern.* Wissensmanagement, 4 2013, S. 26–27, Teil der Literaturanalyse (zitiert: Pöggeler Wissensmanagement, Bd. 4, 2013).

Piccoli, Gabriele und **Ives, Blake:** *Review: IT-dependent strategic initiatives and sustained competitive advantage: A review and synthesis of the literature.* MIS Quarterly, 29 2005 Nr. 4, S. 747–776 ⟨URL: http://www.jstor.org/stable/25148708⟩ (zitiert: Piccoli/Ives).

Picot, Arnold (Hrsg.): Organisation: Theorie und Praxis aus ökonomischer Sicht. 6. Auflage. Stuttgart: Schäffer-Poeschel, 2012 (zitiert: Picot).

Ployhart, Robert E. und **Moliterno, Thomas P.:** *Emergence of the Human Capital Resource: a mulitlevel Model.* Academy of Management Review, 36 2011 Nr. 1, S. 127–150 (zitiert: Ployhart/Moliterno).

Pohlmann, Dorothea und **Hasse, Andreas:** *Explodierende Datenmengen beherrschbar machen.* Wissensmanagement, 1 2013, S. 20–22, Teil der Literaturanalyse (zitiert: Pohlmann/Hasse).

Pohlmann, Norbert und **Blumberg, Hartmut F.:** Der IT-Sicherheitsleitfaden. 1. Auflage. Bonn: mitp-Verl., 2004 (zitiert: Pohlmann/Blumberg).

Polanyi, Michael; Sen, Amartya Kumar (Hrsg.): The tacit dimension. Vorwort aus dem Jahr 2009, Text: Originalwerk des Autors aus dem Jahre 1966. Chicago: Univ. of Chicago Press, 2009 (zitiert: Polanyi).

Pomberger, Gustav und **Pree, Wolfgang:** Software Engineering. München, Wien: Carl Hanser Verlag, 2004 (zitiert: Pomberger/Pree).

Probst, Gilbert J. B.; **Raub, Steffen** und **Romhardt, Kai:** Wissen managen: wie Unternehmen ihre wertvollste Ressource optimal nutzen. 7. Auflage. Wiesbaden: Springer Gabler, 2012, Teil der Literaturanalyse (zitiert: Probst/Raub/Romhardt).

Prohaska, Sabine: *Wissen verANKERn - mit positiven Bildern & prägnanten Informationen.* Wissensmanagement, 1 2011, S. 34–35, Teil der Literaturanalyse (zitiert: Prohaska).

Prokein, Oliver: IT-Risikomanagement: Identifikation, Quantifizierung und wirtschaftliche Steuerung. Dissertation, Wiesbaden, 2008, ⟨URL: http://dx.doi.org/10.1007/978-3-8349-9688-6⟩, Zugriff am 18.04.2011, Zugl.: Freiburg i. Br. (zitiert: Prokein).

Ramaprasad, Arkalgud et al.: *Collaborative Conceptual Modeling Using an Ontology.* In **Kolfschoten, Gwendolyn**; **Herrmann, Thomas** und **Lukosch, Stephan (Hrsg.):** Lecture Notes in Computer Science. Band 6257, New York: Springer, 2010, S. 25–32, Teil der Literaturanalyse (zitiert: Ramaprasad et al.).

Ramayah, T.; **Yeap, Jasmine A. L.** und **Ignatius, Joshua:** *An Empirical Inquiry on Knowledge Sharing Among Academicians in Higher Learning Institutions.* In **Weingart, Peter (Hrsg.):** Minerva. Band 51(2), Springer, 2013, S. 131–154, Teil der Literaturanalyse (zitiert: Ramayah/Yeap/Ignatius).

Rapp, Barbara et al.: *Ontologiebasierte Kaskadennutzung von Rohstoffen.* HMD - Praxis der Wirtschaftsinformatik, 274 2010, S. 47–55, Teil der Literaturanalyse (zitiert: Rapp et al.).

Rathswohl, Stefan und **Franz, Volkhard:** *Auf Wissen bauen: Besonderheiten im Baugewerbe.* Wissensmanagement, 1 2013, S. 12–13, Teil der Literaturanalyse (zitiert: Rathswohl/Franz).

Rechenberg, P. und **Pomberger, G. (Hrsg.):** Informatik-Handbuch. 4. Auflage. München: Carl Hanser Verlag, 2006 (zitiert: Rechenberg/Pomberger).

Rehäuser, Jakob und **Krcmar, Helmut:** Wissensmanagement im Unternehmen. 1996 ⟨URL: http://wwwkrcmar.informatik.tu-muenchen.de/lehrstuhl%5Cpublikat.nsf/intern01/FC0F0EC41403EF3D412566500029C4A5/$FILE/96-14.pdf⟩, Zugriff am 12.11.2012 (zitiert: Rehäuser/Krcmar).

Reiß, Michael; **Steffens, Dirk** und **Ehrenmann, Frank:** *Web 2.0 als Ergänzung der Toolbox für Change-Projekte.* Information Management & Consulting, 04 2011, S. 71–79, Teil der Literaturanalyse (zitiert: Reiß/Steffens/Ehrenmann).

Reichwald, Ralf: *Kommunikation und Kommunikationsmodelle.* In **Wittmann, Waldemar (Hrsg.):** Handwörterbuch der Betriebswirtschaft. 5. Auflage. Stuttgart: Schäffer-Poeschel, 1993 (zitiert: Reichwald).

Reinhart, Gunther; **Pause, Jörg** und **Krziwon, Karl:** *Managementkonzept für Eingangsgrößen von Kostenmodellen Wissensmanagement ergebnisorientiert umsetzen.* Zeitschrift für wirtschaftlichen Fabrikbetrieb, 06 2011, S. 438–443, Teil der Literaturanalyse (zitiert: Reinhart/Pause/Krziwon).

Reinmann, Gabi und **Mandl, Heinz:** *Wissensmanagement und Weiterbildung.* In **Tippelt, Rudolf** und **Hippel, Aiga (Hrsg.):** Handbuch Erwachsenenbildung/Weiterbildung. 5. Auflage. Wiesbaden: VS Verlag für Sozialwissenschaften, 2011 (zitiert: Reinmann/Mandl).

Renken, Uta; **Bullinger, Angelika C.** und **Möslein, Kathrin M.:** *Webbasierte Werkzeuge für Wissensarbeiter.* HMD - Praxis der Wirtschaftsinformatik, 277 2011, S. 73–85, Teil der Literaturanalyse (zitiert: Renken/Bullinger/Möslein).

Reppesgaard, Lars und **Leendertse, Julia:** *Mit spitzen Fingern.* WirtschaftsWoche, 41 2012, S. 66, Teil der Literaturanalyse (zitiert: Reppesgaard/Leendertse).

Reschke, Hasso (Hrsg.): Handbuch Projektmanagement. Köln: Verlag TÜV Rheinland, 1989 (zitiert: Reschke).

Rühl, Uwe: *IT-Sicherheit ist nicht gleich Informationssicherheit.* Wissensmanagement, 6 2010, S. 26–27, Teil der Literaturanalyse (zitiert: Rühl).

Ribeiro, Rodrigo: *Levels of immersion, tacit knowledge and expertise.* In **Gallagher, Shaun** und **Zahavi, Dan (Hrsg.):** Phenomenology and the Cognitive Sciences. Band 12, Springer, 2013, S. 367–397, Teil der Literaturanalyse (zitiert: Ribeiro).

Ribeiro, v: *Tacit knowledge management.* Phenomenology and the Cognitive Science, 12 2013, S. 337–366, Teil der Literaturanalyse (zitiert: Ribeiro).

Richter, Alexander; **Stocker, Alexander** und **Koch, Michael:** *Einführungsstrategien von Corporate Social Software.* HMD - Praxis der Wirtschaftsinformatik, 284 2012, S. 97–106, Teil der Literaturanalyse (zitiert: Richter/Stocker/Koch).

Richter, Reinhard; **Sander, Peter** und **Stucky, Wolffried:** Grundkurs angewandte Informatik. Band 2: Problem - Algorithmus - Programm, Stuttgart: Teubner, 1993 (zitiert: Richter/Sander/Stucky).

Ricken, Boris und **Seidl, David:** *Unsichtbare Netzwerke: Nutzen und Grenzen des Einsatzes der sozialen Netzwerkanalyse in der Unternehmenspraxis.* Schmalenbachs Zeitschrift für betriebswirtschaftliche Forschung, 5 2012, S. 562–582, Teil der Literaturanalyse (zitiert: Ricken/Seidl).

Rieger, Sebastian: Einheitliche Authentifizierung in heterogenen IT-Strukturen für ein sicheres e-Science-Umfeld. Dissertation, Göttingen, 2007, Zugl.: Göttingen (zitiert: Rieger).

Riempp, Gerold: Integrierte Wissensmanagement-Systeme: Architektur und praktische Anwendung. Berlin: Springer, 2004, Business Engineering (zitiert: Riempp).

Rode, Jörg: *Enterprise 2.0 vernetzt Mitarbeiter: BVDW erläutert Kommunikation und Information per Social Software in Unternehmen.* Lebensmittel Zeitung, 15 2013, S. 33, Teil der Literaturanalyse (zitiert: Rode).

Rose, Christian: Wissensmanagement und Controlling. Dissertation, 2007, Zugl.: Dortmund (zitiert: Rose).

Rosenthal, Philipp: *Quo vadis Wissensarbeit?* Wissensmanagement, 2 2013, S. 16–17 (zitiert: Rosenthal).

Ruf, Walter und **Fittkau, Thomas:** Ganzheitliches IT-Projektmanagement: Wissen - Praxis - Anwendungen. München: Oldenbourg, 2008 (zitiert: Ruf/Fittkau).

Sadowski, Dieter: Personalökonomie und Arbeitspolitik. Stuttgart: Schäffer-Poeschel, 2002 (zitiert: Sadowski).

Sanio, Holger: Erfolgsfaktoren der Softwareentwicklung und deren Einsatz zur Bewertung justizinterner Softwareprojekte. Books on Demand, 2011 (zitiert: Sanio).

Santos, Edgar et al.: *Digital Storytelling for Competence Development.* In New Horizons in Web-Based Learning - ICWL 2010 Workshops. Band 6537, New York: Springer, 2011, S. 35–44, Teil der Literaturanalyse (zitiert: Santos et al.).

Sasai, Kazuto; **Kitagata, Gen** und **Kinoshita, Tetsuo:** *Fault Resolution Support Based on Activated Knowledge and Information.* In **Jiang, He et al. (Hrsg.):** Advanced Research in Applied Artificial Intelligence. Band 7345, Berlin, Heidelberg: Springer, 2012, S. 586–595, Teil der Literaturanalyse (zitiert: Sasai/Kitagata/Kinoshita).

Sauer, Hermann; Grieger, Klaus (Hrsg.): Relationale Datenbanken - Theorie und Praxis. 5. Auflage. München: Addison-Wesley, 2002 (zitiert: Sauer).

Schabel, Frank: *Was Wissensarbeiter wollen.* Personalmagazin, 2 2013, S. 38–41, Teil der Literaturanalyse (zitiert: Schabel).

Schefe, Peter: Informatik - eine konstruktive Einführung: LISP, PROLOG und andere Konzepte der Programmierung. 2. Auflage. Mannheim: Bibliograph. Inst., 1987 (zitiert: Schefe).

Schein, Edgar H.: Organizational culture and leadership. 1. Auflage. San Francisco: Jossey-Bass, 1985, The Jossey-Bass management series and The Jossey-Bass social and behavioral science series (zitiert: Schein).

Schelle, Heinz: Projekte zum Erfolg führen. Orig.-Ausg. Auflage. München: Dt. Taschenbuch Verlag, 1996 (zitiert: Schelle).

Schellmann, Hartmut: Informationsmanagement: theoretischer Anspruch und betriebliche Realität. Dissertation, Wiesbaden, 1997, Zugl.: Koblenz (zitiert: Schellmann).

Scherff, Jürgen: Grundkurs Computernetzwerke: eine kompakte Einführung in Netzwerk- und Internet-Technologien. 1. Auflage. Wiesbaden: Vieweg + Teubner, 2006, Studium (zitiert: Scherff).

Schäfer, Dirk: *Weiter gebildet*. Creditreform, 7 2012, S. 44, Teil der Literaturanalyse (zitiert: Schäfer).

Schiefner, Mandy: *Social Software und Universitäten: eine kritische Analyse des Status quo*. In **Meyer, Torsten et al. (Hrsg.):** Medien & Bildung: Institutionelle Kontexte und kultureller Wandel. Wiesbaden: VS Verlag für Sozialwissenschaften, 2011, S. 307–323, Teil der Literaturanalyse (zitiert: Schiefner).

Schienmann, Bruno: Kontinuierliches Anforderungsmanagement: Prozesse, Techniken, Werkzeuge. München: Addison-Wesley, 2002, Programmers choice (zitiert: Schienmann).

Schiersmann, Christiane: Organisationsentwicklung: Prinzipien und Strategien von Veränderungsprozessen. Wiesbaden, 2011, Teil der Literaturanalyse (Kapitel 8) (zitiert: Schiersmann).

Schira, Josef: Statistische Methoden der VWL und BWL: Theorie und Praxis. 4. Auflage. München [u.a.]: Pearson, 2012, Wi, Wirtschaft (zitiert: Schira).

Schmid, Wendelin und **Kern, Eva-Maria:** *Integration of business process management and knowledge management: state of the art, current research and future prospects*. In **Fandel, Günter (Hrsg.):** Journal of Business Economics. Springer, 2013, S. 1–41, Teil der Literaturanalyse (zitiert: Schmid/Kern).

Schmidt, Kjeld: *The Trouble with 'Tacit Knowledge'*. Computer Supported Cooperative Work, 21 2012, S. 163–225, Teil der Literaturanalyse (zitiert: Schmidt).

Schmidt, Klaus: Der IT Security Manager. München: Hanser, 2006 (zitiert: Schmidt).

Schön, Sandra; **Güntner, Georg** und **Markus, Mark:** *Online-Gemeinschaften und Crowds in Unternehmen*. HMD - Praxis der Wirtschaftsinformatik, 280 2011, S. 6–15, Teil der Literaturanalyse (zitiert: Schön/Güntner/Markus).

Schönefeld, Frank: *Die E-Mail bleibt!* Wissensmanagement, 4 2011, S. 18–20, Teil der Literaturanalyse (zitiert: Schönefeld).

Schneider, Heino und **Marti, Alexander:** Krisen vermeiden in IT-Projekten. Berlin: Springer, 2006, Xpert.press (zitiert: Schneider/Marti).

Schneyder, Wolfram von: *Workshop: Projektwissen nutzbar machen.* projektMANAGEMENT aktuell, 5 2010, S. 45–52, Teil der Literaturanalyse (zitiert: von Schneyder).

Schöning, Harald: XML und Datenbanken: Konzepte und Systeme; [Oracle 9i, DB2, SQL Server 2000, Tamino, eXcelon]. München: Hanser, 2003 (zitiert: Schöning).

Schoeneberg, Klaus-Peter: Kritische Erfolgsfaktoren von IT-Projekten: Eine empirische Analyse von ERP-Implementierungen am Beispiel der Mineralölbranche. Mering, 2011 (zitiert: Schoeneberg).

Schüppel, Jürgen: Wissensmanagement: organisatorisches Lernen im Spannungsfeld von Wissens- und Lernbarrieren. Dissertation, Wiesbaden, 1996, Zugl.: St. Gallen (zitiert: Schüppel).

Schrammel, Tine: *Bridging the Institutional Void: An Analytical Concept to Develop Valuable Cluster Services.* management revue, 24 (2) 2013, S. 114–132, Teil der Literaturanalyse (zitiert: Schrammel).

Schröder, Mathias: *Wissensmanagement ist im Kommen Wissensvorsprünge verschaffen Instituten Wettbewerbsvorteile.* Betriebswirtschaftliche Blätter, 03 2011, S. 139, Teil der Literaturanalyse (zitiert: Schröder).

Schwarze, Jochen: Einführung in die Wirtschaftsinformatik. 5. Auflage. Herne: Verlag Neue Wirtschafts-Briefe, 2000, NWB-Studienbücher Wirtschaftsinformatik (zitiert: Schwarze).

Schwarzer, Bettina und **Krcmar, Helmut:** Wirtschaftsinformatik: Grundlagen betrieblicher Informationssysteme. 4. Auflage. Stuttgart: Schäffer-Poeschel, 2010 (zitiert: Schwarzer/Krcmar).

Schweiger, Björn: *Eine vernetzte Wissensdatenbank für die Instandhaltung.* Maschinen Markt, 49 2012, S. 36–37, Teil der Literaturanalyse (zitiert: Schweiger).

Schwichtenberg, Holger: Vor- und Nachteile eines Application Server. http://www.heise.de/developer/artikel/Vor-und-Nachteile-eines-Application-Server-934674.html, 2013 (zitiert: Schwichtenberg).

Sebestyén, Tamás und **Varga, Attila:** *Research productivity and the quality of interregional knowledge networks.* The Annals of Regional Science, 51 2013, S. 155–189, Teil der Literaturanalyse (zitiert: Sebestyén/Varga).

Seeber, Isabella; **Maier, Ronald** und **Weber, Barbara:** *Macrocognition in Collaboration: Analyzing Processes of Team Knowledge Building with CoPrA.* Group Decision and Negotiation, 22 2013, S. 915–942, Teil der Literaturanalyse (zitiert: Seeber/Maier/Weber).

Seidel, Uwe: *POLIZEI-ONLINE - Ein Innovationsprojekt für Polizei und Landesverwaltung.* Wissensmanagement, 8 2010, S. 14–15, Teil der Literaturanalyse (zitiert: Seidel).

Seßler, Helmut: *Transferprozesse: Neues lernen und Gelerntes teilen.* Wissensmanagement, 1 2012, S. 30–31, Teil der Literaturanalyse (zitiert: Seßler).

Selke, Astrid: Informationsmanagement in schnell wachsenden Unternehmen. Dissertation, Kassel, 2006, Zugl.: Kassel (zitiert: Selke).

Serdukov, Svetlana: *From the chaos of transition economy to "normalized"managerial practices: The role of group interaction in creating meaning in managerial work.* Journal for East European Management Studies, 17, 2012 Nr. 4, S. 423–444, Teil der Literaturanalyse (zitiert: Serdukov).

Servatius, Hans-Gerd: *Gestaltung von interaktiven Strategieprozessen im Enterprise 2.0.* IM Information Management & Consulting, 4 2010, S. 6–13, Teil der Literaturanalyse (zitiert: Servatius).

Shabtai, Asaf; **Shahar, Yuval** und **Elovici, Yuval:** *A distributed architecture for efficient parallelization and computation of knowledge-based temporal abstractions.* Journal of Intelligent Information Systems, 39(1) 2012, S. 249–286, Teil der Literaturanalyse (zitiert: Shabtai/Shahar/Elovici).

Shahmoradi, Mohammad R. und **Akhgar, Babak:** *Application Identification of Semantic Web Techniques in KM Systems.* In **Andrews, Simon et al. (Hrsg.):** Lecture Notes in Computer Science. Band 6828, New York: Springer, 2011, S. 383–393, Teil der Literaturanalyse (zitiert: Shahmoradi/Akhgar).

Sharma, Meenakshi Mangotra und **Mahajan, Rachna:** *Assessment of Hospital Websites as Potential KM Tools: A Study of Indian Hospitals.* IUP Journal of Knowledge Management, 2012, S. 15–25, Teil der Literaturanalyse (zitiert: Sharma/Mahajan).

Siedersleben, Johannes (Hrsg.): Softwaretechnik: Praxiswissen für Software-Ingenieure. 2. Auflage. München: Hanser, 2003, Software, Design & Management (zitiert: Siedersleben).

Siemann, Christiane: *Best Practice und arbeitsrechtliche Aspekte - Enterprise 2.0.* Arbeit und Arbeitsrecht, 11 2012, S. 656–659, Teil der Literaturanalyse (zitiert: Siemann).

Simperl, Elena; **Bürger, Tobias** und **Hofer, Christian:** *FOLCOM or the Costs of Tagging*. In **Cimiano, Philipp** und **Pinto, H. Sofia (Hrsg.):** Knowledge Engineering and Management by the Masses. Band 6317, Berlin, Heidelberg: Springer, 2010, S. 163–177, Teil der Literaturanalyse (zitiert: Simperl/Bürger/Hofer).

Singh, Amit; **M., Singh**; und **Sharma, B.:** *Modeling of Knowledge Management Technologies: An ISM Approach*. IUP Journal of Knowledge Management, 11(3) 2013, S. 41–55, Teil der Literaturanalyse (zitiert: Singh/M./Sharma).

Sinkovics, Rudolf; **Roath, Anthony** und **Cavusgil, S. Tamer:** *International Integration and Coordination in MNEs*. Management International Review, 51 2011, S. 121–127, Teil der Literaturanalyse (zitiert: Sinkovics/Roath/Cavusgil).

Slamanig, Michael und **Winkler, Herwig:** *Wissensmanagement bei Produktwechselprojekten*. Zeitschrift für wirtschaftlichen Fabrikbetrieb, 10 2010, S. 893–900, Teil der Literaturanalyse (zitiert: Slamanig/Winkler).

Slay, Jill und **Koronios, Andy:** Information technology security&risk management. 3. Auflage. Milton: Wiley, 2006 (zitiert: Slay/Koronios).

Sojic, Aleksandra und **Kutz, Oliver:** *Open biomedical pluralism: formalising knowledge about breast cancer phenotypes*. Journal of Biomedical Semantics, 3 2012, S. 1–31, Teil der Literaturanalyse (zitiert: Sojic/Kutz).

Sollberger, Bettina: *Entwickeln einer Wissenskultur*. Wissensmanagement, 2 2013, S. 10–12, Teil der Literaturanalyse (zitiert: Sollberger).

Spence, Patricia und **Reddy, Madhu:** *Beyond Expertise Seeking: A Field Study of the Informal Knowledge Practices of Healthcare IT Teams*. In **Schmidt, Kjeld (Hrsg.):** Computer Supported Cooperative Work. Band 21, Springer, 2012, S. 283–315, Teil der Literaturanalyse (zitiert: Spence/Reddy).

Sporket, Mirko: Organisationen im demographischen Wandel. Band Ergebnisse der Sekundäranalyse - Maßnahmen guter Praxis, Unterkapitel Wissensmanagement, VS Verlag für Sozialwissenschaften, 2011, S. 206–220, Teil der Literaturanalyse (zitiert: Sporket).

Springerlink, o.V.: Springerlink Datenbank. 2013 ⟨URL: http://www.springerlink.com/⟩, Zugriff am 05.03.2013 (zitiert: Springerlink).

Stadermann, Melanie: SchülerInnen und Lehrpersonen in mediengestützten Lernumgebungen: Zwischen Wissensmanagement und sozialen Aushandlungsprozessen. Band Computergestützte Lern- und Austauschprozesse, Wiesbaden: VS Verlag für Sozialwissenschaften, 2011, Teil der Literaturanalyse (zitiert: Stadermann).

Staehle, Wolfgang H.; Conrad, Peter (Hrsg.): Management: eine verhaltenswissenschaftliche Perspektive. 8. Auflage. München: Vahlen, 1999 (zitiert: Staehle).

Stafflage, Eva: Die Unternehmenskultur als erfolgsentscheidender Faktor: Modell zur Zusammenführung bei grenzüberschreitenden Mergers & Acquisitions. Dissertation, Wiesbaden, 2005, ⟨URL: http://swbplus.bsz-bw.de/bsz116916206inh.htm⟩, Zugriff am 17.12.2012, Zugl.: Göttingen (zitiert: Stafflage).

Stahlknecht, Peter und **Hasenkamp, Ulrich:** Einführung in die Wirtschaftsinformatik. 11. Auflage. Berlin: Springer, 2005, Springer-Lehrbuch (zitiert: Stahlknecht/Hasenkamp).

Stancu, Ionut M.: *BioSEME: A Semantically-Integrated Content Management System for Cancer Research.* In **Stephanidis, Constantine (Hrsg.):** Lecture Notes in Computer Science. Band 6768, New York: Springer, 2011, S. 282–291, Teil der Literaturanalyse (zitiert: Stancu).

Statistisches Bundesamt: Bevölkerungspyramide. 2009 ⟨URL: http://www.destatis.de/bevoelkerungspyramide/⟩ (zitiert: Statistisches Bundesamt Bevölkerungspyramide).

Statistisches Bundesamt: Vorausberechnung. http://www.destatis.de/jetspeed/portal/cms/Sites/destatis/Internet/DE/Content/Statistiken/Bevoelkerung/Vorausberechnung Bevoelkerung/Tabellen/Content50/Bevoelkerungsvorausberechnung,templateId=render Print.psml, 2009 (zitiert: Statistisches Bundesamt Vorausberechnung).

Steinmann, Horst und **Schreyögg, Georg:** Management: Grundlagen der Unternehmensführung; Konzepte, Funktionen, Fallstudien. 6. Auflage. Wiesbaden: Gabler, 2005 (zitiert: Steinmann/Schreyögg).

Steiss, Jörg: *Mindmaps - von der Ideenlandkarte zum Software-basierten Führungsinstrument.* Wissensmanagement, 2 2012, S. 38–39, Teil der Literaturanalyse (zitiert: Steiss).

Stelzer, Dirk: *Informations- versus Wissensmanagement - Versuch einer Abgrenzung.* In **Kemper, Hans-Georg (Hrsg.):** Informationsmanagement: neue Herausforderungen in Zeiten des E-Business; Festschrift für Prof. Dr. Dietrich Seibt anlässlich seines 65. Geburtstages. S. 25-41. 1. Auflage. Lohmar: Eul, 2003 (zitiert: Stelzer).

Österle, Hubert et al.: *Memorandum zur gestaltungsorientierten Wirtschaftsinformatik.* Schmalenbachs Zeitschrift für betriebswirtschaftliche Forschung, 62 2010, S. 662–679 (zitiert: Österle et al.).

Steven, Klaus: *Neue Lernwege beschreiten.* Wissensmanagement, 2 2011, S. 46–47, Teil der Literaturanalyse (zitiert: Steven).

Stöger, Roman: Wirksames Projektmanagement: mit Projekten zu Ergebnissen. 2. Auflage. Stuttgart: Schäffer-Poeschel, 2007 (zitiert: Stöger).

Stickel, Eberhard: Informationsmanagement. München: Oldenbourg, 2001 (zitiert: Stickel).

Stocker, Alexander und **Müller, Johannes:** *Ein Jahr Microblogging bei Siemens.* Computerwelt, 2010, S. 13–14, Teil der Literaturanalyse (zitiert: Stocker/Müller Computerwelt 2010).

Stocker, Alexander und **Müller, Johannes:** *Siemens auf dem Weg zum Enterprise 2.0.* Wissensmanagement, 7 2010, S. 10–12, Teil der Literaturanalyse (zitiert: Stocker/Müller Wissensmanagement, Bd. 7, 2010).

Stocker, Alexander und **Müller, Johannes:** *Microblogging als Baustein im IT-gestützten Wissensmanagement von Siemens BT.* HMD - Praxis der Wirtschaftsinformatik, 277 2011, S. 38–50, Teil der Literaturanalyse (zitiert: Stocker/Müller HMD - Praxis der Wirtschaftsinformatik, Bd. 277, 2011).

Streng, Michael: *Projektmanagementoffice - Wissen sammeln und verdichten.* Wissensmanagement, 7 2011, S. 40–41, Teil der Literaturanalyse (zitiert: Streng).

Strobel, Thomas: *Die persönliche Zukunftslandkarte - Orientierungshilfe für den eigenen Weg.* Wissensmanagement, 8 2011, S. 44–45, Teil der Literaturanalyse (zitiert: Strobel).

Sudahl, Michael: *Das Geschäft mit dem Wissen - wie Beratungsfirmen ihr Know-how organisieren.* Wissensmanagement, 6 2011, S. 14–16, Teil der Literaturanalyse (zitiert: Sudahl).

Sudha, Subramani und **Balasubramaniam, Sathiyabhama:** *Post Mining of Diversified Multiple Decision Trees for Actionable Knowledge Discovery.* In **Thilagam, P. Santhi and, Pais Alwyn Roshan**; **Chandrasekaran, K.** und **N., Balakrishnan (Hrsg.):** Lecture Notes in Computer Science. Band 7135, Heidelberg: Springer, 2012, S. 179–187, Teil der Literaturanalyse (zitiert: Sudha/Balasubramaniam).

Sultanow, Eldar und **Sonnenborn, Hans-Peter:** *Entscheidungsrelevanz und Personengebundenheit als diffizile Wissenseigenschaft Eine empirische Studie zu acht Faktoren.* IM Information Management & Consulting, 2 2013, S. 76–83, Teil der Literaturanalyse (zitiert: Sultanow/Sonnenborn).

Tanenbaum, Andrew S.: Moderne Betriebssysteme. 3. Auflage. München [u.a.]: Pearson Studium, 2009, ST - Scientific toolsit Informatik (zitiert: Tanenbaum).

Teichmann, Hans: *International Standardization of Technical and Scientific Terminology*. Homo Oeconomicus, 4 2010, S. 527–543, Teil der Literaturanalyse (zitiert: Teichmann).

Telekom, o.V.: Netzausbau Telekom. September 2013 ⟨URL: http://www.t-mobile.de/netzausbau/0,,15400-_,00.html?wt_mc=av_zm_1_25065⟩, Zugriff am 12.09.2013 (zitiert: Telekom).

Thiel, Michael: *Werkzeugkiste: 24. Soziale Netzwerkanalyse*. Organisations Entwicklung, 3 2010, S. 78–85, Teil der Literaturanalyse (zitiert: Thiel).

Thier, Karin und **Erlach, Christine:** *Five Minute Stories: Mitarbeiterbefragungen neu erzählt*. Wissensmanagement, 8 2010, S. 36–37, Teil der Literaturanalyse (zitiert: Thier/Erlach).

Thommen, Jean-Paul und **Achleitner, Ann-Kristin:** Allgemeine Betriebswirtschaftslehre: umfassende Einführung aus managementorientierter Sicht. 7. Auflage. Wiesbaden: Springer Gabler, 2012 (zitiert: Thommen/Achleitner).

Tidemann, Axel; **Bjornson, Finn O.** und **Aamodt, Agnar:** *Operational Support in Fish Farming through Case-Based Reasoning*. In **Jiang, He et al. (Hrsg.):** Advanced Research in Applied Artificial Intelligence. Band 7345, Springer, 2012, S. 104–113, Teil der Literaturanalyse (zitiert: Tidemann/Bjornson/Aamodt).

Torisawa, Kentaro et al.: *Organizing the Webs Information Explosion to Discover Unknown Unknowns*. New Generation Computing, 28 2010 Nr. 3, S. 217–236, Teil der Literaturanalyse (zitiert: Torisawa et al.).

Touzi, Amel G.; **Thabet, Aicha** und **Sassi, Minyar:** *Efficient Reduction of the Number of Associations Rules Using Fuzzy Clustering on the Data*. In **Tan, Ying et al. (Hrsg.):** Lecture Notes in Computer Science. Band 6729, New York: Springer, 2011, S. 191–199, Teil der Literaturanalyse (zitiert: Touzi/Thabet/Sassi).

Tralau, Birger: *Social Learning: Kollaborativ zu neuem Wissen*. Wissensmanagement, 4 2011, S. 15–17, Teil der Literaturanalyse (zitiert: Tralau).

Trojan, Jörg: Strategien zur Bewahrung von Wissen: Zur Sicherung nachhaltiger Wettbewerbsvorteile. Wiesbaden: Deutscher Universitäts-Verlag/GWV Fachverlage GmbH, 2006 (zitiert: Trojan).

Tsai, Min-Kun; **Tseng, Shian-Shyong** und **Weng, Jui-Feng:** *A Pilot Study of Interactive Storytelling for Bullying Prevention Education*. In **Chang, Maiga et al. (Hrsg.):** Lecture Notes in Computer Science. Band 6872, New York: Springer, 2011, S. 497–501, Teil der Literaturanalyse (zitiert: Tsai/Tseng/Weng).

Tu, Xin-ying und **Fu, Tao:** *Application of Decision-Tree Based on Prediction Model for Project Management.* In **Cao, Longbing**; **Zhong, Jiang** und **Feng, Yong (Hrsg.):** Lecture Notes in Computer Science. Band 6441, New York: Springer, 2010, S. 508–513, Teil der Literaturanalyse (zitiert: Tu/Fu).

Täubner, Mischa: *Der verborgene Schatz.* In brand eins. Band 11, 2010, S. 54–58, Teil der Literaturanalyse (zitiert: Täubner Der verborgene Schatz).

Täubner, Mischa: *Das ausgelagerte Gehirn.* In brand eins. Band 03, 2012, S. 88–91, Teil der Literaturanalyse (zitiert: Täubner Das ausgelagerte Gehirn).

Ulbricht, Carsten: Enterprise 2.0 & Recht: Blogs, Wikis & Social Networks im Intranet. July 2009 ⟨URL: http://www.rechtzweinull.de/archives/99-enterprise-2-0-recht-blogs-wikis-social-networks-im-intranet-teil-2-urheberrecht.html⟩, Zugriff am 19.10.2013 (zitiert: Ulbricht).

V-Modell XT: V-Modell® XT, Version 1.4. Die Beauftragte der Bundesregierung für Informationstechnik (BIT), 2012 ⟨URL: http://ftp.tu-clausthal.de/pub/institute/informatik/v-modell-xt/Releases/1.4/V-Modell-XT-Gesamt.pdf⟩, Zugriff am 08.05.2013 (zitiert: V-Modell XT).

V-Modell XT Bund: V-Modell XT Bund. Die Beauftragte der Bundesregierung für Informationstechnik (BIT), 2010 ⟨URL: http://download.4soft.de/v-modell-xt-bund/releases/1.0/V-Modell-XT-Bund-Gesamt.pdf⟩, Zugriff am 24.11.2010 (zitiert: V-Modell XT Bund).

Velasco, Juan Antonio Prieto: *A corpus-based approach to the multimodal analysis of specialized knowledge.* In Lang Resources & Evaluation Springer, 2013, S. 399–423, Teil der Literaturanalyse (zitiert: Velasco).

Verfasser, ohne: Der Know-how-Schutz in der Praxis. 2010 ⟨URL: http://www.anwalt.de/rechtstipps/der-know-how-schutz-in-der-praxis_013123.html⟩, Zugriff am 21.10.2013 (zitiert: Verfasser Der Know-how-Schutz in der Praxis).

Verfasser, ohne: Definition: Know-how. 2013 ⟨URL: http://wirtschaftslexikon.gabler.de/Archiv/135583/know-how-v4.html⟩, Zugriff am 21.10.2013 (zitiert: Verfasser Definition: Know-how).

Vianello, G. und **Ahmed, S.:** *Transfer of knowledge from the service phase: a case study from the oil industry.* Research in Engineering Design, 23 2012, S. 125–139, Teil der Literaturanalyse (zitiert: Vianello/Ahmed).

Völker, Rainer; **Thome, Christoph** und **Schaaf, Holger:** *Wie man von der Weisheit der Vielen profitiert: Kollektive Intelligenz im Innovationsprozess.* Wissensmanagement, 2 2012, S. 25–28, Teil der Literaturanalyse (zitiert: Völker/Thome/Schaaf).

Voß, Stefan; Gutenschwager, Kai: Informationsmanagement. Berlin: Springer, 2001 (zitiert: Voß).

Voigt, Harald und **Wunderlich, Jens:** *Wissensaustausch mit Projekten Sharepoint als Brücke zwischen Projekt- und Organisationswissen.* Industrie Management, 4 2011, S. 23–26, Teil der Literaturanalyse (zitiert: Voigt/Wunderlich).

Voigt, Stefan: *Struktur vs. Kreativität in Wikis.* Industie Management, 3 2012, S. 70–74, Teil der Literaturanalyse (zitiert: Voigt).

Vossen, Gottfried: Datenmodelle, Datenbanksprachen und Datenbankmanagementsysteme. 5. Auflage. München: Oldenbourg, 2008 (zitiert: Vossen).

Wack, Jessica: Risikomanagement für IT-Projekte. Dissertation, Wiesbaden, 2007, ⟨URL: http://swbplus.bsz-bw.de/bsz262912716inh.pdf⟩, Zugriff am 21.03.2011, Zugl.: Hamburg (zitiert: Wack).

Wagener, Mark: *Utility Filme - Unternehmenswissen ohne Text und Sprache.* Wissensmanagement, 5 2011, S. 52–53, Teil der Literaturanalyse (zitiert: Wagener).

Wallmüller, Ernest: Software-Qualitätssicherung in der Praxis. München: Carl Hanser Verlag, 1990 (zitiert: Wallmüller).

Wanhoff, Thomas: Wa(h)re Freunde: Wie sich unsere Beziehungen in sozialen Online-Netzwerken verändern. Heidelberg, 2011, Teil der Literaturanalyse (zitiert: Wanhoff).

Wasielewski, Erwin von: Project Knowledge Management. Berlin, Heidelberg: Springer, 2010, Introduction, S. 3–10, Teil der Literaturanalyse (Kapitel 1) (zitiert: Wasielewski).

Weber, Jochen: Die Nutzwertanalyse zur Beurteilung von Entscheidungsalternativen im öffentlichen Sektor. München: GRIN Verl., 2005 (zitiert: Weber).

Webster, J und **Watson, R T:** *Analyzing the past to prepare the future.* MIS Quarterly, 26 2002 Nr. 2, S. xiii–xxiii (zitiert: Webster/Watson).

Weck, Reinhard J.: Informationsmanagement im globalen Wettbewerb: Voraussetzungen und Potentiale einer erfolgreichen Positionierung. München: Oldenbourg, 2003 (zitiert: Weck).

Weiand, Klara et al.: *KWilt: A Semantic Patchwork for Flexible Access to Heterogeneous Knowledge.* In **Hitzler, Pascal** und **Lukasiewicz, Thomas (Hrsg.):** Web Reasoning and Rule Systems. Band 6333, Berlin, Heidelberg: Springer, 2010, S. 213–222, Teil der Literaturanalyse (zitiert: Weiand et al.).

Weltz, Friedrich und **Ortmann, Rolf G.:** Das Softwareprojekt: Projektmanagement in der Praxis. Frankfurt/Main: Campus-Verlag, 1992 (zitiert: Weltz/Ortmann).

Weyrich, Michael et al.: *Knowledge Based Engineering in der Anwendung Anwendungen und Trends wissensbasierter Engineeringmethoden und Werkzeuge.* Industie Management, 3 2012, S. 39–42, Teil der Literaturanalyse (zitiert: Weyrich et al.).

Wöhle, Claudia B. und **Schierenbeck, Henner (Hrsg.):** Grundzüge der Betriebswirtschaftslehre. 17. Auflage. München: Oldenbourg, 2008 (zitiert: Wöhle/ Schierenbeck).

Wickramasinghe, Nilmini; **Guttmann, Christian** und **Schaffer, Jonathan:** *Designing Intelligent Healthcare Operations.* In **Guttmann, Christian**; **Dignum, Frank** und **Georgeff, Michael (Hrsg.):** Lecture Notes in Computer Science. Band 6066, New York: Springer, 2011, S. 152–162, Teil der Literaturanalyse (zitiert: Wickramasinghe/Guttmann/Schaffer).

Wieczorrek, Hans W. und **Mertens, Peter:** Management von IT-Projekten: von der Planung zur Realisierung. 2. Auflage. Berlin: Springer, 2007, Xpert.press (zitiert: Wieczorrek/Mertens).

Wien, Andreas: Internetrecht: eine praxisorientierte Einführung. 3. Auflage. Wiesbaden: Springer Gabler, 2012, Lehrbuch (zitiert: Wien).

Wiesner, Stefan; **Seifert, Marcus** und **Thoben, Klaus-Dieter:** *Wissensmanagement für kleine und mittlere Unternehmen: Ein geschäftsprozessorientierter Ansatz.* Industrie Management, 4 2011, S. 31–34, Teil der Literaturanalyse (zitiert: Wiesner/Seifert/Thoben).

Wilde, Thomas und **Hess, Thomas:** *Forschungsmethoden der Wirtschaftsinformatik - Eine empirische Untersuchung.* Wirtschaftsinformatik, 04 2007, S. 280–287 (zitiert: Wilde/Hess).

Wildner, Stephan: Problemorientiertes Wissensmanagement: eine Neukonzeption des Wissensmanagements aus konstruktivistischer Sicht. Dissertation, Lohmar, 2011, Zugl.: Passau (zitiert: Wildner).

Wilkens, Uta; **Keller, Helmut** und **Schmette, Martina:** *Wirkungsbeziehungen zwischen Ebenen individueller und kollektiver Kompetenz.* In **Schreyögg, Georg (Hrsg.):** Management von Kompetenz. 1. Auflage. Wiesbaden: Gabler, 2006, Managementforschung; 16, S. 121–161 (zitiert: Wilkens/Keller/Schmette).

Will, Markus und **Wuscher, Sven:** *Nutzung des intellektuellen Kapitals mit der Wissensbilanz: Wissen was das Unternehmen weiß.* QZ Qualität und Zuverlässigkeit, 7 2010, S. 56–57, Teil der Literaturanalyse (zitiert: Will/Wuscher).

Willke, Helmut (Hrsg.): Systemisches Wissensmanagement. Stuttgart: Lucius und Lucius, 1998 (zitiert: Willke).

Willms, Heinrich und **Albrecht, Florian:** *Wissensmanagement verbessert Qualität von Kugelgewindetrieben.* Maschinen Markt, 26 2011, S. 62–64, Teil der Literaturanalyse (zitiert: Willms/Albrecht).

Winkler, Katrin und **Mandl, Heinz:** *Wissensmanagement für Projekte.* In **Wastian, Monika, Braumandl Isabell** und **Rosenstiel, Lutz (Hrsg.):** Angewandte Psychologie für das Projektmanagement: Ein Praxisbuch für die erfolgreiche Projektleitung. 2. Auflage. Berlin, Heidelberg: Springer, 2012, Teil der Literaturanalyse (zitiert: Winkler/Mandl).

Winter, Irene: *Das Wissen zugänglich machen.* Immobilienwirtschaft, 6 2013, S. 44–45, Teil der Literaturanalyse (zitiert: Winter).

Wiskirchen, Markus: *Wissenserwerb in 3D: Die dritte Dimension virtuellen Lernens.* Wissensmanagement, 4 2011, S. 10–11, Teil der Literaturanalyse (zitiert: Wiskirchen).

Wiso.net, o.V.: Wiso.net Datenbank. 2013 ⟨URL: http://www.wiso-net.de/webcgi?START=03A&SEITE=amedien.tin&WID=68632-0600373-80325_6⟩, Zugriff am 05.03.2013 (zitiert: Wiso.net).

Woodward, John F.: Construction project management: getting it right first time. London: Telford, 1997 (zitiert: Woodward).

Wottawa, Heinrich: *Nachfolgeplanung: Neue Wege für einen erfolgreichen Wissenstransfer.* Wissensmanagement, 3 2013, S. 46–47, Teil der Literaturanalyse (zitiert: Wottawa).

Wuscher, Sven; **Voigt, Stefan** und **Fischer, Martin:** *Den Wissensverlust stoppen.* Wissensmanagement, 4 2013, S. 23–25, Teil der Literaturanalyse (zitiert: Wuscher/Voigt/Fischer).

Yang, Cheng-Lang und **Wei, Suz-Tsung:** *Modelling the performance of CoP in knowledge management.* Total Quality Management & Business Excellence, 21 (10) 2010, S. 1033–1045, Teil der Literaturanalyse (zitiert: Yang/Wei).

Zangemeister, Christof: Nutzwertanalyse in der Systemtechnik: eine Methodik zur multidimensionalen Bewertung und Auswahl von Projektalternativen. Dissertation, München, 1971, Zugl.: Berlin (zitiert: Zangemeister).

Zeng, Wen und **Wang, Huilin:** *Nature of Chinese thesaurus automatic construction and its study of major technologies in digital libraries.* In **Wang, Fu Lee et al. (Hrsg.):**

Web Information Systems and Mining. Band 6318, Springer, 2010 ⟨URL: http://www.springerlink.com/index/H531214K85326656.pdf⟩, S. 103–110, Teil der Literaturanalyse (zitiert: Zeng/Wang).

Zhao, Li et al.: *Enriching the Contents of Enterprises' Wiki Systems with Web Information.* In **Shen, Heng Tao et al. (Hrsg.):** Lecture Notes in Computer Science,. Band 6185, New York: Springer, 2010, S. 234–245, Teil der Literaturanalyse (zitiert: Zhao et al.).

Zimmermann, Jürgen; **Stark, Christoph** und **Rieck, Julia:** Projektplanung: Modelle, Methoden, Management; mit 95 Tab. 2. Auflage. Berlin: Springer Verlag, 2010 (zitiert: Zimmermann/Stark/Rieck).

WIRTSCHAFTSINFORMATIK

Herausgegeben von Prof. Dr. Dietrich Seibt, Köln, Prof. Dr. Hans-Georg Kemper, Stuttgart, Prof. Dr. Georg Herzwurm, Stuttgart, Prof. Dr. Dirk Stelzer, Ilmenau, und Prof. Dr. Detlef Schoder, Köln

Band 80
Xuanpu Sun
Ein szenario- und prototypingbasiertes Konzept zur Informationsbedarfsanalyse für Business-Process-Intelligence-Systeme – Entwicklung und Evaluation
Lohmar – Köln 2014 • 352 S. • € 64,- (D) • ISBN 978-3-8441-0317-5

Band 81
Jörg Leute
Eine neue Definition agilen Projektmanagements – Analyse konzeptioneller Merkmale agilen Projektmanagements
Lohmar – Köln 2014 • 296 S. • € 59,- (D) • ISBN 978-3-8441-0360-1

Band 82
Katharina Ute Peine
Situative Gestaltung des IT-Produktmanagements – Eine empirische Untersuchung
Lohmar – Köln 2014 • 448 S. • € 68,- (D) • ISBN 978-3-8441-0373-1

Band 83
Michael Zimmer
Agile Business Intelligence – Komponenten integrierter Gesamtarchitekturen
Lohmar – Köln 2015 • 304 S. • € 59,- (D) • ISBN 978-3-8441-0386-1

Band 84
Lars Oliver Mautsch
Softwareplattformen für Unternehmenssoftwareökosysteme
Lohmar – Köln 2015 • 424 S. • € 67,- (D) • ISBN 978-3-8441-0402-8

Band 85
Jennifer Gursch
V-Modell® XT und Wissensmanagement – Konzept eines ganzheitlich integrierten Systems
Lohmar – Köln 2015 • 340 S. • € 63,- (D) • ISBN 978-3-8441-0409-7

JOSEF EUL VERLAG